中华经典直解

国语直解

来可泓 ◎ 撰

上册

复旦大学出版社

前　言

1939年我小学毕业,正处在烽火遍地的抗日战争时期,不能过钱塘江到杭州上中学,只好在家乡前清举人何笙甫老先生的私塾就读。《国语》是在读完《诗经》、《左传》以后读的,用的是毛边纸家藏仿宋大字本,先生用硃笔句读,逐篇通读。先生高兴时也会讲骊姬挑拨离间杀害太子申生、程婴救孤儿赵武、句践(一作"勾践")卧薪尝胆等故事给我们听,在我思想上留下深刻的印象,至今有些篇章还能琅琅背诵。

《国语》的性质

《国语》是以记言为主的历史名著,既是一部春秋时期的国别史,又是一部历史散文。三国吴韦昭在《国语解叙》中说:"(左丘明)复采录前世穆王以来,下讫鲁悼、智伯之诛,邦国成败,嘉言善语,阴阳律吕,天时人事逆顺之数,以为《国语》。"从中可以体察到《国语》所包含的以历史为主、兼有文学的双重性质。

就历史性来看,诚如周予同先生所指出的,《国语》是"以'国'分类,以'语'为主"的我国第一部国别史(《中国历史文选》上册,上海古籍出版社)。它记载上起周穆王十二年(前964)征犬戎,下讫周贞定王十六年(前453)韩、赵、魏联合灭智伯的五百多年历史。分周、鲁、齐、晋、郑、楚、吴、越八语,共二十一卷,即《周语》三卷、

《鲁语》两卷、《齐语》一卷、《晋语》九卷、《郑语》一卷、《楚语》两卷、《吴语》一卷、《越语》两卷。《周语》的内容占全书的三分之一,从周穆王开始至周敬王为止。《晋语》从晋武公开始至晋哀公为止,内容几占全书二分之一,难怪有人把《国语》看成是晋国历史。《鲁语》从鲁庄公齐、鲁长勺之战开始,终于鲁哀公。《齐语》专记管仲辅佐齐桓公称霸之事,其史料与《管子·小匡》相同而略有增删。《郑语》仅记郑桓公规划立国之事。《楚语》从楚庄王开始,终于楚惠王时白公胜之乱。《吴语》、《越语》记吴王夫差与越王句践争霸之事。《国语》的史料价值大体以《周语》和《楚语》为较高,《晋语》、《鲁语》、《郑语》次之,《齐语》、《越语》、《吴语》的史料价值不能与以上五个部分相比。《国语》虽然由单篇论说构成,不相统属,但以国分类,按各国君主年代记言、论事,展示了春秋时期各国历史的横断面,仍是一部体例完整的史书,并无割裂之感。它为今后分国编史开创了先例,产生了深远影响。

就文学性来看,《国语》以记言为主,通过言论来反映事实,文字朴实凝重,词藻典雅华丽,分别是一篇篇首尾完整、各有中心的历史散文。它记叙了治国安邦之道、称霸诸侯之术、克敌制胜之策、罗致贤才之法、发展经济之路、凝聚民心之教、天时人事之应、明辨尊卑之礼、修身律己之事;忠贞奸佞、美善丑恶、是非曲直,一一判明。诚如柳宗元在《非国语》中所说:"左氏《国语》,其文深闳杰异,固世之所耽嗜而不已也。"《国语》为历代文学家所珍重,对推动我国历史散文的发展,产生积极的影响。

王树民先生在《史部要籍解题》中提出,《国语》为古代以记言形式编成的一种"语书",并引《楚语上》申叔时论述教导太子时"教之《语》,使明其德,而知先王之务用明德于民也"的话为证。顾静先生也在《国语译注·前言》中指出:《国语》是古人言论汇编的一部语书,类似《世说新语》、《论语》、《短语》。他除引用《楚语上》申叔时的话做证外,还引用《尹文子·大道》中"语曰"及长沙马王堆出土帛书中《春秋事语》作为佐证。他们把《国语》看作"语书",有创新之意,自是一家之言,可供参考。

《国语》的特点

《国语》既是一部春秋时期的国别史,又是一部历史散文集,它具有以下几个显著的特点:

首先,以礼治国、以礼修身的礼学思想像一根红线贯穿全书。什么是礼?礼是根据社会需要,特别是领袖及其集团根据统治的需要,而创制的行为规范。一国有一国之礼,一代有一代之礼。它包括"礼"和"仪"两个方面,这是两个具有不同内涵的统一体。礼是内容,仪是形式;礼是本质,仪是表象。孔子说:"礼云,礼云,玉帛云乎哉。"(《论语·阳货》)意思是说:"礼呀,礼呀,仅仅是说玉器、丝帛这些祭物、祭品吗?"显然不是。孔子指出了礼的实质是治国,"为国以礼",而不是追求形式的"仪"。在我国古代,礼是治国安民的行动准则,要求统治者以礼治国,以礼修身。《国语》就是根据以礼治国、以礼修身这一主导思想,组织、编纂邦国成败、嘉言善语等史事的。

西周之所以灭亡,就是因为统治者不能以礼治国、以礼修身,礼崩乐坏。周穆王炫耀武力,违背德礼,讨伐犬戎,失去威信。周厉王纵容荣夷公实行"专利",与民争利;任用卫巫监视群众,钳制舆论,不能以礼治国,终于被流放于彘。周宣王虽有中兴之名,但仍不循礼法,随心所欲,立鲁武公幼子戏为鲁君,使自己在诸侯中失去威望。特别是周幽王,宠幸褒姒,玩忽礼制,废长立幼,戏弄诸侯,既不能以礼治国,又不能以礼修身,终于导致西周的灭亡。而齐桓公之所以能崛起于东方,称霸于诸侯,在于听从管仲的意见,以礼治国，亲仁善邻，打出"尊王攘夷"的旗号，礼乐征伐，赢得了诸侯的拥护，确立了霸主的地位。晋国献公、惠公统治时期之所以国家动荡不安、民力疲敝，在于献公不能以礼治国、以礼修身，废太子申生，立奚齐为太子，宠骊姬而乱公室。及惠公即位，又"背外内之赂"，杀功臣，宠小人，违礼违德，导致身死之后，其子怀公被晋文公所杀。而晋文公之所以能崛起称霸，自然又在于他能以礼治国，以礼修身，尊重贤臣，尊重天子，以礼义教育人民，因而受到诸侯的尊重和拥戴。晋国霸业之所以能持续较长时间而不衰，就在于文公之后的历代君主，均能坚持以礼治国原则，互相谦让，团结一致。楚国之所以能在南方崛起，也是由于从楚武王以来尊重贤才，任用贤才，以礼治国。而楚灵王以后国势衰落，也就是不能执行以礼治国，以礼修身方针，奢侈浪费，砌造章华之台，修筑大城，妄想称霸于诸侯而走向反面。

对于个人来说也是一样。鲁国公父文伯之母，能以礼修身，循礼而行，在《鲁语》中歌颂她的材料占八篇之多。晋卿范文子能接受先辈教育，谦虚谨慎，循礼而行，受到人们的赞扬。屈建祭父以大夫之礼，违背其父以菱角祭奠的遗命，看似违礼而实尊礼，受到后人的赞扬。而骊姬谗杀申生，违背礼制，受到人们的鞭挞。所以《国语》为人们揭示了一条规律：以礼治国、以礼修身者，国必兴，身必荣；不能以礼治国、以礼修身者，国必亡，身必辱。贯穿全书，含义是非常深刻的。

第二，《国语》是春秋时期大国争霸史。《国语》除记载少量西周史事外，大量记载春秋各国的史事，构成一部齐、晋、楚、吴、越的争霸史。西周本是诸侯的共主，正由于西周的灭亡，才出现了春秋大国争霸的局面。所以西周是作为背景材料来铺垫春秋时期大国争霸局面出现的。《郑语》选择史伯建议郑桓公占领以新郑为中心的济、洛、河、颍为根据地，就是突出春秋初年郑国首霸的形势。西周末期，郑桓公为幽王卿士，威望甚高，西周灭亡，桓公殉幽王之难。其子武公率兵保护平王东迁洛邑，建立大功。武公子庄公又继任为平王卿士，春秋初年，号称小霸。齐国是一个东方大国，擅渔盐之利，从姜尚建国以来有不少史事可以记载，但《齐语》仅选用管仲如何相桓公霸诸侯的史事，足以说明作者着眼于组织争霸史料，这是再明显不过了。《晋语》的史料较多、较集中，仔细分析，也侧重于记载晋国称霸历史。一则反映了春秋时期晋国称霸时间较长，晋献公时开始称霸西方，在此基础上晋文公成为中原霸主，襄公继位，霸业未衰，随后逐渐衰落，至晋悼公复霸，直至韩、赵、魏三家分晋，晋国在名义上一直是诸侯盟主；二则勾画出春秋时期主要是晋、楚抗衡，南北争霸的历史轨迹。就《楚语》来看，选取楚庄王至楚惠王时的史事，也着眼于楚国霸业由兴盛到衰落到再兴盛的过程。至于《吴语》、《越语》，仅记吴王夫差、越王句践一代的争霸史料。由此可见，西周灭亡，平王东迁，进入春秋时代，郑国首霸；管仲相桓公霸诸侯，为五霸之首；随后晋文公崛起，取代齐国成为中原霸主。同时，楚庄王不鸣则已，一鸣惊人，在南方崛起，北上争霸。在长达一百余年的时间里，晋、楚两国此消彼长，彼消此长，形成春秋时期南北争霸的总格局。随着晋、楚的衰落，吴、越相继争霸，这已是春秋争霸的尾声了。阅读《国语》，一部春秋时期大国争霸史就清楚地展现在人们面前了。

其三，《国语》是一部优美的历史散文。《国语》全书二百六十一篇（据上海古籍出版社 1978 年版《国语》点校本统计），不论篇幅大小，都是首尾完整、各有中心、情节曲折、逻辑严密、文字优美的散文。诸如《邵公谏厉王弭谤》、《里革断罟匡君》、《观射父论绝地天通》、《王孙圉论国之宝》、《句践灭吴》，都是名篇，被历代文选家选编，供人们学习、赏析、借鉴。

《国语》基本采用对话描写，从君臣之间、大臣之间的对话中阐述政治、军事、经济、文化等内容,表达思想观点。《邵公以其子代宣王死》记叙彘之乱时,国人索厉王之子靖,而邵公以其子代靖,交给国人处死;同时,也记录了邵公的言论,表达他此时此地忠于王室而无怨恨的思想感情。《卫庄公祷》本是卫庄公在参加铁之战前祈求列祖列宗保佑,不要伤筋动骨的独白;但也记了赵简子的插话。这种对话,有问有答,动之以情,晓之以理,构成文章,别有情趣。

《国语》多录谏言。这种进谏,形式多样。有正面进言,如《单穆公谏景王铸大钱》等,引经据典,设譬取喻,正面说理,以这种形式为最多。有正话反说,如《叔向谏杀竖襄》。有用行动强行谏阻,如《里革断罟匡君》。有犯颜死谏,如《申胥自杀》。有巧妙进言,如《史黯谏赵简子田于蝼》。有反衬进谏,如《宋襄公赠重耳以马二十乘》。有激战中进谏,如《文公出阳人》。同是进谏,形式多样,人物性格一一展示,细细赏析,启发良多。

《国语》善于塑造人物形象。往往寥寥数语,揭示人物内心世界,栩栩如生地展示在人们面前。《骊姬潜杀太子申生》中,展现了骊姬心狠手辣、口蜜腹剑、狡猾阴险、恃宠而骄的贵夫人形象;展现了优施利用俳优身份,与骊姬狼狈为奸的教唆者、帮凶者的形象;展现了里克不敢坚持正义,鼠首两端的中立者形象;展现了申生心存良善,被迫害而不敢反抗的形象。《蓝尹亹避昭王而不载》中,展示了蓝尹亹是一个巧舌如簧、能说会道的人,展示了楚昭王是一个有人君之量的君主,展示了子西是一个愿意倾听意见、吸取教训的人。总之在作者笔下,邵公、管仲、齐桓公、晋文公、范文子、伍子胥、范蠡、季文子等正面人物,荣夷公、伯嚭等反面人物,无不有血有肉地凸现出来,让人赞颂,也让人鞭挞。

《国语》善于采用幽默语言,开展故事情节,展示人物心理活动。《齐姜与子犯谋遣重耳》中写道:"(文公)醒,以戈逐子犯,曰:

'若无所济，吾食舅氏之肉，其知餍乎！'舅犯走，且对曰：'若无所济，余未知死所，谁能与豺狼争食？若克有成，公子无亦晋之柔嘉，是以甘食。偃之肉腥臊，将焉用之？'"幽默而诙谐的语言，化干戈为玉帛，构成了一出戏剧，令人在捧腹中深思。《董叔欲为系援》中，叔向"求系，既系矣；求援，既援矣"幽默而诙谐的语言，辛辣地讽刺了一心想攀高枝、向上爬的董叔。

总之，《国语》的各篇散文，从布局谋篇、人物刻画，到写作手法选择、语言运用，都给后人写作散文提供了有益的启示和借鉴。

第四，《国语》汇集了春秋时期丰富的资料。《国语》是研究春秋时期历史必读之书，从思想内容到语言文字，从典章制度到文化知识，为我们保存了珍贵的资料。在《西周三川皆震，伯阳父论周将亡》中，保存了我国现存最早的关于阴阳学说的记载。在《史伯为桓公论兴衰》中，史伯"和同之论"，通过"五行相杂"来解释世界万物的起源，并在万物与五行关系的论述中提出"和"与"同"这对范畴，开后世"和同之辨"的先河。在《观射父论绝地天通》中，保存了观射父关于人、神关系及原始宗教的看法。在《范蠡谓人事与天地相参乃可以成功》中，保存了阴阳转化及其对立统一关系的重要思想，为我们研究中国哲学史提供了宝贵的资料。在《胥臣论教诲之力》中，保存了我国最早的论述教育在个性发展中的作用的资料。在《悼公即位》中，保存了我国古代选拔师资的资料。在《申叔时论傅太子之道》中，保存了我国古代关于教育原则、教育内容、教育目的、教育方法的资料，为我们研究教育史不可多得的材料。在《曹刿问战》、《单襄公论郤至佻天之功》中，保存了"王天下者必先诸民"的民本思想。在《管仲佐桓公为政》中，保存了我国古代选举贤才的制度。在《管仲教桓公足甲兵》中，保存了允许犯人出军需品赎罪和处以罚金赎罪的制度，为研究我国政治法律制度提供了翔实资料。又如在《虢文公谏宣王不籍千亩》中，保存了古代帝王亲耕籍田、王后亲蚕的制度。在《襄王拒晋文公请隧》中,保存了古代天子、诸侯的墓葬制度。在《定王论不用全烝之故》中,保存了古代对不同对象,选用全烝、房烝、肴烝三种不同的宴享之礼。在《秦伯享重耳以国君之礼》中,保存了古代国君相见,设宴招待,赋诗对答,揖让进退的礼仪制度。在《观射父论祀牲》中,保存了我国古代祭祀用牲制度。在《郤至甲胄见客》中,保存了在战场上将军见敌方国君之礼。这些为我们研究古代礼制提供了不可多得的资料。此外,在《医和视平公疾》中,医和分析"'虫'、'皿'为'蛊'",保存了我国早期的一条训诂学资料。在《师旷论乐》中,保存了音乐史资料。在《伍举论台美而楚殆》中,保存了美学资料。都是非常珍贵的。

《国语》还保留了许多嘉言警语,至今还有其强大的生命力。诸如"楚材晋用"、"尾大不掉"、"十年生聚,十年教训"、"上行下效"、"卧薪尝胆"、"防民之口,甚于防川"、"耀德不观兵"、"以小人之腹,为君子之心"、"小丑备物,终必亡"、"忧德不忧贫"、"武不可觌,文不可匿"、"有优无匮,有逸无罢"、"以俭足用则远于忧"、"人臣而侈,国家弗堪,亡之道也"、"众心成城,众口铄金"、"从善如登,从恶如崩"、"善有章,虽贱赏也;恶有衅,虽贵罚也"、"民劳则思,思则善心生;逸则淫,淫则忘善,忘善则恶心生"、"亡人无亲,信仁以为亲"、"避君三舍"、"君以为易,其难也将至矣;君以为难,其易也将至焉"、"国家之将兴也,君子自以为不足;其亡也,若有余",这些话都可置座右,以为思想之警惕、行为之准则,意义是非常深远的。

《国语》的作者

《国语》的作者,至今还是一个聚讼纷纭的问题。西汉司马迁在《史记·太史公自序》中说:"左丘失明,厥有《国语》。"东汉班固在《汉书·司马迁传赞》中承袭其说曰："及孔子因鲁史记而作《春秋》，而左丘明论辑其本事以为之传（《左传》），又纂异同为《国语》。"并在《汉书·艺文志·春秋类》中说："《国语》二十一篇，左丘明著。"三国吴韦昭在《国语解叙》中说：左丘明作《左传》以后，"雅思未尽"，又"以为《国语》"。故从西汉以来，《左传》和《国语》都被看成是左丘明所作的姊妹篇，《左传》解经，称为"《春秋》内传"，《国语》不主于经，故称"《春秋》外传"。但自唐以后，有人就提出怀疑，认为《国语》与《左传》"事辞或多异同，文体亦不类"，"必非出一人之手"（宋陈振孙《直斋书录解题》），引起争议。近代新史学兴起，怀疑《国语》非左丘明所作之说复兴，但仍未形成一致的意见。我们认为《国语》非出自左丘明之手，而是战国初期熟悉各国历史掌故的人，根据春秋时代各国史官记录的原始材料，加工整理，汇编而成。

《国语》的流传、注释

《国语》约成书于战国时期，经过秦始皇焚书之厄运，至西汉休养生息后，经济繁荣，《国语》复出传世。西汉武帝元朔五年（前124）下诏搜访遗书，至汉成帝河平三年（前26）再次下诏访求遗书。至此，中府藏书山积，便指定刘向等在秘阁校雠国家藏书。《汉书·艺文志》著录："《新国语》五十四篇，刘向分《国语》。"可见刘向曾将《国语》二十一卷，分编为五十四篇。但这个本子早就佚失，我们已不可得见。由于当时史籍较少，故刘歆编《七略》，把史书附在六艺略中，而《国语》则附于六艺略春秋类之下。至西晋荀勖编《中经新簿》，虽按甲、乙、丙、丁分类，把史书从六艺略中析出，独立成丙部，但《国语》仍在经部春秋类下。至清乾隆三十八年（1773）修纂《四库全书》时，才将《国语》列入史部杂史类。

由于《国语》长期被目录学家列在经部春秋类中，处于准经典地位，所以从汉以来著名的经学家郑众、贾逵、王肃、虞翻、唐固等人都为它作过校释和注解，但这些注本均没有流传下来。现在我们能见到的最早、最完备的注本是三国吴韦昭的《国语解》。它保存了郑众、贾逵、王肃、虞翻、唐固等人的训释、注解，并"参之以五经，检之以《内传》，以《世本》考其流，以《尔雅》齐其训"（韦昭《国语解叙》），对《国语》中的字词、名物、制度、史事都作了较为精详的训释和校注，为人们所重视。目前通行的韦昭《国语解》刻本，出于宋刻者有两种：一为宋公序补音本，一为明道本，分别在《四部备要》和《丛书集成》中可以见到。特别是明道本，附有清人黄丕烈的校勘札记二卷，甚便学者。到了清代，考据之学兴盛，对《国语》的校注、考释也取得了丰硕成果。较著名的有洪亮吉《国语韦昭注疏》、董增龄《国语正义》，以及汪远孙《国语三君注辑存》、《国语发正》、《国语明道本考异》（合称《国语校注本三种》）。近人徐元诰《国语集解》和吴曾祺《国语韦解补正》亦便参考。其中《国语集解》采集详备，尤为精审，将清代学者整理《国语》的成就大体收入。上海古籍出版社1978年出版的《国语》校点本，以韦昭注为基础，吸收前人的校勘成果，颇便阅读。

关于《国语直解》

《国语直解》是《国语》的今注、今译、评析解读本，旨在帮助读者扫除古今语言障碍，读懂《国语》，领会思想内容，赏析优美文采，提高道德素养和阅读古籍能力。

《国语》旧本向无篇名，上海古籍出版社1978年出版校点本根据每篇中心内容冠以题目，以利读者。本书沿用其成例，但对较长的篇章则根据内在的逻辑结构、段落层次析为数篇，另立题目，以便阅读;如《史伯为桓公论兴衰》,则析为《史伯论郑应据济、洛、河、颍以自固》《史伯论周衰,楚、秦、齐将兴起》《史伯论谢、郑之间可取而用之》《史伯论西周必然衰亡》《史伯论晋将代周而兴》五篇;如《句践灭吴》,则析为《吴许越成》《句践忍辱负重矢志报仇雪耻》《越不许吴成夫差自杀》三篇。但为了保留作品原貌,在目录中将本书所析的篇目,低两格列于原题之下以示区别。

本书仍按《论语直解》体例,对《国语》的每篇文章先作解题。揭示其主题,概括其内容,理清其结构,指出其意义,起概略的提示作用。其次,列出原文。加上标点,划分段落,便于对照阅读。第三,今译。在忠于原著的前提下,用现代汉语加以直译,在上下难以贯通之处,则适当加以意译。第四,注释。对原文中的难字用拼音字母注音,并注同音汉字;对词义、地名、人物、典章制度、历史沿革、风俗习惯等,简明扼要地加以注释。第五,评析。改《论语直解》中的"评述"为"评析"。逐篇从不同侧面,有重点地加以赏析,或阐明其时代背景,或总结其历史经验教训,或理清其史实,或分析其人物形象,或探讨其写作特色、篇章结构,或发覆探幽揭示其深层含意,或探求其蕴含的思想哲理,既评又析,深入浅出,这是我用心最勤的地方。但由于水平有限,是否能将《国语》内涵的丰富的思想原意,深刻地、充分地、真实地直解出来,还望学者、读者不吝赐教。

本书的撰写和出版,我首先要衷心感谢复旦大学出版社领导的热情关注和大力支持;衷心感谢编辑陈士强先生精心帮助拟定体例,审阅稿件,巧为剪裁,倾注了大量的心血。本书在撰写过程中,参阅了不少先哲今贤的论著,也在此表示衷心的感谢。同时,我也要感谢妻子朱柏林,为了支持我的写作而承担了全部家务劳动,并作为第一读者,为我提出修改意见,查漏补缺,纠正错讹。"以史为鉴,可以知兴替。"我殷切期望读者们能从《国语》中汲取厚重的中国历史文化传统,汲取追求进步的力量,总结治国安邦的历史经验,推进伟大祖国的社会主义现代化建设事业的发展。

来可泓于上海大学慎俭居

2000年1月5日

目录

前言 ………………………………………………………… 1

卷一　周语上

祭公谏穆王征犬戎 ……………………………………… 3
密康公母论小丑备物终必亡 …………………………… 10
邵公谏厉王弭谤 ………………………………………… 13
芮良夫论荣夷公专利 …………………………………… 17
邵公以其子代宣王死 …………………………………… 21
虢文公谏宣王不籍千亩 ………………………………… 23
仲山父谏宣王立戏 ……………………………………… 31
穆仲论鲁侯孝 …………………………………………… 33
仲山父谏宣王料民 ……………………………………… 35
西周三川皆震,伯阳父论周将亡 ……………………… 39
郑厉公与虢叔杀子颓,纳惠王 ………………………… 41
内史过论神 ……………………………………………… 44
内史过论晋惠公必无后 ………………………………… 49
内史兴论晋文公必霸 …………………………………… 56

卷二　周语中

富辰谏襄王以狄伐郑及以狄女为后 …………………… 63
襄王拒晋文公请隧 ……………………………………… 70
阳人不服晋侯 …………………………………………… 75

襄王拒杀卫成公	78
王孙满观秦师	80
定王论不用全烝之故	83
单襄公论陈必亡	89
刘康公论鲁大夫俭与侈	97
王孙说请勿赐叔孙侨如	103
单襄公论郤至佻天之功	106

卷三 周语下

单襄公论晋将有乱	117
单襄公论晋周将得晋国	122
太子晋谏灵王壅谷水	128
晋羊舌肸聘周论单靖公敬俭让咨	140
单穆公谏景王铸大钱	147
单穆公谏景王铸大钟	152
景王问钟律于伶州鸠	160
宾孟见雄鸡自断其尾	168
刘文公与苌弘欲城周	170

卷四 鲁语上

曹刿问战	177
曹刿谏庄公如齐观社	180
匠师庆谏庄公丹楹刻桷	182
夏父展谏宗妇觌哀姜用币	184
臧文仲如齐告籴	187
展禽使乙喜以膏沐犒师	190
臧文仲说僖公请免卫成公	193
臧文仲请赏重馆人	197

展禽论祭爰居非政之宜	200
文公欲弛孟文子与郈敬子之宅	205
夏父弗忌改昭穆之常	208
里革更书逐莒太子仆	212
里革断罟匡君	215
子叔声伯辞邑	218
里革论君之过	221
季文子论妾、马	224

卷五 鲁语下

叔孙穆子聘于晋	229
叔孙穆子谏季武子为三军	232
诸侯伐秦，鲁人以莒人先济	235
襄公如楚	237
季冶致禄	242
叔孙穆子知楚公子围有篡国之心	243
叔孙穆子不以货私免	246
子服惠伯从季平子如晋	250
季桓子穿井获羊	254
公父文伯之母对季康子问	255
公父文伯饮南宫敬叔酒	257
公父文伯之母论内朝与外朝	259
公父文伯之母论劳逸	261
公父文伯之母别于男女之礼	266
公父文伯之母欲室文伯	268
公父文伯卒，其母戒其妾	270
公父文伯之母朝暮之哭	272
孔丘论大骨	273

孔丘论楛矢 ……………………………………… 275
闵马父笑子服景伯 ……………………………… 278
孔丘非难季康子以田赋 ………………………… 281

卷六 齐语

桓公捐仇用管仲 ………………………………… 287
管仲对桓公以霸术 ……………………………… 292
管仲佐桓公为政 ………………………………… 302
桓公为政既成 …………………………………… 307
管仲教桓公亲邻国 ……………………………… 310
管仲教桓公足甲兵 ……………………………… 312
桓公帅诸侯朝天子 ……………………………… 315
葵丘之会天子致胙于桓公 ……………………… 320
桓公霸诸侯 ……………………………………… 322

卷七 晋语一

武公伐翼,止栾共子无死 ……………………… 331
献公卜伐骊戎,胜而不吉 ……………………… 333
史苏论骊姬必乱晋 ……………………………… 341
献公将黜太子申生而立奚齐 …………………… 344
献公伐翟柤 ……………………………………… 348
优施教骊姬远太子 ……………………………… 350
献公作二军以伐霍 ……………………………… 354
优施教骊姬谮申生 ……………………………… 359
申生伐东山 ……………………………………… 364

卷八 晋语二

骊姬谮杀太子申生 ……………………………… 373

公子重耳、夷吾出奔 ⋯⋯⋯⋯⋯⋯⋯⋯⋯⋯⋯⋯⋯⋯ 382
虢将亡,舟之侨以其族适晋 ⋯⋯⋯⋯⋯⋯⋯⋯⋯ 385
宫之奇知虞将亡 ⋯⋯⋯⋯⋯⋯⋯⋯⋯⋯⋯⋯⋯⋯ 388
献公问卜偃攻虢何月 ⋯⋯⋯⋯⋯⋯⋯⋯⋯⋯⋯⋯ 390
宰周公论齐侯好示 ⋯⋯⋯⋯⋯⋯⋯⋯⋯⋯⋯⋯⋯ 392
宰周公论晋侯将死 ⋯⋯⋯⋯⋯⋯⋯⋯⋯⋯⋯⋯⋯ 394
里克杀奚齐而秦立惠公 ⋯⋯⋯⋯⋯⋯⋯⋯⋯⋯⋯ 396
冀芮答秦穆公问 ⋯⋯⋯⋯⋯⋯⋯⋯⋯⋯⋯⋯⋯⋯ 409

卷九　晋语三

惠公入而背外内之赂 ⋯⋯⋯⋯⋯⋯⋯⋯⋯⋯⋯⋯ 413
惠公改葬共世子 ⋯⋯⋯⋯⋯⋯⋯⋯⋯⋯⋯⋯⋯⋯ 414
惠公悔杀里克 ⋯⋯⋯⋯⋯⋯⋯⋯⋯⋯⋯⋯⋯⋯⋯ 418
惠公杀丕郑 ⋯⋯⋯⋯⋯⋯⋯⋯⋯⋯⋯⋯⋯⋯⋯⋯ 419
秦荐晋饥,晋不予秦籴 ⋯⋯⋯⋯⋯⋯⋯⋯⋯⋯⋯ 423
秦侵晋,止惠公于秦 ⋯⋯⋯⋯⋯⋯⋯⋯⋯⋯⋯⋯ 426
吕甥逆惠公于秦 ⋯⋯⋯⋯⋯⋯⋯⋯⋯⋯⋯⋯⋯⋯ 433
惠公斩庆郑 ⋯⋯⋯⋯⋯⋯⋯⋯⋯⋯⋯⋯⋯⋯⋯⋯ 437

卷十　晋语四

重耳自狄适齐 ⋯⋯⋯⋯⋯⋯⋯⋯⋯⋯⋯⋯⋯⋯⋯ 445
齐姜劝重耳勿怀安 ⋯⋯⋯⋯⋯⋯⋯⋯⋯⋯⋯⋯⋯ 448
齐姜与子犯谋遣重耳 ⋯⋯⋯⋯⋯⋯⋯⋯⋯⋯⋯⋯ 454
卫文公不礼重耳 ⋯⋯⋯⋯⋯⋯⋯⋯⋯⋯⋯⋯⋯⋯ 455
曹共公不礼重耳而观其骈胁 ⋯⋯⋯⋯⋯⋯⋯⋯⋯ 458
宋襄公赠重耳以马二十乘 ⋯⋯⋯⋯⋯⋯⋯⋯⋯⋯ 461
郑文公不礼重耳 ⋯⋯⋯⋯⋯⋯⋯⋯⋯⋯⋯⋯⋯⋯ 463
楚成王以周礼享重耳 ⋯⋯⋯⋯⋯⋯⋯⋯⋯⋯⋯⋯ 467

重耳婚媾怀嬴 471
秦伯享重耳以国君之礼 476
重耳亲筮得晋国 481
秦伯纳重耳于晋 484
寺人勃鞮求见文公 489
文公遽见竖头须 493
文公修内政纳襄王 495
文公出阳人 498
文公伐原 501
文公救宋,败楚于城濮 503
郑叔詹据鼎耳而疾号 507
箕郑对文公问 510
文公任贤与赵衰三让贤 512
文公学读书于臼季 516
郭偃论治国之难易 517
胥臣论教诲之力 518
文公称霸 522

卷十一　晋语五

臼季举冀缺 527
宁嬴氏论貌与言 529
赵宣子论比和党 531
赵宣子请师伐宋 534
灵公使鉏麑杀赵宣子 536
范武子退朝告老 539
范武子杖文子 541
郤献子分谤 542
张侯御郤献子 544

师胜而范文子后入 ·············· 546
郤献子等各推功于下 ············ 547
苗棼皇谓郤献子不知礼 ·········· 549
车者论梁山崩 ·················· 551
伯宗妻论民不戴其上难必及 ······ 553

卷十二　晋语六

赵文子冠 ······················ 559
范文子不欲伐郑 ················ 563
晋败楚师于鄢陵 ················ 565
郤至甲胄见客 ·················· 567
范文子论内睦而后图外 ·········· 569
范文子论外患与内忧 ············ 570
范文子论胜楚必有内忧 ·········· 573
范文子论德为福之基 ············ 578
范文子论私难必作 ·············· 580
栾书发郤至之罪 ················ 581
长鱼矫胁栾中行 ················ 584
韩献子不从栾中行召 ············ 587

卷十三　晋语七

栾武子立悼公 ·················· 591
悼公即位 ······················ 594
悼公始合诸侯 ·················· 599
祁奚荐子午以自代 ·············· 602
魏绛谏悼公伐诸戎 ·············· 604
悼公使韩穆子掌公族大夫 ········ 606
悼公使魏绛佐新军 ·············· 608

悼公赐魏绛女乐歌钟 ……………………………… 610
司马侯荐叔向 …………………………………… 612

卷十四　晋语八

阳毕教平公灭栾氏 ……………………………… 617
辛俞从栾氏出奔 ………………………………… 622
叔向母论叔鱼、杨食我之生 …………………… 624
叔孙穆子论死而不朽 …………………………… 625
范宣子与和大夫争田 …………………………… 627
訾祏死,范宣子勉范献子 ……………………… 632
师旷论乐 ………………………………………… 634
叔向谏杀竖襄 …………………………………… 635
叔向论比而不别 ………………………………… 637
叔向与子朱不心竞而力争 ……………………… 638
叔向论忠信而本固 ……………………………… 641
叔向论务德无争先 ……………………………… 643
赵文子请免叔孙穆子 …………………………… 645
赵文子为室,张老谓应从礼 …………………… 649
赵文子称贤随武子 ……………………………… 650
秦后子谓赵孟将死 ……………………………… 652
医和视平公疾 …………………………………… 654
叔向均秦、楚二公子之禄 ……………………… 657
郑子产来聘 ……………………………………… 660
叔向论忧德不忧贫 ……………………………… 662

卷十五　晋语九

叔向论三奸同罪 ………………………………… 669
中行穆子帅师伐狄围鼓 ………………………… 670

范献子戒人不可以不学	674
董叔欲为系援	675
赵简子欲有斗臣	677
阎没、叔宽谏魏献子无受贿	678
董安于辞赵简子赏	680
赵简子以晋阳为保障	682
邮无正谏赵简子无杀尹铎	683
铁之战赵简子等三人夸功	687
卫庄公祷	689
史黯谏赵简子田于蝼	690
少室周知贤而让	691
史黯论良臣	692
赵简子问贤于壮驰兹	694
窦犨谓君子哀无人	696
赵襄子使新稚穆子伐狄	697
智果论智瑶必灭智宗	699
士茁谓土木胜,惧其不安人	701
智伯国谏智襄子	702
晋阳之围	705

卷十六　郑语

史伯为桓公论兴衰	711
史伯论郑应据济、洛、河、颖以自固	711
史伯论周衰,楚、秦、齐将兴起	715
史伯论谢、郑之间可取而用之	719
史伯论西周必然衰亡	720
史伯论晋将代周而兴	726
平王之末,秦、晋、齐、楚代兴	728

卷十七　楚语上

申叔时论傅太子之道 ………………………………… 733
子囊议恭王之谥 ……………………………………… 738
屈建祭父不荐芰 ……………………………………… 740
蔡声子论楚材晋用 …………………………………… 741
伍举论台美而楚殆 …………………………………… 749
范无宇论国为大城,未有利者 ……………………… 754
左史倚相儆申公子亹 ………………………………… 759
白公子张讽灵王宜纳谏 ……………………………… 761
左史倚相儆司马子期唯道是从 ……………………… 766

卷十八　楚语下

观射父论绝地天通 …………………………………… 771
观射父论祀牲 ………………………………………… 776
子常问蓄货聚马,斗且论其必亡 …………………… 782
蓝尹亹避昭王而不载 ………………………………… 787
郧公辛与弟怀,或礼于君,或礼于父 ……………… 790
蓝尹亹论吴将毙 ……………………………………… 792
王孙圉论国之宝 ……………………………………… 794
鲁阳文子辞惠王所与梁 ……………………………… 797
叶公子高论白公胜必乱楚国 ………………………… 799

卷十九　吴语

越王句践命诸稽郢行成于吴 ………………………… 809
吴王夫差与越荒成不盟 ……………………………… 813
夫差伐齐,不听申胥之谏 …………………………… 816
奚斯释言于齐 ………………………………………… 821

申胥自杀 ································· 822
吴、晋争长未成,句践袭吴 ················· 825
吴欲与晋战,得为盟主 ····················· 829
夫差退于黄池,使王孙苟告于周 ············· 836
句践灭吴,夫差自杀 ······················· 839

卷二十　越语上

句践灭吴 ································· 853
　　吴许越成 ····························· 853
　　句践忍辱负重,矢志报仇雪耻 ··········· 858
　　越不许吴成,夫差自杀 ················· 864

卷二十一　越语下

范蠡佐句践灭吴 ··························· 869
　　范蠡进谏句践持盈、定倾、节事 ········· 870
　　范蠡劝句践无蚤图吴 ··················· 876
　　范蠡谓人事至而天应未至 ··············· 877
　　范蠡谓先为之征,其事不成 ············· 879
　　范蠡谓人事与天地相参,乃可以成功 ····· 880
　　越兴师伐吴而弗与战 ··················· 883
　　范蠡谏句践勿许吴成,卒灭吴 ··········· 888
　　范蠡乘轻舟以浮于五湖 ················· 892

附录

国语解叙 ································· 899
参考书目 ································· 903

卷一 周语上

祭公谏穆王征犬戎

【解题】

本篇记叙祭公谋父劝谏周穆王征讨犬戎的言论。以"先王耀德不观兵"立论，引证史实，说明为国者要以德服人，不可滥用武力；要遵守五服之制，伐非其罪。否则，劳师远征将会尝到既损国威又失人心的苦果。穆王不听，果如其言。

穆王将征犬戎①，祭公谋父谏曰②："不可。先王耀德不观兵③。夫兵戢而时动④，动则威⑤；观则玩⑥，玩则无震⑦。是故周文公之《颂》曰⑧：'载戢干戈⑨，载櫜弓矢⑩。我求懿德⑪，肆于时夏⑫，允王保之⑬。'先王之于民也，懋正其德而厚其性⑭，阜其财求而利其器用⑮，明利害之乡⑯，以文修之⑰，使务利而避害，怀德而畏威，故能保世以滋大⑱。

"昔我先王世后稷⑲，以服事虞、夏⑳。及夏之衰也㉑，弃稷不务㉒，我先王不窋用失其官而自窜于戎、狄之间㉓，不敢怠业㉔，时序其德㉕，纂修其绪㉖，修其训典㉗，朝夕恪勤㉘，守以敦笃㉙，奉以忠信㉚，奕世载德㉛，不忝前人㉜。至于武王㉝，昭前之光明而加之以慈和，事神保民，莫弗欣喜。商王帝辛㉞，大恶于民㉟，庶民不忍㊱，欣戴武王，以致戎于商牧㊲。是先王非务武也㊳，勤恤民隐而除其害也㊴。

"夫先王之制㊵，邦内甸服㊶，邦外侯服㊷，侯、卫宾服㊸，蛮、夷要服㊹，戎、狄荒服㊺。甸服者祭㊻，侯服者祀㊼，宾服者享㊽，要服者贡㊾，荒服者王㊿。日祭、月祀、时享、岁贡、终王，先王之训也㉛。有不祭则修意㉜，有不祀则修言㉝，有不享则修文(54)，有不贡则修名(55)，有不王则修德(56)，序成而有不至则修刑(57)。于是乎有刑不祭，伐不祀，征不享，让不贡(58)，告不王(59)。于是乎有刑罚之辟(60)，有攻伐之兵，有征讨之备，有威让之令，有文告之辞。布令陈辞而又不至，则增修于德而无勤民于远(61)，是以近无不听(62)，远无不服(63)。

"今自大毕、伯士之终也(64)，犬戎氏以其职来王(65)。天子曰：'予必以不享征之，且观之兵。'其无乃废先王之训而王几顿乎(66)！吾闻夫犬戎树惇(67)，帅旧德而守终纯固(68)，其有以御我矣(69)。"

王不听，遂征之，得四白狼、四白鹿以归(70)。自是荒服者不至。

【今译】

周穆王将要征伐犬戎，祭公谋父规谏说："不可。从前的圣王都是彰明美德而不炫耀武力。平时聚集兵力而在必要时动用，一动用就会显示出威力，使人畏服；轻易炫耀武力就会穷兵黩武，穷兵黩武就会失去震慑作用。所以，周公在歌颂武王的《诗经·周颂·时迈》一诗中说：'收起兵器干戈，韬藏强弓劲矢。我王寻求美德，让它发扬光大遍及全中国。相信我王一定能永保这种美德。'从前的圣王对于百姓，总是勉励他们修正德性，使他们性情敦厚；为他们扩大财源，使他们富有，而且使他们的器物用具称心顺手；使他们明辨有德为利、失德为害的关系；用礼法来教育他们，使他们能趋利避害，感怀王的恩德而惧怕王的刑威。所以从前圣王的基业能世代相承而不断发展壮大。

"从前我们的先王弃和不窋相继担任农官，尽心奉事虞舜、夏启。到了夏朝衰败的时候，废罢农官，不重视农业生产，我们的先王不窋因此失去了农官的职务，只好自己逃匿到戎、狄之间的邠地。但他仍不敢荒废农业,经常叙说先王弃的德行,继承先王弃的事业,修习先王弃的教导和法度,早晚恭谨勤劳于事业,用敦厚、笃实的作风加以持守,用忠实、诚信的思想加以奉行。从此,世世代代继承美德,不辱没前人。到了武王时,更加发扬前人光辉的美德,而加之以仁慈、和善,奉事神灵,保护百姓,神、人无不欢欣喜悦。商纣王辛,大为民众所痛恨,民众不能忍受他的残暴统治,都乐于拥戴武王,武王这才不得已而出兵商郊牧野。可见先王并不是崇尚武力,而是忧虑民众的痛苦而为他们除祸去患。

"先王的区域和贡赋制度是:王畿以内是甸服,王畿之外是侯服,侯、卫之服以外是宾服,蛮、夷地区是要服,戎、狄地区是荒服。甸服地区要供给天子每天一次祭祖考所需的物品;侯服地区要供给天子每月一次祀高、曾祖所需的祭品;宾服地区要供给天子每季一次祭祀始祖的享献物品;要服地区要供给天子每年一次祭祀远祖和天地之神的贡品;荒服地区则臣服于天子,刚继位时朝见一次,各以其珍贵的特产为礼品。这每天一次的祭、每月一次的祀、每季一次的享、每年一次的贡、终生一次的朝见天子之礼,都是先王规定的训则。如果甸服有不供日祭物品的,天子就要省察自己的思想;侯服有不供月祀物品的,天子就要检查自己所发布的号令;宾服有不供季享物品的,天子就要检查国家的法律政令;要服有每年不来纳贡的,天子就要检查尊卑、职贡、名分;荒服有不来朝见的,天子就要内省自己的德行,加强礼乐教化。依次做到以上五方面的自我检查,仍有不来贡献朝见的,就可以动用刑法了。因此,才有惩罚不祭的、讨伐不祀的、征讨不享的、责让不贡的、晓谕不朝的各种措施。这样,才有惩罚的刑法,有攻伐的军队,有征讨的武备,有责让的命令,有晓谕的文辞。如果发布了责让的命令、晓谕的文辞,还是不来朝贡臣服的,那天子就要进一步修明文德,切不可劳民远征。这样,近处的诸侯没有不听从的,远处的蕃王没有不臣服的。

"现在,自从犬戎的大毕、伯士两位君长去世以后,他们继任的君长都按荒服的职责来朝见天子。而天子您却说:'我一定要用不供时享的罪名去征伐他们,并且向他们炫耀武力。'这岂不是废弃先王的遗训而导致败坏'终王'之制吗?我听说犬戎的君长树立了惇笃而坚朴的风尚,能遵循先人的德行,始终如一地恪守'终王'的制度,凭借这些,就有抵御我们的力量了。"

周穆王不听劝谏,于是出兵攻打犬戎,结果只得到犬戎进贡的四只白狼、四只白鹿回来。从此荒服地区的君长再也不来朝见了。

【注释】

① 穆王:西周第五代国君,姓姬名满。征:上讨下为征,含正其不正之意。犬戎:我国古代活动于陕西泾、渭流域的一个少数民族,亦称畎戎、昆夷、畎夷等,殷、周时比较强大。曾联合申侯攻杀周幽王,迫使周室东迁。 ② 祭(zhài 债)公谋父:姓姬,字谋父,周公的后代,封于祭(今河南荥阳东北),故称祭公。当时为周穆王卿士。谏:下对上的直言规劝。 ③ 耀德:彰明美德。耀,明。观兵:炫耀武力。观,示。 ④ 夫(fú 扶):发语词,无义。戢(jí 及):聚集,收藏。 ⑤ 威:畏,威力。 ⑥ 玩:轻慢,意同"黩",引申为滥用武力、穷兵黩武。 ⑦ 震:惧,惧怕。 ⑧ 周文公:指周公,"文"为周公的谥号。《颂》:指《诗经·周颂·时迈》篇。相传此诗是周公歌颂武王伐纣而作,故称周文公之《颂》。引诗旨在说明偃武修德。 ⑨ 载:语助词,无义。干戈:盾和戟。古代战争中常用的防卫和进攻武器,故也可作兵器的统称,也可指代战争。 ⑩ 櫜(gāo 高):收藏弓的袋子。这里作动词用,收藏。弓矢:弓和箭。 ⑪ 懿德:美德。 ⑫ 肆:传扬。时:通"是"。夏:华夏,中国。 ⑬ 允:信,相信。保:保有,保存。 ⑭ 懋(mào 茂):勉励,鼓励。厚:敦厚。性:情性。 ⑮ 阜(fù 富):大、多。器用:指兵器、农具之类的东西。 ⑯ 明:阐明。乡(xiàng 向):处所、地方,通"向"。 ⑰ 文:礼法。 ⑱ 滋大:发展壮大。滋,增益、加多。 ⑲ 此句《天圣》本、《史记·周本纪》有"王"字,钱敏求、黄丕烈、梁玉绳并从之,故从其旧。但董增龄《国语正义》认为"王"字为衍字,录以备查。世:父子相继为世,即世袭。后稷:周朝的始祖,姓姬名弃,舜时为

农官。古代掌农事的官称后稷,故称弃为后稷。后,君主。稷,官名,掌管农事。 ⑳服事:诸侯定期朝觐、纳贡、出征从戎,或在朝廷任职,以奉事天子。虞、夏:指虞舜和夏启。弃为舜农官,子不窋为夏启农官。 ㉑及:等到、到了。夏之衰:指启子太康时代。太康沉湎于田猎,不恤民事,为羿所杀。 ㉒弃稷:废弃农官。不务:不从事农业生产。 ㉓不窋(zhú竹):弃之子。用:因此。窜:逃窜、藏匿。戎、狄之间:尧封弃于邰,不窋失农官,离邰而迁于邠(今陕西彬州附近)。邠西接戎,北近狄,故言戎、狄之间。 ㉔业:指农业。 ㉕序:通"叙",叙说、布陈。 ㉖纂(zuǎn缵):继续、继承。绪:事业。 ㉗训典:教训和法则。以上三"其"字,均指弃而言。 ㉘恪(kè客):恭敬、谨慎。 ㉙敦笃:敦厚笃实。 ㉚以:介词,用、拿。 ㉛奕世:累世,代代相承。奕,重,次第。载:承。 ㉜忝(tiǎn舔):辱、辱没。前人:指自弃、不窋至文王,一说指弃。按文意前说为长。 ㉝武王:即周武王,姓姬名发,文王之子。曾率诸侯灭商,为西周开国君主。 ㉞商王帝辛:殷商的末代君主纣王,姓子,辛是他的名字。 ㉟恶(wù物):厌恶、憎恶。 ㊱庶民:一般人民,即老百姓。 ㊲致戎:出兵。商牧:商都朝歌郊区牧野地方,在今河南淇县南。公元前1046年正月,周武王率戎车三百乘、虎贲三千人、甲士四万五千人伐商。殷纣王发兵七十万(一说十七万。以十七万近是)抵御,大战于牧野。纣兵马前倒戈。二月底周兵攻破朝歌,纣王在鹿台自焚,商朝灭亡。史称牧野之战。 ㊳务武:从事武力。 ㊴恤:体恤、忧恤。隐:痛苦、疾苦。 ㊵制:制度。 ㊶邦内:指国都四周方圆千里的地区,由天子直接统辖。夏称邦内,商称邦畿,周又称王畿。甸(diàn电)服:指天子直辖的国都及郊外约周围千里区域。甸,治田。甸服内之人以耕作田地交税出赋服事天子,故称甸服。 ㊷邦外:指甸服以外五百里的区域,天子分封给诸侯。侯服:侯国之服,指诸侯国为王前驱而服事天子。侯,斥侯,即古代行军作战时在前沿侦察敌情的人。 ㊸宾服:侯服以外五百里区域,介于诸侯和边疆之间,既是诸侯国的外卫,又不是诸侯国。按礼,只定期朝见天子,天子以宾客待之,故称宾服。

㊹ 要服:宾服之外五百里的区域。要,束缚。蛮夷之地离国都已远,天子依靠与之订立盟约,羁縻、约束其服事天子,故称要服。　㊺ 荒服:要服之外五百里的区域。戎狄之地离国都更远。以其荒野,顺应其风俗而使之服事天子,故称荒服。　㊻ 祭:指天子每天祭祖考,物品由甸内人供应。　㊼ 祀:指天子每月祀高祖、曾祖,物品由侯服君主供应。　㊽ 享:献。指天子四季的享献,祭祀始祖,由宾服君主供应物品。　㊾ 贡:岁贡。要服君主每六年朝觐天子一次,贡纳祭品供天子祭祀远祖及天地之神。　㊿ 王:臣服于天子。韦昭《国语注》云:"王,王事天也。《周礼》,九州之外谓之蕃国,世一见,各以其所贵宝为贽。"戎狄君长承认周天子的正统地位,表示臣服,每一王终,新王继位,即携本国所贵珍宝作为礼物来朝见天子一次。　㊿¹ 训:训则,引申为制度。　㊿² 意:思想意念。　㊿³ 修言:修正发布的号令。　㊿⁴ 修文:检查政令教化有否缺失。　㊿⁵ 修名:检查尊卑职贡名分。　㊿⁶ 修德:检查修正礼乐仁义的文德。　㊿⁷ 序:次序、次第,指以上意、言、文、名、德五者次序。刑:刑罚。　㊿⁸ 让:责让、谴责。　㊿⁹ 告:文告,用如动词,即用文辞通告。　⑥⁰ 辟:法,法令。　⑥¹ 勤民:劳苦于人民。　⑥² 近:指诸侯国。　⑥³ 远:指偏远蕃国。　⑥⁴ 大毕、伯士:犬戎君长的名字。　⑥⁵ 职:指犬戎嗣子按礼贡方物朝天子。　⑥⁶ 无乃:恐怕,副词,表推测或反问。几顿:倾覆败坏。　⑥⁷ 树惇:树立敦厚朴实之风。　⑥⁸ 帅:遵循。旧德:指先王之训。守终:守终生入朝一次之礼。纯固:专一。　⑥⁹ 其有以御我矣:指犬戎遵先王之训,循礼而守职,以正义应非正义。　⑦⁰ 白狼、白鹿:犬戎所贡礼物。

【评析】

约公元前967年,西周穆王将用"不供时享"的罪名去征伐犬戎。穆王是昭王的儿子,昭王南巡,劳民伤财,人民非常怨恨。楚人用胶水粘成的船让他乘坐渡汉水,船到中流,胶溶,船身解体,昭王沉水而死。穆王即位时已经五十岁了。当时王道衰微,他想振兴王业,采用穷兵黩武的政策,曾西击犬戎,东攻徐戎。传说他曾周游天下,到西方会见过西王母。《穆天子传》就是写他西游的故事。

本篇作于穆王将征犬戎之时,是历史名篇。司马迁在《史记·周本纪》中曾全文引录。此后选编的各种文选,大都选进此文。从文章本身看,全文以"先王耀德不观兵"立论。"耀德"与"观兵"是一句对文,观兵也就是耀兵,宣扬武力。首先,祭公引用周公偃武修德思想为依据,说明周代先王敬德保民,以德服人,"耀德不观兵",故能取得"保世以滋大"的积极效果。当然,祭公在分析不观兵时,也并非全盘否定讲武、用兵,他所否定的只是穷兵黩武、滥用武力,而不反对正当的用兵。如何区分正当使用武力和滥用武力呢?祭公认为有两个标准。第一,是否对百姓有利,能解除百姓于倒悬之中。武王伐纣,就是"勤恤民隐而除其害",将百姓从纣王的残暴统治中拯救出来,这样的用兵是正义的。第二,是否遵守礼制。对不遵守礼制的诸侯、蕃王,在修德、教化无效的基础上可以"修刑"。修刑就是用兵,在古代,大刑用甲兵,用兵是最大的刑罚,称为天讨。但对遵礼者用兵,则是滥用武力,会陷入非正义。尽管对残民者、不守礼制者可以用兵,但用兵是不得已之举,"非务武也"。在这个问题上,统治者往往分不清正当用兵和穷兵黩武的界线,周穆王就是其中的一个。隋炀帝炫耀武力,出兵征高句丽,激起辽东人民的反抗,起义的烽烟四起,一个统一的威动殊俗的隋帝国霎时间灰飞烟灭。唐太宗算得上是英明君主了,但在贞观后期,踌躇志满,不听谏阻,劳师远征高句丽。结果征而不服,让贞观之治在暗淡中结束。

其次,祭公引用先王五服贡赋制度为根据,说明对遵守礼制的诸侯、蕃王应"耀德不观兵"。在我国古代地域与贡赋是联结在一起的,按地域远近确定贡赋多少。据《汉书·地理志》说:禹治洪水,"水土既平,更制九州,列五服,任土作贡"。说明向天子进贡方物是从禹开始的;进贡方物是按甸服、侯服、宾服、要服、荒服远近不同的距离,随土所宜,进贡各地的土特产。犬戎贡献白狼、白鹿就是其例。贡赋合一,贡物以代租赋,租赋即是贡物。祭公认为,即使不供"日祭、月祀、时享、岁贡、终王",也应"修意、修言、修文、修名、修德",先检查自己是否有违礼缺失,修文德以来之,而不应耀兵。论证先王无观兵于远国之事,何况犬戎遵"终王"之礼弗失,怎么可以对他耀兵呢?行文至此,水到渠成,正面告诫穆王,以"不供时享"为由去征犬戎,将会师出无名而破坏对待荒服的"终王"之礼。穆王不听,得到暴兵露师、伤威毁信、"荒服者不至"的结果。全文结构严谨,紧扣主题,层次清楚,有很强的说服力。

从文章的意义看,祭公"耀德不观兵"的思想,发轫于周公"以德配天"、"明德慎罚"、"敬德保民"思想。孔子继承其观点,主张"为政以德"。他说:"为政以德,譬如北辰,居其所而众星共之。"(《论语·为政》)孟子则发展成为仁政思想,反对使用武力,提出"善战者服上刑"观点。汉人总结治国的历史经验,提出"以德为主,以刑为辅"的治国手段,一直为历代所遵循,成为传统的治国命题,产生深远的影响。这里值得注意的是,祭公在"耀德"上着眼于"修意"的观点。这涉及品德修养中的实质问题,即人的思想意识是受物质利益制约的,要提高自己的道德品质,必须净化内心世界,克制形形色色的物欲诱惑,自觉地以社会公德来约束自己。内心有美德,才会有外在的美好行动,受人景仰。"其身正,不令而行;其身不正,虽令不从。"(《论语·子路》)所以,在修德与用德之间,以修德为主。

密康公母论小丑备物终必亡

【解题】

本篇叙述密康公违背礼制,娶了同姓的三个女子,不接受其母"小丑备物,终必亡"的劝告,终至亡国的史事。

恭王游于泾上①,密康公从②,有三女奔之③。其母曰④:"必致之于王⑤。夫兽三为群,人三为众,女三为粲⑥。王田不取群⑦,公行下众⑧,王御不参一族⑨。夫粲,美之物也。众以美物归女⑩,而何德以堪之⑪?王犹不堪,况尔小丑乎⑫?小丑备物⑬,终必亡。"康公不献。一年,王灭密。

【今译】

周恭王到泾河边游玩,密康公随从陪游,有三个同姓的女子私奔密康公。康公的母亲说:"你一定要把她们进献给天子。三只野兽在一起可以称为群,三个人在一起可以称为众,三个女人在一起可以称为粲。天子出猎获得三只野兽他不尽取,诸侯行事要与众人商议,天子不选三个同父所生的姊妹为嫔妃。粲是美好的尤物,三个美好的尤物都为你所有,你有什么德行来承受她呢?天子尚且不能承受,何况你这个小人物呢?小人物而享受太多美好的东西,最终必定会自取灭亡。"康公不肯将三个美女献给天子。过了一年,周恭王灭掉了密国。

【注释】

① 恭王:周恭王,穆王之子,名伊扈,《史记·周本纪》作繄扈。泾:水名,源于今宁夏六盘山东麓,流经甘肃省,至陕西高陵入渭河。西周国都镐京即在泾、渭两水交汇处附近。 ② 密:西周诸侯国名,故址在今河南新密东南。康公:密国国君,姬姓。从:随从,陪同。 ③ 奔:古时女子不由媒而私与男子结合叫奔。 ④ 其母:密康公之母。据刘向《列女传》,"康公母,姓隗氏"。 ⑤ 致:送、献。 ⑥ 粲(càn 灿):美好,这里也含有美女多之意。 ⑦ 王田不取群:天子打猎得三兽,王不尽取。《史记》张守节正义引曹大家说:"田猎得三兽,王不尽取,以其害深也。"因古代以三为多凶。 ⑧ 公行下众:诸侯行事要与众人商议,以示谦恭尊贤。此句《史记·周本纪》作"公行不下

众",句意不洽。公,诸侯。　⑨ 御:妃嫔。参:三。一族:指同父所生的三姊妹。　⑩ 女(rǔ汝):同"汝",你。　⑪ 堪:任、承受。　⑫ 小丑:指卑下的小人物。丑,类。　⑬ 备物:物备,指美色财富很多。

【评析】

本篇虽然短小,但蕴含着深刻的哲理。《史记·周本纪》全文照录,刘向将它归入《列女传·贤明类》以警戒世人。

本篇的中心思想是"小丑备物,终必亡"。密康公母亲隗氏从其子得到同姓三女却不愿献给天子的事例中,敏锐地察觉到密国必亡。在我国古代,礼不逾制,亲亲有序,尊卑有等,越礼而享受不应有的职位、名分,将会消受不起而招来祸殃。密康公之母并不只看到康公受了三个同姓女子就会亡国,而是看到接受三个女子的背后,无穷的贪欲将会迅速膨胀起来,腐蚀人的灵魂,吞没人的理智,走向灭亡。密康公之母确实具有敏锐的政治洞察力。动物中有一种叫蝜蝂的小虫,善于背负东西,行走时见到路上有食物,就取来驼在背上,昂着头爬行。即使压得爬不动了,仍继续往自己背上放东西,终于被压死。唐代柳宗元以此为题材写过一篇《蝜蝂传》,讽喻贪得无厌者。晋朝石崇,"资产累巨万金,宅室舆马,僭拟王者。庖膳必穷水陆之珍,后房百数,皆曳纨绣,珥金翠,而丝竹之艺,尽一世之选。筑榭开沼,殚极人巧。"(《世说新语·汰侈》转引《续文章志》)穷奢极欲,终因贪恋名妓绿珠,而被孙秀矫诏诬杀于东市(《晋史·石崇传》)。明朝太监魏忠贤原是一无赖,自宫为太监,得到熹宗宠信,"内外大权一归忠贤"。"所过,士大夫遮道拜伏,至呼九千岁。"(《明史·魏忠贤传》)气焰嚣张,贪得无厌,终于被千刀万剐而死。这样的人历史上多的是。密康公之母能以"小丑备物,终必亡"的道理教育身为诸侯的康公,告诫他切勿纵情于物欲而自取败亡,这对统治者、对一般人都有垂戒意义。

邵公谏厉王弭谤

【解题】

本篇记叙西周末年邵公规谏厉王勿用高压手段钳制国人舆论的说辞。厉王不听忠告,终于被起义的国人流放到彘地。

厉王虐①,国人谤王②。邵公告王曰③:"民不堪命矣④!"王怒。得卫巫⑤,使监谤者,以告⑥,则杀之。国人莫敢言,道路以目⑦。

王喜,告邵公曰:"吾能弭谤矣⑧,乃不敢言⑨。"

邵公曰:"是障之也⑩。防民之口,甚于防川⑪。川壅而溃⑫,伤人必多。民亦如之。是故为川者决之使导⑬,为民者宣之使言⑭。故天子听政⑮,使公卿至于列士献诗⑯,瞽献曲⑰,史献书⑱,师箴⑲,瞍赋⑳,矇诵㉑,百工谏㉒,庶人传语㉓,近臣尽规㉔,亲戚补察㉕,瞽、史教诲㉖,耆、艾修之㉗,而后王斟酌焉。是以事行而不悖㉘。民之有口,犹土之有山川也㉙,财用于是乎出㉚;犹其有原隰衍沃也㉛,衣食于是乎生。口之宣言也,善败于是乎兴㉜。行善而备败㉝,其所以阜财用㉞、衣食者也。夫民虑之于心而宣之于口,成而行之㉟,胡可壅也㊱?若壅其口,其与能几何㊲?"

王不听,于是国人莫敢出言。三年㊳,乃流王于彘㊴。

【今译】

周厉王暴虐无道,国人指责他。卿士邵公告诉他说:"民众忍受不了暴虐的政令了。"厉王大怒。厉王找到卫国一个巫师,命他监视指责天子的人,只要卫巫一报告,厉王就把被告发的人杀掉。国人不敢说话,路上相遇只用目光示意。

厉王很高兴,告诉邵公说:"我能平息谤言了,他们不敢再说诽谤的话了。"

邵公说:"这是堵住民众的嘴巴罢了。堵住民众的嘴巴,比堵住河流的后果还要严重。河流壅塞而一旦溃决,一定会伤害很多人。堵民众的嘴巴也是一样。所以治水的人应疏浚水道,使水畅流;治理民众的人应启发他们,让他们说话。所以,天子处理政事,要三公九卿以至士人进献讽谏的诗篇,要乐官进献反映民意的乐曲,要史官进献可资借鉴的史书,少师进箴言,瞍者诵读讽谏之诗,蒙者诵读讽谏的文辞,各种手工艺者在工作中乘机进谏,平民的意见通过别人转达给天子,常在国君左右的近臣尽心规谏,宗室姻亲弥补、监察,乐师、史官用音乐、礼法进行教诲,元老、重臣戒饬监督,然后由天子斟酌取舍。这样,政事施行起来才不致违背情理。人有嘴巴,好比大地上有山河一样,财富、用度就是从这里生产出来的;又好比高低起伏的大地上有平原、沃野一样,衣服、食物就是从这里产生出来的。引导人们发表意见,国家政事的好坏才能体现出来。推行善政,防范秕政,这就是用来丰富财物、器用和衣服、食物的方法。民众心里考虑的事从嘴里流露出来,这是很自然的事,考虑成熟,付诸行动,怎么可以强行阻止呢?如果堵住他们的嘴巴,那能维持多久呢?"

厉王不听忠告,于是国都里没有人敢说话。过了三年,国人便把厉王流放到彘地去了。

【注释】

① 厉王:周厉王,姓姬名胡,夷王之子,公元前878年即位,在位三十七年。虐:暴虐。　② 国人:西周及春秋时期,对居住在国都里的居民的统称,主要是士、平民、工商业者。谤:诽谤,指责。　③ 邵公:一作召公。厉王的卿士,召康公之孙,名虎。因封于召(今陕西岐山西南),故称召公。谥"穆",故称召穆公。　④ 不堪:不能忍受。命:令,指厉王暴虐的政令。　⑤ 卫巫:卫国的神巫。　⑥ 以告:把谤

者的话报告给厉王。　⑦ 道路以目:相遇于路,只能用目光示意,敢怒而不敢言。　⑧ 弭(mǐ米)谤:消除诽谤的话。弭,止、息。　⑨ 乃:副词,于是、就。　⑩ 障:本义为防水堤,作动词用,堵塞、阻挡。　⑪ 甚:严重、厉害。　⑫ 壅(yōng拥):堵塞。溃:溃决,决堤泛滥。　⑬ 为川者:治水的人。为,治。下文"为民者"之"为"同义。决:疏浚。导:疏通。　⑭ 宣:启发、启示。　⑮ 听政:管理政务。　⑯ 公、卿、列士:皆周朝官名。太师、太傅、太保为三公;少师、少傅、少保、冢宰、司徒、宗伯、司马、司寇、司空为九卿;士分上士、中士、下士,故称列士。献诗:公卿列士对政治有所讽谏,用献诗的方式表达,所献的诗可能采自民间的风谣。　⑰ 瞽(gǔ古):盲人,指乐官。古代乐官皆由盲人充任,又称太师。曲:乐曲。　⑱ 史:指外史之官。书:古代典籍。　⑲ 师箴(zhēn针):少师进箴言。师,指少师,次于太师的乐官。箴,一种具有劝戒意义的韵文。　⑳ 瞍(sǒu叟):眼中没有黑瞳仁的盲人。赋:不歌而诵,即今之朗诵。　㉑ 矇:眼中有瞳仁而失明的人。诵:朗诵。　㉒ 百工:各种手工艺者。　㉓ 庶人:平民。传语:他们的街谈巷议经过别人间接传达给天子。　㉔ 尽规:进规谏之辞。尽,同"进"。　㉕ 亲戚:宗室和姻亲。　㉖ 瞽、史教诲:太师用音乐,太史用礼法进行教诲。　㉗ 耆(qí棋):古代六十岁的人叫耆。艾:古代五十岁的人叫艾。耆、艾,这里指元老重臣。修:戒饬、警告。　㉘ 悖(bèi背):违背道理。　㉙ 犹:如同、好像。　㉚ 于:从。是:这。乎:助词,无义。　㉛ 原:宽阔而平坦的土地。隰(xí习):低下而潮湿的土地。衍:低下而平坦的土地。沃:有河流灌溉的土地。　㉜ 善败:成功与失败。兴:举。　㉝ 行善而备败:推行好的,防范坏的。备,防范。　㉞ 阜:增多、丰富。　㉟ 成:指考虑成熟。　㊱ 胡:何、怎么。　㊲ 其与能几何:那能维持多久呢? 几何,多久。　㊳ 三年:过了三年,其年为公元前841年。　㊴ 流:流放、放逐。彘(zhì质):地名,在今山西霍州。

【评析】

本篇记叙了周厉王三十七年(前841)我国历史上第一次国人暴动

的历史。起因是周厉王当政期间,贪婪暴虐,任用荣夷公实行独占山林川泽的"专利"政策,与民争利,激起国人的强烈不满,议论弊政,怨声载道。厉王不听邵公忠告,反而滥用天子淫威,派卫巫监视国人,严禁谈论国事,一经告密,即行杀戮。国人在厉王的白色恐怖下,道路以目。厉王自以为得计,但过了三年,公元前841年,国人暴动,将穆王流放到彘地,即今山西霍州境内。同年,西周由周公、邵公联合执政,改历为共和元年,这是我国历史上有确切纪年的开始。

邵公劝谏厉王的这篇说辞,主题是如何对待民众的舆论问题。是壅还是导,是欢迎还是抵制,"善败于是乎兴",是国家兴亡的分水岭。从文中看出,我国古代天子治理国家,非常重视民众舆论,有一套多渠道听取臣民意见的制度。公、卿、列士等各级官员用献诗的方法对政治有所讽谏,所献的诗可能就是采自民间的风谣。乐官将采自民间的歌谣谱成乐曲,演奏给天子听,从音乐的喜怒哀乐感情中,体察民众对政治的反应。史官献书,总结历史上的成败得失、经验教训,作为为政治国的借鉴。少师献具有讽谏意义的韵文,纠正天子的缺失。让瞍者朗诵公卿列士所献之诗给天子听;让蒙者朗诵史官所献的史书和少师所献的箴言给天子听;让为国君服役的手工业者在工作中乘机规谏;一般平民没有机会向天子进谏,平日的街谈巷议也能间接地转达给天子。让近臣尽心尽意进规谏之辞;让宗室和姻亲监察天子政治上的过失,予以帮助纠正。天子听了乐师和史官的经验教训,听了元老重臣的教诲,斟酌损益,付诸实施,自然符合国情、应顺民意而很少败事的了。这是一套值得注意的吸取民众意见的传统治国经验,至今仍有现实意义。

至于对待民众舆论,邵公主张"宣之使言",引导、启发民众把心里的真话、实话讲出来。让人说话,天不会塌下来。而不能采用"壅"的办法,"防民之口,甚于防川"。"壅"的结果,将会是比河流决口伤人更严重的祸害。这无疑是非常正确的。这一点郑国的子产做得比较好,他不毁乡校(乡间的公共场所),让民众能在乡校里发表意见、议论执政。有一个叫然明的大夫，也曾劝子产毁坏乡校，压制舆论。但子产却说："夫人朝夕退而游焉，以议执政之善否。其所善者，吾则行之；其所恶者，吾则改之。是吾师也，若之何毁之？"（《左传·襄公三十一年》）子产重视民众舆论，使介于晋、楚两大国之间的郑国国治民安。而秦始皇恰恰相反，禁止民众舆论，焚书坑儒，实行高压政策，"忠言未卒于口，而身为戮没矣"（《史记·秦始皇本纪》），致使统一的秦帝国二世而亡。

当然要接受民众意见，必须有宽广的胸怀。周公礼贤下士，"一沐三捉发，一饭三吐哺"（《史记·鲁世家》），认真听取他们的意见，致有成康之治。唐太宗善于纳谏，终于取得贞观之治的成效。殷纣王不喜人谏，"微子去之，箕子为之奴，比干谏而死"（《论语·微子》）。贤臣星散，士兵倒戈，终于身死国灭。周厉王不听邵公规谏，终于被流亡于彘。"导之使言"，广泛听取民众意见，是为国当政者永远应该记取而身体力行的。

本文结构谨严，列譬设喻，语言简练，形象生动，是历史名篇。为《史记·周本纪》全文引录。所不同的是最后一句，《史记》作"三年，乃相与畔，袭厉王。厉王出奔于彘"，与本篇略有不同。本篇说厉王是被国人放逐的，而《史记》说是厉王自己出逃的。由于《国语》成书比《史记》早，还是从《国语》之说为好。

芮良夫论荣夷公专利

【解题】

本篇记叙芮良夫劝谏周厉王，切勿纵容荣夷公垄断山林川泽，实行专利政策，与民争利。以"夫利，百物之所生也，天地之所载也，而或专之，其害多矣"立论，引《诗》为据。认为国君应广开财源而施惠于民，使神人百物各得其度。从而得出"今王学专利"，"荣公若用，周必败"的结论。事实证明,芮良夫的见解是正确的。

厉王说荣夷公①,芮良夫曰②:"王室其将卑乎③!夫荣公好专利而不知大难④。夫利,百物之所生也⑤,天地之所载也⑥,而或专之⑦,其害多矣。天地百物,皆将取焉,胡可专也⑧?所怒甚多,而不备大难,以是教王⑨,王能久乎?夫王人者⑩,将导利而布之上下者也⑪,使神人百物无不得其极⑫,犹日怵惕⑬,惧怨之来也。故《颂》曰⑭:'思文后稷⑮,克配彼天⑯。立我蒸民⑰,莫匪尔极⑱。'《大雅》曰⑲:'陈锡载周⑳。'是不布利而惧难乎㉑?故能载周,以至于今。今王学专利,其可乎?匹夫专利㉒,犹谓之盗,王而行之,其归鲜矣㉓。荣公若用㉔,周必败。"

既㉕,荣公为卿士㉖,诸侯不享㉗,王流于彘。

【今译】

　　周厉王喜欢荣夷公,芮良夫说:"周王室大概就要衰微了!荣夷公喜欢追求独占财利而不知畏惮收敛。利,是从万物中产生出来的,是天地化育而成的,假若有人想垄断它,那害处就多了。天地百物,人人都可以取用,怎么可以垄断呢?独占财利一定会激怒很多人,而又不知畏惮而肆意妄行,将是非常危险的。用这种办法来教导国王,国王的王业能长久吗?做国王治理天下的人,要广开财源而分配给上上下下的人,使神明、百姓和天地百物没有不得其度。即使这样,每天还戒慎恐惧,唯恐招来怨恨。所以,《诗经·周颂·思文》篇说:'这个有文德的后稷,功德能够配享上天。教导万民种出谷物得以生存,人民无不蒙受您的大德。'《诗经·大雅·文王》篇也说:'文王将财利恩惠广泛地赐给天下人民,开创周朝的王业。'后稷和文王不是施恩惠给人民而又存戒惧之心吗?所以能开创王业而延续至今。今天您却去学垄断财利,这怎么可以呢?普通百姓独占财利,尚且被称为强盗,作为国王而推行这种专利政策,那么归附您的人就会越来越少。荣夷公如果被重用,周朝的王业一定要衰败。"

不久,荣夷公被任命为卿士,诸侯都不来朝觐献享,厉王也被流放到彘地。

【注释】

① 说(yuè 悦):通"悦",高兴、喜悦。荣夷公:周同姓畿内诸侯,为周天子卿士。荣,封国名,在今陕西鄠邑。夷,谥号。 ② 芮(ruì 锐)良夫:周大夫。芮,封国名,在今陕西大荔东南。 ③ 其:大概、恐怕。卑:微、衰微。 ④ 专:擅。难:畏惮。 ⑤ 百物:万物,泛言其多。 ⑥ 载:成,指受天地之气以成百物。 ⑦ 或:有人。 ⑧ 胡:何、怎么。 ⑨ 是:这,指专利。 ⑩ 王人者:为王治理人民的人。 ⑪ 导:开导、疏通。利:财源。布:赋、施给。上下:上指天神,下指民众。 ⑫ 极:中,本义为房屋中栋,引申为适中、适度。 ⑬ 怵惕(chù tì 触替):戒慎恐惧。 ⑭ 《颂》:指《诗经·周颂·思文》篇,这是一首周人祭祀其始祖后稷的乐歌。 ⑮ 思:发语词,无义。文:文德。后稷:周的始祖,名弃,舜的农官,教民播种百谷。 ⑯ 克:能、能够。 ⑰ 立:同"粒",谷粒。蒸民:众民。 ⑱ 匪:通"非",不。极:极点,引申为大德。 ⑲ 《大雅》:指《诗经·大雅·文王》篇,这是一首歌颂周文王功德的诗。 ⑳ 陈(shēn 申):通"申",一再、重复。锡:通"赐",赐予。载:与"哉"义同,创建。 ㉑ 是:指代后稷与周文王。 ㉒ 匹夫:古代指平民中的男子。 ㉓ 归:归附的人。鲜:少。 ㉔ 用:用事,即当政、执政。 ㉕ 既:不久。 ㉖ 卿士:又称卿事,西周、春秋时官名,王朝的执政官。 ㉗ 享:献。

【评析】

本篇与前篇有关。周厉王不但专横暴虐,而且贪黩财货。他任用荣夷公垄断山林川泽,实行专利政策,与民争利。芮良夫认为世界上的万物,是天地化育而成,是人民衣食之源、生活之资,人人都可以享用。作为国王应为民众广开财源,而施利于民,才能长治久安。如果加以垄断,夺民衣食,将会民怨沸腾,导致败亡。因此他向厉王进谏,反对任用荣夷公推行专利政策。厉王不听,一意孤行,终于被愤怒的国人流放到彘地。

如何对待财利,确是为国当政者所应郑重对待的问题。芮良夫反对专利的思想,为后来的儒家所继承、发挥。儒家主张以义为利,藏富于民,不与民争利。财散则民聚,财聚则民散,这是事业成败、国家兴亡的关键所在。孔子说:"放于利而行,多怨。"(《论语·里仁》)依私利而行动,一定会招致许多怨恨。孟子说:"何必曰利?亦有仁义而已矣……上下交征利而国危矣。"(《孟子·梁惠王上》)《大学》说:"国不以利为利,以义为利也。"就是说治理国家不应以聚敛财富为有利,而以追求崇高的仁义为有利。有若说:"百姓足,君孰与不足;百姓不足,君孰与足。"(《论语·颜渊》)他们的着眼点都在于以义为利,在上位者宜注重仁义,不与民争利。若在上者放利而行,利壅于上,民困于下,所谓"长国家而务财用",必使灾害并至,民多怨愤。在上位者固然不能纵心求利,招致怨恨,即使一般人为人处事,也不能过分强调个人私利,以利为结合点,"欲利于己,必害于人"(《论语集注》),必然会因利害冲突而招致怨恨。

然而,不少人往往以利为利,见财起意。历史上纵利而激起民怨被杀身亡的教训,比比皆是。周厉王是一个,他不听芮良夫的忠告,实行专利,终于被赶下台。梁惠王是一个,开口闭口言利,终至境土日削,迁都于梁(今河南开封)以避秦。后唐庄宗与后梁夹河攻战十年,历尽艰难困苦推翻后梁。他即位称帝以后,与刘皇后专事聚敛,内府珍宝山积而吝不赏军,结果被哗变的亲军杀死(《新五代史·唐庄宗纪》)。明朝福王常洵为神宗所宠爱,神宗将税使、矿使搜刮到的珍珠宝贝、钱币以亿万计赐给他,还赐给他庄田四万顷,中州沃土不够,取山东、湖广田补足。常洵还不满足,又取江都至太平沿江杂税、四川盐井榷茶银归己,在洛阳设店与民争利。人民切齿痛恨,李自成起义军攻破洛阳,常洵被杀,人民争欲寝其皮而食其肉,称为吃"福禄肉"(《明史·诸王五》)。

本篇观点鲜明,论据充足,语言简练,说理透辟。司马迁在《史记·周本纪》中全文引录。

邵公以其子代宣王死

【解题】

本篇记叙邵公以自己的儿子冒充厉王之子靖,让起义的国人杀死,并抚育靖成长而立之为天子的史实。

彘之乱①,宣王在邵公之宫②,国人围之。邵公曰:"昔吾骤谏王③,王不从,是以及此难④。今杀王子,王其以我为怼而怒乎⑤!夫事君者险而不怼⑥,怨而不怒,况事王乎?"乃以其子代宣王。宣王长而立之。

【今译】

在周厉王被放逐到彘的变乱中,宣王躲藏在邵公家里避难,国人包围了邵公的家,逼他交出宣王。邵公说:"从前我多次规谏厉王,厉王不听,所以才罹受这样的祸难。现在如果太子被杀,厉王大概会以为我怨恨他而迁怒于他的儿子吧!凡是奉事国君的人虽身处险境而不能怨恨,即使内心怨恨也不能迁怒于人,何况奉事天子呢?"于是就让自己的儿子代替宣王死难。邵公抚养宣王长大成人又拥立他为天子。

【注释】

① 彘之乱：指公元前841年发生国人暴动，流放厉王于彘。 ② 宣王：周宣王，前827年至前782年在位，厉王之子，名靖（一作静）。受到邵公保护。公元前828年厉王在彘地卒，周公、邵公奉其为天子。宫：屋的通称。古代不论贵贱，住房都可称宫；秦汉以后，专称帝王所居之屋为宫。 ③ 骤：数、多次。 ④ 及：至，罹受。 ⑤ 其：大概、恐怕，表猜测。憝（duì 对）：怨恨、怨愤。 ⑥ 君：君主，这里指诸侯，以示与王（天子）区别。

【评析】

本篇与上两篇有关。公元前841年国人暴动，厉王被放逐于彘，太子靖逃到邵公家避难。愤怒的国人包围了邵公家，逼邵公交出太子。邵公担心如果交出太子，厉王会怀疑他由于怨恨而迁怒于其子，失去"险而不憝，怨而不怒"的为臣之礼。所以邵公将自己的儿子冒充厉王的儿子送出去，让国人杀死。邵公与周公一起主持国政，号称共和行政，并精心扶养太子靖成长。等到公元前828年厉王在彘病死，邵公便拥立靖为天子，是为宣王。他与周公竭诚辅佐。宣王"修政，法文、武、成、康之遗风，诸侯复宗周"（《史记·周本纪》），号称中兴，邵公功不可没。

无独有偶，在《史记·赵世家》中还载有一则"赵氏孤儿"的故事，后演化为《冤报冤赵氏孤儿》杂剧剧本，流传浸广。晋景公三年（前597）权臣屠岸贾杀赵朔，欲灭赵氏。朔妻庄姬（晋成公之姊）怀有遗腹子，在公宫中躲避，不久生下一男。屠岸贾闻之，便到宫中搜索，欲斩草除根。庄姬将小儿放在裤裆里，对天祝祷说："赵氏宗室如果要灭族，你就号哭；如果不会灭族，你就不发声音。"等到搜索时，果然没有发出声音，侥幸脱险。赵氏门客公孙杵臼对好友程婴说："这次搜索躲过去了，以后再来搜怎么办呢？"公孙杵臼又说："抚孤成立与死哪一个困难？"程婴说："死容易，立孤难。"公孙杵臼说："好吧，那就请你承担难的,我做容易的事,先你而死吧!"便将程婴之子(一说谋取到他人之子),用鲜艳的锦被包着,藏在山里,由公孙杵臼守着。程婴出山向屠岸贾等告密说:"给我千金,我告知赵氏孤儿在何处。"屠岸贾等大喜,便发兵随程婴进山攻公孙杵臼。公孙杵臼假意大骂程婴小人,抱着小儿,呼天抢地,请求以己身代死。屠岸贾等不许,遂杀公孙杵臼与"赵氏孤儿"。屠岸贾等以为赵氏孤儿已死,一块石头落地,大喜。然真孤儿在程婴千辛万苦抚育下成长,取名赵武,后攻灭屠岸贾,灭其族。程婴见赵武已成人,复了仇,便自杀以从公孙杵臼、赵朔于地下。赵武服丧三年,春秋祭祀。后赵武为晋国正卿,执国政,晋平公十二年(前546)与楚屈建主持弭兵之会,为和平息兵做出重要贡献。在我国古代,每当国君、大臣、家主遭到危难时,总有臣子、门客、奴仆或殉节,或易子代死,或抚孤成立,这被古人奉为美德。

虢文公谏宣王不籍千亩

【解题】

本篇记叙周宣王废籍田之制,不籍千亩。卿士虢文公加以规谏,阐明农业的重要性、周人的重农历史、籍田的仪式及废除籍田的危害。宣王不听忠告,被姜戎击败。

宣王即位①,不籍千亩②。虢文公谏曰③:"不可。夫民之大事在农,上帝之粢盛于是乎出④,民之蕃庶于是乎生⑤,事之供给于是乎在⑥,和协辑睦于是乎兴⑦,财用蕃殖于是乎始,敦庬纯固于是乎成⑧,是故稷为大官⑨。古者,太史顺时觑土⑩,阳瘅愤盈⑪,土气震发,农祥晨正⑫,日月底于天庙⑬,土乃脉发⑭。

"先时九日,太史告稷曰:'自今至于初吉⑮,阳气俱蒸⑯,土膏其动⑰。弗震弗渝⑱,脉其满眚⑲,谷乃不殖⑳。'稷以告王曰:'史帅阳官以命我司事曰㉑:距今九日,土其俱动,王其祗祓㉒,监农不易。'王乃使司徒咸戒公卿㉔、百吏㉕、庶民㉖,司空除坛于籍㉗,命农大夫咸戒农用㉘。

"先时五日,瞽告有协风至㉙,王即斋宫㉚,百官御事㉛,各即其斋三日。王乃淳濯飨醴㉜。及期,郁人荐鬯㉝,牺人荐醴㉞,王裸鬯㉟,飨醴乃行,百吏、庶民毕从。及籍,后稷监之,膳夫㊱、农正陈籍礼㊲,太史赞王㊳,王敬从之。王耕一墢㊴,班三之㊵,庶民终于千亩㊶。其后稷省功㊷,太史监之;司徒省民㊸,太师监之㊹。毕,宰夫陈飨㊺,膳宰监之㊻。膳夫赞王,王歆大牢㊼,班尝之㊽,庶人终食。

"是日也,瞽帅音官以风土㊾。廪于籍东南㊿,钟而藏之(51),而时布之于农(52)。稷则遍诫百姓,纪农协功(53),曰:'阴阳分布(54),震雷出滞(55),土不备垦,辟在司寇(56)。'乃命其旅曰(57):'徇(58)。'农师一之(59),农正再之,后稷三之,司空四之,司徒五之,太保六之(60),太师七之,太史八之,宗伯九之(61),王则大徇(62)。耨获亦如之(63)。民用莫不震动,恪恭于农(64),修其疆畔(65),日服其镈(66),不解于时(67),财用不乏,民用和同。

"是时也,王事唯农是务,无有求利于其官,以干农功(68),三时务农而一时讲武(69),故征则有威(70),守则有财。若是,乃能媚于神而和于民矣(71),则享祀时至而布施优裕也(72)。

"今天子欲修先王之绪而弃其大功[73]，匮神乏祀而困民之财[74]，将何以求福用民?"

王不听，三十九年，战于千亩[75]，王师败绩于姜氏之戎[76]。

【今译】

周宣王即位以后，废弃天子亲耕籍田之礼。卿士虢文公规谏说："不可以这样做。民众的大事在于农业，祭祀上帝的供品靠它生产出来，民众繁育生长赖它提供生活资料，政事的经费靠它保障，同心和睦的局面由此形成，国家财富的增长以此为基础，坚实强大的国力由此奠定，所以农官是非常重要的。古时候，太史按时视察土情，日照时间增长，冻土已经回暖，房星早晨见于东方，正是立春之日。孟春之时，日、月交会于营室，这时地气充盈升腾，可以开始春耕生产了。

"立春之前九天，太史向大农官稷报告，说：'从今天到二月初一，阳气全部上升，地气润泽萌动。这时应抓紧时机翻耕土地，如果错过翻耕时机，地气郁结，发生灾病，就没有收成了。'大农官稷据此向天子报告，说：'太史、春官通知我们主管农事的说：离开耕还有九天，土地全都可以翻动了。恭请我王祈农亲耕，行籍田之礼，并且督促农事，不违农时。'于是，天子命司徒告诫三公、九卿、百官和平民做好准备，命司空在籍田上建造祭坛，命农大夫通知农夫准备好农具。

"立春之前五天，乐师报告有融融的春风吹来，天子到斋宫修洁身心，百官各治其事，到斋宫戒斋三天。天子沐浴饮醴酒。到了祭祀那天，郁人敬献香酒，牺人敬献甜酒，天子酌酒浇地祭告农神，祭祀礼毕，饮祭酒，然后出发，百官、平民都跟随着。到了籍田上，行籍田之礼，大农官后稷负责监察，膳夫、农正负责安排籍礼。太史在前引导，天子恭恭敬敬地跟在后面。天子单独用耒耜耕一尺，表示亲耕，公耕三尺，卿耕九尺，按官职高下依次耕作，最后由平民耕完千亩籍田。然后，由大农官稷检查耕作质量，太史进行监察；司徒稽核参加籍礼人数，太师进行监察。完毕以后，宰夫陈设宴席，膳宰进行监察。膳夫引导天子入席，天子享用牛、羊、猪牲醴祭品，公、卿、百官按官职高下依序品尝，平民最后进食。

"籍田这一天，乐师、乐官凭借音律审听风气土宜。在籍田东南建有粮仓，聚集收藏着粮谷，到春耕时分发给农夫做种子。大农官稷告诫全国民众，要齐心协力从事农业生产，说：'春耕时节昼夜长短差不多，春雷惊动了冬眠的虫豸。土地如果不全部翻耕，将由司寇治罪。'于是，命令众人说：'开始行动！'农师第一，农正第二，后稷第三，司空第四，司徒第五，太保第六，太师第七，太史第八，宗伯第九，然后天子履行亲耕仪式。锄草、收获时也履行这样的仪式。民众都挥动农具，恭敬谨慎地从事农业劳动，修整田界，天天用镈锄草，在农忙时不敢稍有懈怠。这样，国家财用充裕，百姓和睦相处。

"当时，天子把农业看成是唯一大事，不要求官员去干别的事情追求利益，因而干扰农业生产。执行春、夏、秋三时务农，冬季农闲习武的制度，这样，出师征伐有威力，守国安邦有财用。只有这样，才能取得神灵的欢欣和人民的拥戴，祭祀的物品能按时供奉，布施给百姓的财用也会十分优裕。

"现在您想继承先王的大业，却废弃了先王赖以成就功业的农事，导致缺乏供品祭神祀祖，堵塞民众的财源，将靠什么向神求福、役使民众呢？"

宣王不听规谏。三十九年，在千亩地方爆发战争，王室的军队被姜氏之戎打得大败。

【注释】

① 宣王：周宣王。 ② 不籍千亩：不履行天子亲耕籍田的古制。古代帝王在春耕前进行象征性的亲耕仪式，以示重视农业，为民众做出榜样。籍，践地，谓天子亲自下田耕种。千亩，一指天子所耕田亩数，天子千亩，诸侯百亩；一指地名，在今山西介休南。 ③ 虢（guó 国）文公：周文王弟虢仲之后，为周王卿士。虢，封国名，在今陕西宝

鸡,一说在今河南荥阳。文,谥号。　④ 粢盛(zī chéng 咨成):祭祀时供奉上帝的谷物。粢,供祭祀的谷物。盛,谷物放在器皿中。　⑤ 蕃庶:繁殖人口。庶,众多。　⑥ 事:指政事,即政府的财用。　⑦ 辑睦:和睦。兴:兴起、形成。　⑧ 敦厖(máng 芒):敦厚、庞大。　⑨ 稷:本是粮食作物秄,古时以之为百谷之长,故以稷指代农官之长。大官:清汪远孙《国语发正》说"当为天官",指农官职务的重大。　⑩ 太史:掌天文历法、国家典籍的官员,周时为史官与历官之长。䁑(mì密):视、察。　⑪ 瘅(dàn 旦):厚。愤盈:充积盈满。　⑫ 农祥:星名,即房宿,二十八宿之一。晨正:指立春之日。房星正月中晨见于南方,古人作为农耕之时的标志。　⑬ 底:至。天庙:星名,即营宿,二十八宿中之室宿。孟春时日、月都到室宿。　⑭ 脉发:指天气转暖,地气升腾,好似人的血管充盈流畅。　⑮ 初吉:农历每月初一至初七、八,这里指二月初。王国维《生霸死霸考》:"古者盖分一月之日为四分:一曰初吉,谓自一日至七、八日也……"　⑯ 蒸:升腾。　⑰ 土膏:土地潮湿滋润。动:萌动。　⑱ 震:动。渝:变。　⑲ 眚(shěng省):灾病。　⑳ 殖:繁殖、生长。　㉑ 史:太史。阳官:春官,即宗伯,掌礼仪。司事:主管农事的官员。　㉒ 祗袚(zhī fú 支服):恭敬地举行除灾祈福的仪式。祗,恭敬。　㉓ 监:监察、视察。不易:不改变物土之宜。　㉔ 司徒:官名,西周始置,六卿之一,掌教化。咸:都、普遍地。　㉕ 百吏:百官。　㉖ 庶民:指为周天子耕种千亩籍田的农民,共三百人,由甸师统领。　㉗ 司空:官名,六卿之一,掌工程建筑。　㉘ 农大夫:田官,掌监督农奴从事农业生产。农用:农具。　㉙ 瞽(gǔ古):盲人,古时以盲人为乐师,故借指乐师。协风:和协的春风。　㉚ 即:到。斋宫:帝王斋戒的地方。祭祀前修洁身心,以示虔敬。　㉛ 御事:治事,处理政务。　㉜ 淳濯(zhuó 卓):沐浴。飨醴(xiǎng lǐ享礼):饮甜酒。醴,甜酒。　㉝ 郁人:官名,掌酒器。荐:献。鬯(chàng 畅):祭祀用的香酒,取郁金香草汁和黍制成。　㉞ 牺人:官名,掌牺尊彝献醴酒。　㉟ 祼(guàn 灌):古代帝王用酒祭奠祖先或神灵,取酒浇地的仪式。　㊱ 膳夫:官名,掌王饮食膳羞。　㊲ 农正:官名,主管农事之田大夫。陈:敷陈、安排。 ㊳ 赞:导。 ㊴ 王耕一墢(fá乏):天子用一耒耜单独翻耕一下土地。清董增龄《国语正义》说:"两人并头各执一耜发土,故曰偶。王者,尊无与敌,故用一耜而独发之。"《吕氏春秋·孟春纪》高诱注:"三推为一发(墢)。" ㊵ 班三之:王以下按公卿百官地位高下次序各推土三次。韦昭注:"班,次也。三之,下各三其上也。王一墢,公三,卿九,大夫二十七也。"耕土次数,后者为前者的三倍。 ㊶ 终:这里指耕完。 ㊷ 省功:检查耕地功效。 ㊸ 省民:检查人数。 ㊹ 太师:官名,三公之一。西周始置,原为高级武官,统率全国军队。 ㊺ 宰夫:官名,掌朝仪之事。 ㊻ 膳宰:官名,掌王饮食,即膳夫。 ㊼ 歆(xīn心):享用。大牢:用牛、羊、猪三牲祭祀称大牢,以示隆重。 ㊽ 尝:品尝。 ㊾ 瞽帅:乐师,乐官之长。《世界书局》1936年铜版本作"瞽师"。音官:乐官。风土:古人认为风生于土,故候风必以土,用律管观察风土,风气和暖,则土气适于栽种。《吕氏春秋·季夏纪》:"天地之气,合而生风,日至则月钟其风,以生十二律。" ㊿ 廪(lǐn凛):粮仓。籍田的粮仓又称御仓、神仓。 ㉛ 钟:聚集、汇集。 ㉜ 布:赋予、分发。 ㉝ 纪:综理。协:协力。 ㉞ 阴阳分布:指春季日夜长短均等。 ㉟ 滞:指冬眠蛰伏的虫类。 ㊱ 辟:罪。司寇:官名,六卿之一,掌刑狱。 ㊲ 旅:众,指籍田上服役的人。 ㊳ 徇:行,行动。 ㊴ 农师:官名,掌农事。 ㊵ 太保:官名,三公之一,辅弼天子。 ㊶ 宗伯:官名,六卿之一,掌祭祀典礼。 ㊷ 大徇:大行动,即帝王行亲耕仪式。 ㊸ 耨(nòu獳)获:锄草和收获。 ㊹ 恪恭:恭敬谨慎。 ㊺ 疆畔:田界。 ㊻ 镈(bó博):锄头一类的农具。 ㊼ 解:通"懈",懈怠。 ㊽ 干:干扰。 ㊾ 三时:指春、夏、秋三季。一时:指冬季。 ㊿ 威:威武、威势。 ㉛ 媚:取悦、讨好。 ㉜ 享祀:指祭享的用品。布施:施舍,施予。 ㉝ 绪:事业。大功:指籍千亩、重农事。 ㉞ 匮(kuì愧):乏、缺乏。 ㉟ 千亩:此指地名,在今山西介休南。 ㊱ 败绩:大败。姜氏之戎:西戎的一支,传说为炎帝之后,其先尧时佐禹治水有功,封为四岳,赐姓姜。

【评析】

我国以农立国,视农业为本业。周是一个重农的民族,其先祖后稷重视农业生产,崛起于西北,形成天子亲耕籍田的制度,代代相传。一方面使周天子继承重农传统,另一方面为官、民表率,鼓励官、民重视农业,发展农业。唐杜佑《通典》载:"周制,天子孟春之月,乃择元辰,亲载耒耜,置之车右,帅公卿、诸侯、大夫躬耕籍田千亩于南郊。冕而朱纮,躬秉耒,天子三推。以事天地、山川、社稷、先古(祖),以为醴酪粢盛,于是乎取之。内宰诏后,帅六宫之人,生穜稑之种,以献于王,使后宫藏种而又生之。"(《通典·礼六·籍田》)到了周宣王时,他违反古制,不籍千亩。虢公便上书规谏,谏书以"民之大事在农"为中心,阐述了四个问题。

首先,阐明农业的重要性,它在国民经济、社会生活中的基础地位。虢公列举了六大理由:第一,农业是祭祀上帝供品的来源。在我国古代"国之大事,在祀与戎",把祭祀祖先和神灵放在头等重要的地位,恭敬诚恪,报本以祈福。农业为祭祀提供粮食、甜酒、牺牲等供品。没有农业,祭祀就无法进行而将受到天谴。第二,农业是人民生存、繁衍的物质保证。"民以食为天",没有粮食,人也不能存活,遑论繁衍后代。第三,农业是政府财用、百官供给的保障。在我国古代,田赋是国家财政的主要收入,依靠它来供给天子和百官用度。没有田赋,政府将断绝财源。第四,农业是形成人民和协辑睦、政局安定团结的基本条件。农业发展,人民家给人足,安居乐业,社会秩序自然安定,政局自然稳固了。第五,农业是国家和人民一切财用的源泉。在农业社会里,男耕女织,保证社会财富的使用和积累。第六,农业是国力强盛的基础。有了粮食,有了兵源、足食、足兵,国力自然强盛了。虢文公的话概括起来,说明农业在国民经济中的基础地位。虢文公的认识在当时是极为深刻的。

其次,叙述了周人重农的历史传统。早在三千多年前,周人就观察天象来指导农事,"顺时觑土",把研究天文与农业生产结合起来。

他们知道春分之日白天与黑夜均分，土气润湿，正是春耕生产最好的季节，错过这个季节，便会歉收。周人审听土风，创律管吹灰候风之法。将十二律分属十二月，把葭莩灰放在律管里，以候十二月之风。气至则风动，风动则吹灰，灰不出为衰，全出为猛，半出为和。和风时适合春耕。周人知道日月相交于营室，可以备耕。周人知道"震雷出滞"，惊蛰之后，蛰伏在土中冬眠的虫类将会纷纷出来，要及时翻土。他们创立了三时务农、一时讲武的制度，保证不违农时。他们创立了选种制度，甸师对收获的谷物进行筛选，让王后保存，第二年发给农民播种，保证丰产。他们建立了奖勤罚懒的考核制度。他们规定了籍田制度，"王事唯农是务"，把农业生产放在第一位。这一传统，影响了历代封建王朝。

其三，叙述了天子籍田仪式的全过程。对周密的准备、虔诚的斋戒、盛大的规模、森严的等级、严密的监察、隆重的仪式、天子的亲耕、官吏的陪耕、庶民耕籍田、丰盛的宴享，进行了详细的描述和记录，为我们研究耕田制度提供了翔实的史料。本文称天子将粮食种子藏于籍田东南角仓廪中，也即御廪和神仓中。而杜佑《通典》却说，粮食种子藏于后宫，到时由后宫献于王而让农民播种。两说稍有不同。籍田是天子重农的象征，对全国官民起示范作用，有利于鼓励官民重视农业，组织和发动农民开展农事活动，促进农业生产的发展。故历代帝王都继承籍田于南郊，行亲耕之礼。由此而派生皇后亲蚕之礼。

第四，叙述了废除籍田之礼的危害性。将会丢弃传统，"匮神乏祀而困民之财"。既不能向神祈福，又不能役使人民，言下之意，将会使国力衰弱。把三十九年后的千亩之战的失败，看成是直接结果。《国语》的作者往往喜欢用因果关系来说明危害性，有正确的，有牵强的，读《国语》时不可不作细致辨析。

仲山父谏宣王立戏

【解题】

本篇记叙周宣王好恶由己,违背嫡长子继承制度,命鲁武公废长立幼。仲山父规谏不听,导致诸侯不听王命,鲁国内乱。

鲁武公以括与戏见王①,王立戏。樊仲山父谏曰②:"不可立也!不顺必犯③,犯王命必诛④,故出令不可不顺也。令之不行,政之不立,行而不顺,民将弃上⑤。夫下事上,少事长,所以为顺也⑥。今天子立诸侯而建其少⑦,是教逆也⑧。若鲁从之而诸侯效之⑨,王命将有所壅⑩,若不从而诛之,是自诛王命也。是事也,诛亦失,不诛亦失⑪。天子其图之⑫!"王卒立之⑬。鲁侯归而卒,及鲁人杀懿公而立伯御⑭。

【今译】

鲁武公带着长子括和幼子戏去宗周朝见周宣王,宣王爱戏,欲立戏为鲁国太子。樊仲山父规谏说:"不可以立戏为太子!您违背嫡长子继承制的命令不合情理,鲁人一定会违背王命,违背王命一定要被诛戮,所以发布命令不可以不符合情理。下达的命令行不通,政事就无法建立,勉强执行而不合情理,人民就将抛弃自己的君主了。下级奉事上级,年幼奉事年长,这就叫作符合情理。今天天子立诸侯的继承人却废长立幼,这是教导诸侯违背典制。如果鲁国服从您的命令而诸侯都效法的话,那么先王立长的遗训将壅塞不行;如果鲁国不服从您的命令而被治罪,那么就是您自己破坏了先王的遗训。这件事,治罪也不适当,不治罪也不适当,希望您好好地考虑它的后果吧。"宣王不听,最后仍立戏为鲁国太子。鲁武公回国就去世了,后来鲁人果然杀了懿公戏,拥立括的儿子伯御为鲁君。

【注释】

① 鲁武公:周公旦六世孙,名敖,公元前825年至前817年在位。武,谥号。括:鲁武公长子,未立。戏:鲁武公幼子,公元前816年至前807年在位,为鲁懿公。 ② 樊仲山父:周王卿士。樊,采邑名,在今湖北襄阳。 ③ 不顺:不合情理,指不遵嫡长子继承制。犯:违逆、违背。 ④ 诛:诛戮、诛杀。 ⑤ 弃:抛弃、背叛。上:君主。 ⑥ 所以:这就是。所,助词。以,介词。 ⑦ 建:立。 ⑧ 逆:违逆、背逆。 ⑨ 效:仿效、效法。 ⑩ 壅:壅塞,指先王立长之命壅塞不行。 ⑪ 诛亦失,不诛亦失:指诛之,诛王命;不诛,则王命废。 ⑫ 图:考虑、打算。 ⑬ 卒:终于、结果。 ⑭ 伯御:据《史记·鲁世家》,伯御为括之子,在位十一年。韦昭《国语注》以伯御为括。

【评析】

鲁武公九年(前817),他率领长子括、幼子戏去朝见周宣王。周宣王喜爱戏,欲立戏为鲁太子,这是违反嫡长子继承制度的。在我国,从夏传子的家天下开始,王位采取"父死子承,兄终弟及"的皇族世袭制。殷商时,逐步确立嫡长子继承制。西周时,进一步确立了这一制度,立嫡,以长不以贤;立子,以贵不以长。这关系到王权的继承和巩固问题,因而为统治者所重视。

周宣王好恶由己,任意违背嫡长子继承制的古训。卿士樊仲山父预见到将会种下祸乱的种子,便加以劝阻。他以"不顺必犯"立意,认为不符合情理,违背嫡长子继承古训,必然要遭到反对。层层深入,为宣王剖析去顺效逆的危害,将会得到"令不行,政不立,民弃其上"的结果。樊仲山父的话,在当时的历史条件下,对于排除人为制造纠纷、维护安定的政治局面是有积极作用的。

在王位继承问题上,嫡长子继承是否好,废长立幼是否坏,这要具体问题具体分析。曹操喜爱曹植,"文才富艳",多次想立他为太子。"几为太子者数矣。而植任性而行,不自雕励,饮酒不节"(《三国志·魏书·陈思王植传》),于是曹操立长子曹丕为嗣,巩固了曹氏政权。曹操立嫡长是对的。晋武帝的嫡子惠帝是个白痴,听到虾蟆叫,他问左右:"此鸣者为官乎,私乎?"天下荒乱,百姓饿死,他说:"何不食肉糜?"(《晋书·惠帝纪》)晋武帝欲废之,经荀勖等保全而未废,结果惠帝无力治国,大权旁落,导致八王之乱而西晋灭亡。晋武帝立嫡是错的。隋文帝废太子杨勇,立次子杨广,二世而亡,立幼是错的。唐高祖废太子建成,立次子世民,致有贞观之治,立幼又是对的。选择王位的继承人,既不能拘泥于立嫡立长,也不能好恶由己,废长立幼,应以是否有德才、能治国为主。

再以立嫡而言,历史上真正立嫡长子的,并不多见。就从强盛的唐王朝来看,嫡长子继承制载于法律。唐朝共二十一君,以嫡长而立者唯穆宗一人。唐太宗的太子承乾因谋逆而被废为庶人,太宗只好立三子李治为太子,被立嗣问题弄得百无聊赖。他对长孙无忌、房玄龄等说:"我三子一弟,所为如是,我心诚无聊赖!"(《资治通鉴》卷一百九十七)立嫡、立庶,矛盾很多,清朝雍正皇帝索性废除这一制度,改为秘密建储。皇帝秘密写定皇位继承人,一式两份,一份带在身边,一份封在建储匣内,放到乾清宫"正大光明"匾的后面。皇帝死后,由顾命大臣共同打开皇帝身边密藏的一份和藏在建储匣内的一份,会同廷臣一起验看,然后由秘密写定的继承人即皇帝位。

穆仲论鲁侯孝

【解题】

本篇记叙鲁孝公能遵祖训,行孝道,樊穆仲建议周宣王立他为诸侯之长,训导诸侯。

三十二年春①,宣王伐鲁,立孝公②,诸侯从是而不睦③。宣王欲得国子之能导训诸侯者④,樊穆仲曰⑤:"鲁侯孝。"王曰:"何以知之?"对曰:"肃恭明神而敬事耇老⑥;赋事行刑⑦,必问于遗训而咨于故实⑧;不干所问⑨,不犯所咨。"王曰:"然则能训治其民矣。"乃命鲁孝公于夷宫⑩。

【今译】

周宣王三十二年春天,讨伐鲁国,立孝公为鲁君,诸侯从这以后与宣王不亲睦。周宣王想在姬姓子弟中挑选一个能为诸侯表率的人来训导诸侯。樊穆仲说:"鲁侯很孝。"宣王说:"你从什么地方知道他孝呢?"樊穆仲回答说:"鲁侯能严肃恭谨地奉事神明,恭敬诚笃地奉事长老;布政行事、执行刑罚前,一定根据先王的遗训,并且咨询过去的成例;不干犯先王的遗训,不违背从前的成例。"宣王说:"那么他一定能训导、治理他的民众了。"于是,在夷宫任命鲁孝公为诸侯之长。

【注释】

① 三十二年:指周宣王三十二年(前796)。 ② 孝公:鲁懿公戏之弟,名称,鲁国国君,公元前796年至前769年在位。 ③ 睦:亲睦。 ④ 国子:指姬姓宗室子弟。韦昭《国语注》:"国子,同姓诸姬也。凡王子弟谓之国子。"导训诸侯:周制规定,选择贤德的诸侯,由周天子任命为诸侯之长,以教导训诲诸侯,遵奉王命。 ⑤ 樊穆仲:樊仲山父。穆,谥号。 ⑥ 耇(gǒu苟):老,指老年人。 ⑦ 赋:布、颁布。 ⑧ 问:询问,引申为根据、依据。故实:过去的成例。 ⑨ 干:犯、冒犯。"干"与下文"犯"为互文。 ⑩ 夷宫:韦昭《国语注》:"夷宫者,宣王祖父夷王之庙。"古代爵命必于祖庙。

【评析】

本篇与前篇有关。宣王不听仲山父规谏,立戏为鲁太子,鲁武公回国后逝世,戏即位为鲁君,是谓鲁懿公。这符合宣王意愿。懿公九年(前807),懿公兄括之子伯御与鲁人攻杀懿公,立伯御为鲁君。很显然,立伯御是违背王命的。宣王对此深为不满。伯御即位十一年(前796),周宣王三十二年,率军伐鲁,杀伯御,立懿公弟称为鲁君,把君位仍纳入戏的世系。宣王好恶由己、任意废立的横蛮做法,激起诸侯不满,他们与周宣王之间产生隔阂。因此宣王便想在姬姓子弟中立一位道德高尚的人来为诸侯之长,代天子专征伐。按周朝制度规定,选择贤德的诸侯加以任命,为诸侯之长(也称州伯、牧伯),有权代表天子,教导训戒诸侯,征伐不服从王命者,以尊奉周室。唐杜佑《通典·礼三十一》"八命作牧"下有注疏:"谓诸侯有功德者,加命,得专征讨诸侯,出为一州之牧,入为三公。"这样,樊穆仲便推荐鲁孝公称可任诸侯之长,其着眼点是"鲁侯孝"。具体表现在鲁侯能尊敬神明,敬重长者,恪守古训。

孝是我国的传统美德,社会生活中的永恒主题,其核心内容是孝亲尊上,由亲亲而尊尊。樊穆仲是从当时传统的观点来观察孝的内涵的。孝,首先要敬神祀祖,敬神以报天,敬祖以报本,不忘自己安身立命之处。其次要尊敬长上,孝养父母。因为父母的抚养、长辈的教诲,才能长大成人,立足于社会。亲亲之爱,反哺之情,是不能忘怀的。其三要遵古训而不违背。古训是前人功业成就的总结,奉行勿废,才能继承和发展前人的事业。以此三方面作为观察是否具有孝道的标准,还是比较客观的。

仲山父谏宣王料民

【解题】

本篇叙述周宣王丧南国之师后,乃料民于太原。仲山父加以规谏,认为民之多少,由有关部门统计,天子不必躬亲其事,反而暴露自己的弱点。若无故料民,将"害于政而妨于后嗣"。

宣王既丧南国之师①,乃料民于太原②。仲山父谏曰:"民不可料也!夫古者不料民而知其少多,司民协孤终③,司商协民姓④,司徒协旅⑤,司寇协奸⑥,牧协职⑦,工协革⑧,场协入⑨,廪协出⑩,是则少多、死生、出入、往来者皆可知也。于是乎又审之以事⑪,王治农于籍⑫,蒐于农隙⑬,耨获亦于籍⑭,狝于既烝⑮,狩于毕时⑯,是皆习民数者也⑰,又何料焉？不谓其少而大料之,是示少而恶事也⑱。临政示少⑲,诸侯避之。治民恶事,无以赋令⑳。且无故而料民,天之所恶也㉑,害于政而妨于后嗣。"王卒料之㉒,及幽王乃废灭㉓。

【今译】

周宣王被姜氏之戎打败,丧失了长江、汉水之间的军队后,就在太原清查户籍,统计人口。仲山父规谏说:"民众的户口是不可以随便调查统计的! 古代的天子不调查统计而能知道人口的减少和增多,这是因为有主管户籍的司民合计出生老病死的数目,有主管赐族受姓的司商合计出生受姓的数目,有主管土地和人民的司徒合计出可充军队的数目,有主管刑狱的司寇合计出罪犯和死刑的数目,有主管牧养六畜的牧正合计出自己所管辖的牧民数目,主管百工的工正合计出从事手工业者变动的数目,场人合计出谷物收获和收藏的数目,廪人合计出国仓粮谷出入的数目。这样,有司各负其责,天子不躬亲查点,全国人口的多少、生死的人数、出入来往的情况全都可以知道了。同时,天子在具体政务中也可以审察了解人口情况。天子到籍田上亲耕督促农业生产,仲春农闲时打猎,在籍田上督促农民锄草、收割,秋天新谷登场后去打猎,冬天农事完毕后去打猎,这些活动都是在熟悉了解百姓的数目,又何必还要清查户籍,统计人口呢？不说经过战争人口减少,反而大规模地清查户籍,统计人口,这是自己暴露人口减少而政事败坏。主持国政而暴露人口减少,诸侯就会躲避疏远。治理民众而政事败坏,政令将无法推行。而且无缘无故去清查户籍,统计人口,是上天所憎恶的,将会有害于政事而不利于子孙。"宣王结果还是坚持去清查户籍,统计人口,到他儿子幽王时,西周就灭亡了。

【注释】

① 丧:亡、丧失。南国:古代称长江、汉水之间地方为南国。师:军队。此句指周宣王与姜氏之戎作战时,征调江、汉流域的楚、申、吕、邓、陈、蔡等国军队从征,战争失败,南国军队伤亡惨重。 ② 料民:清查户籍,统计人口。太原:地名,在原州、泾阳之间(今宁夏固原北界),周与西北少数民族接壤的边地。 ③ 司民:官名,掌登记民众户籍。协:合。孤:无父叫孤。终:死。 ④ 司商:官名,掌赐族受姓,即大司乐。民姓:定民姓氏。古代采用吹律定姓之法。商,金声,清。人始生,吹律合之,定其姓名。据《汉书·京房传》:"房本姓李,推律自定为京氏。" ⑤ 司徒:掌土地和人民。据韦昭《国语注》,指"掌合师旅之众"。旅:师旅,即军队。 ⑥ 司寇:官名,掌刑狱。奸:奸民,指犯罪被囚禁的人。 ⑦ 牧:官名,掌牧养牲畜。职:指牧民。 ⑧ 工:官名,掌手工业工匠。革:变更。 ⑨ 场:场人,官名,掌场圃。 ⑩ 廪:廪人,官名,掌粮仓。 ⑪ 事:指籍田与狩猎。 ⑫ 治农:管理、督促农事。籍:籍田。 ⑬ 蒐(sōu 搜):春季打猎叫蒐。隙:间隙,指农闲时。 ⑭ 耨(nòu 獳)获:锄草中耕和收获庄稼。 ⑮ 狝(xiǎn 显):秋季打猎叫狝。烝:读如"升",指新谷既升的仲秋季节。 ⑯ 狩(shòu 受):冬季打猎叫狩。毕:指一年农事完毕。 ⑰ 习:简习、大概了解。 ⑱ 示:显示。少:指人口少。恶事:指政事败坏。 ⑲ 临政:当政、治理国家。临,靠近、接近之意。 ⑳ 赋令:发布命令。 ㉑ 恶:厌恶、厌恨。 ㉒ 卒:终于、结果。 ㉓ 幽王:宣王之子,名宫涅,前 781 年至前 771 年在位。被犬戎攻杀于骊山之下,西周灭亡。

【评析】

周宣王三十九年(前789),在千亩之战中被姜氏之戎打得大败,从征的江、汉流域诸侯国部队丧失殆尽。宣王便去太原(今宁夏固原北)清查户籍,统计人口。宣王为什么要统计人口,历来有不同说法,有人认为是检查民户,以加强控制;有人认为是征补兵员,固守边境,防御姜戎;有人认为是改革赋税制度,增加王室收入。无论从哪个方面讲,天子料民,掌握全国人口数字,是无可非议的。那么仲山父为什么要谏阻呢?

我们从仲山父谏阻宣王不可料民时所陈述的两条理由看,一是天子不亲庶务,垂拱而治。用现在的话来说,天子应掌握大政方针,不管小事。料民这样的事,可由具体职能部门负责。这是有例可证的。汉文帝时,周勃为右相,陈平为左相(汉时尚右,以右为尊),有一次上朝,文帝"问右丞相勃曰:'天下一岁决狱几何?'勃谢不知。问:'天下钱谷一岁出入几何?'勃又谢不知。汗出洽背,愧不能对。上亦问左丞相平。平曰:'有主者。'上曰:'主者为谁乎?'平曰:'陛下即问决狱,责廷尉;问钱谷,责治粟内史。'"大臣尚不亲庶务,何况天子呢? 具体庶务由主管部门负责,所以仲山父叙述得非常详细,什么部门统计什么,一气罗列了八个职能部门。说明由他们具体负责统计,天子就能不料民而知其多少,何况还能在籍田和出猎时间接了解。

二是料民将会暴露周王室国力衰弱,政事败坏的现实。"临政示少,诸侯避之。治民恶事,无以赋令。"将会引起诸侯轻视而不亲附,危及周王室的共主地位。

在这两条理由中,显然以第二条理由为主,是劝谏的真意所在。在我国古代,看一个国家国力的大小强弱,在于土地的多少和人口的众寡。小国寡民,是弱国的代名词。所以国君一定要招徕人口,扩张土地。即使对地方官,也以土地是否开辟、人口是否增殖为考核优劣的标准。料民,就会将周王室人口稀少的问题暴露在世人面前,受到诸侯的轻视,或避而远之,或恃强凌侮王室,将会动摇周天子的共主地位,岂不危险? 但这些话又不能直说,所以仲山父在谏辞中设计了两条理由,一实一虚,以虚为主,以实为辅。一条可以实说,一条只能暗示。虚即是实,实却是虚。以实衬虚,以虚统实。用天子不亲庶务的众多实例,来引开读者视线,遮人耳目,暗示将会暴露王室衰微、危及共主地位的论说主旨。所以仲山父谏阻周宣王料民,并不在于料民本身,而意在言外。

西周三川皆震,伯阳父论周将亡

【解题】

本篇记述周幽王二年(公元前780)西周泾水、渭水、洛水地区发生地震灾害,而太史伯阳父附会是西周将亡的预兆。

幽王二年①,西周三川皆震②。伯阳父曰③:"周将亡矣!夫天地之气④,不失其序⑤;若过其序⑥,民乱之也。阳伏而不能出,阴迫而不能烝⑦,于是有地震。今三川实震,是阳失其所而镇阴也⑧。阳失而在阴,川源必塞;源塞,国必亡。夫水土演而民用也⑨。水土无所演,民乏财用,不亡何待?昔伊、洛竭而夏亡⑩,河竭而商亡⑪。今周德若二代之季矣⑫,其川源又塞,塞必竭。夫国必依山川⑬,山崩川竭,亡之征也⑭。川竭,山必崩。若国亡,不过十年,数之纪也⑮。夫天之所弃,不过其纪。"

是岁也,三川竭,岐山崩⑯。十一年,幽王乃灭,周乃东迁⑰。

【今译】

　　西周幽王二年,泾水、渭水、洛水地区都发生地震。太史伯阳父说:"周朝将要灭亡了!天地间的阴阳二气,不能错失运行次序;如果错失运行的次序,民众就会大乱。阳气潜伏着不能出来,阴气压迫阳气使它不能升腾,于是就发生地震。现在泾、渭、洛三条河流都发生了地震,这是阳气失去应有的位置而被阴气填塞的结果。阳气失位而处在阴气的位置上,河流的源头一定会被堵塞。河源被堵塞,国家一定要灭亡。水行土中,滋润土地,万物生长,民用富足。水流不畅,土地枯干,百姓的财用就缺乏,国家不灭亡还等待什么呢?从前伊水、洛水枯竭而夏朝灭亡,黄河枯竭而商朝灭亡。现在周朝的德行好像夏、商二代的末世一样,河川源头又被堵塞,川源被堵塞河流必定枯竭。国都一定要依山傍水,山崩水竭,是亡国的预兆啊!河流枯竭,山一定会崩塌。国家的灭亡不会超过十年了。十是数的终极。上天要废弃的东西,一定不会超过这个极数的。"

　　这一年,泾、渭、洛三条河流枯竭,岐山崩塌。十一年,幽王就被杀死,西周灭亡,周室东迁洛邑。

【注释】

　　① 幽王二年:公元前780年。　② 西周:指建都在镐京(今陕西西安西南沣河东岸)的周朝,也称宗周、西都。三川:指泾水、渭水、洛水。震:地震。　③ 伯阳父:周太史。　④ 气:指阴阳二气。　⑤ 序:次序、序位。　⑥ 过:失去、混淆。　⑦ 烝:升、升腾。　⑧ 镇阴:指阳气被阴气堵塞而不能升腾。镇,通"填"。　⑨ 演:通"衍",润湿。　⑩ 伊、洛:指伊水和洛水,在今河南省,近夏都阳城(今河南登封东南)。　⑪ 河:指黄河,近商都朝歌(今河南淇县)。　⑫ 二代之季:指夏朝和商朝的末世。　⑬ 国:指国都。　⑭ 征:征兆、预兆。　⑮ 数之纪:数起于一,终于十,到了十就要更变,所以十为数之纪。纪,极、终极。　⑯ 岐山:山名,在今陕西宝鸡。　⑰ 东迁:公元前771年,周幽王被犬戎杀死后,其子宜臼即位,是为平王。时西周镐京

残破,平王于前770年迁都洛邑(今河南洛阳),史称东周。

【评析】

公元前780年,周都镐京附近泾水、渭水、洛水地区发生地震,这是一种自然灾害,但古代科学不发达,往往把它与人事联系起来,认为这是天的谴告,是政事不修的缘故,是国家即将灭亡的预兆。这种观点在"溥天之下,莫非王土;率土之滨,莫非王臣",王权至上、至大的环境下,借用天的自然变化来限制和警策王的权力,使之修德勤民,弃恶从善,还是有些约束作用的。

身为太史,掌管天文、律历的伯阳父就是持这一观点的。他从西周"三川皆震"中,认为这是天对西周将亡的预告,提出"周将亡矣"的论点。首先用阴阳二气运行的法则,分析发生地震的原因:是阴阳二气错位,阳气被阴气堵塞而不能升腾所致。再从震后造成河源堵塞、水竭土干,万物不长的现状中,指出将会导致国家灭亡。为了加强说服力,举"伊、洛竭而夏亡,河竭而商亡"的历史事实作为佐证,指出周德不修将会步夏、商后尘。行文至此,以深通星象历数者的口气,断然指出十年之内西周必亡。伯阳父对地震原因的分析自然是不科学的;水源阻塞也未必能导致国家灭亡,而且夏、商之亡并不在于水流枯竭,而有其他原因。所以伯阳父的议论带有时代局限,应加以辨析。但其行文缜密、论点明确、论据充分、文笔凝练的写作特色,还是可资借鉴的。

郑厉公与虢叔杀子颓,纳惠王

【解题】

本篇记叙公元前674年周惠王被王子颓驱逐失位,居郑三年,后在郑伯和虢叔帮助下复位的史实。

惠王三年①,边伯、石速、蒍国出王而立子颓②。王处于郑三年③。

王子颓饮三大夫酒,子国为客④,乐及遍舞⑤。郑厉公见虢叔⑥,曰:"吾闻之,司寇行戮,君为之不举⑦,而况敢乐祸乎⑧!今吾闻子颓歌舞不息,乐祸也。夫出王而代其位,祸孰大焉⑨!临祸忘忧,是谓乐祸。祸必及之,盍纳王乎⑩?"

虢叔许诺⑪。郑伯将王自圉门入⑫,虢叔自北门入,杀子颓及三大夫,王乃入也。

【今译】

周惠王三年,边伯、石速、蒍国驱逐惠王立子颓为王。惠王在郑国栎地客居三年。

王子颓宴请边伯、石速、蒍国三位大夫,以师傅蒍国为上宾,奏乐遍及黄帝、尧、舜、禹、商、周六代的舞曲。郑厉公去拜见虢叔,说:"我听说司寇执法处决犯人时,国君为之停止奏乐,怎么竟敢以祸为乐呢!现在我听说子颓歌舞不息,这是以祸为乐。驱逐君王而取代君位,还有比这更大的灾祸吗!面临灾祸而忘记忧患,这就叫作以祸为乐。灾祸一定会落到他们头上,我们何不送惠王回国复位呢?"

虢叔答应了。郑伯送惠王从南门入洛邑,虢叔从北门入洛邑。杀了子颓及边伯、石速、蒍国三个大夫,惠王才入朝复天子位。

【注释】

① 惠王:周惠王,名阆(一作毋凉),平王五世孙,庄王孙,公元前676年至前652年在位。　② 边伯、石速、蒍(wěi委)国:周王室三个大夫,其中蒍国曾任子颓师傅。子颓:惠王的叔父,周庄王宠妾姚姬所

生子。　③ 处:指客居。　④ 子国:即芮国。客:指上客、上宾,表示尊敬。　⑤ 遍舞:指奏遍上古六代的舞曲。杨伯峻《春秋左传注》谓:"六代之乐者,黄帝之《云门》、《大卷》,尧之《大咸》,舜之《大韶》,禹之《大夏》,汤之《大濩》,周武王之《大武》也。"　⑥ 郑厉公:郑庄公之子姬突,前700年至前697年、前679年至前673年在位。郑为周王室同姓诸侯,春秋初年国力强大,武公、庄公均为王卿士。虢叔:周王室卿士虢公林父,名丑。　⑦ 举:指举乐。　⑧ 乐祸:以灾祸为快乐。　⑨ 孰:谁、哪一个。　⑩ 盍(hé合):何不。　⑪ 许诺:答应、允许。　⑫ 圉(yǔ语)门:王城的南门。

【评析】

本篇记叙周惠王失位又复位的史实。公元前676年,周惠王即位。他夺取芮国大夫种菜蔬果蓏的园圃以为畜养禽兽的苑囿;边伯大夫的家靠近王宫,他取而扩充王室苑囿;又削夺石速大夫秩禄。三大夫怨恨惠王,构成不可调和的矛盾。惠王有叔父子颓,是其祖父庄王之妾姚姬所生,为庄王所宠爱,骄恣专横。庄王命芮国为其师傅,又与边伯、石速等结交。公元前675年秋三大夫举兵作乱,攻打惠王,惠王出奔温(周畿内国名,在今河南温县境)。他们奉子颓为王,惠王于是失位,郑厉公派人迎他居于郑国栎地(故城在今河南禹州境)。

子颓为王后,"歌舞不息"、"乐及遍舞",骄奢淫逸,享受逾制。终于在郑厉公与虢叔的策谋下,拥兵奉惠王返回洛邑,杀子颓及三大夫,惠王复天子位。

阅读这段历史,给人们以下两点启示:

一是使人们了解平王东迁以后,周室衰微,王室内部矛盾不断。郑、齐、晋等诸侯国逐渐强大,命出牧伯,由他们左右局势。射王中肩者有之,强割温地麦子者有之,周王室已沦为一般诸侯的地位。

二是使人们看到"逸乐亡身"的事实。我国自古就有忧患可以兴邦、逸乐足以亡身的古训。王子颓推翻惠王,取而代之,即天子位,这在春秋时期是司空见惯的。假设王子颓能修德律己,对内尊重贤才,团结大臣;对外结好诸侯,取得他们的谅解和支持,他的天子地位完全可以巩固下去。但他以为大权在握,放纵逸乐,终于被郑厉公、虢叔所杀。历史不能假设,但它能给人们提供经验教训。我们从王子颓被杀、惠王复位的历史事实中,可以看到"逸乐亡身"的深刻教训。

内史过论神

【解题】

本篇记叙公元前662年有神现形降于莘地一事,内史过与周惠王关于神进行了一番对话。内史过认为,国之将兴,明神降之,监其德也;将亡,神又降之,观其恶也。神无时无刻不在监临世人,对贤德者赐福,对邪恶者赐祸。降于莘地之神,名为"丹朱之神"。虢公荒怠,宜受其祸,亡国之期,不出五年。实质是以无形之神来附会有形之人事。

十五年①,有神降于莘②。王问于内史过③,曰:"是何故?固有之乎④?"对曰:"有之。国之将兴,其君齐明⑤、衷正⑥、精洁⑦、惠和⑧,其德足以昭其馨香⑨,其惠足以同其民人⑩。神飨而民听⑪,民神无怨,故明神降之,观其政德而均布福焉⑫。国之将亡,其君贪冒⑬、辟邪、淫佚、荒怠⑭、粗秽⑮、暴虐;其政腥臊⑯,馨香不登⑰;其刑矫诬⑱,百姓携贰⑲。明神不蠲而民有远志⑳,民神怨痛,无所依怀㉑,故神亦往焉,观其苛慝而降之祸㉒。是以或见神以兴㉓,亦或以亡。昔夏之兴也,融降于崇山㉔;其亡也,回禄信于聆隧㉕。

商之兴也，梼杌次于丕山㉖；其亡也，夷羊在牧㉗。周之兴也，鸑鷟鸣于岐山㉘；其衰也，杜伯射王于鄗㉙。是皆明神之志者也㉚。"

王曰："今是何神也？"对曰："昔昭王娶于房㉛，曰房后，实有爽德㉜，协于丹朱㉝，丹朱凭身以仪之㉞，生穆王焉㉟。是实临照周之子孙而祸福之。夫神壹不远徙迁㊱，若由是观之，其丹朱之神乎？"王曰："其谁受之㊲？"对曰："在虢土。"王曰："然则何为？"对曰："臣闻之：道而得神㊳，是谓逢福；淫而得神，是谓贪祸㊴。今虢少荒㊵，其亡乎？"王曰："吾其若之何？"对曰："使太宰以祝㊶、史帅狸姓㊷，奉牺牲㊸、粢盛㊹、玉帛往献焉㊺，无有祈也㊻。"

王曰："虢其几何㊼？"对曰："昔尧临民以五㊽，今其胄见㊾，神之见也，不过其物㊿。若由是观之，不过五年。"王使太宰忌父帅傅氏及祝㉘、史奉牺牲、玉鬯往献焉㉙。内史过从至虢，虢公亦使祝、史请土焉㉛。内史过归，以告王曰："虢必亡矣，不禋于神而求福焉㉞，神必祸之；不亲于民而求用焉㉟，人必违之。精意以享㊱，禋也；慈保庶民，亲也。今虢公动匮百姓以逞其违㊲，离民怒神而求利焉，不亦难乎！"

十九年㊳，晋取虢。

【今译】
　　周惠王十五年，有神降临在莘地。惠王向内史过问道："这是什么原故，历史上曾有过这种事吗？"内史过回答道："有过这种事情。国家将要兴盛，他的国君明察一切、中正无邪、精诚廉洁、惠爱仁和，他的明德足以照鉴其神灵，他的恩惠足以和协其民众。神灵受祀，民众听从，民众和神灵都无怨恨，所以神灵降临到他那里，察看他德政而普遍地布施福泽。国家将要衰亡,他的国君贪图财利、邪辟不正、纵欲放荡、政荒志怠、粗疏秽恶、残暴酷虐;他的政治腐败丑恶,祭享不能上达于神灵;他的刑法欺诈诬罔,滥杀无辜,民心离散,怀有二心。神灵不接受他不洁的祭祀,民众有叛离他的意志。民众和神灵都怨恨痛恶,没有地方去依存。所以神灵也来到这个地方,察看他的苛暴邪恶而降下灾祸。所以,有时见神降临而兴盛,有时见神降临而衰亡。从前夏朝兴起的时候,火神祝融降临在崇山;当它灭亡的时候,火神回禄在聆隧两夜出现。商朝兴起的时候,凶兽梼杌好几天在丕山出现;当它灭亡的时候,神兽夷羊在商郊牧野出现。周朝兴起的时候,凤凰在岐山和鸣;当它衰微的时候,杜伯的冤魂在鄗京射死了周宣王。这些都是神灵降临人间的历史记载。"

惠王问:"现在降临在莘地的是什么神呢?"内史过答道:"从前周昭王在房国娶妻,叫作房后,房后的私德有缺,与丹朱同样不肖,丹朱之神附身与她匹配,生下穆王。这是直接降临在周室子孙身上而主宰其祸福的神。神一心一意依附于人身而不远迁,如果从这来看,大概是丹朱神吧?"惠王问:"那谁来承受灾祸呢?"内史过答道:"神降在虢地,由虢地承受。"惠王问:"那是为什么呢?"内史过回答道:"我听说:行正道而神降临,就叫作迎逢福祉;行淫乱而神降临,就叫作贪婪而招来灾祸。现在虢君沉湎于酒色田猎的享受之中,恐怕就要亡国了吧?"惠王问:"我该怎么办呢?"内史过回答道:"您命太宰率领太祝、太史并带领丹朱的后裔狸姓,捧着牺牲、谷物、玉帛等祭品去献给神灵,但不要向神有所祈求。"

惠王问:"虢国的灭亡还有多久?"内史过回答道:"从前尧每五年到民间巡行一次,现在他的后代出现,神灵已经现身了,不会超过这个物数。如果从这来看,不会超过五年。"惠王派遣太宰周公忌父率领丹朱的后代傅氏及太祝、太史,捧着牺牲、玉的酒器到莘地去祭献神灵。内史过也跟他们到了虢国。虢公也派太祝、太史去向神请求土地。内史过回来,把虢公向神请求土地的事禀告惠王,说:"虢一定会灭亡了,不诚心祭祀神而向神求福,神一定会降灾祸给他;对人民不亲爱而求役使民众,民众一定会背叛他。用精洁的祭品诚心诚意地祭神,叫作禋;用慈爱的胸怀保护民众,叫作亲。现在虢公动辄剥夺百姓来满足自己的私欲,背离人民、触怒神灵而想获得利益,不也是很难实现的吗?"

惠王十九年,晋国灭亡了虢国。

【注释】

① 十五年:即周惠王十五年(前 662)。 ② 莘(shēn 身):虢国地名,在今河南三门峡西有硖石乡,乡西十五里有莘原。 ③ 内史:官名,周大夫,掌爵禄废置及策命诸侯、孤、卿、大夫。过:内史之名。 ④ 固:本来、原来。 ⑤ 齐明:明察一切。齐,一。 ⑥ 衷正:中正。衷,中。 ⑦ 精洁:精诚廉洁。 ⑧ 惠和:惠爱仁和。 ⑨ 昭:明、彰明。馨(xīn 新)香:芳香,特指散布得很远的香气,喻美好的声誉。 ⑩ 同:和、和协。 ⑪ 飨(xiǎng 响):通"享",祭献、享受。 ⑫ 均:平均、普通。 ⑬ 贪冒:贪图财利。冒,贪。 ⑭ 荒:指荒废政务。 ⑮ 粗秽:粗劣秽恶。 ⑯ 腥臊:臭恶,借喻政事腐败。 ⑰ 馨香不登:指祭神而神不享受其不洁之气。登,升、上达。 ⑱ 矫诬:欺诈诬罔。董增龄《国语正义》:"以诈用法曰矫,加诛无罪曰诬。" ⑲ 携贰:怀有二心。 ⑳ 蠲(juān 涓):清洁。远志:指有叛离之心。 ㉑ 依怀:依归。 ㉒ 苛慝(tè 特):苛暴邪恶。 ㉓ 或:有的。 ㉔ 融:祝融,传说中南方炎帝之佐,死为火官之神。崇山:嵩山,在今河南登封北。 ㉕ 回禄:火神。信:古时作战或田猎,临时住两夜叫信,两夜以上叫次。聆(qín 禽)隧:地名,已不可考。 ㉖ 梼杌(táo wù 陶务):一说指禹之父鲧,其凶顽没有人能比得上;一说为传说中的凶兽名,汉东方朔《神异经·西荒经》:"西方荒中有兽焉,其状如虎而大,毛长二尺,人面,虎足,猪口牙,尾长一丈八尺,搅乱荒中,名梼杌,一名傲狠,一名难驯。"据下文夷羊为神兽,此处释凶兽为长。丕山:山名,在河东地方。 ㉗ 夷羊:传说中的神兽。《竹书纪年·帝辛四十八年》载:"夷羊见。"牧:地名,即牧野。 ㉘ 鸑鷟(yuè zhuó 月浊):凤的别称。 ㉙ 杜

伯:据韦昭《国语注》,杜国(今陕西西安东南)伯爵,尧的后代,为周宣王大夫,无辜被周宣王所杀。三年后,宣王会诸侯在上林苑中打猎,杜伯化为厉鬼,射杀宣王。鄗(hào 耗):周都镐京。鄗,也写作镐。　㉚ 志:通"识",记载。　㉛ 昭王:周昭王,名瑕。房:国名,子国,在今河南遂平。　㉜ 爽德:贰德,指私德有差失。　㉝ 协:合、同样。丹朱:尧的不肖子。　㉞ 凭身:托身、依托。仪:匹、匹配。　㉟ 穆王:周穆王,名满。　㊱ 壹:一心。　㊲ 受:承受。　㊳ 道:正道。　㊴ 贪祸:因贪得祸。　㊵ 少荒:指沉湎于酒色田猎的逸乐之中。　㊶ 太宰:官名,王之卿士,掌邦国大政及祭祀。祝:太祝,官名,掌祈福祥之事。　㊷ 史:太史,官名,掌祭祀礼仪。帅:率领。狸姓:丹朱的后代,在周为傅氏。古人以鬼神不受异族祭祀,故命丹朱的后代去祭它。　㊸ 牺牲:祭用的牛、猪、羊。　㊹ 粢盛(zī chéng 咨成):供祭祀的谷物。　㊺ 玉帛:玉器币帛,泛指祭祀礼品。　㊻ 祈:求、祈求。　㊼ 几何:多久。　㊽ 尧:传说中原始社会末期部落联盟首领,亦称陶唐氏、唐尧,禅位于舜。　㊾ 胄(zhòu 宙):后代,指丹朱之神。　㊿ 物:数、物数。　㊿+1 忌父:周公忌父,太宰之名。　㊿+2 玉鬯(chàng 畅):祭祀时盛酒的玉器。　㊿+3 请土:请求神赐给土田。　㊿+4 禋(yīn 音):正心诚意而祭祀。　㊿+5 用:役使民力。　㊿+6 违:违背。　㊿+7 享:献。　㊿+8 匮:匮乏,指百姓财力匮乏。逞:满足。违:邪恶。　㊿+9 十九年:周惠王十九年(前658)。

【评析】

这是一篇周人关于神的议论,展示了周人关于神的观点,为研究周代神学思想、神权与王权关系、王权神权化和神权政权化的过程提供了翔实的史料,为史学家所重视。刘向《说苑·辩物》辑载此文。

一方面,周人是有神论者。在周人眼里神虽无形象可见,却无处不在,无时不在,充塞宇内,监临人世。它可托物现形,善者降福,恶者降祸,毫厘不爽。降于莘地之神,内史过还能说出它的来龙去脉,指出它是丹朱之神。如闻其声,如见其形,言之凿凿,使人震肃。这种思想在我国传之久远,影响至深。所谓"举头三尺有神明",修德行善,以免遭到神的谴责。

另一方面,周人认为神虽能降福祸于人,却以君主是否有德为转移。君主修德行善,政治清明,"其德足以昭其馨香,其惠足以同其民人",则布福于人,使国家兴盛。反之,君主无德作恶,政治腐败,"明神不蠲而民有远志",则降祸于人,使国家衰亡。神虽有降福降祸的巨大威力,但它从属于人事,可以修人事来改变其降福降祸的意志。说明在神权与王权中,神权从属于王权,受王权支配。而周代正处于王权神权化、神权政权化的发展过程中,从而达到"王权政治",而非"神权政治"。

内史过论晋惠公必无后

【解题】

本篇记叙公元前650年晋惠公即位,天子赐侯服爵命时晋惠公"执玉卑,拜不稽首",执礼不恭。周内史过指出其不敬天子,荒淫邪恶,即使不亡国也必无后嗣,而且祸及左右。内史过勉励君主应"亹亹怵惕,保任戒惧",切勿废礼诬王,淫纵其身,是有借鉴意义的。

襄王使邵公过及内史过赐晋惠公命①。吕甥、郤芮相晋侯不敬②,晋侯执玉卑③,拜不稽首④。

内史过归,以告王曰:"晋不亡,其君必无后。且吕、郤将不免⑤。"王曰:"何故?"对曰:"《夏书》有之曰⑥:'众非元后⑦,何戴⑧?后非众,无与守邦⑨。'在《汤誓》曰⑩:'余一人有罪⑪，无以万夫；万夫有罪，在余一人。’在《盘庚》曰⑫：‘国之臧⑬，则惟女众⑭。国之不臧，则惟余一人，是有逸罚⑮。’如是则长众使民⑯，不可不慎也。民之所急在大事⑰，先王知大事之必以众济也⑱，是故祓除其心⑲，以和惠民。考中度衷以莅之⑳，昭明物则以训之㉑，制义庶孚以行之㉒。祓除其心，精也㉓；考中度衷，忠也；昭明物则，礼也；制义庶孚，信也。然则长众使民之道，非精不和，非忠不立，非礼不顺，非信不行。今晋侯即位而背外内之赂㉔，虐其处者㉕，弃其信也；不敬王命，弃其礼也；施其所恶，弃其忠也；以恶实心㉖，弃其精也。四者皆弃㉗，则远不至而近不和矣，将何以守国？

“古者，先王既有天下，又崇立上帝㉘、明神而敬事之㉙，于是乎有朝日、夕月以教民事君㉚。诸侯春秋受职于王以临其民，大夫、士日恪位著以儆其官㉛，庶人、工、商各守其业以共其上㉜。犹恐有坠失也，故为车服㉝、旗章以旌之㉞，为贽币㉟、瑞节以镇之㊱，为班爵㊲、贵贱以列之，为令闻嘉誉以声之㊳。犹有散、迁、解、慢而著在刑辟㊴，流在裔土㊵，于是乎有蛮、夷之国㊶，有斧钺㊷、刀墨之民㊸，而况可以淫纵其身乎？

“夫晋侯非嗣也㊹，而得其位，亹亹怵惕㊺，保任戒惧㊻，犹曰未也。若将广其心而远其邻㊼，陵其民而卑其上㊽，将何以固守？

“夫执玉卑，替其贽也㊾；拜不稽首，诬其王也。替贽无镇㊿，诬王无民。夫天事恒象(51)，任重享大者必速及，故晋侯诬王，人亦将诬之；欲替其镇(52)，人亦将替之。大臣享其禄，弗谏而阿之㊾,亦必及焉。"

襄王三年而立晋侯,八年而陨于韩㊴,十六年而晋人杀怀公㊵。怀公无胄。秦人杀子金、子公。

【今译】

周襄王派邵公过和内史过颁赐晋惠公侯服命圭。晋臣吕甥、郤芮为摈相,赞礼时很不恭敬。晋惠公所执玉圭位置在腰带以下,拜赐时不磕头至地。

内史过回来,把这些情况禀告周襄王,说:"晋国即使不灭亡,它的国君一定没有后嗣。而且吕甥、郤芮二人将免不了杀身之祸。"周襄王说:"什么原故呢?"内史过回答说:"《夏书》上有这样的话:'民众没有贤明君主,拥戴谁呢?君主没有民众,就没有人与他一起保卫国家。'在《汤誓》上说:'我君主有罪,不要牵连到民众;民众有罪,归罪于我君主承担。'在《盘庚》上说:'国家好,是大家的功劳;国家不好,是我君主的过失,罪责在我。'这样,做民众的君长、役使民众的人,是不可不慎重的。民众最关心的是祭祀、战争等大事,先王知道这样的大事必须民众参与才能取得成功,所以在履行大事前屏除心中的邪念归于纯洁,用来团结、施惠于民众。要将心比心地去治理民众,要用明确的准则来教育民众,要制定适合于民众而为民众所信赖的政令让民众奉行。消除内心的邪念,是精洁;将心比心,是忠恕;明确准则,是合礼;宜于民众而为民所信,是诚信。既然如此,做民众的君长、役使民众的原则是:内心不精洁就不能团结民众,不实行忠恕之道就不能施政立事,不符合礼仪制度就不顺理,不讲求信用事情就行不通。现在晋惠公刚即位就背弃对诸侯、对大臣所许的诺言,虐杀与自己共事的人,这是背弃信义;不尊敬王命,这是背弃礼法;把己所不欲的恶事施加于人,这是背弃忠恕;用邪恶充满自己的内心,这是背弃精洁。信、礼、忠、精都背弃了,那么远人不来归附,近人不能和协,将用什么来守卫国家呢?

"古时候,先王统一天下后,又尊崇地建立上帝、明神的祀典而恭敬地祭祀他们。于是就有天子春分拜日、秋分迎月的礼仪，用来教育民众奉侍君主。诸侯春秋两季在天子处领受任务来治理民众，大夫、士每天在自己的工作岗位上恭谨地履行职责，平民、工匠、商人各安心于自己的职业来供奉君主。尚且恐怕有所疏忽错失，所以用不同等级的车舆、章服、旌旗、章帜来加以区别，用不同等级使用的贽礼、币帛、瑞玉、符节来表示慎重，用班次、爵位、尊贵、卑贱来确立秩序，用美名、荣誉来表彰有功之人。但还有散漫、转移、懈怠、懒惰失职的人，就在刑法上明文规定其犯罪行为，流放到边远地方去。这样，就有了蛮夷的国家，就有受刑法制裁的罪人。有鉴于此，怎么可以过分放纵自己呢？

"晋侯夷吾不是晋献公的嫡长子，不该继位，现在得到了君位，勤勉地小心地任事，谨慎地敬畏地供职，还恐怕不能胜任呢。而他却放纵自己，疏远邻邦，欺压民众，不敬天子，将用什么来固守国家呢？

"捧玉圭的位置低，是践踏了朝拜之礼；下拜不叩头至地，是欺罔天子。践踏朝拜之礼就无以自重，欺罔天子就失去民众。上天往往通过一些具体事件来预示凶吉，责任重大、爵位尊显的人一定会很快遭受灾祸，所以晋侯欺罔天子，别人也将欺罔他；晋侯践踏朝拜天子之礼，别人也将践踏他。大臣享受国君的爵禄，不但不劝谏，反而阿谀曲从，也肯定会遭到灾祸的。"

周襄王三年惠公即位为晋君，襄王八年就在韩原被秦国俘虏，襄王十六年晋人杀了他的儿子怀公。怀公没有后嗣。秦穆公杀死了吕甥和郤芮。

【注释】

① 襄王：周襄王，名郑，公元前651年至前619年在位。邵公过：邵穆公之后，名过，谥武，为周王卿士。赐命：诸侯即位，天子赐予爵服、命圭，以示合法化。晋惠公：晋献公庶子，名夷吾，公元前650年至前637年在位。　② 吕甥：晋大夫，字子金，又作吕省、瑕甥、阴饴甥、瑕吕饴甥、吕甥子金。郤芮(xì ruì 系锐)：晋大夫，字子公，又作冀

芮、郤成子。相：摈相，即任司仪引导行礼者。《周礼·秋官·司仪》注："出接宾曰摈，入赞礼曰相。" ③ 玉：玉圭。天子所赐诸侯之圭，叫信圭。卑：礼仪规定执赘礼应在腰带以上，额以下，一般置在胸前，低于腰带为卑，不合礼度。 ④ 稽首：跪拜时以头触地，是古人最尊敬的一种礼节。 ⑤ 不免：指不能躲过灾祸。 ⑥《夏书》：指《尚书·虞书·大禹谟》。董增龄《国语正义》说："今所传《大禹谟》篇，至东晋始出，近儒谓非孔壁真古文。宏嗣(韦昭)生三国时，未见其书，故曰'逸书'。"此处所引《夏书》之文不见于今本《尚书》。 ⑦ 元后：好的君主。元，善。后，君主。 ⑧ 戴：拥戴、尊奉。 ⑨ 邦：国。诸侯的封国称邦。 ⑩《汤誓》：指《尚书·汤誓》，为商汤讨夏桀时的誓师辞。此处所引之文未见于今本《尚书·汤誓》。 ⑪ 余一人：天子自称。 ⑫《盘庚》：指《尚书·盘庚》，为商王盘庚迁殷时对官、民的训辞，分上、中、下三篇。 ⑬ 臧：善、好。 ⑭ 女(rǔ 乳)：通"汝"，你。 ⑮ 逸：失、过错。罚：罪。 ⑯ 长(zhǎng 掌)众：领导民众。 ⑰ 大事：指祭祀和战争。《左传·成公十三年》："国之大事，在祀与戎。" ⑱ 济：成功。 ⑲ 祓(fú 孚)除：古代一种除灾祈福的仪式。 ⑳ 考中：省察自己的内心。度(duó 铎)衷：忖度他人的内心。 莅(lì 利)：临。 ㉑ 昭明：彰明、光明。物则：事物的法则。 ㉒ 义：宜。孚：信、大信。 ㉓ 精：洁、精洁。 ㉔ 背外内之赂：指晋惠公欲入晋为君，在外约秦穆公发兵，事成以河西之地相酬；在内约里克、丕郑为内应，杀奚齐和卓子，事成酬里克汾阳之田百万，丕郑负蔡之田七十万。晋惠公登位后，自食其言，并杀了里克、丕郑，故言背内外之赂。 ㉕ 虐其处者：指杀里克、丕郑之事。虐，虐杀。处者，指里克、丕郑原为辅佐奚齐的大臣，处于国内。 ㉖ 实心：充满内心。 ㉗ 四者：指信、礼、忠、精。 ㉘ 崇：尊崇、崇敬。立：指建立祭祀的礼典。上帝：天。 ㉙ 明神：指日、月。 ㉚ 朝日：指天子春分拜日于东门之外。夕月：指天子秋分迎月于西门之外。 ㉛ 恪：恭谨貌。位著：韦昭《国语注》说："中廷之左右曰位，门屏之间曰著。"意即在朝为官任职。儆：同"警"，警慎戒惧。 ㉜ 共：同"供"，供奉。 ㉝ 车服：车舆和章服。 ㉞ 旗章：旌旗和章帜。旌:表,表帜。 ㉟ 贽(zhì 治)币:古人见面时所赠送的礼物。贽,见面礼。币,缯帛。古时以束帛为祭祀或馈赠宾客的礼物。㊱ 瑞节:瑞玉和符节。古代朝聘时信物,不同身份等级的人有所区别。 ㊲ 班爵:班次爵位。 ㊳ 令闻:好名声。嘉誉:好名誉。声:表扬。 ㊴ 散:散漫。迁:转移。懈:懈怠。慢:懒惰。著:著明,指明文规定。辟:罪。 ㊵ 裔土:中原以外边远的地方。 ㊶ 蛮、夷之国:泛指边远地区的少数民族和周边的国家。 ㊷ 斧钺(yuè 月):古代军法用以杀人的斧子,指代刑罚。钺,大斧。 ㊸ 刀墨:指刺字涂墨的刑罚,即墨刑。 ㊹ 非嗣:指惠公不是献公嫡长子,不是法定的继承人。 ㊺ 亹亹(wěi 尾):勤勉地。怵惕:警惕戒惧。 ㊻ 保任:保位守职。 ㊼ 广其心:放纵自己思想。 ㊽ 陵:通“凌”,欺凌、凌虐。㊾ 替:陵替,引申为践踏。 ㊿ 无镇:无以自重。 (51) 恒象:常常预示凶吉的征兆。 (52) 镇:镇圭,古代朝聘时王所执信物,这里指代天子。 (53) 阿(ē 婀):阿谀附从。 (54) 八年而陨于韩:晋惠公在公元前 644 年秦晋韩原之战中战败被俘,幸秦穆公夫人伯姬(晋献公之女)求情,扣押三月后被释放回晋。 (55) 晋人杀怀公:晋惠公卒,曾为质于秦的儿子圉从秦国逃归,即君位,是谓怀公。周襄王十六年(前 636)秦穆公出兵护送公子重耳返国,晋人杀怀公,迎立重耳,是谓晋文公。

【评析】

公元前 651 年,晋献公将卒,遗命立骊姬子奚齐为君,荀息为王傅辅政。里克、丕郑欲纳重耳(晋文公)。时夷吾(晋惠公)允诺“赂秦伯以河外列城五,东尽虢略,南及华山,内及解梁城”(《左传・僖公十五年》),求秦发兵护送其回晋。又请里克、丕郑为内应,允诺命里克“以汾阳之田百万”,命丕郑“以负蔡之田七十万”(《晋语・里克杀奚齐》)。于是里克杀奚齐于丧庐。荀息又立奚齐弟卓子。里克又杀卓子,荀息死之。前 650 年,齐大夫隰朋率领军队会同秦国军队护送晋惠公回国即位。惠公即位后,使丕郑至秦报谢,请求暂缓给秦国土地,实际是食言不给。不久,又以谋乱罪杀里克、丕郑。前 649 年,周襄王派邵公过和内史过赐惠公侯爵命圭。惠公受命时行礼简慢,不敬天子,内史过据惠公即位后所作所为发表了这番议论,得出"晋不亡,其君必无后。且吕、郤将不免"的结论。这就是内史过议论的历史背景。

内史过的话,如果反面教材正面用,倒是一篇为政治国的方略。

首先,内史过敏锐地看到了民众的巨大力量,治国必须依靠民众。他认为长众使民者应该重视民众的力量和作用,"大事之必以众济也"。他引用《夏书》"后非众,无以守邦"、《汤誓》"万夫有罪,在余一人"、《盘庚》"国之臧,则惟女众",从理论上说明为政者应该尊重民众、爱护民众、依靠民众,"以和惠民",达到固守其国的目的。这是我国古代重民思想的体现。古人虽然体会不到深厚的力量蕴藏于民众之中,但祭祀的供品由民众提供,战争依靠民众取得胜利,民众是立国的基本条件之一,这是清楚的,更何况厉王被国人放逐的教训犹历历在目,所以提出重民、爱民、保民思想,对民众不可不慎。重民思想一直为历代所继承,《左传·僖公十九年》说:"民,神之主也。"孟子说:"保民而王,莫之能御也。"(《孟子·梁惠王上》)又说:"民为贵,社稷次之,君为轻,是故得乎丘民而为天子。"(《孟子·尽心下》)又说:"桀纣之失天下者,失其民也;失其民者,失其心也。"(《孟子·离娄上》)庄子说:"不能容人者无亲,无亲者尽人。"(《庄子·庚桑楚》)唐太宗立太子以后,常以身边事情教育他。见太子在乘船,就说:"水所以载舟,亦所以覆舟,民犹水也,君犹舟也。"(《资治通鉴》太宗贞观十七年)他们都重视民众的力量,要求亲民、爱民、处理好君民关系。内史过能提出治国要依靠民众的观点,无疑是正确而有现实意义的。

其次,内史过要求君主以礼修身,以礼治国,而把修身放在首位。他认为君主欲守其国,必须"被除其心",精洁自己的内心世界,排除淫纵邪恶,以礼端正自己的思想,约束自己的行为,以精、忠、礼、信立身行事,才会得到民众的拥护。我国古代都重视修身。曾子"吾日三省吾身",随时检点自己的缺失。《大学》要求:"自天子以至于庶人,壹是皆以修身为本。""身修而后家齐,家齐而后国治,国治而后天下平。"孔子说:"其身正,不令而行;其身不正,虽令不从。"(《论语·子路》)庄子说:"身之不能治,而何暇治天下乎?"(《庄子·天地》)只有以礼修身,事事处处循礼而行,"打铁还靠自身硬",才能治国平天下。

在以礼修身的基础上,内史过要求君主以礼治国。他认为,"礼,国之干也;敬,礼之舆也。不敬则礼不行,礼不行则上下昏,何以长世?"(《左传·僖公十一年》)"昭明物则,礼也。""非礼不顺。"而执行以礼治国,必须尊敬长上,以"敬"为载体,"不敬王命,弃其礼也",弃礼,国将不守。所以必须执行先王规定的亲亲、尊尊的等级制度,使君、臣、民各安其位,各守其职,"亶亶怵惕,保任戒惧",才能长治久安。

内史兴论晋文公必霸

【解题】

本篇记叙公元前636年晋文公即位时,举行接受天子赐与侯服命圭的盛大典礼。文公知礼、遵礼,恭敬诚恪,循礼而行,受到天子使臣内史兴的赞扬,认为晋文公"逆王命敬,奉礼义成",具有忠、信、仁、义的美德,预言他必为霸主,建议周襄王对其厚加礼遇。襄公从之,后果得晋文公的帮助,平定王子带之乱而复位。公元前631年,在践土之会上,晋文公为诸侯之长,称霸于诸侯。

襄王使太宰文公及内史兴赐晋文公命①,上卿逆于境②,晋侯郊劳③,馆诸宗庙④,馈九牢⑤,设庭燎⑥。及期,命于武宫⑦,设桑主⑧,布几筵⑨,太宰莅之,晋侯端委以入⑩。太宰以王命命冕服⑪,内史赞之⑫,三命而后即冕服⑬。既毕,宾、飨、赠、饯如公命侯伯之礼⑭,而加之以宴好。

内史兴归,以告王曰:"晋,不可不善也,其君必霸。逆王命敬,奉礼义成⑮。敬王命,顺之道也;成礼义,德之则也。则德以导诸侯⑯,诸侯必归之。且礼所以观忠、信、仁、义也,忠所以分也⑰,仁所以行也⑱,信所以守也⑲,义所以节也⑳。忠分则均,仁行则报,信守则固,义节则度。分均无怨,行报无匮㉑,守固不偷㉒,节度不携㉓。若民不怨而财不匮,令不偷而动不携,其何事不济!中能应外,忠也;施三服义㉔,仁也;守节不淫㉕,信也;行礼不疚㉖,义也。臣入晋境,四者不失,故臣曰:'晋侯其能礼矣,王其善之!'树于有礼㉗,艾人必丰㉘。"

王从之,使于晋者,道相逮也㉙。及惠后之难㉚,王出在郑,晋侯纳之。

襄王十六年,立晋文公。二十一年,以诸侯朝王于衡雍㉛,且献楚捷㉜,遂为践土之盟㉝,于是乎始霸。

【今译】

　　周襄王派太宰文公及内史兴赐晋文公侯爵命圭,晋国派上卿在边境迎接,晋文公亲自到城郊慰劳,安排使者住宿在宗庙里,设九牢的盛宴款待,殿庭里点燃明亮的大烛。到了吉期,在祖庙武宫举行隆重的仪式接受任命。设立晋献公的神主,布陈祭祀筵席。太宰文公主持仪式,晋文公穿着礼服戴着礼帽恭恭敬敬地步入武宫。太宰宣布天子的命令,赐晋文公侯爵的冠冕、鷩衣,内史兴引导晋文公行礼。太宰三次宣布天子的命令,晋文公推让了三次,然后换上侯爵的冠冕、鷩衣。仪式结束,晋文公对太宰和内史的礼节、宴享、馈赠、郊送等礼仪都按照公受王以侯伯待之之礼进行,而且气氛始终融洽友好。

　　内史兴回来,将赐命情况禀告周襄王,说:"晋国,是应该好好地对待它的,它的国君一定会称霸于诸侯。他们迎接王命态度恭敬,举行仪式符合礼制。尊敬王命,是顺于礼义之道;行礼如仪,是懂得道德的准则。用规范的道德标准来引导诸侯,诸侯一定归服。而且,礼本来就可用于观察忠、信、仁、义的,忠可以用来均分,仁可以用来施恩,信可以用来守约,义可以用来节度。有了忠,分配就能平均;有了仁,施恩能得回报;有了信,守约就能牢固;有了义,节制就能适度。分配平均就没有怨恨,行恩有报就不会匮乏,守约牢固就不会苟且,节制适度就不会离心。如果民众不怨恨而财用不匮乏,执行命令不苟且而行动不背离,那么什么事不能办成功!表里相应,是忠的表现;三辞任命,冠服适宜,是仁的表现;遵守礼节又不过分,是信的表现;行礼无失,是义的表现。臣进入晋国境内,看到忠、信、仁、义都具备,臣所以敢这样说:'晋侯是知礼的,君王应该好好对待他!'对懂得礼义的人树恩,他的回报一定丰厚。"

周襄王听从了内史兴的话,派到晋国去的使者,道路相望,络绎不绝。到了惠后之难时,襄王出奔到郑国,晋文公送他回国复位。

周襄王十六年,任命晋文公为晋国国君。二十一年,晋文公率领诸侯在衡雍朝见周襄王,并且向天子献上战胜楚国的战利品。于是主持了践土的会盟,从此晋文公称霸于诸侯。

【注释】

① 太宰文公:王子虎,周王卿士。内史兴:周内史,叔兴父。晋文公:献公之子,惠公异母兄,名重耳,公元前636年至前628年在位,春秋五霸之一。 ② 上卿:官名。周制,卿分上卿、亚卿、下卿三等,上卿须经天子任命,最为尊贵。逆:迎接。 ③ 郊劳:指到城郊迎接慰劳,表示尊重。 ④ 馆:舍,客舍。 ⑤ 馈(kuì 愧):进物于尊者为馈。九牢:牛、羊、豕各一为一牢。韦昭注说:"上公飨饫九牢。"这是晋文公以上公礼接待太宰文公和内史兴,以示对天子的尊重。 ⑥ 庭燎(liáo 辽):在殿庭点燃大烛,以示隆重。《周礼·秋官·司烜氏》:"凡邦之大事,共坟烛庭燎。" ⑦ 武宫:晋武公之庙。武公,姓姬,名称,

献公之父,文公之祖,也称曲沃武公,前716年至前677年在位。周釐王四年(前678),武公灭晋侯缗,尽以其宝器赂献于周釐王,釐王命武公为晋侯,故奉之为太祖。　⑧ 桑主:桑木做的神主,此为献公神主。韦昭注云:"主,献公之主也。练主用栗,虞主用桑。礼,既葬而虞,虞而作主。天子于是爵命世子,世子即位,受命服也。献公死已久,于此设之者,文公不欲继惠、怀也。故立献公之主,自以子继父之位,行不逾年之礼也。"　⑨ 布:布陈、陈设。几筵:祭祀筵席。　⑩ 端委:玄端和委貌,周代未受爵命之士所穿的玄色的礼服和黑色丝织物缝制的礼帽。　⑪ 冕服:古代帝王按等级赐给公、侯、卿、大夫、士的制服,也用作举行吉礼时的礼帽、礼服。冕,大冠。服,鷩衣。　⑫ 赞:导引。　⑬ 三命:三次以王命命文公,文公辞让三次,表示谦逊,不敢接受。《周礼·大宗伯》:"一命受职,再命受服,三命受位。"　⑭ 宾:指迎宾之礼。飨:指宴飨之礼。赠:指馈赠之礼。饯:郊送饮酒之礼。　⑮ 成:指符合礼制要求。　⑯ 则德:规范的道德。　⑰ 分:均分。　⑱ 行:指施行恩惠。　⑲ 守:指守约。　⑳ 节:指节度。　㉑ 匮:匮乏。　㉒ 偷:苟且。　㉓ 携:离。　㉔ 施三服义:指晋文公三辞王命,冠服适宜。韦昭注引贾逵云:"三,谓忠、信、仁也。"韦昭则认为:"施三,谓三让也。服义,义,宜也。服得其宜,谓端委也。"　㉕ 淫:过分。　㉖ 疚:病。　㉗ 树:树恩。　㉘ 艾:报答。　㉙ 道相逮:指道路相望,络绎不绝,指使者之多。逮,及。　㉚ 惠后之难:周惠王之后陈妫,襄王继母,有宠于惠王,生王子带,欲立带为太子,未果而惠王卒。襄王即位,带奔齐。后召回,与襄王后隗氏私通。襄王废隗氏,周大夫颓叔、桃子奉带为王,借狄人军队攻周襄王,襄王出奔郑。后晋文公诛带而纳襄王复位。事见《左传·僖公二十四年、二十五年》。　㉛ 诸侯:指宋、齐、郑、鲁、陈、蔡、邾、莒、卫等国。衡雍:地名,在今河南原阳以西。　㉜ 楚捷:指晋在城濮之战中战胜楚国。　㉝ 践土之盟:这是历史上有名的会盟。公元前631年,晋在城濮之战中打败楚国,率诸侯朝王,在践土会盟。周襄王策命晋文公为诸侯之长,成为霸主。

【评析】

本篇内史兴的话围绕"礼"为核心展开,讲了两个方面的问题。

一是叙述晋文公以礼受爵。晋文公在接受天子赐与侯服命圭时行礼如仪,符合于礼。表现在以上公的高规格接待天子的使者,在迎宾、宴享、馈赠、饯别等各个环节,都遵礼而行,无有违失。表现在以最隆重的仪式、最崇敬的态度接受天子赐命。他把盛典安排在太祖庙举行,不忘祖先创业之艰难;设献公神主,表示子继父业;布陈丰盛祭筵,表达赤诚之心。太宰立于主位主持仪式,晋文公身穿黑礼服、头戴黑色礼帽,缓步进入武宫,在内史的导引下,跪拜稽首,听太宰宣读王命。当太宰宣布王命后,文公稽首逊谢,辞受冕服、爵命。太宰三宣王命,文公三次辞谢。然后接受王命,更穿冕服,完成典礼,仪式完全按周礼的规范进行,既隆重盛大,又庄严肃穆。

二是叙述礼的作用。内史兴以上述受命典礼为基础,申述礼在诸多道德中的统帅作用,强调礼的重要性。他认为:"礼所以观忠、信、仁、义也。"就是说,礼是忠、信、仁、义的统帅,而忠、信、仁、义则是礼的载体,礼的组成部分。这是我国关于礼的地位和作用的传统看法。《曲礼》说:"道德仁义,非礼不成。教训正俗,非礼不备。分争辩讼,非礼不决。"《庄子·缮性》也说:"德无不容,仁也;道无不理,义也;义明而物亲,忠也;中纯实而反乎情,乐也;信行容体而顺乎文,礼也。"不仅如此,古人还把礼看成是世间万事万物的总纲。"天地位,日月明,四时序,阴阳和,风雨节,群品滋茂,万物宰制,君臣朝廷尊卑贵贱有序,咸谓之礼。"(《史记·礼书》张守节正义)礼的范畴大矣哉。所以就治国来说,"礼,国之干也"(《左传·僖公十一年》),是立国的主干。知礼、明礼、遵礼、守礼、执礼的人,执治国理民之纲,纲举目张,礼乐教化行,事业必然成功。

我国是礼仪之邦,礼有丰富的内涵。阅读本篇,可以启发我们深入理解礼的内涵和作用。

卷二 周语中

富辰谏襄王以狄伐郑及以狄女为后

【解题】

本篇记叙周大夫富辰以远近、亲疏、内外立论,规谏周襄王勿因小怨而乱大德,借用狄人力量攻打兄弟之郑;勿娶远外之狄女,以招无穷之祸。襄王不听,终于遭到狄人攻击,落得大臣被杀、国破出奔的下场。

襄王十三年①,郑人伐滑②。王使游孙伯请滑③,郑人执之④。王怒,将以狄伐郑⑤。富辰谏曰⑥:"不可。古人有言曰:'兄弟谗阋⑦,侮人百里⑧。'周文公之诗曰⑨:'兄弟阋于墙⑩,外御其侮。'若是则阋乃内侮,而虽阋不败亲也⑪。郑在天子,兄弟也⑫。郑武、庄有大勋力于平、桓⑬;我周之东迁,晋、郑是依⑭;子颓之乱⑮,又郑之由定。今以小忿弃之,是以小怨置大德也,无乃不可乎!且夫兄弟之怨,不征于他⑯,征于他,利乃外矣。章怨外利⑰,不义;弃亲即狄⑱,不祥;以怨报德,不仁。夫义所以生利也,祥所以事神也,仁所以保民也。不义则利不阜⑲,不祥则福不降,不仁则民不至。古之明王不失此三德者⑳,故能光有天下㉑,而和宁百姓,令闻不忘㉒。王其不可以弃之。"王不听。十七年,王降狄师以伐郑㉓。

王德狄人㉔,将以其女为后。富辰谏曰:"不可。夫婚姻,祸福之阶也㉕。由之利内则福,利外则取祸。今王外利矣,其无乃阶祸乎?昔挚、畴之国也由大任㉖,杞、缯由大姒㉗,齐、许、申、吕由大姜㉘,陈由大姬㉙,是皆能内利亲亲者也㉚。昔鄀之亡也由仲任㉛,密须由伯姞㉜,郐由叔妘㉝,聃由郑姬㉞,息由陈妫㉟,邓由楚曼㊱,罗由季姬㊲,卢由荆妫㊳,是皆外利离亲者也㊴。"

王曰:"利何如而内?何如而外?"对曰:"尊贵、明贤、庸勋㊵、长老、爱亲、礼新㊶、亲旧㊷。然则民莫不审固其心力以役上令,官不易方㊸,而财不匮竭,求无不至,动无不济。百姓兆民㊹,夫人奉利而归诸上㊺,是利之内也。若七德离判㊻,民乃携贰,各以利退,上求不暨㊼,是其外利也。夫狄无列于王室㊽,郑伯南也㊾,王而卑之,是不尊贵也。狄,豺狼之德也,郑未失周典㊿,王而蔑之,是不明贤也。平、桓、庄㊽、惠皆受郑劳,王而弃之,是不庸勋也。郑伯捷之齿长矣㊿,王而弱之㊽,是不长老也。狄,隗姓也,郑出自宣王㊽,王而虐之,是不爱亲也。夫礼,新不间旧㊽,王以狄女间姜、任㊽,非礼且弃旧也。王一举而弃七德,臣故曰利外矣。《书》有之曰㊽:'必有忍也,若能有济也。'王不忍小忿而弃郑,又登叔隗以阶狄㊽。狄,封豕豺狼也㊽,不可厌也㊽。"王不听。

十八年㊽,王黜狄后㊽。狄人来,诛杀谭伯㊽。富辰曰:"昔吾骤谏王㊽,王弗从,以及此难。若我不出,王其以我为怼乎㊽!"乃以其属死之㊽。

【今译】

周襄王十三年,郑国举兵讨伐滑国。周襄王派游孙伯大夫去郑国为滑国说情,郑文公不听王命,拘留了使者。襄王大怒,将借用狄人的军队讨伐郑国。大夫富辰规谏说:"不可这样做。古人有话说:'兄弟之间受谗言挑拨而争吵,但仍团结一致防御外人的欺侮。'周文公在

《诗经·小雅·棠棣》篇中说:'兄弟在家里争吵,但共同抵御外人的欺凌。'如若这样,兄弟争吵是内部不和,虽然有争吵但不损害兄弟手足之情。郑君与天子,是兄弟之亲。郑武公、庄公对于平王、桓王出过大力,建立过大功勋;我们周王室东迁洛邑,依靠晋国、郑国的支持;子颓作乱,又是由郑国帮助平定的。现在因为小小的不满就抛弃郑国,这就叫作因小怨而忘大德,恐怕不可以这样做吧!况且兄弟之间的纠纷,不必征召他人来帮助解决,征召他人,利益就会被外人得去。暴露内部矛盾而让外人得利,这是不义的行为;疏远亲族,接近狄人,这是不吉祥的行为;用怨恨来报答恩德,这是不仁的行为。道义用来产生财利,吉祥用来奉事神明,仁爱用来保护民众。不行道义财利就不会丰厚,不吉祥神明就不会降福,不仁爱民众就不来归附。古代英明的君王不失去这三种德行,所以能统治广袤的国土,而且让百姓和睦安宁,美好的名声使人永不忘怀。君王啊,您千万不可以抛弃这些德行。"襄王不听规劝。十七年,襄王借用狄人的军队去讨伐郑国。

襄王感激狄人,准备娶狄君的女儿为王后。富辰又规谏说:"不可这样做。婚姻,是产生幸福与祸乱的阶梯。通过缔结婚姻有利于内部就会带来幸福,有利于外人就会招来祸患。现在君王结婚对外人有利,这岂不是自己招引祸患吗?从前挚国、畴国由于大任而得福,杞国、缯国由于大姒而得福,齐国、许国、申国、吕国由于大姜而得福,陈国由于大姬而得福,所有这些都是婚姻对内有利而亲其所亲、获得福泽的例子。过去隞国灭亡由于娶了仲任,密须国灭亡由于娶了伯姞姐妹,郐国灭亡由于娶了叔妘,聃国被楚灭亡由于郑姬,息国被楚灭亡由于陈妫,邓国灭亡是因为楚武王夫人邓曼,罗国被楚灭亡由于娶了季姬,卢国灭亡由于嫁荆妫到楚国,所有这些都是婚姻对外有利而离间其亲、导致祸乱的例子。"

襄王问:"怎么样叫作对内有利,怎么样叫作对外人有利?"富辰回答说:"尊重贵族,彰扬贤人,任用功臣,尊敬长者,友爱亲族,优礼宾客,亲近故旧。这样,民众没有一个不固其心志,尽力执行君王的命令。官府不改变常道,财用就不致匮乏,要求没有达不到的,行动没有不成功的。官员和民众,人人都将利益奉献给君王,这就是有利于内了。如果以上的七种德政做不到,民众就生二心,人人都为自己谋利而背离君王,君主的要求无人响应,这就是有利于外了。狄未经天子策封在王室是没有位次的,而郑伯位在男服,君王轻视他,这是不尊重贵族的表现。狄人的德行像豺狼一样贪婪残忍,而郑国一直遵守周朝的典制,君王蔑视他,这是不表彰贤人的表现。平王、桓王、庄王、惠王都受过郑国的帮助,君王抛弃他,这是不任用有功之臣的表现。郑国君主捷的年龄大了,君王卑视他,这是不尊敬长者的表现。狄,是北方隗姓的国家,郑国是宣王的后裔,君王虐待他,这是不爱护亲族的表现。按照礼法来说,新的不能代替旧的,君王却娶狄女来代替姜氏、任氏为王后,不但不合乎礼法,而且是抛弃故旧的表现。君王娶狄女为后这一举动,一下子抛弃了七种好德行,臣所以说这是有利于外人了。《尚书》中有这样的话:'一定要有所忍耐,才能取得成功。'君王不能容忍小的怨恨而抛弃郑国,还要娶叔隗为王后以引狄祸周。狄,像野猪豺狼一样残忍,他们的贪心是永远不会满足的。"襄王不听劝告。

十八年,襄王废黜了狄后。狄人发兵前来问罪,杀死了大夫谭伯。富辰说:"过去我多次规谏君王,君王不听从我的意见,所以遭到这样的祸难。如果我不出去抵抗狄人,君王大概以为我对他怀有怨恨啊。"于是率领他的部属出战而死。

【注释】

① 襄王:周襄王。十三年:公元前639年。　② 滑:周同姓诸侯国,都费,在今河南偃师之南缑氏镇。据韦昭注,先是郑伐滑,滑人归服,及郑退兵,又叛郑而附卫,故郑文公派公子士、堵俞弥(泄堵寇)率师伐滑。　③ 游孙伯:周大夫。据《左传·僖公二十四年》"王使伯服、游孙伯如郑请滑",《史记·周本纪》"王使游孙、伯服请滑",则使者为二人。请滑:为滑说情。　④ 郑人:指郑文公姬捷。执:囚禁、拘留。　⑤ 狄:指当时活动于陕西东北部的隗氏之狄。　⑥ 富辰:周大夫。　⑦ 阋(xì戏):争吵、争斗。　⑧ 百里:比喻关系疏远之人,

这里实指狄人。　⑨ 周文公:指周公旦。《诗》:指《诗经·小雅·常棣》,相传为周公所作,但无定论。　⑩ 墙:墙内,借指内部。　⑪ 败亲:损害、毁败亲族。　⑫ 兄弟也:指襄王与郑有兄弟之亲。郑始封之祖桓公姬友,为周厉王之子,宣王之弟,郑是周的兄弟之国。　⑬ 郑武:郑武公,名滑突,公元前770年至前744年在位,以卿士辅平王东迁洛邑。庄:郑庄公,名寤生,公元前743年至前701年在位,为桓王卿士,曾以王命伐宋。大勋力:大功劳。平:周平王。桓:周桓王,名林,公元前719年至前697年在位。　⑭ 依:依靠。　⑮ 子颓之乱:指子颓发动政变,赶走周惠王,王奔郑,在郑厉公帮助下杀子颓,惠王复位。子颓,庄王之子,惠王之叔父。　⑯ 征:召。他:指狄人。　⑰ 章:通"彰",彰明、显露。　⑱ 即:靠近、接近。　⑲ 阜:厚、丰厚。　⑳ 明王:英明的君王。三德:指仁、义、祥。　㉑ 光:大。　㉒ 令闻:好名声,意为德及后代。　㉓ 降:下令。　㉔ 德:感激,名词用作动词。　㉕ 阶:阶梯。　㉖ 挚、畴:任姓诸侯国,奚仲、仲虺之后,大任之家。挚的都城在今河南汝南,畴的都城在今河南平顶山西南。大任:挚国国君次女,周王季之妃,文王之母。《史记·正义》引《列女传》云:"太任,王季娶以为妃。太任之性,端壹诚庄,维德之行。及其有身,目不视恶色,耳不听淫声,口不出傲言,能以胎教子,而生文王。"　㉗ 杞、缯(zēng曾):姒姓诸侯国,夏禹之后,大姒之家。杞的都城在今河南杞县;缯,亦作鄫,都城在今河南方城。大姒(sì似):周文王之妃,武王之母。　㉘ 齐、许、申、吕:姜姓诸侯国。齐的都城在今山东临淄,许的都城在今河南许昌之东,申的都城在今河南南阳之北,吕的都城在今河南南阳之西。大姜:太王之妃,王季之母。　㉙ 陈:妫姓诸侯国,都城在今河南淮阳,虞舜之后裔。大姬:武王之女,成王之姊。　㉚ 亲亲:前一"亲"字为动词,作亲爱讲;后一"亲"字为名词,作亲人、亲族讲。　㉛ 鄢(yān烟):亦作傿,妘姓诸侯国,都城在今河南鄢陵西北,东周初为郑武公所灭。仲任:鄢君的夫人。　㉜ 密须:也称密,姞姓诸侯国。伯姞(jí吉):密须国女子。据全祖望《困学纪闻三笺》,可能是指奔密康公的三女之一。　㉝ 郐(kuì快):妘姓诸侯国,都城在今河南新郑西北,为郑武公所灭。叔妘:邟君夫人,与之同姓。《公羊传》云:"先郑伯有善乎邟公者,通于夫人,以取其国,此之谓也。" ㉞聃(dān 丹):姬姓诸侯国,都城在今河南平舆北,春秋时为楚所灭。郑姬:聃君夫人,与之同姓。 ㉟息:姬姓诸侯国,都城在今河南息县西,春秋时为楚所灭。陈妫(guī 归):息夫人。《国语》韦昭注云:"陈妫,陈女,为息侯夫人。蔡哀侯亦娶于陈。息妫将归,过蔡,蔡侯止而见之,弗宾。妫以告息侯,导楚伐蔡。蔡侯怨,因称息妫之美于楚子,楚子遂灭息,以息妫归。" ㊱邓:曼姓诸侯国,都城在今湖北襄阳附近,春秋时为楚所灭。楚曼:邓女。《国语》韦昭注云:"曼,邓女,为楚武王夫人,生文王。过邓而利其国,遂灭邓而兼之也。" ㊲罗:熊姓诸侯国,都城在今湖北宜城附近,为楚所灭。季姬:罗君夫人,姬氏之女。 ㊳卢:妫姓诸侯国,都城在今湖北襄阳西南,被楚所灭。荆妫:卢国之女,为楚王夫人。 ㊴外利离亲:指以上女子均有利于外,背离所亲,故亡其国。 ㊵庸:用、任用。 ㊶新:新来的,指过境宾客。 ㊷旧:旧君的故旧、老臣。 ㊸官不易方:官府不改变常规。方,规范、方针。 ㊹百姓:百官。因官有世功,受氏姓,故称百姓。 ㊺夫人:人人。 ㊻离判:离心背叛。判,通"叛"。 ㊼暨:至、到。 ㊽无列:没有位次,指王化之外。 ㊾南:通"男",男服,指郑伯为男服之侯伯。 ㊿周典:周朝的典章制度。 ㉛庄:周庄王,名佗。㉜郑伯捷:指郑文公姬捷,公元前672年至前628年在位。齿:年龄。 ㉝弱:稚、幼稚。 ㉞郑出自宣王:郑始封国君郑桓公姬友为周厉王之子,周宣王之弟,封于宣王之世。 ㉟间:替代。 ㊱姜、任:指姜氏、任氏之女,世代为王妃嫔。 ㊲《书》:指《尚书》。所引之句在《尚书·君陈》。 ㊳济:成功。 ㊴登:升、提升。叔隗:狄女,襄王欲立为王后。阶:指顺阶而升、引狄祸周。 ㊵封豕:大猪。 ㊶厌:满足。 ㊷十八年:指周襄王十八年(前634)。 ㊸黜(chù 触):废、废黜。狄后立,私通于王子带,故襄王废之。 ㊹谭伯:周大夫。 ㊺骤:屡次、多次。 ㊻怼:怨恨。 ㊼属:部属。

【评析】

本篇叙述了襄王因小忿而欲借狄人之力攻打同宗之郑,以及欲报狄人之德,弃姜、任之婚姻而纳叔隗为王后,两件既有联系又有区别的史事。大夫富辰据此规谏襄王。在谏辞中,以下两点很值得注意:

第一,勿以小怨置大德。滑国叛郑而附于卫,郑公子士、泄堵寇率军攻滑,滑人慑于郑人军威,表示归服。及郑军撤退,滑人又归附于卫,郑军再度讨滑。襄王派游孙伯为使,劝郑不要伐滑。郑文公怨惠王复位后,不赐爵(一种酒器)给曾助其复位的郑厉公,故不听王命,并扣留了使者。襄王失了面子,欲兴狄师讨郑。富辰认为郑国与周王室是兄弟之亲,平王东迁洛邑时,受到郑武公的护送和支持,并为平王卿士。桓王即位,郑庄公为王卿士,辅佐王室。惠王时子颓篡位,惠王被迫出奔,在郑国居住三年,经郑厉公与虢公谋划,杀子颓,送惠王回国复位。郑国有大功于周王室,今以小忿而下令讨伐,则是以怨报德。并引《尚书》"必有忍也,若能有济也",告诫襄王,不忍将会遭到祸殃。富辰的话,句句在理。以德报德,这是我国传统的道德规范,别人有恩于我,必以德之,决不能人施恩于我而报之以怨。即使与施恩者有矛盾,也应以忍让为主。"小不忍则乱大谋",这又是我国一条传统的明训。孔子曾说过这句话,他主张遇事要有忍让精神。《左传·文公元年》:"卑让,德之基也。"明蔡清《四书蒙引》说:"沛公因项羽王于关中而欲攻项羽,向非萧何之谏,则乱大谋矣,是匹夫之勇也。赵王太后爱其少子长安君,不肯使质于齐,向非左师触龙之言,则乱大谋矣,是妇人之仁也。"襄王不忍小忿而欲加兵于郑,自然会收到适得其反的结果。"小不忍则乱大谋"之经验教训,历史上正反两面都有。三国时刘备刚在蜀中草创基业,立定脚跟,正欲徐图北伐。关羽不听诸葛亮守荆州的"东连孙权,北拒曹操"八字方针,刚而自矜,被吕蒙夜袭荆州,败走麦城,为孙权所杀。刘备欲报杀弟之仇,不听赵云"国贼是曹操,非孙权也。且先灭魏,则吴自服"的规谏,大举伐吴。结果被陆逊火烧连营七百里,大败于猇亭,狼狈奔回白帝,不久病死,蜀国从此元气大伤，龟缩蜀中，一蹶不振。(《三国志·蜀书·先主传》)这是小不忍而乱大谋的例子。诸葛亮与司马懿相持于渭水。亮军远出，利在速战，而司马懿坚守不出。诸葛亮便"遗帝巾帼妇人之饰"，来羞辱司马懿，司马懿笑而受之，仍不出战，迫使诸葛亮粮尽而退。(《晋书·宣帝纪》)这是忍小而成大谋的例子。

第二，内外有别。富辰认为郑是周的兄弟，虽有小怨，但"兄弟阋于墙，外御其侮"；狄是化外之国，不是周室册封的诸侯，"外利离亲"。周代王室的婚姻是维系周王室与异姓诸侯之间的纽带，所以礼制规定：姜姓、任姓是姬姓合法的妃嫔，是"内利亲亲"，而狄人是隗姓，于礼，不是周王室法定妃嫔，是"外利离亲"。所以内外应有所区别。富辰内外有别之论，是建立在"严夷夏之防"的思想认识上的，受当时宗法观念、民族意识的局限。如果抽去其"严夷夏之防"的内容，内外有别的原则还是应该坚持的。应着眼于保卫国家和民族利益，不能把属于内部的机密泄露给外人，造成不可弥补的损失。楚汉战争时，项羽军四十万驻扎在新丰鸿门，刘邦军十万驻扎在霸上，项强刘弱，项羽决定第二天发兵攻击刘邦。参与决策发兵的项羽叔父项伯，当夜竟将消息透露给好友张良。张良引他见了刘邦，他让刘邦第二天一早亲自到鸿门向项羽致歉。结果项羽放走刘邦，楚汉相争局势不能逆转，项羽被围于垓下，自刎于乌江。所以内外有别也是古人留给我们的一条原则。

襄王拒晋文公请隧

【解题】

本文记叙公元前635年，晋文公恃帮助襄王复位之功，要挟襄王赐给他天子的葬礼。襄王以礼法为武器,委婉曲折而又柔中有刚地批评了晋文公无理的要求,迫使晋文公不敢再提出请求。

　　初,惠后欲立王子带①,故以其党启狄人②。狄人遂入周,王乃出居郑③,晋文公纳之④。

　　晋文公既定襄王于郑⑤,王劳之以地⑥,辞,请隧焉⑦。王不许,曰:"昔我先王之有天下也,规方千里以为甸服⑧,以供上帝山川百神之祀⑨,以备百姓兆民之用⑩,以待不庭不虞之患⑪。其余以均分公侯伯子男⑫,使各有宁宇⑬,以顺及天地⑭,无逢其灾害,先王岂有赖焉⑮。内官不过九御⑯,外官不过九品⑰,足以供给神祇而已⑱,岂敢猒纵其耳目心腹以乱百度⑲?亦唯是死生之服物采章⑳,以临长百姓而轻重布之㉑,王何异之有?今天降祸灾于周室㉒,余一人仅亦守府㉓,又不佞以勤叔父㉔,而班先王之大物以赏私德㉕,其叔父实应且憎㉖,以非余一人㉗,余一人岂敢有爱㉘?先民有言曰㉙:'改玉改行㉚。'叔父若能光裕大德㉛,更姓改物㉜,以创制天下,自显庸也㉝,而缩取备物以镇抚百姓㉞,余一人其流辟旅于裔土㉟,何辞之有与?若由是姬姓也,尚将列为公侯,以复先王之职㊱,大物其未可改也。叔父其懋昭明德㊲,物将自至,余何敢以私劳变前之大章㊳,以忝天下㊴?其若先王与百姓何?何政令之为也㊵?若不然,叔父有地而隧焉,余安能知之?"

　　文公遂不敢请,受地而还。

【今译】

　　当初,惠后想立王子带为太子,所以让带的党羽颓叔、桃子等勾结狄人。这次狄人乘襄王废黜狄后之机进入周都,襄王出亡到郑国居住,后来晋文公派军队杀死王子带,护送襄王回国复位。

晋文公拥戴襄王在郑地复位后,襄王赏给他土地以酬其劳。文公辞谢土地,请求允许他死后用天子的隧礼安葬。襄王不允许,说:"从前我先王取得天下,规划王都周围方圆千里的土地作为甸服,用来供给上帝山川百神的祭祀,用来提供百官兆民的财用,用来应付诸侯不来朝贡和意想不到的祸患。其余的土地用来平均分配给公、侯、伯、子、男各级诸侯,使他们都有安宁的居处,用来顺从天地之意,不至遭受灾祸,先王哪里有私利呢?内官不过九嫔,外官不过九卿,足以供奉神灵,主持祭祀罢了,哪里敢纵情满足自己声色口腹之欲而败坏各种制度呢?天子也只是死后生前享用的服饰器物文采不同,用来统治百姓,表明尊卑贵贱的等级罢了,此外,天子和诸侯又有什么不同呢?现在,上天降灾祸给周王室,我个人仅仅是守先王成业的君主,因为我的无才以致劳叔父的驾,如果颁赐先王规定的隧葬来作为个人私恩的酬谢,大概叔父还应该憎恶我,责怪我个人不知礼。就我个人来说哪里敢吝惜隧礼呢?前人有这样的话说:'要改变佩玉,先要改变符合地位的行步。'叔父如果能发扬光大美德,改姓换朝,创建新制度来统治天下,自显其功业,从而取天子的服物用来镇抚百姓,我个人即使被流放到边远地区,又有什么话可说呢?如果天下仍然是姬姓的,叔父依然是周天子的诸侯,把恢复和维护先王的礼制作为自己的职责,那么隧葬之礼大概不可以轻易改变。叔父应勤勉地努力发扬美德,隧葬之礼或许会自然到来,我怎么敢以一己之私恩而改变先王规定的重要制度,以取辱于天下呢?又怎样向先王和百姓交代呢?又怎么执行政策法令呢?如若不然,叔父自己有封地,采用天子的隧葬之礼,我怎么能知道呢?"

晋文公于是就不敢请求隧葬,接受赐地,回到晋国。

【注释】

① 惠后:周惠王王后,王子带生母,襄王继母。王子带:襄王异母弟,封于甘,故《左传》称甘昭公。　② 党:指周大夫颓叔、桃子。

启:开,引申为勾引。　③ 居郑:住在郑国的汜地,今河南襄城南。④ 晋文公纳之:《史记·周本纪》载:"十七年(前635),襄王告急于晋,晋文公纳王而诛叔带。"纳,送归。　⑤ 郏(jiá 夹):地名,在今河南洛阳西。　⑥ 劳:酬劳、赏赐。地:指阳樊、温、原、攒茅之田。　⑦ 隧:隧葬之礼。古代天子葬礼有隧道,诸侯以下有羡道。隧道全系地下道,灵柩从地道入葬。羡道虽是地道,但上面不覆土,露出地面。⑧ 规:规划。甸服:指京城周围方圆千里的土地,定期向天子纳贡赋。⑨ 上帝:天神五帝。山川百神:地神。　⑩ 百姓:百官。　⑪ 不庭:指不来朝贡之诸侯。夷王。不虞:不能意料之事。　⑫ 公侯伯子男:周代分封的五等爵制。据《周礼·王制》,公之地方五百里,侯四百里,伯三百里,子二百里,男一百里。　⑬ 宁宇:安宁的居处。　⑭ 顺:顺从。　⑮ 赖:利。　⑯ 内官:宫中的女官。九御:九嫔,天子的妃子。《礼记·婚义》:"古者,天子后立六宫、三夫人、九嫔。"　⑰ 外官:朝廷官员。九品:九卿,指少师、少傅、少保、冢宰、司徒、宗伯、司马、司寇、司空。《周礼·冬官·匠人》:"内有九室,九嫔居之;外有九室,九卿朝焉。"　⑱ 神祇(qí 祈):天神和地祇。因嫔与卿主祭祀,故言供神祇。　⑲ 猒(yàn 厌):满、满足。纵:放纵。耳目:指声色。心腹:指欲望。百度:各种制度。　⑳ 服物:服饰、器物及礼仪制度。采章:绣绘有彩色花纹的旌旗、车舆、服饰,以别等级。　㉑ 临长:治理。轻重:指贵贱尊卑的等级。布:展布、表明。　㉒ 天降灾祸:指叔带之乱。　㉓ 守府:守护府藏财物,借指守成业的平庸之君,自谦之词。㉔ 不佞(nìng 宁):不才,自谦之词。叔父:指晋文公。周代实行分封制,天子对同姓诸侯称叔父,异姓诸侯称伯舅。　㉕ 班:通"颁",颁赐、分授。大物:指隧葬之礼。　㉖ 憎:憎恶。　㉗ 非:非难、责难。㉘ 爱:吝惜。　㉙ 先民:前人。　㉚ 改玉改行:古代贵族等级森严,腰上的佩玉也有区别,佩不同的玉与行不同的步伐相配合。所以改变佩玉,先要改变行步,即地位。玉,佩玉。行,行步。　㉛ 光裕:推广扩充。　㉜ 更姓:改变王朝姓氏。改物:改变正朔,变易服饰,意为推翻周王朝的统治。　㉝ 庸:用、显示。　㉞ 缩:引、取。备物:指服物采章、隧礼等。　㉟ 流：流放。辟：通"避",退避。裔土：边远地区。　㊱ 复：复兴、巩固。　㊲ 懋(mào 茂)昭明德：勤勉地发扬美德。懋,勉、勉励。　㊳ 大章：指重大的服物典章等礼制。　㊴ 忝(tiǎn 舔)：玷辱、辱没。　㊵ 为：执行。

【评析】

公元前636年秋,颓叔、桃子勾结狄人的军队大败周师,俘虏了周大夫周公忌父、原伯、毛伯、富辰,襄王被迫奔郑,郑文公将他安排在氾地居住。颓叔等奉王子带为天子,与狄后居住在温地(今河南温县西南)。前635年,襄王告难于晋,晋文公以勤王可称霸诸侯,便于三月十九日发兵驻扎在阳樊(今河南济源东南),派右军包围温,袭击王子带;派左军迎襄王。四月三日,襄王进入王城复位,从温地押解王子带到隰城(今河南武陟境内)正法。四月四日,晋文公朝周襄王,恃帮助复位之功,要挟周襄王赐给他天子的隧葬之礼,志在必得。

当时的周襄王在晋文公的帮助下摆脱困境,对于晋文公提出的要求处于左右为难的尴尬境地。予之,则失天子尊严;勿予,则怕得罪恃强有功的晋文公。但襄王还是施展了他的雄辩才能,他以礼法为武器,委婉曲折而又柔中有刚地表达了不能允许的理由。他先说周先王得天下以后,以亲亲为原则,自己只占有千里之地,以奉祭祀;而将全国其他土地分封给同姓和异姓诸侯,使大家各安其位,以示天子公平之心,亲亲之意,仁慈之爱,循礼而行。再说天子与诸侯是有区别的,其区别只在于"死生之服物采章,以临长百姓而轻重布之"。在礼法上规定天子是诸侯的共主,在舆服、旌旗、服饰上表示尊卑等级,不允逾越。又次说晋文公有功,应受到赏赐,自己也不敢吝惜隧葬,但若以私恩破坏先王礼法,不仅会受到人们反对,也将会受到晋文公的责备,以自己为非礼。以守为攻,欲擒故纵,点明赐隧、请隧都是违礼之举,以封晋文公之口。行文至此并未结束,再次引用先民"改玉改行"的成语,指出晋文公只有更姓换代,改正朔,易服饰,推翻周王朝统治,创立制度,自为天子,才能享用隧葬之礼。如若仍是周王室诸侯,则礼法不得轻改。单刀直入,痛快淋漓地揭露了晋文公包藏篡窃的祸心,点到了痛处。最后不无讥刺地让晋文公在自己的封土上去行非礼之事。

这是一篇绝妙的文辞,通篇不着一个不允隧葬的字,但句句都在陈说不能允许的理由,批评请隧的非礼。层层深入,鞭辟入里,却似一根橡皮包裹钢丝的鞭子,越抽越重,虽不见外伤,但晋文公受鞭的内心已伤痕累累。我们仿佛看到周襄王侃侃而谈,而晋文公的脸色由红泛白转青,欲怒无由发作,欲辩无言以对,只好再也不敢提出隧葬的请求,受地而回。

阳人不服晋侯

【解题】

本篇与上篇有关,叙述周襄王将樊阳之地赐给晋文公,樊阳人不服,晋文公便出兵镇压。樊阳人仓葛面对强大的晋军,以"德治"立论,指责晋文公恃强凌弱,不能以德服人。话说得有理、有节,迫使晋文公解除对阳樊的包围,让阳樊人民自择去留,取其土地而已。

王至自郑,以阳樊赐晋文公①。阳人不服②,晋侯围之。仓葛呼曰③:"王以晋君为能德④,故劳之以阳樊⑤,阳樊怀我王德⑥,是以未从于晋。谓君其何德之布以怀柔之⑦,使无有远志⑧。今将大泯其宗祊⑨,而蔑杀其民人⑩,宜吾不敢服也⑪!夫三军之所寻⑫,将蛮、夷、戎、狄之骄逸不虔⑬,于是乎致武。此羸者阳也⑭,未狎君政⑮,故未承命⑯。君若惠及之,唯官是征⑰,其敢逆命⑱,何足以辱师⑲!君之武震⑳,无乃玩而顿乎㉑?臣闻之曰:'武不可觌㉒,文不可匿㉓。觌武无烈㉔,匿文不昭㉕。'阳不承获甸,而祗以觌武,臣是以惧㉖。不然,其敢自爱也㉗?且夫阳,岂有裔民哉㉘?夫亦皆天子之父兄甥舅也,若之何其虐之也㉙?"晋侯闻之,曰:"是君子之言也㉚。"乃出阳民㉛。

【今译】

  周襄王从郑国回到王城复天子位,把阳樊地方赐给晋文公。阳樊人不愿归附晋国,晋文公便派兵包围了阳樊城。阳樊人仓葛大声喊道:"天子以为晋君能布德政,所以把阳樊赏赐给晋国。阳樊人感怀天子的恩德,所以不肯归附晋国。大家都说不知晋君用什么德政来施惠、感化人们,使阳樊人安居乐业,不生离叛之心。现在将要大肆毁灭我们的宗庙,消灭我们的贵族和百姓,我们不敢归附完全是应该的!三军所征讨的,将是蛮、夷、戎、狄中骄纵淫逸,不服王化的人,于是对他们使用武力。我们这些羸弱的阳樊人,只是不习惯于晋君的政令,所以不敢接受归附的命令。晋君如果能施恩惠于阳樊人,只要派官员前来晓谕征召之令,又有哪一个敢违抗命令呢?又何必劳驾出兵讨伐!晋君耀武扬威,难道不是滥用武力而使将士困顿吗?我听说这样的话:'武力不可炫耀,文德不可藏匿。炫耀武力就失去威严,藏匿文德就不能发扬光大。'阳樊人既失去了为王室承担甸服的义务,又面临晋君武力的威胁,我因此而感到畏惧。不然,谁敢吝惜土地而不归附呢?况且阳樊难道有应该被流放到边远地区的顽民吗?还不都是天子的父兄甥舅,为什么这样虐待他们呢?"晋文公听到了这些话,说:"这是君子所说的话啊!"于是让阳樊居民随意迁出。

【注释】

  ① 阳樊:阳邑,在周天子畿内,周初为樊仲山父封地,故名阳樊,在今河南济源东南。 ② 不服:不肯归附于晋。 ③ 仓葛:阳樊人。 ④ 为能德:为能行德政。 ⑤ 劳:酬劳、赏赐。 ⑥ 怀:感怀、思念。

⑦ 怀柔：招来、安抚，指用德化加以笼络，使之归附。　⑧ 远志：离叛思想。　⑨ 泯：泯灭、毁灭。宗祊(bēng崩)：宗庙。祊，庙门。　⑩ 蔑杀：灭杀，消灭。蔑，通"灭"。　⑪ 宜：应该。　⑫ 寻：讨、讨伐。　⑬ 不虔：不诚敬。　⑭ 羸(léi雷)：弱、瘦弱。　⑮ 狎(xiá侠)：习、熟习。　⑯ 承命：接受命令。　⑰ 官：指主管官员。征：召、征召，即听命。　⑱ 逆：违逆、违背。　⑲ 辱师：谦词，意为承蒙出兵、劳驾出兵。　⑳ 武震：耀武扬威。　㉑ 玩而顿：玩忽而困顿，意为滥用武力而使将士劳顿。　㉒ 觌(dí迪)：见、炫耀，引申为滥用。　㉓ 文：文德，指道德教化。匿：隐藏。　㉔ 烈：威、威严。　㉕ 昭：明、光明。　㉖ 惧：担忧、惧怕。　㉗ 爱：吝惜。　㉘ 裔民：凶恶之民，被流放到边远地区。　㉙ 虐：虐待、苛待。　㉚ 君子：一般指有道德、有学问、有地位的人。　㉛ 出：放出、迁出。

【评析】

公元前635年，周襄王将畿内阳樊之地赐给晋文公，以酬谢他在帮助复位时的劳绩。但阳樊人不服，晋文公便用武力接管。阳樊人仓葛在强大的晋军面前，以"德治"立论，慷慨陈词，指责晋文公滥用武力，不能以德服人，迫使晋文公下令解除对阳樊的包围，只取土地，让人民自择去留。仓葛的话讲了三层意思：

第一，叙述阳樊人不服于晋的原因。一是怀念周天子的恩德。阳樊人列在甸服，长期在周天子直接管辖下，沐受王恩。一旦割离，怀旧之情油然而生，这是人之常情。二是只听说晋君能实行德治，但未见到实际行动，故持观望态度，想看一看晋君是否能行德政，施恩德于阳樊人民，这也是人之常情。但晋君不能体察阳樊人此时的心情，不以德化民，要地心切，竟恃强使用武力，霸主的狰狞面目暴露无遗，激起阳樊人的逆反心理，不服于晋，这也是人之常情。以德服人，则心服；以力服人，压而不服。阳樊人不服于晋，完全是晋君贪婪、残暴、不行德政造成的。

第二，从论述使用武力的原则中，指责晋君颠倒是非，把王化的阳樊人当作四夷。周代礼制规定："德以亲中国，刑以威四夷。"这是不可移易的原则,否则将夷夏不辨、敌我不分。晋于阳樊应柔以德,不应威以兵。兵刑乃威临不服王化的四夷。晋君竟以武力对待阳樊人,想夷平其宗庙,屠戮其人民。这不仅是武力的滥用,而且搞错了对象,把天子的父兄甥舅当作"裔民",真是倒行逆施,背离德教,大谬不然。

第三,劝告晋君,偃武修文,奉行德教。仓葛在指责中话锋一转,劝告晋君,滥用武力将会失去威严,隐藏文德将会德化不广。不应"尚武隐文"而应"隐武尚文",始能得人心,治国家。

仓葛的话紧扣主题,有理有据,有利有节,在指责中隐藏规劝,在分析中饱含人情,言简意赅,发人深省。无怪乎晋文公称赞这是君子之言,确是一篇绝妙的文辞。

襄王拒杀卫成公

【解题】

本篇叙述周襄王为了维护君尊臣卑的礼法,以"君臣无狱"为辞,拒绝盟主晋文公杀戮卫成公的请求,赦免卫成公归国。

温之会①,晋人执卫成公归之于周②。晋侯请杀之,王曰:"不可。夫政自上下者也③,上作政,而下行之不逆④,故上下无怨。今叔父作政而不行⑤,无乃不可乎?夫君臣无狱⑥,今元咺虽直⑦,不可听也。君臣皆狱,父子将狱,是无上下也。而叔父听之,一逆矣。又为臣杀其君,其安庸刑⑧?布刑而不庸,再逆矣。一合诸侯,而有再逆政,余惧其无后⑨。不然,余何私于卫侯⑩?"晋人乃归卫侯。

【今译】

公元前632年诸侯在温地会盟,晋文公逮捕了卫成公,将他送到成周王城。晋文公请求周襄王杀了他,襄王说:"不可以。政令自上而下贯彻执行,君主制定政策法令,臣下奉行不违背,所以君臣之间无怨无恨。现在叔父主盟颁行政令却不顺乎礼法,大概不可以吧?按礼,君臣之间是不存在诉讼的,现在元咺虽然理由充足,但诉君之言却不可以听取。君臣之间如果都可诉讼,那么父子之间也可以诉讼,岂不是没有上下尊卑的伦理了吗?叔父听取了元咺对卫成公的申诉,这是第一次对礼法的违逆。又要替臣下杀掉他的君主,用的是怎么样的刑法呢?颁布了刑法而不用,这是第二次对礼法的违逆。一次会盟诸侯,就发生两起违礼之举,我担心今后难以用礼义会盟诸侯。不是这样的话,我对卫成公有什么可偏袒呢?"晋文公便放卫文公回国。

【注释】

① 温之会:周襄王二十年(前632)晋与诸侯在温地会盟,由晋文公主盟。温,地名,当时已属晋,在今河南温县以西。 ② 执:逮捕。卫成公:卫国国君,姓姬名郑,公元前634年至前600年在位。 ③ 政:政令。上下:指君和臣。 ④ 逆:违逆、违背。 ⑤ 叔父:指晋文公。不行:指不顺于礼。 ⑥ 君臣无狱:指君臣之间不存在诉讼之事。狱,诉讼。 ⑦ 元咺(xuǎn 选):卫大夫。直:指理由充足。 ⑧ 庸:通"用"。刑:刑法。 ⑨ 无后:指以后难以用礼义会盟诸侯。 ⑩ 私:偏私、偏袒。

【评析】

公元前632年温地会盟时,卫大夫元咺控告国君卫成公。周襄王为了维护君尊臣卑的礼法,以"君臣无狱"为辞,不同意晋文公杀戮卫成公的请求。

卫成公名郑,是卫文公姬毁之子。公元前632年,晋文公率诸侯之师欲借道于卫而讨曹伐楚。卫成公与楚国结盟而拒不借道,得罪了晋文公。及城濮之战楚师败绩,卫成公惧晋文公加罪,出奔楚国,使大夫元咺奉弟叔武摄政,参加践土之盟。当时有人向卫成公进谗言,诬指元咺欲立叔武为卫君。卫成公便杀了随从其奔楚的元咺之子元角。但元咺仍遵卫成公之命奉叔武摄政,并请求晋文公让成公归国为君,得到晋文公的允许。卫成公怀疑叔武,提前回国。叔武正在洗头,听到卫成公回来,非常高兴,不等洗好头,握着湿漉漉的头发出迎,被卫成公的先遣人员公子歂犬射死,元咺出奔晋国。这年冬天,晋文公在温地主持诸侯会盟。元咺告发卫成公杀害无罪的叔武,并与卫成公当面对质,卫成公理屈败诉,晋文公便将卫成公拘捕,押送王都,请周襄王将他正法。按理说晋文公主持了公道。但周襄王以"君臣无狱"为辞,不同意治卫成公之罪,将他关押在王都。晋文公派医生衍下毒药想毒死卫成公,被卫大夫宁俞察觉,买通医生,让他毒药下得少,卫成公得以不死。后鲁僖公为卫成公求情,派人向周襄王和晋文公分别进献白璧十双,卫成公才得以回国为君。

大臣直接控告国君,并对簿公堂,国君败诉,这在我国历史上是第一次。周襄王以"君臣无狱"立论,认为君臣之间的是非曲直是无狱讼可言的,国君是全国最高统治者,决不允许臣下对他进行指责,更不能对他提出控告,无非是为了维护君尊臣卑、上下有别的等级制度。"凡听五刑之讼,必原父子之亲,立君臣之义。"(《礼记·王制》)这局限于当时社会的礼法,对此我们应作必要的辨析。

王孙满观秦师

【解题】

本篇记叙周襄王二十四年(前628),王孙满见秦国前去偷袭郑国的军队轻脱无礼,预言其必败。后果如其言。秦军回师时被晋军败于崤山,三帅被俘,全军覆没。显示了王孙满的睿智。

二十四年①,秦师将袭郑②,过周北门③,左右皆免胄而下拜④,超乘者三百乘⑤。

王孙满观之⑥,言于王曰:"秦师必有谪⑦。"王曰:"何故?"对曰:"师轻而骄⑧,轻则寡谋,骄则无礼。无礼则脱⑨,寡谋自陷。入险而脱,能无败乎?秦师无谪,是道废也⑩。"

是行也,秦师还,晋人败诸崤⑪,获其三帅丙、术、视⑫。

【今译】

周襄王二十四年,秦国的军队将要去偷袭郑国,经过周王城北门,每辆兵车的左右甲士都脱去头盔,下车向周王表示敬意,但有三百辆兵车的左右甲士刚下车就一跃登车扬长而去。

王孙满看到这种情形后,对周襄王说:"秦国的军队一定会失败。"襄王说:"什么缘故呢?"王孙满回答说:"秦军轻佻而骄横,轻佻就缺少谋略,骄横就没有礼节。没有礼节就纪律松弛,缺少谋略就会自陷险境。既入险境而又纪律松弛,这样的军队能不失败吗?秦国的军队如果不失败,古代传下来的道理可以废弃了。"

这次偷袭行动劳而无功,秦国军队在回来的路上,遭到埋伏在崤山的晋军袭击,全军覆没,白乙丙、西乞术、孟明视三位主帅被晋军俘虏。

【注释】

① 二十四年:指周襄王二十四年(前628)。 ②袭:偷袭。 ③ 周北门:周王城洛邑的北门。 ④ 左右:指站在战车左右的甲士。古代兵车,车上配备三人,中间为御手,左右为甲士。左持弓,右执矛。免胄:脱去头盔。下拜:并非真的下拜,只是表示敬意。 ⑤ 超乘:指甲士免胄而下后,刚一下车又跳上车去,这是对周天子无礼放肆的举

动。　⑥王孙满:周襄王之孙,时年纪尚幼,后为周大夫。　⑦谪(zhé 哲):咎、灾祸,引申为失败。　⑧轻:轻佻、轻狂。　⑨脱:粗心大意,引申为纪律松弛。　⑩道废:指古代道理被废弃而不可信。　⑪崤:崤山,在今河南三门峡以东。　⑫丙、术、视:指秦将白乙丙、西乞术、孟明视。

【评析】

公元前628年,秦穆公派孟明视、西乞术、白乙丙三帅率军偷袭郑国。行军至滑国,被到洛阳来做生意的郑国商人弦高发觉。弦高一方面假托郑文公之命,先以四张熟牛皮、再以十二头牛犒劳秦军。古时送礼,均先以轻物为引,而后致送重物。玄高另一面派人星夜回国报告郑文公,做好准备,免遭秦军偷袭。孟明视等三帅知郑国有备,偷袭不成,便顺手牵羊灭掉滑国,带着战利品班师回秦。部队经过晋国国境,粗心大意,毫无准备。晋襄公先期派元帅先轸联络姜戎,埋伏在崤山地方,向秦军发起突然袭击,秦军大败,三帅被俘。这就是春秋时期著名的秦晋崤之战。

当偷袭郑国的秦军经过周王城洛邑北门向周天子致敬时,兵车上的甲士刚脱帽下车,又立即一跃上车。从其轻脱无礼的行动中,王孙满预言秦师必败,表现了王孙满的睿智和深邃的观察力、判断力。骄兵必败,这是一个必然的规律。孙武说:"故兵有走者,有弛者,有陷者,有崩者,有乱者,有北者。凡此六者,非天之灾,将之过也。"(《孙子兵法·地形篇》)军队的六种失败,主要在于将骄卒惰而无力节制。前秦苻坚,经过二十年的浴血奋战,基本上统一北方,有兵九十七万,骄傲起来了,以为了不得了。"以吾之众旅,投鞭于江,足断其流。""以累捷之威,击垂亡之寇,何不克之有乎?"骄横轻率,不听苻融等文武大臣及释道安、少子中山公诜之谏,悍然下令南征,欲一举灭亡东晋,致有淝水之战的失败,风声鹤唳,草木皆兵,一蹶不振,再也无力控制北方局面。(《晋书·苻坚载记》)轻率用兵,漫无纪律节制,也是一个必然失败的规律。明英宗正统十四年(1449)秋,北方蒙古族也先部分四路侵扰明边境,英宗在王振挟持下,仓促发兵五十万御驾亲征。兵虽众而无纪律,将虽多而无良策,听凭王振瞎指挥,结果导致土木堡之败,英宗被俘。(《明史·王振传》)"夫兵,犹火也,弗戢,将自焚也。"战争是凶事,必须慎重对待,骄傲轻脱、无纪律约束之军必然失败,这是历史留给后人的教训。

定王论不用全烝之故

【解题】

本篇记叙周定王论周代对不同对象的宴飨之礼。晋大夫随会到周王室聘问,定王用肴烝之礼招待他,随会怀疑降低了接待规格。周定王为他解释了全烝、房烝、肴烝三种不同规格的宴飨,用于禘郊、王公、亲戚三类不同对象,而肴烝则表示对亲戚的亲密友好,符合接待随会的礼仪。随会听了心悦诚服,退而修礼,以为晋法。

晋侯使随会聘于周①,定王享之肴烝②,原公相礼③。范子私于原公④,曰:"吾闻王室之礼无毁折⑤,今此何礼也?"王见其语,召原公而问之,原公以告。

王召士季,曰:"子弗闻乎,禘郊之事⑥,则有全烝⑦;王公立饫⑧,则有房烝⑨;亲戚宴飨⑩,则有肴烝。今女非他也⑪,而叔父使士季实来修旧德,以奖王室⑫。唯是先王之宴礼,欲以贻女⑬。余一人敢设饫禘焉⑭,忠非亲礼⑮,而干旧职⑯,以乱前好?且唯戎、狄则有体荐⑰。夫戎、狄,冒没轻儇⑱，贪而不让⑲。其血气不治，若禽兽焉。其适来班贡⑳，不俟馨香嘉味，故坐诸门外，而使舌人体委与之㉑。女今我王室之一二兄弟，以时相见㉒，将和协典礼㉓，以示民训则㉔，无亦择其柔嘉㉕，选其馨香㉖，洁其酒醴，品其百笾㉗，修其簠簋㉘，奉其牺象㉙，出其樽彝㉚，陈其鼎俎㉛，净其巾幂㉜，敬其祓除㉝，体解节折而共饮食之。于是乎有折俎加豆㉞，酬币宴货㉟，以示容合好，胡有孑然其效戎、狄也㊱？

“夫王公诸侯之有饫也，将以讲事成章㊲，建大德㊳、昭大物也㊴，故立成礼烝而已㊵。饫以显物㊶，宴以合好，故岁饫不倦，时宴不淫㊷，月会㊸，旬修㊹，日完不忘㊺。服物昭庸㊻，采饰显明㊼，文章比象㊽，周旋序顺㊾，容貌有崇㊿，威仪有则(51)，五味实气(52)，五色精心(53)，五声昭德(54)，五义纪宜(55)，饮食可飨，和同可观(56)，财用可嘉(57)，则顺而德建(58)。古之善礼者，将焉用全烝？”

武子遂不敢对而退。归乃讲聚三代之典礼(59)，于是乎修执秩以为晋法(60)。

【今译】

晋景公派正卿随会到周王室聘问，定王用肴烝之礼宴请他，原公为傧相作陪。随会私下问原公，说：“我听说周王室的宴享之礼是不切割牲体的，今天的酒宴是什么礼节呢？”定王看见他们在说话，便召原公询问，原公把随会的话告诉了定王。

定王召唤随会上前，对他说：“你没有听说过吗，天子祭天的祀典，就用全烝；天子诸侯站立宴享，就用房烝；天子招待亲戚的宴会，就用肴烝。今天你不是外人，是我叔父派你前来重申旧日亲情，辅助周王室的。所以我用先王规定的对亲戚的宴飨之礼，作为对你的款待。我个人又怎么敢设全烝、房烝呢？全烝、房烝虽然丰厚，但不是款待亲戚的宴飨之礼,而且违背了先王的成法,干扰了过去的友好关系。况且只有戎、狄来朝才用全牲招待。戎人、狄人既贪冒轻率,又不懂礼让。他们桀骜不驯,没有教养,就像禽兽一样。他们前来献纳贡赋时,不必用精美的饮食招待他们,所以让他们坐在宫殿门外,派翻译官把牲体的肉割给他们吃。你们晋国是我们周王室的亲密兄弟,按规定时间朝觐相见,在和谐的气氛中按礼仪举行典礼,给天下人民做出榜样。所以不也应该选择鲜嫩肥美的牲口,选用芬香美味的佐料,选择洁净甘冽醇厚的醴酒,摆好盛满果品的竹器,备好装黍稷的簠簋,捧出斟酒的牺尊和象尊,抬出盛酒的罍器彝器,安放好鼎镬和砧板,洗净覆盖礼器的巾帕,恭敬地扫除殿堂,细细地切割牲肉,一起来欢饮享用。于是乎就有了待客的礼仪、酬宾的礼物,以表示互相亲近友好。哪能像对待戎人、狄人那样把全牲端出来呢?

"天子和诸侯有时站着行享礼,那是为了商议军国大事制定政策法令,建立大功勋,发布大政令,所以站立行礼,享用房牲而已。站立行享礼用来显示庄重的礼仪,宴饮用来表达友好的感情。所以每年一次站立行享礼而不厌倦,每季举行一次宴会而不过度,每月的统计、每旬的事务、每日的工作,都不忘记循礼而行。服饰器物表明功勋大小,采章纹饰表明德行地位,服饰上错杂的花纹用来比拟物象,应对酬答顺于礼仪,仪容端肃尊严,礼仪威严有节,五味充实志气,五色净化心灵,五声昭明美德,五义纲纪伦理,可口的饮食可享,和睦同心的德行可观,酬宾的礼品可嘉,礼法建立而道德合乎规范。古代熟谙礼制的人,哪里用得着全烝呢?"

随会于是不敢回答而退下。回国后讲求、编辑夏、商、周三代的典礼,并恢复晋文公所制定的执秩之法,作为晋国的礼法。

【注释】

① 晋侯:指晋景公,名獳,晋文公之孙,成公之子,公元前599年至前581年在位。随会:士季武子,晋正卿,士芬之孙,成伯之子。因其封邑在随(今山西介休),后更受范(今河南范县东南),故称随会、士

会、范会。聘：周代礼制，诸侯向天子或诸侯之间定期派遣使臣问候修好的行动。　②定王：东周国君，名瑜，周襄王之孙，公元前606年至前586年在位。享：宴享、宴会。肴烝：古代的一种宴席名。将牲肉切成小块，装在礼器内，供宾客享用，叫肴烝。郑康成说："切肉为肴，乃升于俎，故谓之肴烝。"　③原公：周大夫原襄公。相：傧相，古时举行朝聘、会盟、祭祀、宴享时引导成礼的人。　④私：私下。　⑤毁折：指切割牲体。　⑥禘(dì帝)郊：天子在国都南郊祭天之礼，最为隆重。禘，祭名，大祭称禘，祭其始祖。　⑦全烝：将完整的牲体不加蒸煮，放在礼器内献祭，礼仪最隆重、规格最高，但只是虚设而不可食用。　⑧王公：天子和诸侯。立饫(yù欲)：立着行礼，宴享。韦昭《国语注》："立成，立行礼，不坐也。……言饫礼所以教民敬式，昭明大体而已。"　⑨房烝：将牲体劈一半放在礼器内献祭，也是虚设而不可食用，也作半烝。房，即旁，指一半。　⑩亲戚：指天子的同族叔伯兄弟。　⑪女(rǔ乳)：通"汝"，你。　⑫奖：成、辅助。　⑬贻：同"遗"，给。　⑭饫禘：指半牲之宴与全牲之宴。　⑮忠：厚、丰厚。　⑯干：犯、干犯，引申为违背。旧职：故事、成法。　⑰体荐：整个牲体让他们享用。　⑱冒没：冒昧，指贪冒轻率。轻儳(chán蝉)：轻狂而不知上下进退之礼。　⑲让：谦让。　⑳适来：往来。班贡：献纳贡赋。　㉑舌人：翻译官。体委：分解牲体，给他们吃。　㉒时：时享。天子春夏秋冬四季要去宗庙祭祖，诸侯要上献祭品，参与陪祭，故天子与诸侯四时相见。　㉓和协：和合。　㉔训则：榜样、规范。　㉕无亦：不亦。柔嘉：细嫩而肥美。　㉖馨香：芳香，指美味芳香的佐料。　㉗笾(biān边)：古代祭祀宴享时用以盛果品的竹编容器，形似豆，有盖，可容四升。　㉘簠簋(fǔ guǐ抚鬼)：古代祭祀、宴享时盛黍稷稻粱的器皿。内方外圆叫簋，盛黍稷；外方内圆叫簠，盛稻粱。先用竹木制作，随后多用青铜铸造。　㉙牺象：古代酒器，牺尊和象尊。牺尊以牺牛为纹饰，象尊以象为纹饰。　㉚樽彝：即尊彝，古代酒器、礼器的总称，均用以盛酒。尊有六尊，即牺、象、著、壶、太、山；彝有六彝，即鸡、鸟、斝、黄、虎、蜼。　㉛鼎：古代烹饪器，即锅子，一般为三足两耳,青铜制造。俎(zǔ祖):砧板。 ㉜ 巾幂(mì密):古代覆盖尊彝等礼器的巾帕。 ㉝ 祓(fú福)除:扫除。 ㉞ 折俎:古代祭祀、宴会时,杀牲肢解而后放在俎上,即体解。《左传·宣公十六年》:"王享有体荐,宴有折俎。公当享,卿当宴。王室之礼也。"引申为礼典。加豆:指宴享之后,用豆器盛腌菜、腌肉酱等献上。韦昭《国语注》:"加豆,谓既食之后所加之豆也,其实芹菹、兔醢之属。" ㉟ 酬币:主人酬送宾客礼物。宴货:宴会时赠送的礼品。韦昭《国语注》:"聘有酬宾束帛之礼。其宴,束帛为好,谓之宴货也。" ㊱ 孑(jié洁)然:单独的样子,此指完整的牲体。 ㊲ 讲事:讨论军国大事。成章:制定政策法令。 ㊳ 大德:大功勋。 ㊴ 大物:大政令。 ㊵ 立成:不坐下,立而成礼。礼烝:按礼仪献上准备好的房烝。 ㊶ 显物:显示准备好的礼仪、牲物。 ㊷ 不淫:不过度。 ㊸ 月会:统计一个月的经费。 ㊹ 旬修:回顾十天所完成的事务。 ㊺ 日完:每日完成一天应做之事。 ㊻ 昭庸:表明功勋。 ㊼ 显明:彰明明德。 ㊽ 文章:指衣裳上织绣黼(一对斧形)、黻(两弓形相背)花纹。比象:比物以象山、龙、花、虫之类,以表示等级差别。 ㊾ 周旋:宾主之间的应酬。序顺:各以次序符合礼仪。 ㊿ 容貌:仪容、仪态。崇:尊严。 ㄛ 则:准则,指使人效法。 ㄜ 五味:甘、酸、苦、辛、咸,此指肴烝之味。实气:可以使血气充实,以行其志。 ㄝ 五色:黄、青、赤、白、黑,此指肴烝之色。精心:可以纯洁心灵。 ㄞ 五声:指宫、商、角、徵、羽五声音阶。昭德:昭明美德,意为宴会奏乐,歌颂政通人和。 ㄟ 五义:指父义、母慈、兄友、弟恭、子孝。纪宜:纲纪上下尊卑的伦理规范。 ㄠ 和同可观:和睦同心,德行可观。韦昭《国语注》:"以可去否曰和,一心不二曰同。和同之道行,则德义可观也。" ㄡ 财用:指宴会上酬宾礼品。嘉:嘉美。 ㄢ 则:指礼法。 ㄣ 三代:指夏、商、周三代。 ㄤ 执秩:可奉执以为常法。秩,常。韦昭《国语注》:"晋文公蒐于被庐,作执秩之法。自灵公以来,阙而不用,故武子修之,以为晋国之法也。"可见执秩之法为晋文公制定。《左传·僖公二十七年》:"于是乎大蒐以示之礼,作执秩以正其官,民听不惑而后用之。"杜预《春秋左氏传集解》:"蒐,顺少长,明贵贱。执秩,主爵秩之官。盖文公创此法而特举大蒐以颁之也。"可见执秩之法为齐一礼仪之法,由执秩之官主管执行。

【评析】

公元前593年,晋国正卿随会奉晋景公之命到周王室朝聘,周定王设肴烝之宴招待他。他以为对他礼数不周,降低了宴会的规格,提出质疑。周定王根据礼制,给他作了解释。阅读此文,了知三点:

其一,春秋时期宴享之礼对不同对象有不同的规格。禘郊之事用全烝。禘郊是吉礼,是祭天之礼。因祭天时兼祭其祖,如周人"禘喾而郊稷"。细分起来,是祭始祖和祭天之礼。禘是祭祀其所自出的始祖。《礼记·丧服小记》:"王者禘其祖之所自出,以其祖配之。"宋周明作说:"禘是追远之中又追远,报本之中又报本。"(《朱子语类·论语七》)郊是祭天之礼,也兼指社,称郊社,祭天帝与地祇,是古代帝王极为隆重的大祭。冬至日,在南郊圜丘祀天;夏至日,在北郊方丘祀地。"郊社之礼,所以事上帝也。"(《礼记·中庸》)"夫圣人之运,莫大乎承天。天行健,其道变化。"(唐杜佑《通典·礼一》)故这两种祭祀只有天子才能举行,仪式十分隆重。所用牺牲,则是全烝。古代祭祀、宴会,杀牲以置于俎,叫作烝。烝,就是升的意思,将它放在俎上。全烝就是把杀死的并未煮熟的整个牲体置于俎上祭祀、供奉,所以也叫血牲,只是虚设,并不可吃。杀牲时天子要亲自监临视杀,以示虔敬,这是最高规格的礼节。

王公立饫用房烝。《诗经·小雅·常棣》毛传说:"饫,私也。不脱屦升堂谓之饫。"郑笺:"私者,图非常之事,若议大疑于堂,则有饫礼焉。"《左传·宣公十六年》:"王享有体荐。"天子宴享诸侯,立着议军国大事,颁布重大政令,则用房烝。房烝是将劈开的半个牲体置于俎上,以供奉、祭祀,亦叫体荐,只是虚设,也不可食用。

亲戚宴享用肴烝。《左传·宣公十六年》:"宴有折俎,公当享,卿当宴,王室之礼也。"天子的亲戚,即天子的同族父兄,招待他们则用肴烝之宴。肴,是非谷物而可吃的东西。这里的肴是对胾而言。骨头带肉叫肴,犹今之排骨;纯肉切之叫胾。肴烝,就是将牲体肢解开,连肉带骨盛在俎里,亦叫折俎,宾主可以食用。随会是卿,按礼当用肴烝招待。从祭祀、朝聘、宴享用全烝、房烝、肴烝的不同规格中,既使我们知道周代礼制周密,等级森严,也使我们了解周代的礼制、礼仪。

其二,周代严"华夷之辨"、"亲疏之别"。少数民族来朝,周天子让他们的使者坐在殿门外,由翻译官或招待人员将牲肉割给他们吃,视他们是粗俗野蛮不懂礼仪的禽兽。而对待亲戚,则扫除殿堂,用六尊六彝等贵重礼器,装着鲜肉、鲜鱼、果品、醴酒,加各种佐料供他们享用,奏乐曲让他们欣赏,馈赠珍贵的礼品,揖让进退,行礼如仪,气氛热烈而友好。两者比照,礼节厚薄不同,态度轻重殊异。

其三,随会是一个善于学习礼制、懂得以礼治国的政治家。孔子说:"夫礼,先王以承天之道,以治人之情。失之者死,得之者生。故圣人以礼示之,天下国家可得而正也。"(唐杜佑《通典·礼一》)随会知道自己的不足,便退而修礼,学习、整理、研究夏、商、周三代的礼法,并恢复晋文公制定的执秩之法,汇编为晋国礼法,在全国施行。

单襄公论陈必亡

【解题】

本篇叙述周王室卿士单襄公出使经过陈国,见陈灵公荒于农事,民生凋敝,轻慢使臣,君臣淫乱,危机四伏,预见他必然会身死国灭。果然,周定王八年(前599),陈灵公被大夫夏徵舒杀死,九年(前598)楚庄王灭陈。

定王使单襄公聘于宋①。遂假道于陈②，以聘于楚。火朝觌矣③，道茀不可行④，候不在疆⑤，司空不视涂⑥，泽不陂⑦，川不梁⑧，野有庾积⑨，场功未毕⑩，道无列树⑪，垦田若艺⑫，膳宰不致饩⑬，司里不授馆⑭，国无寄寓⑮，县无施舍⑯，民将筑台于夏氏⑰。及陈⑱，陈灵公与孔宁、仪行父南冠以如夏氏⑲，留宾不见⑳。

单子归，告王曰："陈侯不有大咎㉑，国必亡。"王曰："何故？"对曰："夫辰角见而雨毕㉒，天根见而水涸㉓，本见而草木节解㉔，驷见而陨霜㉕，火见而清风戒寒㉖。故先王之教曰：'雨毕而除道，水涸而成梁，草木节解而备藏，陨霜而冬裘具㉗，清风至而修城郭宫室。'故《夏令》曰㉘：'九月除道，十月成梁。'其时儆曰㉙：'收而场功㉚，偫而畚挶㉛，营室之中㉜，土功其始。火之初见，期于司里㉝。'此先王所以不用财贿，而广施德于天下者也。今陈国火朝觌矣，而道路若塞，野场若弃，泽不陂障，川无舟梁，是废先王之教也。

"周制有之曰㉞：'列树以表道，立鄙食以守路㉟。国有郊牧㊱，疆有寓望㊲，薮有圃草㊳，囿有林池㊴，所以御灾也。其余无非谷土，民无悬耜㊵，野无奥草㊶。不夺民时，不蔑民功㊷。有优无匮㊸，有逸无罢㊹。国有班事㊺，县有序民㊻。'今陈国道路不可知，田在草间，功成而不收㊼，民罢于逸乐，是弃先王之法制也。

"周之《秩官》有之曰㊽：'敌国宾至㊾，关尹以告㊿，行理以节逆之㉛，候人为导㉜，卿出郊劳，门尹除门㉝，宗祝执祀㉞，司里授馆，司徒具徒，司空视涂，司寇诘奸㉟，虞人入材㊱，甸人积薪㊲，火师监燎㊳，水师监濯㊴，膳宰致饔㊵，廪人献饩(61)，司马陈刍(62)，工人展车(63)，百官以物至，宾入如归。是故小大莫不怀爱(64)。其贵国之宾至(65)，则以班加一等，益虔(66)。至于王使，则皆官正莅事(67)，上卿监之。若王巡守(68)，则君亲监之。'今虽朝也不才(69)，有分族于周(70)，承王命以为过宾于陈(71)，而司事莫至(72)，是蔑先王之官也。

"先王之令有之曰：'天道赏善而罚淫，故凡我造国(73)，无从非彝(74)，无即慆淫(75)，各守尔典(76)，以承天休(77)。'今陈侯不念胤续之常(78)，弃其伉俪妃嫔(79)，而帅其卿佐以淫于夏氏(80)，不亦嬻姓矣乎(81)？陈，我大姬之后也(82)。弃衮冕而南冠以出(83)，不亦简彝乎(84)？是又犯先王之令也。

"昔先王之教，懋帅其德也(85)，犹恐陨越(86)。若废其教而弃其制，蔑其官而犯其令，将何以守国？居大国之间(87)，而无此四者，其能久乎？"

六年(88)，单子如楚。八年，陈侯杀于夏氏(89)。九年，楚子入陈(90)。

【今译】

周定王派遣单襄公到宋国聘问。便向陈国借道，以便继续到楚国聘问。这时，清晨能见到大火星了，可是陈国道路上杂草丛生不便行走，主管接待宾客的候人不在边上迎候，主管工程的司空不巡视道路，池泽不修堤坝，河道不架桥梁，田野里露天堆着谷物，打谷场还没有修整完毕，路旁没有种植作标志的树木，田里的庄稼长得像茅草芽，膳夫不供应宾客牲肉，司里不安排宾客馆舍，国都里没有宾馆，郊县里没有旅舍，百姓将被征调到夏徵舒家修筑台观。到了陈国国都，陈灵公与孔宁、仪行父戴着楚国的帽子到夏姬家淫乐，滞留宾客不予接见。

单襄公回来，禀告周定王说："陈侯如果不遭大灾祸，国家一定要灭亡。"周定王问："什么缘故呢？"单襄公回答说："凡是角星在早晨出现预示雨季将要结束,天根星在早晨出现预示河流将要干涸,氐星在早晨出现预示草木将要凋落,房星在早晨出现预示将要降霜,大火星在早晨出现预示凛冽的寒风将要到来,告诫人们防寒保暖。所以先王的教导说:'雨季结束就要修整道路,河流干涸正好修建桥梁,草木凋落就要准备收藏粮食,寒霜下降就要准备好冬装,寒风吹来就要修缮城郭宫室。'所以《夏令》说:'九月修道路,十月架桥梁。'同时还提醒百姓说:'秋收以后结束打场,准备好盛土的畚箕和抬土的扁担,当营室出现在天空正中时,土建工程将要开始。大火星在东方升起时,就带了工具到司里处去集合。'这就是先王之所以不必耗费财物,就能广泛地施恩德于天下百姓的原因。现在陈国早晨已经见到大火星了,但道路无人修筑堵塞不通,田野里的庄稼不收,打谷场废弃不用,池泽不筑堤坝,河道上没有渡船和桥梁,这是废弃了先王的教导。

"我们周朝制度有这样规定:'路旁种植树木用来标志道路的远近,在边境的路上设立供应食宿的房舍用来守护道路。国都的郊外设有牧场,边境上设有宾馆和接待人员,沼泽地里生长着茂密的牧草,园苑中有林木和水池,这些都是用来防御灾害的。其余的地方都是种粮食的土地,农民没有闲置的农具,田野里没有丛生的杂草。不耽误农事季节,不浪费农民的劳动力。农民生活优裕而不担心匮乏,生活安逸而不疲劳。都城中主管人员有条不紊地工作,郊县的百姓井然有秩地劳动生产。'现在的陈国道路无标志辨识,农田淹没在杂草丛中,庄稼成熟了却无人收割,百姓为国君的逸乐而疲劳不堪,这是抛弃了先王的制度啊!

"我们周朝的《秩官》有这样的规定:'对等国家的贵宾前来聘问,守关官吏向上级报告,负责迎送外宾的行理手持符节去迎接,候人为前导,卿士到郊外迎接慰劳,守门的官员打扫门庭,宗祝陪同贵宾到宗庙祭祀,司里安排馆舍,司徒配备服务人员,司空巡视道路,司寇查察奸盗,虞人送来财物,甸人运来薪柴,火师监管火烛,水师监管洗沐,膳夫送来熟食,廪人奉献粮米,司马陈献喂牲口的草料,工匠检修车辆,百官各按职责奉献物品,来聘宾客好像回到家里一样。所以来宾和他们的随从人员没有一个不感怀优礼款待。假使大国的贵宾前来聘问，各种接待规格就要提高一个等级，更加恭敬。至于天子的使者到来，就要由各部门的正职长官迎送接待，由上卿对他们的工作加以监察。如果天子亲自外出巡视，就要由国君亲自监督办事。'现在我单朝虽然没有什么才能，但还是周天子的亲族，奉天子的命令作为宾客在陈国经过，可是陈国主管宾客的官员竟不来接待，这是蔑视先王所规定的职官啊！

"先王的教令中有这样的话：'上天是奖赏善良而惩罚淫恶的，所以凡是我分封的诸侯国，就不允许违背常法，不允许息情淫乐，各自遵守你们的法典，以承奉上天赐给的福泽。'现在陈侯不顾念历代传承的常规，抛弃自己的夫人、妃嫔，带领他的臣下到夏氏家淫乐，这不亦是亵渎了姬姓的尊严吗？陈国，是我武王之女大姬的后代。抛弃了周朝的礼服礼帽，戴着楚国的帽子外出，这不亦是简慢了常规礼制吗？这又违背了先王的教令。

"从前先王的教导，勉力履行其德行，还恐怕坠落。如果废弃先王的教导，又抛弃先王的制度；蔑视先王制定的职官，又违背先王的政令，将用什么来保守国家？处在大国之间，而违背先王的教导、制度、职官、政令，岂能持久呢？"

周定王六年，单襄公到楚国。八年，陈灵公被夏徵舒杀死。九年，楚庄王攻入陈国。

【注释】

① 单（shàn 善）襄公：名朝，王室卿士，食邑于单。襄，谥号。宋：国名，子姓。周武王封纣子武庚于宋，后武庚叛乱，被周公削平，改封微子启为宋公。都城在今河南商丘南。　② 假道：借道。自宋至楚要经过陈国，当时天子微弱，故以诸侯相聘之礼借道。　③ 火：大火星，即二十八宿中的心宿二，代表星为天蝎座α星。根据月令，大火星晨见是在立冬前后。觌（dí 迪）：见。　④ 道茀（fú 孚）：野草阻塞道路。　⑤ 候：候人，负责迎送宾客的官员。疆：边境。　⑥ 司空：也作

司工,负责土木建筑、水利工程的官员,道路亦由他掌管。涂:通"途"。　⑦ 陂(bēi 悲):防水的堤岸。　⑧ 梁:桥梁。　⑨ 庾(yǔ 羽)积:指露天堆积的谷物。庾,无顶的粮仓。《史记·文帝纪》集解引胡广曰:"在邑曰仓,在野曰庾。"　⑩ 场功:指收割庄稼之事。场,打谷场。　⑪ 列树:道路两旁排列整齐的树。古时种树于道路两旁,平时作远近标志,战时供拒敌护城之用。　⑫ 垦田:已开垦的土田。蓺(jí 及):茅草芽。　⑬ 膳宰:膳夫,掌宾客牲礼的官员。饩(xì 细):活的牲畜。　⑭ 司里:里宰,掌宾馆官员。馆:馆舍。　⑮ 寄寓:宾馆。　⑯ 施舍:宾馆。　⑰ 夏氏:指陈国大夫夏徵舒家。徵舒之母夏姬与陈灵公、大夫孔宁、仪行父私通。　⑱ 及:到、到了。　⑲ 陈灵公:陈国国君,名平国,公元前613年至前599年在位。孔宁、仪行父:陈国的二卿士。南冠:楚国人戴的帽子。按礼,国君和大夫不能随便穿戴别国服饰。如:到、往。　⑳ 留:滞留。　㉑ 大咎(jiù 就):大凶灾。　㉒ 辰角:角星早晨出现。辰,早晨。角,星名,二十八宿中的角宿,其代表星为室女座α星。根据月令,角宿晨见约在寒露前后。　㉓ 天根:星名,二十八宿的亢宿(代表星为室女座κ星)与氐宿(代表星为天秤座α^{2}星)之间的部位。涸(hé 河):水干枯竭。　㉔ 本:星名,二十八宿中的氐宿,在寒露之后早晨出现。节解:草木凋落。　㉕ 驷:星名,二十八宿中的房宿,其代表星为天蝎座π星。根据月令,在霜降前后早晨出现。陨:落、降。　㉖ 清风:寒风。　㉗ 裘:皮衣。具:备。　㉘《夏令》:夏朝颁行的一部历法,即月令。　㉙ 儆(jǐng 警):同"警",警戒,引申为提醒。　㉚ 收:收割庄稼。　㉛ 㣥(zhì 志):准备、预备。畚梮(běn jū 本居):畚箕和扁担、抬杠。　㉜ 营室:星名,二十八宿的室宿(代表星为飞马座α星)和壁宿(代表星为飞马座γ星),夏历十月黄昏时出现于中天。　㉝ 期:会合、集合。　㉞ 周制:周朝的制度。　㉟ 鄙食:边邑大道上每十里建一庐舍,供应饮食。既可计里程,又可备传报。　㊱ 郊牧:郊外设置的放牧场。　㊲ 疆:边疆。寓望:指边境所设客舍和迎送宾客的接待人员。　㊳ 薮(sǒu 叟):泽无水为薮。圃草:丰茂的草。　㊴ 囿(yòu 佑):园苑。　㊵ 悬耜(sì 四):挂着不用的翻土农具。　㊶ 奥草：丛生的杂草。奥，深。　㊷ 蔑：废弃。　㊸ 优：优裕、充裕。匮：匮乏、困乏。　㊹ 罢(pí 皮)：通"疲"，疲乏。　㊺ 国：都城。班：次序，指执事有条理。　㊻ 序民：百姓有秩序地轮流服役和休息。　㊼ 功成：指庄稼成熟。　㊽《秩官》：书名，周代记载职官品级、职责等的一部政典。　㊾ 敌国：地位对等的国家。敌，匹敌。　㊿ 关尹：官名，掌管关门官员，又叫司关、关人，负责四方宾客，有人叩关，则向上级报告。　㊶¹ 行理：官名，行人的助手，也称小行人，负责出使娉问，迎送外宾。节：符节，代表国君执行使命的信物。逆：迎接。　㊶² 导：引导、前导。　㊶³ 门尹：又叫司门，掌门官员。除门：扫除门庭。　㊶⁴ 宗祝：宗伯的属官，掌邦国祭祀、祈祷求福之事。　㊶⁵ 诘奸：盘诘、查察奸徒。　㊶⁶ 虞人：官名，又叫山虞、虞师，主管山林川泽。材：通"财"，财物。　㊶⁷ 甸人：官名，又叫甸师，主管照明柴薪。　㊶⁸ 火师：官名，又叫司火、司烜氏，掌宫殿照明。　㊶⁹ 水师：官名，又叫萍氏，掌水，监涤濯之事。　㊸⁰ 饔(yōng 雍)：熟食。　㊸¹ 廪人：官名，掌粮仓。饩：活的牲畜，此处指谷米。　㊸² 司马：官名，掌圉人养马。刍(chú 除)：牧草。　㊸³ 展车：检查、修理车辆。　㊸⁴ 小大：指使者及其随从人员。　㊸⁵ 贵国：大国。　㊸⁶ 益虔：更加恭敬虔诚。　㊸⁷ 官正：正职长官。莅事：临事，指担任迎送接待之事。　㊸⁸ 巡守：指天子巡行诸国，观四方之政。《周礼》："王十二岁一巡守。"　㊸⁹ 朝：单襄公之名。　㊺⁰ 分族：亲族的分支。　㊺¹ 过宾：借路过境的宾客。　㊺² 司事：指主管接待宾客的官员。　㊺³ 造国：立国、治国，也指分封诸侯国。　㊺⁴ 彝：常，指常规。　㊺⁵ 即：靠近。慆(tāo 滔)：轻慢、怠惰。　㊺⁶ 典：典则、法典。　㊺⁷ 天休：上天赐给的福泽。休，吉祥、美好。　㊺⁸ 胤(yìn 印)：后代、后嗣。　㊺⁹ 伉俪：夫妻，这里偏指妻子，即陈灵公夫人。　㊻⁰ 卿佐：指孔宁、仪行父，此二人为陈国卿士。　㊻¹ 嬻(dú 毒)：亵渎、玷污。夏徵舒之父御叔为陈公子夏之子，陈灵公之从祖父，均为妫姓。灵公淫御叔妻夏姬，是为亵渎其姓。　㊻² 大姬：周武王之女，陈始祖虞胡公之妃。　㊻³ 衮冕(gǔn miǎn 滚免)：卷龙之衣与大冠，古代天子及诸侯的礼服、礼帽。　㊻⁴ 简彝：简略轻慢，弃礼服常。　⑧ 懋(mào 茂)：勉、劝勉。　⑧ 陨越：落坠、灭亡。　⑧ 大国：指晋国和楚国。　⑧ 六年：周定王六年，公元前601年。　⑧ 陈侯杀于夏氏：据《左传·宣公十年》，陈灵公与孔宁、仪行父在夏姬家饮酒。灵公对行父说："徵舒似女。"行父说："亦似君。"徵舒感到莫大的耻辱。灵公出来，徵舒从马棚里射出箭来，将灵公杀死，自立为陈国国君。孔宁、仪行父逃奔楚国。　⑨ 楚子入陈：楚庄王攻入陈国。据《左传·宣公十一年》，楚庄王讨夏徵舒弑君之罪，灭陈为县，后接受申叔时劝谏，复封陈国。

【评析】

本篇记叙了单襄公分析陈灵公荒淫无道而亡国的原因。陈灵公平国是一个怠于政事、荒淫无耻的昏君，他和大夫孔宁、仪行父都与夏姬通奸。夏姬是一个怎样的人呢？据《列女传》说："陈女夏姬者，陈大夫夏徵舒之母，御叔之妻也。三为王后，七为夫人，公侯争之，莫不迷惑失意。"陈灵公与孔宁、仪行父贪恋其色，南冠微服而至陈家，与之宣淫，令百姓建造夏台，供其享乐。更有甚者，君臣三人穿着夏姬的贴身内衣，在庄严的朝堂上戏谑，争夸夏姬爱己而得到她的内衣。大夫泄冶实在看不下去，便进谏说："君臣淫乱，民何效焉？"(《史记·陈杞世家》)灵公将泄冶的话告诉孔宁、仪行父，他们便请灵公杀泄冶。灵公不加阻止，便杀了泄冶。从此他们更加肆无忌惮，不避夏姬之子徵舒，到夏姬家淫乐。有一次，他们在夏姬家饮酒，灵公戏对仪行父说："徵舒像你。"仪行父也说："也像君王。"君臣相视大笑。这话被徵舒听见，大为愤怒，当灵公饮罢酒出来，徵舒伏弩马棚，将灵公射死。孔宁、仪行父逃到楚国，灵公的太子午逃到晋国，徵舒自立为陈国国君。公元前598年冬天，楚庄王因夏徵舒杀灵公，率诸侯伐陈，杀徵舒，将陈国改为自己的属县。群臣皆朝贺，大夫申叔时从齐国出使回来，独不贺。庄王问他为什么，他回答说："鄙语有之，牵牛径人田，田主夺之牛。径则有罪矣，夺之牛，不亦甚乎？今王以徵舒为贼弑君，故征兵诸侯，以义伐之，已而取之，以利其地，则何以令于天下！是以不贺。"楚庄王以叔时之言为善，便迎灵公太子午于晋，立他为陈国国君，这就是陈成公。孔子读史记至楚复陈国，喟然叹道："贤哉楚王！轻千乘之国而重一言之信。非申叔时之忠，弗能建其义；非楚庄王之贤，不能受其训也。"(《孔子家语》)

陈灵公荒淫无道即将亡国的征兆，被假道于陈出使至楚的周天子使者单襄子察觉了。单襄子以礼为依据，从陈国废弃先王之政令、废弃先王之法制、废弃先王之官制、废弃先王之政教四个方面的倒行逆施，引古证今，加以剖析。首先，认为陈灵公荒于农事，不遵《夏令》规定，不按农事季节进行农业生产。其次，认为陈灵公不遵守先王制度，不重视经济建设。到手的粮食不收，让它烂在田里，无限制地役使人民，筑台于夏氏，民生凋敝，经济崩溃。第三，认为陈灵公不守礼制，不遵官制，不按礼接待国宾，蔑视外交使节，即是蔑视先王官制。第四，认为陈灵公不守常礼，不遵遗教，君臣荒淫逸乐，亵渎同姓。从而得出"陈侯不有大咎，国必亡"的结论。

本篇在写作手法上，先叙事起，中分四段辩驳，引古证今，错综变化。既阐述古代天文学与农业生产关系，又介绍古代外交原则和接待使者的礼仪规格。文笔清新，句式活泼，读来琅琅上口。

刘康公论鲁大夫俭与侈

【解题】

本篇记叙刘康公关于鲁大夫季孙氏、孟孙氏节俭能久，叔孙氏、东门氏奢侈必亡的议论。他以君应"宽肃宣惠"，臣应"敬恪恭俭"立论，认为季孙氏、孟孙氏能做到敬恪恭俭，俭则足用，用足则族人得到庇护,受到族人拥护,将立于不败之地;而叔孙氏、东门氏不能做到敬恪恭俭,奢侈则不会怜恤贫困的族人,反而鱼肉族人而养肥自身,必然会受到族人反对而灭亡。这些评论无疑是正确的,至今仍有积极意义。

定王八年①,使刘康公聘于鲁②,发币于大夫③。季文子④、孟献子皆俭⑤,叔孙宣子⑥、东门子家皆侈⑦。

归,王问鲁大夫孰贤⑧,对曰:"季、孟其长处鲁乎⑨!叔孙、东门其亡乎!若家不亡,身必不免⑩。"王曰:"何故?"对曰:"臣闻之:为臣必臣,为君必君⑪。宽肃宣惠⑫,君也;敬恪恭俭⑬,臣也。宽所以保本也⑭,肃所以济时也⑮,宣所以教施也⑯,惠所以和民也⑰。本有保则必固,时动而济则无败功,教施而宣则遍,惠以和民则阜⑱。若本固而功成,施遍而民阜,乃可以长保民矣,其何事不彻⑲?敬所以承命也⑳,恪所以守业也,恭所以给事也㉑,俭所以足用也。以敬承命则不违㉒,以恪守业则不懈,以恭给事则宽于死㉓,以俭足用则远于忧㉔。若承命不违,守业不懈,宽于死而远于忧,而可以上下无隙矣㉕,其何任不堪㉖?上任事而彻,下能堪其任,所以为令闻长世也㉗。今夫二子者俭,其能足用矣,用足则族可以庇㉘。二子者侈,侈则不恤匮㉙,匮而不恤,忧必及之,若是则必广其身㉚。且夫人臣而侈,国家弗堪,亡之道也。"王曰:"几何?"对曰:"东门之位不若叔孙,而泰侈焉㉛,不可以事二君。叔孙之位不若季、孟,而亦泰侈焉,不可以事三君。若皆蚤世犹可㉜,若登年以载其毒㉝,必亡。"

十六年㉞,鲁宣公卒㉟。赴者未及㊱,东门氏来告乱,子家奔齐。简王十一年㊲,鲁叔孙宣伯亦奔齐,成公未殁二年⑧。

【今译】

　　周定王八年,派刘康公到鲁国聘问,分赠礼品给鲁国的大夫们。他看到季文子、孟献子都很节俭,而叔孙宣子、东门子家却都很奢侈。

　　刘康公回来,周定王询问他鲁国的大夫哪一位贤德,刘康公回答说:"季孙氏、孟孙氏大概长期能在鲁国保持禄位吧!叔孙氏、东门氏大概会败亡吧!如果家族不灭亡,本身一定不能避免灾祸。"周定王问:"什么缘故呢?"刘康公回答说:"我听说:为臣的必须遵守臣道,为君的必须恪守君德。宽厚、整肃、周遍、惠爱,这是君德;忠敬、勤恪、谦恭、俭约,这是臣道。宽厚用来保护基业,整肃用来救时济世,周遍用来施行教化,惠爱用来和协民众。基业得到保护,就必然巩固;按时行动,匡救世务,事业就能成功;教化施行,周流普遍,民众就普遍受到教育;惠爱用以和协民众,就财物丰阜。如果基业巩固而事业成功,教化普遍而民众富足,就可以长久地取得人民的拥护,那么还有什么事情做不到呢?忠敬用来承受君命,勤恪用来守护基业,谦恭用来处理事务,俭约用来保证财用充足。用忠敬来承受君命就不违礼,用勤恪来守护基业就不懈怠,用谦恭来处理事务就远离死罪,用俭约来保证财用充足就远离忧愁。如果承受君命而不违礼,守护基业而不懈怠,远离死罪而又远离忧愁,君臣上下就可以没有矛盾了,那么还有什么事不能胜任呢?君主行事通行无阻,臣下受事能胜其任,这样美名能传之久远,国家能长治久安了。现在季孙氏、孟孙氏两家俭约,他们能财用充足,财用充足族人就可以得到荫庇。叔孙氏、东门氏两家奢侈,奢侈就不会体恤穷困的族人,穷困的族人得不到体恤,起而反对,忧患必然会落到他们身上,如果这样,他们一定是不顾君主只肥自身的人。况且作为人臣而奢侈,国家的财力怎能承受得了,这是一条自取灭亡的路啊!"周定王问:"他们能维持多少时间呢?"刘康公回答说:"东门子家的地位不如叔孙宣子,但比叔孙宣子奢侈,不可能奉事两代君主。叔孙宣子的地位不如季文子、孟献子,但也比他们奢侈,不可能奉事三代君主。假使他们早死也就罢了,如果活得长而肆行祸害,他们的宗族必定覆亡。"

周定王十六年,鲁宣公去世。报丧的使者还没有到达王城,东门氏就派人来朝廷报告鲁国发生内乱,子家逃奔到齐国去了。周简王十一年,鲁国的叔孙宣子亦逃奔到齐国,那是在鲁成公去世前的二年。

【注释】

① 定王八年:公元前 599 年。 ② 刘康公:周王卿士。刘,畿内诸侯国,刘康公采邑在今河南偃师境内。康,谥号。 ③ 币:聘问时赠送的礼物,如玉、帛、马、璧等。 ④ 季文子:季孙行父,季友之孙,齐仲无佚之子,鲁国上卿。 ⑤ 孟献子:仲孙蔑,仲庆父之曾孙,公孙敖之孙,孟文伯之子,鲁国上卿。 ⑥ 叔孙宣子:叔孙侨如,也称宣伯,叔牙之曾孙,庄叔得臣之子,鲁下卿。 ⑦ 东门子家:公孙归父,庄公之孙,东门襄仲之子,鲁大夫。侈:奢侈。 ⑧ 孰:谁,哪一个。 ⑨ 其:大概、或许,揣测之词。 ⑩ 免:免祸。 ⑪ 为臣必臣,为君必君:指为臣必须遵守忠敬之臣道,为君必须恪守宽惠之君德。 ⑫ 宽肃宣惠:宽厚、整肃、周遍、惠爱。 ⑬ 敬恪恭俭:忠敬、勤恪、谦恭、俭约。 ⑭ 本:位,引申为基业。 ⑮ 济时:救时济世。 ⑯ 教施:施行教化。 ⑰ 和民:和协民众。 ⑱ 阜:丰、丰厚。 ⑲ 彻:通、达。 ⑳ 承命:承受君命。 ㉑ 给事:处理事务。 ㉒ 不违:指不违礼。 ㉓ 宽于死:指离死罪远。宽,距离远。 ㉔ 忧:忧愁、忧虑。 ㉕ 隙:间隙,引申为矛盾。 ㉖ 堪:胜任。 ㉗ 令闻:美好的名声。 ㉘ 族:宗族。庇:庇护、荫庇。 ㉙ 匮(kuì愧):匮乏、穷困。 ㉚ 广其身:务在自大其身而不顾其上。广,大。 ㉛ 泰:同"太"。 ㉜ 蚤世:早早去世。蚤,通"早"。 ㉝ 登年:加多年岁。载其毒:肆意横行其祸害。载,行。毒,害。 ㉞ 十六年:周定王十六年,公元前 591 年。 ㉟ 鲁宣公:鲁国国君,名俀,公元前 608 年至前 591 年在位。 ㊱ 赴者:报丧的人。赴,通"讣",告丧。 ㊲ 简王:周简王,名夷,定王之子,公元前 585 年至公元前 572 年在位。十一年:公元前

575年。　㊳ 成公:鲁成公,名黑肱,公元前590年至前573年在位。殁:死。

【评析】

公元前599年,周定王派刘康公出使到鲁国聘问。当时鲁国三桓专政,刘康公在分赠鲁大夫礼品时,见季文子、孟献子节俭,叔孙宣子、东门子家奢侈,于是发表了俭者能长期在鲁国当政,侈者不久即将败亡的议论。

刘康公的议论是以礼为依据的,用君主应具有"宽肃宣惠"的君德和臣子应具有"敬恪恭俭"的臣道立论。君主如果能惠爱民众,广施教化,则能得到民众的拥戴而基业巩固,政事通达而财用充足。臣子如果能忠敬君主,承命不违,则能忠于职守而不犯刑律,长守家业而无匮乏之忧。从而得出"人臣而侈,国家弗堪,亡之道也"的结论。逻辑严密,说服力强。

刘康公的议论,给人以两点启示:

第一,俭与侈应以礼为标尺衡量。什么是俭,遵制为俭;什么是侈,逾制为侈。按照礼制规定,处在什么职位上,就享受什么待遇,这并不是奢侈。如果能遵从礼制,量入为出,注意樽节,就是俭约。如果超过礼制规定,过度地追求非分的享受,就是奢侈浪费。如鲁国叔孙宣子,处在下卿的地位,追求上卿的享受,就是奢侈。东门子家处于大夫的地位,追求卿的享受,就是违礼逾制。奢侈之心如果不能用礼抑制,就会膨胀,就会不尊君上而剥夺他人以自肥,甚至产生政治野心。周定王十六年(前591)东门子家不安于位,与鲁宣公策谋,欲借用晋国力量除掉三桓。子家聘晋未回,宣公卒,季孙行父便驱逐子家,子家只好逃亡到齐国去了。周简王十一年(前575),叔孙宣伯与鲁宣公夫人穆姜策谋,也想借用晋人力量除掉季、孟两家。晋人不答应,鲁大夫联合结盟而驱逐叔孙宣伯,叔孙宣伯也只好逃奔到齐国去了。所以俭与侈是表象,只有以礼为依据加以衡量、考察,才能辨明是非、揭示实质。

刘康公正是以礼为标尺来衡量俭与侈的,体现了他目光的深邃和识见的高远。

第二,赞美节俭,反对奢侈。"历览前贤国与家,成由勤俭破由奢。"这是唐代诗人李商隐对历史经验教训的概括和总结。我们的祖先很早就具有贵俭思想,《周易·节卦六十》把人们对节俭的态度分成三种:一是"甘节",甘于节俭,乐于节俭,"甘节,吉,往有尚";二是"安节",安于节俭,不求奢侈,"安节,享";三是"苦节",苦守节俭,节制过苦,"苦节,贞凶,悔亡"。《左传·庄公二十四年》:"俭,德之共也;侈,恶之大也。"把俭看成是大德,把侈看成是大恶。我国历代明君贤臣都深明此理,提倡节俭,反对奢侈。五代后周太祖郭威即位后,提倡节俭,反对奢侈,惩办贪污,自称是"节俭天子"。他下令把前朝留在宫中的奢侈品当众打碎,不许"四方贡献珍美食物"(《旧五代史·太祖纪》)。他在位三年时间,宫中用品力求朴素,乘舆服饰力戒华丽。明朝兵部尚书于谦,抵抗也先,取得北京保卫战的胜利,有再造明室之功,不幸蒙冤被害。"及籍没,家无余资,独正室镏钥甚固。启视,则上赐蟒衣、剑器也。"(《明史·于谦传》)殷纣王却相反,他奢侈无度,有一次他让工匠替他制作象牙筷。箕子认为人的欲望不会满足,从这里打开缺口,将会堕入奢侈亡国的深渊。他分析说,纣王用象牙筷,与泥碗就不相配,一定要用犀角美玉制成的杯碗。用了象牙筷、玉制的杯碗,必然不肯吃粗劣食物,一定要吃豹胎等精美食品。必然不肯穿粗布衣服,住茅草棚,一定要穿高贵的衣裳,住金碧辉煌的宫殿。纣王的行为印证了箕子的预言,五年以后,纣王修造酒池肉林,砌造鹿台,挥霍无度,商朝很快就灭亡了。(事见《史记·宋微子世家》)所以有识之士都是自觉地厉行节约,反对浪费。刘康公在文章中就极力赞美节俭,反对奢侈。他认为:"以俭足用则远于忧。""人臣而侈,国家弗堪,亡之道也。"这些话在今天来说,也有振聋发聩的警戒作用。

王孙说请勿赐叔孙侨如

【解题】

本篇记叙周大夫王孙说善于观言察行、赏罚分明的两件史事。他与鲁下卿叔孙侨如交谈后,从"币薄而言谄"中,知其为人贪鄙,贪赏而求使于周;与鲁上卿仲孙蔑交谈后,从"说让"中,知其为人谦让,循礼聘问。因此,他建议周简王不赐叔孙侨如而重赐仲孙蔑。表现了王孙说赏善疾恶、严明正直的品格。

简王八年①,鲁成公来朝②,使叔孙侨如先聘且告③。见王孙说④,与之语。说言于王曰:"鲁叔孙之来也,必有异焉⑤。其享觐之币薄而言谄⑥,殆请之也⑦;若请之,必欲赐也。鲁执政唯强⑧,故不欢焉而后遣之;且其状方上而锐下⑨,宜触冒人⑩。王其勿赐。若贪陵之人来而盈其愿⑪,是不赏善也,且财不给。故圣人之施舍也议之⑫,其喜怒取与亦议之⑬。是以不主宽惠⑭,亦不主猛毅⑮,主德义而已。"王曰:"诺⑯。"使私问诸鲁,请之也。

王遂不赐,礼如行人⑰。及鲁侯至,仲孙蔑为介⑱,王孙说与之语,说让⑲。说以语王,王厚贿之⑳。

【今译】

周简王八年,鲁成公要来朝见天子,先派叔孙侨如致送聘礼并向天子报告成公来朝之事。叔孙侨如会见了周大夫王孙说,与他交谈。王孙说对周简王说:"鲁国叔孙侨如这次来,一定另有企图。他来朝见进献的礼物菲薄而语言谄媚,恐怕是他自己请求来的;如果是自己请求来的话,一定是希望得到赏赐。鲁国执政的人只因畏惧他强横,所以虽然不乐意也只好派他来了;况且他的面貌长得上额方、下颏尖,像贪婪的狼,很容易触犯他人。请君王不要给他赏赐。如果贪婪强横的人来而满足了他的愿望,这是不奖赏良善,而且财物也满足不了他的贪欲。所以圣人在施予与不施予问题上是要计议的,在该喜、该怒、该取、该给的问题上也是要计议的。因此,赏不是为了获取宽厚慈惠的好名声,罚也不是为了获取威严果毅的好名声,只是为了赏得其人,罚得其罪,按仁德道义行事罢了。"周简王说:"好吧!"便派人私下到鲁国打听,果然是叔孙侨如自己请求来的。

周简王就不给他赏赐,只以一般使节的礼仪接待了他。等到鲁成公到来时,仲孙蔑为上介佐相礼,王孙说与他交谈,仲孙蔑非常谦让。王孙说将这个情况告诉周简王,周简王便重赏了仲孙蔑。

【注释】

① 简王:周简王,名夷。八年:公元前 578 年。 ② 朝:朝见天子。《礼记·王制》:"诸侯之于天子也,比年(一年)一小聘,三年一大聘,五年一朝。" ③ 叔孙侨如:上篇的叔孙宣子。 ④ 王孙说(yuè 悦):周大夫。 ⑤ 异:指另有目的、企图。 ⑥ 享:指进献的助祭之礼物。觐(jìn 晋):朝见君主。谄:谄媚、阿谀奉承。 ⑦ 殆:大概、恐怕,副词,表示推测。 ⑧ 鲁执政:指鲁上卿季孙行父。 ⑨ 状:貌相。方上而锐下:额角方广而下颏尖削。董增龄《国语正义》:"《说文》:'狼似犬,锐头。'狼性贪戾,宣伯之锐下似之,故知其触冒人。" ⑩ 触冒:抵触、冒犯。 ⑪ 贪陵:贪婪骄横。盈:满。 ⑫ 施舍:施予和不施予。 ⑬ 取与:索取、给与。 ⑭ 主:名、名声。 ⑮ 猛毅:威严、果毅。 ⑯ 诺:答应声,叹词,好。 ⑰ 行人:官名,掌朝觐聘问之事,犹今之外交官员。 ⑱ 介:传达宾主之言的人为介。古时朝觐聘问,主人有傧相迎宾,宾客有介通传。《仪礼·聘礼》:"聘礼,上公七介,侯伯五介,子男三介。" ⑲ 说(yuè 悦)让:非常谦让。说,好。 ⑳ 贿:财物,大致是束锦加璧、乘马。

【评析】

周简王八年(前578)，鲁成公乘与周、晋一起伐秦之便，朝见周天子。他派叔孙侨如为先遣人员，携聘礼先期到周，替鲁成公做朝周安排，由周大夫王孙说接待。王孙说与之交谈后，觉得他"币薄而言诌"，估计他是怀有别的企图自请来周的，建议周天子不要给他赏赐。周简王听了他的话，以一般使节的礼仪接待叔孙侨如，不给赏赐。过了几天，鲁成公到来，仲孙蔑为上介，佐成公相礼。王孙说与他交谈，觉得他谦让有礼，建议周简王重赏他。周简王便重赏了仲孙蔑。

从王孙说建议周天子不赏叔孙侨如、重赏仲孙蔑的史实中，可以得到两点启示：

第一，赏善罚恶以德义为依据。赏罚是一种激励机制，不是表现君主的宽厚慈惠，也不是表现君主的威严果毅，而是善者赏，恶者罚，赏罚分明，才能产生激励作用。但在现实生活中，丑恶的人往往会将真实情况隐蔽起来。他们善于用谄媚的言辞、卑鄙的手段，投其所好，迎合君主的心意，讨得君主的欢心。结果弄得是非颠倒，善者罚，恶者赏。如殷纣王杀比干，是罚善；宠"善谀好利"的费中、"善毁谗"的恶来，是赏罪。最后导致国破身死。汉文帝的幸臣邓通，"无他伎能，不能有所荐达，独自谨身以媚上而已"(《汉书·佞幸传》)。文帝曾生痈疽，邓通用嘴替汉文帝吸疮毒，取得文帝的宠信，赐蜀严道铜山，自己可以铸钱，邓氏钱遍布天下。无独有偶，庄子在《列御寇》中揭露的宋人曹商，正是用谄媚的言辞、卑鄙的手段取得秦王赏赐的。庄子说："秦王召医，破痈溃痤者得车一乘，舐痔者得车五乘。所治愈下，得车愈多。子岂治其痔邪？何得车之多也？"所以要真正做到赏善罚恶，并不是容易的。

第二，君明臣直。王孙说是一位目光深邃、严明正直的大臣。他见叔孙侨如"币薄而言诌"，便透过现象看本质，经过向鲁国实际调查研究，弄清他是一个强横贪鄙的人。叔孙侨如请求来周的目的，不仅是得到赏赐，而且怀有更大的政治野心，企图借助天子威望，在鲁国制造内乱，赶执政季孙氏下台。王孙说认为"贪陵之人来而盈其愿，是不赏善也",建议周简王不要给他赏赐。而对于仲孙蔑,则因其谦逊知礼,建议周简王重赏他。充分展示了王孙说一心为公、忠敬正直的品格。但王孙说的忠敬正直还取决于周简王的英明善纳,王孙说的建议是通过周简王才能实现的。周简王听从王孙说的话,对叔孙侨如"遂不赐,礼如行人",对仲孙蔑"厚贿之"。君明臣直,只有君主英明、从善如流,臣子才能做到正直、竭尽忠诚。

此外,王孙说见叔孙侨如时,"其状方上而锐下,宜触冒人"的相面之术,是唯心的、不足取的。唐柳宗元在《非国语》中曾批评说:"方上而锐下,非所以得罪于天子。"

单襄公论郤至佻天之功

【解题】

本篇记叙晋国在鄢陵之战大胜楚国后,派郤至向周天子告捷,郤至乘机在周朝廷自吹自擂,大肆宣扬自己,把鄢陵之战的胜利完全归在自己的功劳簿上,妄想周天子任命他为正卿,超越其他七卿,执晋国国政。郤至的谬论和野心,遭到周大夫单襄公针锋相对的驳斥和揭露。指出他"佻天之功以为己力",犹如"兵在其颈,不可久也",必然会落得身败名裂的可耻下场。第二年郤至果然被晋厉公杀死。

晋既克楚于鄢①,使郤至告庆于周②。未将事③,王叔简公饮之酒④,交酬好货皆厚⑤,饮酒宴语相说也⑥。

明日,王叔子誉诸朝⑦。郤至见邵桓公⑧,与之语。邵公以告单襄公曰:"王叔子誉温季,以为必相晋国,相晋国,必大得诸侯,劝二三君子必先导焉⑨,可以树⑩。今夫子见我⑪,以晋国之克也,为己实谋之,曰:'微我⑫,晋不战矣!楚有五败,晋不知乘⑬,我则强之。背宋之盟⑭,一也;薄德而以地赂诸侯⑮,二也;弃壮之良而用幼弱⑯,三也;建立卿士而不用其言⑰,四也;夷、郑从之⑱,三陈而不整⑲,五也。罪不由晋⑳,晋得其民,四军之帅㉑,旅力方刚;卒伍治整㉒,诸侯与之㉔。是有五胜也:有辞,一也;得民,二也;军帅强御㉕,三也;行列治整,四也;诸侯辑睦㉖,五也。有一胜犹足用也,有五胜以伐五败,而避之者,非人也㉗。不可以不战。栾、范不欲㉘,我则强之。战而胜,是吾力也。且夫战也微谋㉙,吾有三伐㉚;勇而有礼,反之以仁。吾三逐楚军之卒,勇也;见其君必下而趋㉛,礼也;能获郑伯而赦之㉜,仁也。若是而知晋国之政㉝,楚、越必朝。'

"吾曰:'子则贤矣,抑晋国之举也㉞,不失其次㉟,吾惧政之未及子也。'谓我曰:'夫何次之有?昔先大夫荀伯自下军之佐以政㊱,赵宣子未有军行而以政㊲,今栾伯自下军往㊳。是三子也,吾又过于四之无不及。若佐新军而升为政,不亦可乎?将必求之。'是其言也,君以为奚若㊴?"

襄公曰:"人有言曰:'兵在其颈㊵。'其郤至之谓乎!君子不自称也㊶,非以让也㊷,恶其盖人也㊸。夫人性,陵上者也㊹,不可盖也。求盖人,其抑下滋甚㊺,故圣人贵让㊻。且谚曰:'兽恶其网,民恶其上。'《书》曰㊼:'民可近也,而不可上也。'《诗》曰㊽:'恺悌君子㊾,求福不回㊿。'在礼,敌必三让[51],是则圣人知民之不可加也[52]。故王天下者必先诸民,然后庇焉[53],则能长利[54]。今郤至在七人之下而欲上之[55],

是求盖七人也,其亦有七怨。怨在小丑㊺,犹不可堪,而况在侈卿乎㊻?其何以待之?

"晋之克也,天有恶于楚也,故儆之以晋。而郤至佻天之功以为己力㊼,不亦难乎?佻天不祥,乘人不义㊽,不祥则天弃之,不义则民叛之。且郤至何三伐之有?夫仁、礼、勇,皆民之为也。以义死用谓之勇,奉义顺则谓之礼,畜义丰功谓之仁㊾。奸仁为佻㊿,奸礼为羞,奸勇为贼。夫战,尽敌为上㊿,守和同顺义为上㊿。故制戎以果毅㊿,制朝以序成㊿。叛战而擅舍郑君,贼也;弃毅行容㊿,羞也;叛国即仇,佻也。有三奸以求替其上㊿,远于得政矣。以吾观之,兵在其颈,不可久也。虽吾王叔,未能违难㊿。在《太誓》曰㊿:'民之所欲,天必从之。'王叔欲郤至,能勿从乎?"

郤至归,明年死难㊿。及伯舆之狱㊿,王叔陈生奔晋。

【今译】

　　晋国在鄢陵战胜楚国之后,派郤至向周天子告捷。在举行告捷庆典之前,王叔简公设宴款待郤至,宾主互相赠送厚礼表示友好,边饮边谈,非常欢洽。

　　第二天,王叔简公在朝堂上赞扬郤至。郤至见到邵桓公,主动与他交谈。邵桓公把这些详细地告诉单襄公,说:"王叔简公赞扬郤至,认为他一定会在晋国执政,在晋国执政后,一定会得到诸侯的拥护,因此他劝我们这些在朝公卿一定要开导晋君,提升郤至为上卿,这样我们就可以在晋国树立党援。今天郤至见到我,认为晋国之所以能打败楚国,实际是出于他的谋划,他说:'如果没有我,晋国就不会发动这场战争了!楚国有五个失败的因素,晋军却不知道利用,是我强制他们与楚军交战的。楚国违背在宋国缔结的盟约兴兵伐宋攻晋,这是一;楚王德行浅薄,用汝阴的土地贿赂郑国,这是二;楚王不任用强壮而优秀的申叔时为统帅,而任用年轻且智谋不足的司马子反为统帅,这是三;设置了卿士但不采纳他们不应背晋的正确意见,这是四;东夷、郑国的军队虽然听从调遣,但夷、郑、楚三方面的军阵不严整,这是五。楚背盟而首开战端,罪不在晋,晋国是得民心的,四支军队的统帅,势众气盛;军容严整,得到诸侯的支持。所以,晋国有五个取胜的因素:楚国背盟,晋国师出有名,理由充足,这是一;深得民心,这是二;统帅强悍而有实力,这是三;部队军容严整,纪律严明,这是四;诸侯与晋友好和睦,这是五。晋国只要有一个取胜的因素就足够用了,何况有五个必胜的因素去征伐五个必败因素的楚国呢!如果还要回避不战,那不是有作为的人。这一仗可以不打。栾书、范燮不想打,我就强制他们下令开战。作战而取得胜利,这是我的功劳啊!再说他们作战没有谋略,而我却有三点值得夸耀的功劳;我勇敢而有礼节,反过来用仁爱之心对待敌人。我在战场上多次追杀楚国的军队,这是勇敢;见到楚国国君一定下车快步趋走,这是礼节;能够俘虏郑伯却又释放了他,这是仁爱。像我这样具有勇、礼、仁的人主持晋国的国政,那么楚、越等国一定会归附晋国。'

"我对郤至说:'您的确贤能啊。可是晋国举荐官员,向来不放弃循序晋升的次序,我担心主持晋国政务恐怕轮不到您。'他又对我说:'有什么位次?从前,我家已去世的大夫荀伯是从下军副帅第六卿升为正卿执掌晋国国政的,赵宣子没有军功却从中军副帅第二卿升为正卿执国政,现在栾伯就是从下军主帅第五卿提升为正卿的。这三个人都是越级任用,加上我是四人,而我的才能超过他们而没有不及的。如果我从新军副帅第八卿晋升为正卿而执掌政权,不也是可以的吗?我将全力求得这个正卿的职位。'这就是他说的话,您以为如何?"

单襄公说:"人们有句俗话:'刀架在他的脖子上还不知死。'说的大概就是郤至这样的人吧!君子是不自己吹嘘的,并不是为了谦让,而是厌恶这样行为掩盖了别人的长处。人的本性总想凌驾在别人之上,但别人的长处是不能掩盖的。想掩盖别人的长处自以为高大,反而会被别人抑贬得更厉害,所以圣人崇尚谦让。而且俗谚说:'野兽厌恶捕捉它们的罗网，百姓厌恶侵凌他们的官员。'《尚书》说：'对待百姓只可以亲近，但不可以凌驾在他们之上。'《诗》的《旱麓》说：'和易近人的君子，不用邪僻的手段求福。'按照礼法，地位相当应再三谦让，所以圣人知道不可凌驾在百姓的头上。因此统治天下的人必须先得民心，然后自己才能得到荫庇，就能长保福禄。现在郤至的地位在七卿之下而想凌驾在他们之上，这是想掩盖七卿的长处，这样就会招来七卿的怨恨。被小人物怨恨尚且忍受不了，何况都是有地位的大卿呢？郤至将用什么来对付他们呢？

"晋军之所以能战胜楚国，是上天对楚国憎恶，因此让晋人来警戒他。而郤至却贪天之功以为自己的功劳，不也是很危险吗？贪天之功不吉祥，凌驾于人不道义。不吉祥，上天就会抛弃他；不道义，民众就会背叛他。况且郤至哪里有三件值得夸耀的功劳呢？他所说的仁、礼、勇，都是民众所做的。为正义而舍身叫作勇，遵奉道义而守法叫作礼，积累道义而建功叫作仁。亵渎仁是偷窃，亵渎礼是羞辱，亵渎勇是盗贼。作战，以歼灭敌人为主要目的，不使用武力而使敌人顺义降服为上策。所以统率军队要果敢刚毅，治理朝政要按序位成事。违背作战的目的而擅自释放郑君，这是盗贼；抛弃果敢刚毅而向楚君行礼，这是羞辱；背叛国家利益而去亲近仇敌，这是偷窃。郤至有三种耻辱行为却想替代在他之上的正卿，他离执掌政权的要求太远了。在我看来，刀已架在他的脖子上，不会长久了。即使我们的王叔简公，也不能避免灾祸。在《泰誓》上说：'民众所希求的，上天必定依从他们。'王叔简公想与郤至结交，能不跟着遭灾祸吗？"

郤至回到晋国，第二年被晋厉公杀死。后来，王叔简公与伯舆争权夺利而兴讼狱，败诉而逃亡到晋国。

【注释】

① 晋既克楚于鄢：指周简王十一年（前575）晋厉公伐郑，楚共王救郑，晋、楚在鄢陵激战，晋军大败楚军。克，胜、战胜。鄢，地名，在今河南鄢陵北。　② 郤（xì 细）至：晋卿，鄢陵之战中任新军副帅，食

邑于温,又称温季。告庆:向周天子报告克敌致胜的消息,即献捷。　③ 未将事:指未举行告庆典礼前。　④ 王叔简公:周大夫,又称王叔陈生、王叔子。　⑤ 交酬:相互赠送币帛。厚:指礼品多。　⑥ 说(yuè悦):喜悦、高兴。　⑦ 誉:赞扬、赞誉。　⑧ 邵桓公:周王卿士。　⑨ 二三君子:指在朝公卿。先导:先期引导晋厉公升郤至为正卿。　⑩ 树:树立党援。　⑪ 夫子:指郤至。　⑫ 微:无、没有。　⑬ 乘:利用。　⑭ 背宋之盟:背弃在宋国签订的盟约。公元前579年,宋上卿华元促成晋楚订盟友好。前575年,楚联合郑国背盟伐宋。　⑮ 以地赂诸侯:楚王薄德少恩,郑人不从。楚以汝阴之田赂郑,郑于是叛晋而从楚。　⑯ 壮之良:年壮的良才,指楚大夫申叔时。幼弱:年幼智弱,指楚司马子反。　⑰ 不用其言:指楚共王不听卿士子囊不要背弃晋盟的劝谏。　⑱ 夷:指协同楚国参战的东方少数民族。　⑲ 三陈:指夷、郑、楚三国军队摆开陈势。陈,通"阵"。　⑳ 罪不由晋:指楚叛盟,非晋之罪。　㉑ 四军之帅:晋国当时设上、中、下、新四军,用八卿为正副统帅。栾书为中军帅,士燮佐之;郤锜为上军帅,荀偃佐之;韩厥为下军帅,智䓨佐之;赵旃为新军帅,郤至佐之。　㉒ 旅力:众力。　㉓ 卒伍:周代军队编制名称,后泛指军队。《周礼·地官·小司徒》:"五人为伍,五伍为两,四两为卒,五卒为旅。"五人为伍,百人为卒。　㉔ 与:参与、支持。　㉕ 强御:强悍而有力。　㉖ 辑睦:安辑和睦。　㉗ 非人:指不是有作为的人。　㉘ 栾:指晋中军主帅栾书。范:指晋中军佐士燮。　㉙ 微谋:没有谋略。　㉚ 三伐:指三点值得夸耀的功劳,即勇、礼、仁三种德行。伐,矜伐、夸耀,一说功、功劳。　㉛ 下而趋:下战车,急步快走,表示恭敬。　㉜ 获郑伯而赦之:指晋楚交战时,郤至追击郑伯,其车右茀翰胡对郤至说:"我从后面攀登郑君的战车,将他俘虏过来。"郤至说:"伤害国君有罪,放他走吧。"故言能生俘郑君,出于道义而赦之。　㉝ 知政:执政。　㉞ 举:举荐、推举。　㉟ 次:序位。　㊱ 荀伯:荀林父,郤至的先人。据《左传·宣公十二年》,晋景公救郑,当时正卿郤缺卒,故荀林父从下军之佐的第六卿提升为正卿,统率中军。结果在邲之战中被楚军打败。　㊲ 赵宣子：赵盾。据《左传·文公三年》，晋襄公七年，赵盾自中军佐第二卿提升为正卿，代狐射姑将中军。军行(háng 杭)：军列，引申为军功。 ㊳ 栾伯：栾书。据《左传·成公十三年》，鄢陵之战时，栾书以下军统帅第五卿提升为正卿，统率中军。 ㊴ 奚若：怎么样。 ㊵ 兵在其颈：刀架在脖子上，意为死到临头。兵，刀、剑之类武器。 ㊶ 自称：自己举荐。 ㊷ 让：谦让。 ㊸ 盖：掩、掩盖。 ㊹ 陵上：凌驾于别人之上。陵，同"凌"，凌驾、胜过。 ㊺ 滋甚：更严重。 ㊻ 贵让：崇尚谦让。 ㊼《书》：《尚书》。此处引文不见于今本《尚书》，《尚书·五子之歌》有"民可近，不可下"之句。 ㊽《诗》：指《诗经·大雅·旱麓》。 ㊾ 恺悌(kǎi tì 凯替)：和易近人。 ㊿ 回：邪、邪僻。 ㈠ 敌：指地位相等。三让：三让之礼，表示谦让。《礼记·聘礼》："三让而后传命，三让而后入庙门，三揖而后至阶，三让而后升，所以致尊让也。" ㈡ 加：上，凌驾于其上。 ㈢ 庇(bì 必)：庇护、荫庇。 ㈣ 长利：永远保持福禄。 ㈤ 在七人之下：晋建四军，位次是中军、上军、下军、新军，每军设将、佐。郤至是新军佐，居第八位，故在七人之下。 ㈥ 小丑：小人物。 ㈦ 侈：大。 ㈧ 佻(tiāo 挑)：偷、窃取。 ㈨ 乘(chéng 成)人：凌驾、超越别人。 ㈩ 畜义：积累道义。 ㈠ 奸：奸伪，引申为亵渎。 ㈡ 尽敌：全部消灭敌人。 ㈢ 守和同：不与战而平和。顺义：服从王义而归降。 ㈣ 制戎：统率军队。 ㈤ 制朝：管理政务。 ㈥ 弃毅行容：抛弃勇敢果毅而履行礼仪，指郤至见楚军下车急趋之事。董增龄《国语正义》本作"弃义行容"。 ㈦ 替：废除、取代。 ㈧ 违难：回避灾难。 ㈨《太誓》：《尚书》中的篇章，即《泰誓》，相传是周武王伐商在孟津向诸侯发布的誓词。太，通"泰"。 ㈩ 明年死难：指周简王十二年(前574)，晋厉公杀郤锜、郤犨、郤至三兄弟。 ㈠ 伯舆之狱：周灵王九年(前563)，王叔简公与大夫伯舆争权兴讼，周天子袒护伯舆，王叔简公败诉，逃亡到晋国。

【评析】

本篇记叙公元前575年鄢陵之战后，晋厉公派郤至向周天子告捷。郤至自伐其功,把鄢陵之战的胜利归在自己头上,以为才能超过其他七卿,想求正卿之位,执晋国国政,遭到单襄公的指责。

本篇中,"郤至见邵桓公,与之语,邵公以告单襄公",单襄公听了邵桓公的转告后发表议论。而《左传》则记:"晋侯使郤至献楚捷于周,与单襄公语,骤称其伐。"是郤至直接对单襄公说,然后单襄公对周室诸大夫发表议论。两书所记略有不同。

参阅《左传》、《史记·晋世家》的记载,郤至在鄢陵之战中确实是建立了功勋的,他的话不少是有事实根据的,未必全是自夸。如他对楚有五个失败因素、晋有五个致胜因素的分析,是从事实出发、知己知彼之论,是正确的。故单襄公对此不置一词。鄢陵之战,范文子是不欲战的。当郑国叛晋而从楚时,晋厉公将伐郑,而范文子不愿伐郑,说:"若逞吾愿,诸侯皆叛,晋可以逞。若唯郑叛,晋国之忧,可立俟也。"在栾书的坚持下,晋国才出兵伐郑。当听到楚军将至时,范文子又想率兵回国。当晋、楚两军在鄢陵相遇时,范文子又不欲战,主张"释楚以为外惧"。郤至却极力主战,说:"韩之战,惠公不振旅;箕之役,先轸不反命;邲之师,荀伯不复从。皆晋之耻也。子亦见先君之事矣。今我辟楚,又益耻也。"(《左传·成公十六年》)又说:"发兵诛逆,见强避之,无以令诸侯。"(《史记·晋世家》)坚持与楚作战。当接阵之际,栾书认为"楚师轻窕,固垒而待之,三日必退。退而击之,必获胜焉。"(《左传·成公十六年》)又说:"君使鼫也兴齐、鲁之师,请俟之。"(《国语·晋语六》)栾书主张坚守,俟齐、鲁之师到达后再出击,而郤至却主张速战,并陈述其理由为"楚有六间",即六个空子,应该主动出击。厉公采用郤至速战之谋,终于一举击败楚师。在战争中,郤至又是勇冠三军,"三遇楚子之卒",奋勇杀敌。由此可见,郤至之言并不完全自夸。问题是郤至恃功而骄,欲居七卿之上而专晋国政。

我们从单襄公议论郤至来看,他主要指责郤至两个要害问题:一是不谦让,想躐等居于七卿之上,执晋国国政,将会给郤至带来祸殃;二是贪天之功,以为己力,将会弄虚作假,走向反面。单襄公的话是值得深思的。首先,他说:"圣人贵让。"就是说圣人崇尚谦让。《尚书·大禹谟》说:"满招损,谦受益。"就是说骄傲自满会招来损害,谦虚谨慎能得到益处。谦虚的人有自知之明,能够比较清醒地认识自己的长处和短处,严以律己,不断进取,建立功业。诸葛亮就是这样的人。而骄傲自满的人看不起别人,听不进意见,闭目塞听,必取其咎。关羽就是这样的人,陆逊、吕蒙正是利用关羽这个弱点,设下"骄其心,懈其备"袭取荆州的巧计,使他败走麦城,身首异处。郤至在取得鄢陵之战胜利以后,自以为才智在其他七卿之上,想攫取中军统帅职位,执晋国之政,"求盖七人也,其亦有七怨","怨岂在明?不见是图",将会遭到政敌的暗算,这是非常危险的。其次,单襄公说:"佻天不祥,乘人不义。"就是告诫人们不能自伐其功,凌驾于别人之上。须知人上有人,天外有天。唐朝名相魏徵说:"念高危,则思谦冲而自牧;惧满溢,则思江海下百川。"这些话是值得我们借鉴的。

至于郤至之死,虽然与恃功而骄有些关系,但并不完全如此。他是统治阶级内部勾心斗角、争权夺利斗争的牺牲品。据《史记·晋世家》载,郤至与晋厉公宠姬之兄胥童有怨仇,又与栾书结仇,遭到他的暗算。鄢陵之战时,栾书怨郤至不用其固守待援之计而打败楚军。事后他与楚国勾结,让楚使来欺骗厉公,中伤郤至说:"鄢陵之战,实至召楚,欲作乱,内子周立之。会与国不具,是以事不成。"诬陷郤至欲废厉公而立公子周。厉公将此事告诉栾书,栾书献计说:"其殆有矣!愿公试使人之周微考之。"于是派郤至出使至周。栾书又使公子周去见郤至,证实他们的确在搞阴谋活动。郤至不知自己已被栾书中伤、出卖。当厉公知道公子周去见郤至,便认为郤至真想颠覆政权,立子周为君,因而杀了郤至。郤至至死尚蒙在鼓里,岂不冤哉。而《国语》的作者往往喜欢把不相干的事牵扯在一起,说成是因果关系,这是阅读时必须注意的。

卷三 周语下

单襄公论晋将有乱

【解题】
本篇记叙单襄公在公元前574年柯陵之会上见晋厉公视远步高，晋郤锜语犯，郤犨语迂，郤至语伐，齐国佐语尽。从他们不同的言行中，单襄公敏锐地预见到他们都将不免于难，而晋国则有内乱。后果如其言，三郤被晋厉公所杀，晋厉公被栾书、中行偃所弑，国佐被齐灵公所杀。说明单襄公目光锐利，知人论事，判断正确。

柯陵之会①，单襄公见晋厉公视远步高②。晋郤锜见③，其语犯④。郤犨见⑤，其语迂⑥。郤至见⑦，其语伐⑧。齐国佐见⑨，其语尽⑩。鲁成公见⑪，言及晋难及郤犨之谮⑫。

单子曰："君何患焉⑬！晋将有乱，其君与三郤其当之乎⑭！"鲁侯曰："寡人惧不免于晋，今君曰'将有乱'，敢问天道乎⑮，抑人故也⑯？"对曰："吾非瞽、史⑰，焉知天道⑱？吾见晋君之容⑲，而听三郤之语矣，殆必祸者也⑳。夫君子目以定体㉑，足以从之，是以观其容而知其心矣。目以处义㉒，足以步目㉓，今晋侯视远而足高，目不在体，而足不步目，其心必异矣。目体不相从，何以能久？夫合诸侯㉔，民之大事也，于是乎观存亡。故国将无咎㉕，其君在会，步言视听，必皆无適㉖，则可以知德矣。视远，日绝其义；足高，日弃其德；言爽㉗，日反其信㉘；听淫㉙，日离其名㉚。夫目以处义，足以践德㉛，口以庇信㉜，耳以听名者也，故不可不慎也。偏丧有咎㉝；既丧，则国从之。晋侯爽二㉞，吾是以云㉟。

"夫郤氏，晋之宠人也，三卿而五大夫㊱，可以戒惧矣。

高位实疾颠㊲,厚味实腊毒㊳。今郤伯之语犯,叔迂,季伐。犯则凌人,迂则诬人,伐则掩人㊴。有是宠也,而益之以三怨㊵,其谁能忍之!虽齐国子亦将与焉㊶。立于淫乱之国,而好尽言,以招人过㊷,怨之本也㊸。唯善人能受尽言,齐其有乎?吾闻之,国德而邻于不修㊹,必受其福。今君逼于晋,而邻于齐,齐、晋有祸,可以取伯㊺,无德之患,何忧于晋?且夫长翟之人利而不义㊻,其利淫矣,流之若何㊼?"

鲁侯归,乃逐叔孙侨如。简王十一年,诸侯会于柯陵。十二年,晋杀三郤。十三年,晋侯弑㊽,于翼东门葬㊾,以车一乘。齐人杀国武子㊿。

【今译】
　　公元前574年柯陵会盟上,单襄公见晋厉公走路时眼望远处,脚抬得很高。晋大夫郤锜来拜见,接谈时语多冒犯。郤犨来拜见,接谈时语多迂回。郤至来拜见,接谈时语多自夸。齐上卿国佐来拜见,接谈时语无忌讳。鲁成公来拜会,说到晋国将加罪于鲁国及郤犨在晋厉公面前诬陷自己的事。
　　单襄公说:"您有什么可担心呢?晋国将有内乱,他们的国君和三郤恐怕都要遭难啦!"鲁成公说:"我怕躲不过晋国的加害,现在您说'晋国将发生内乱',请问是从天意得知,还是从人事预知?"单襄公回答说:"我不是乐师,又不是太史,怎么会知道天意呢?我看到晋君的仪容,又听到三郤的谈话,从他们的仪容、言谈中,料定晋国一定会发生祸乱。君子用目光来指挥手足的行止,脚步随目光所示而行动,所以观察他的仪容就能知道他的内心。眼光用来指示行动是否适宜,脚步根据眼神而移动。现在晋厉公走路时眼望远处,而脚又抬得很高,目光不支配手足的行动,脚步的进退不与目光相配合,他的内心一定在想别的事情。目光和手足的行动不相配合,怎么能长久呢?会合诸侯,是国家的大事,从这里可以看出国家的兴衰成败。所以国家没有祸难,他的国君在会盟上,走路、说话、视物、听言,都符合节度而无可谴责,就可以知道君主的德行了。眼望远处,一天天自绝于正义;脚步抬高,一天天抛弃其道德;言语违约,一天天丧失其信用;听阿谀话,一天天背离其名声。目光是用来处置正义的,脚步是用来履行道德的,说话是用来庇护信誉的,耳朵是用来明辨是非的,所以不可以不谨慎啊!视、步、言、听四个方面丧失部分,就会带来灾祸;如果全部丧失,国家也就随之灭亡。现在晋厉公丧失了视、步两个方面,所以我才有这样的推测,知道他将罹灾祸。

"郤氏,是晋国受宠的人,在郤氏家族中有三人为卿、五人为大夫,早该自我警惕了。因为地位高,垮台也快;滋味美,毒性也大。现在老大郤锜言语冒犯,老二郤犨言语迂回,老小郤至语言自夸。言语冒犯容易凌侮人,语言迂回容易诬陷人,言语自夸容易掩人之美。郤氏有这样宠信的地位,而加上凌人、诬人、掩人三种不良作风结怨于人,还有谁能容忍他们呢?即使是齐国的国佐也将受到灾祸。他处在荒淫昏乱的齐国,却喜欢毫无顾忌地直抒胸臆,列举别人的过失,这是招怨的根源啊。只有善人才能接受别人的指责,齐国有这样的人吗?我听说,自己的国家有德,而与不修德的国家为邻,一定会得到福泽。现在您受晋国的逼迫,而与齐国为邻,齐国与晋国一旦有灾祸,您就可以取代他们的霸主地位,担心的只是自己没有德行,对晋国有什么可担心呢?再说叔孙侨如这个人贪利而不行仁义,惯于骄奢淫逸,把他流放出去怎么样啊?"

鲁成公回国,就放逐了叔孙侨如。周简王十一年,诸侯在柯陵会盟。十二年,晋厉公杀三郤。十三年,晋厉公被栾书、中行偃所弑,葬于晋旧都翼城东门,葬礼只用一车四马。这一年,齐灵公杀国佐。

【注释】

① 柯陵之会:鲁成公十七年(前574),鲁侯、尹子、单子、晋侯、齐侯、宋公、卫侯、曹伯、邾人伐郑,六月二十六日在柯陵会盟。柯陵,地名,在今河南许昌南。　② 晋厉公:晋成公之孙,景公之子,名州蒲,公元前580年至前573年在位。　③ 郤锜:晋卿,郤克之子,又称

驹伯。　④ 犯:冒犯、陵犯。　⑤ 郤犫(chōu 抽):晋卿,又称苦成叔,郤克的族父郤步扬之子。　⑥ 迂:迂回、绕弯、兜圈子。　⑦ 郤至:晋卿,郤锜之弟。　⑧ 伐:自夸,指自伐其功。　⑨ 国佐:齐卿,又称国武子、国子,国归父之子。　⑩ 尽:指说话尽其心意,善恶褒贬无所隐讳。　⑪ 鲁成公:鲁国国君,名黑肱,公元前 590 年至前 573 年在位。　⑫ 晋难:晋国的责难。鄢陵之战前,晋派栾黡乞师于鲁成公,鲁成公惧叔孙侨如与其母穆姜作乱,待于坏隤,布置防备后出师,没有如期赶到参战,晋厉公欲加罪于他。郤犫之谮:鲁成公不及参战,晋卿郤犫接受叔孙侨如贿赂,在晋厉公面前进谗,诋毁鲁成公,说他坐待观望,脚踏两条船,晋胜则从晋,楚胜则从楚。晋厉公大怒,不与鲁成公见面,故鲁成公甚为忧惧。　⑬ 患:担心、忧惧。　⑭ 当:承担、承当。　⑮ 天道:上天的意志。　⑯ 人故:人事的缘故。　⑰ 瞽、史:乐师和太史。乐师"掌知音乐风气,执同律以听军声而诏吉凶";太史"掌抱天时",知政事变动,故他们能卜知天意。　⑱ 焉:哪里。　⑲ 容:仪容。　⑳ 殆:大概、恐怕,副词。　㉑ 目以定体:用眼睛来决定四肢的动作。体,指手和脚。　㉒ 义:通"宜",适宜。　㉓ 步目:目光指示行步。　㉔ 合:会盟。　㉕ 无咎:没有灾祸。　㉖ 无谪:没有谴责,指无可指责。　㉗ 爽:差错,指爽约。　㉘ 反:违反、违背。　㉙ 淫:滥、过度。　㉚ 离:失。名:名声。　㉛ 践:践履、履行。　㉜ 庇:覆。　㉝ 偏丧:丧失一部分。　㉞ 爽二:韦昭《国语注》:"爽,当为丧字之误也。丧二,视与步也,是为偏丧。"　㉟ 是以:所以,因此。　㊱ 三卿:指郤锜、郤犫、郤至三人。五大夫:指郤氏尚有五人为大夫,故有八郤之称。　㊲ 实:句中语气词,用以加强语意。疾颠:很快颠仆,引申为很快垮台。　㊳ 腊(xī 昔)毒:极毒、很毒。　㊴ 掩人:掩人之美。　㊵ 益:加、增加。三怨:指凌人、诬人、掩人而遭人怨。　㊶ 与:遭受。　㊷ 招:举、列举。　㊸ 本:根本、根源。　㊹ 国德:自己国家有道德。邻于不修:与不修德者为邻。　㊺ 伯:通"霸"。　㊻ 长翟之人:指叔孙侨如。公元前 616 年,叔孙侨如之父得臣在咸地打败狄人,俘获其君长长翟侨如,为颂扬功勋,因名其子为侨如。　㊼ 流:流放、放逐。

㊽ 晋侯弑:晋侯被杀。晋厉公既杀三郤,栾书、中行偃惧诛,乃杀厉公宠臣胥童,并杀厉公于匠丽氏。　㊾ 翼:地名,在今山西翼城东南,为晋旧都,即故绛。以示不得与先君同葬。　㊿ 齐人杀国武子:齐国人杀国佐。齐庆克与齐灵公之母声孟子私通,国佐责备庆克,庆克告诉声孟子,声孟子向灵公进谗言。灵公杀国佐。

【评析】

公元前574年在柯陵之会上,单襄公见晋厉公视远步高;见晋卿郤锜语言冒犯,郤犨语言诬罔,郤至语言矜伐,预见到晋国将发生内乱,晋厉公和三郤将不免于难。又见齐国佐语言直率,预料他也将遭到灾祸。表面看来,单襄公似乎是一个唯心主义者,在施占卜相面之术,其实不然,这是他善于察言观色、知人论世的人生经验之谈。

单襄公以德、礼为标准,分别评述晋厉公和三郤:

"视瞻得其宜,行步中其节。"行动是受思想支配的,视、足、言、听都受一定的思想指挥。以正确思想指导,则视、足、言、听符合礼度;以不正确思想指导,则视、足、言、听违背礼制。这些都会从仪容中反映出来,故"观其容而知其心矣",而晋厉公"目不在体,足不步目",魂不守舍,思想与行动不一致。表面上俨然若君主,内心深处却是背德弃义、违信失名的昏庸之徒。《左传·成公十七年》载:"晋厉公侈,多外嬖。反自鄢陵,欲尽去群大夫,而立其左右。"一个没有君德而又骄傲自大、偏听偏信、宠信嬖人、不自量力、为所欲为的人,必然会灾祸临头。当他杀了三郤,使嬖人胥童为卿之后,却被栾书、中行偃杀死。

"高位实疾颠,厚味实腊毒。"如果不修德行善,地位越高垮台越快,享禄越重遭祸越深,这是历史的辩证法。老子说"祸兮福所倚,福兮祸所伏",就是这个意思。据《左传·成公十七年》,郤锜利用权势,夺夷羊五之田;郤犨利用高位,与长鱼矫争田,将他拘捕加上镣铐,同他的父母妻子一起关押在一辆车子上;郤至贪鄢陵战役之功,狂妄自大,与栾书结怨,不把晋厉公放在眼里;田猎时,郤至射到一只野猪,厉公的嬖宠张猛前来争夺，郤至不告厉公而将张猛射死。三郤居高位而恣意妄为，终于走向反面，被厉公杀死。

"言为心声。"语言是心灵的窗户，从言论中可看出其为人。郤锜说话容易冲撞人，郤犨说话容易诬罔人，郤至说话容易贬低人。他们说话的形式虽然不同，却有一个共同的特点，这就是骄傲和嫉妒。打击别人，抬高自己，妄想凌驾于他人之上，逞其所欲。单襄公正是从他们的仪容中，从他们的言语中，揭示了他们的内心世界。

此外，值得注意的是齐国上卿国佐是个正直人，他说话直抒胸臆，没有顾忌，疾恶如仇，敢于指责别人的过失。齐庆克与齐灵公之母声孟子通奸，国佐将庆克叫来训斥。庆克诉于声孟子，声孟子向齐灵公进谗。国佐杀庆克，而灵公杀国佐。所以单襄公指出：国佐"立于淫乱之国，而好尽言，以招人过"。说明君明才能臣直，臣直而君昏，便会产生历史悲剧。

单襄公论晋周将得晋国

【解题】

本篇叙述单襄公对晋公子周平日言谈举止、品德仪容的观察，认为他具有君德的十一种美德，预料他日后必为晋国国君。并于病中嘱咐其子"必善晋周"。后果如其言。公子周回晋，被立为国君，是为晋悼公。表现了单襄公敏锐的观察、判断能力。

晋孙谈之子周适周①，事单襄公。立无跛②，视无还③，听无耸④，言无远⑤；言敬必及天⑥，言忠必及意⑦，言信必及身⑧,言仁必及人,言义必及利,言智必及事⑨,言勇必及制⑩,言教必及辨⑪,言孝必及神⑫,言惠必及和⑬,言让必及敌⑭;晋国有忧未尝不戚,有庆未尝不怡⑮。

襄公有疾⑯,召顷公而告之⑰,曰:"必善晋周,将得晋国。其行也文⑱,能文则得天地。天地所胙⑲,小而后国⑳。夫敬,文之恭也㉑;忠,文之实也;信,文之孚也㉒,仁,文之爱也;义,文之制也㉓;智,文之舆也㉔;勇,文之帅也;教,文之施也㉕;孝,文之本也㉖;惠,文之慈也;让,文之材也㉗。象天能敬㉘,帅意能忠㉙,思身能信,爱人能仁,利制能义,事建能智㉚,帅义能勇,施辨能教,昭神能孝,慈和能惠,推敌能让㉛。此十一者,夫子皆有焉㉜。

"天六地五㉝,数之常也。经之以天,纬之以地。经纬不爽㉞,文之象也。文王质文㉟,故天胙之以天下。夫子被之矣㊱,其昭穆又近㊲,可以得国。且夫立无跛,正也;视无还,端也;听无耸,成也;言无远,慎也。夫正,德之道也;端,德之信也;成,德之终也;慎,德之守也。守终纯固㊳,道正事信,明令德矣㊴。慎成端正,德之相也㊵。为晋休戚,不背本也。被文相德,非国何取!

"成公之归也㊶,吾闻晋之筮之也㊷,遇《乾》之《否》㊸,曰:'配而不终,君三出焉。'一既往矣,后之不知,其次必此㊹。且吾闻成公之生也,其母梦神规其臀以墨㊺,曰:'使有晋国,三而畀驩之孙㊻。'故名之曰'黑臀',于今再矣㊼。襄公曰驩,此其孙也。而令德孝恭,非此其谁?且其梦曰:'必驩之孙,实有晋国。'其卦曰:'必三取君于周。'其德又可以君国,三袭焉㊽。吾闻之《大誓》㊾,故曰:'朕梦协朕卜⁵⁰,袭于休祥⁵¹,戎商必克⁵²。'以三袭也。晋仍无道而鲜胄⁵³,其将失之矣。必早善晋子,其当之也。"

顷公许诺。及厉公之乱⁵⁴,召周子而立之,是为悼公。

【今译】

晋襄公的孙子是惠伯谈,谈的儿子周到周王室奉侍单襄公。他立不歪着身子,看不环视左右,听不竖着耳朵,言不高声大气;说到敬一定联系到象天之敬,说到忠一定联系到出自心意,说到信一定联系到先信于身,说到仁一定联系到博爱于人,说到义一定联系到以义为利,说到智一定联系到善处事物,说到勇一定联系到以义为制,说到教一定联系到明辨是非,说到孝一定联系到孝于鬼神,说到惠一定联系到亲爱和睦,说到让一定联系到匹敌犹让。晋国有忧患,他总是为之悲戚;晋国有喜庆,他总是为之欢悦。

单襄公病重,召唤其子顷公前来,并告诉他说:"你一定要好好地对待公子周,他将来一定能成为晋国国君。他的品行可称得上经天纬地的'文',具有文德就能得到天地的福佑。天地所赐的福,即使小也可以成为国君。敬,体现了文德中的恭谨美德;忠,体现了文德中的诚实美德;信,体现了文德中的诚信美德;仁,体现了文德中的慈爱美德;义,体现了文德中的节制美德;智,是载行文德的车舆;勇,是遵行文德的表率;教,是施行文德的手段;孝,是文德的根本;惠,体现了文德中的慈爱美德;让,体现了文德中的应用美德。效法天就能做到诚敬,遵循自己心意恕而行之就能做到忠诚,思诚其身就能树立信用,爱护他人就能做到仁德,节制财利就能做到仁义,善于立身处事就是有智慧,循义而行就是勇敢,能明辨是非才能施行教化,尊显神灵才能做到孝亲,慈爱和睦才能做到仁惠,能对地位相等的人讲礼就是谦让。这十一方面的美德,公子周都具备了。

"天有阴、阳、风、雨、晦、明六气,地有金、木、水、火、土五行,这是天地的常数。以天的六气为经,以地的五行为纬。经纬不差,这是具备文德的表现。周文王的本质是具有文德,所以上天赐予他整个天下。公子周蒙受文王余荫,具备了这样的文德。而且他与晋君的血缘又近,所以可以入主晋国。再说公子周立不歪身,这是正直;看不环视左右,这是端肃;听不竖着耳朵,这是坚定;言不高声大气,这是谨慎。正直,是成就文德的道路;端肃,是成就文德的凭信;坚定,是成就文德的归依;谨慎,是守护文德的保证。固守文德而使之完美坚固,道德纯正而行事有信,这是明于美德的表现啊!谨慎、坚定、端肃、正直,是文德的辅助。与晋国的荣辱同喜悦,是不背弃根本。蒙受文王的余荫而又有美德辅助,不主国政又取什么呢?

"从前晋成公从周室回国继位时,我听说晋人替他占卜,得《乾》卦而变卦为《否》卦,卦辞说:'德虽配天而不能世代为君,将有三位国君从周室回国继位。'第一个是晋成公,已经成为过去的事实;第三个不知是谁;第二个必定是公子周吧!况且我听说成公出生的时候,他母亲梦见神人用墨在他屁股上画了一个黑记,说:'让他为晋国国君,三传之后,将君位交给骓的曾孙。'所以给他取名为'黑臀'。到现在是成公之后的第二代了。晋襄公名骓,公子周是他的曾孙。而他又具有孝亲恭谨的美好德行,不是他又有谁呢?况且那梦中也说:'一定是骓的曾孙,才能入主晋国。'那卦辞也说:'一定三次从周王室迎回国君。'公子周的德行又可以为君主社稷,德行、梦境、占卦三者都契合了。我听说武王伐纣的《大誓》中说:'我的梦和我的卜相契合,又和吉祥的预兆相合,用兵伐商,一定成功。'这也是梦境、占卜和吉兆相契合。晋厉公屡行败政而子孙稀少,大概将要失去君位了。你一定要及早善待公子周,他将就任晋国国君。"

单顷公听从了他父亲的话。到了厉公被弑后,晋人迎回公子周并立他为君,这就是晋悼公。

【注释】

① 晋孙谈:晋襄公的孙子,名谈,也叫惠伯谈。周:谈之子,也称公子周。后即位为晋悼公,公元前573年至前558年在位。适周:到周王室去。晋自骊姬向献公进谗以后,不留群公子于国内,故公子周

到周王室去。②跛(bì 壁):偏,一只脚为重心站着。③还:指眼珠转来转去,左右环视。④耸:指竖起耳朵。⑤远:指非耳目所能及,引申为高声。⑥及:涉及、联系。⑦意:心意。⑧身:自身。⑨事:指立身处事。⑩制:节制。⑪辨:指明辨是非。⑫神:鬼神。⑬和:和睦、和谐。⑭敌:匹敌,地位相等。⑮怡:悦、高兴。⑯有疾:指病重。⑰顷公:单襄公之子。⑱文:文德。韦昭《国语注》:"经纬天地曰文。"⑲胙(zuò 坐):福、赐福,"祚"的本字。⑳小而后国:指天地所赐之福,即使小也可得国。大则可以得天下。㉑恭:恭谨,指恭谨是体现文德的一种美德。以下十一义均为此意。㉒孚:诚信。㉓制:节制、制约。㉔舆:车。㉕施:布施德化。㉖本:根本。㉗材:用。㉘象天:则天、效法天。㉙帅:遵循。㉚事建:指能立身处事。㉛推敌:把好的事物推让给与自己地位相等的人,表示谦让。㉜夫子:古代对男子的尊称,指公子周。㉝天六地五:指天有阴、阳、风、雨、晦、明六种气象,地有金、木、水、火、土五行。㉞爽:差、差错。㉟质文:本质具有文德。㊱被:被受、承受。㊲昭穆:古代宗庙中排列血缘位序的名称。左昭右穆,父昭子穆,孙复为昭,一昭一穆,相次而下,以别亲疏、长幼、远近。㊳守终纯固:固守文德,完美坚固。㊴令德:美德。㊵相:助、辅助。㊶成公:晋成公,公元前606年至前600年在位,晋文公庶子,名黑臀。公元前607年,赵穿杀晋灵公,晋正卿赵盾迎黑臀为君,是为成公。㊷筮(shì 誓):用蓍草占卦。㊸乾、否(pǐ 痞):卦名,都是六十四卦之一。《乾》卦变卦为《否》卦。《乾》卦的上、下卦都是乾(☰),《否》卦的上卦为乾,下卦为坤(☷)。在占筮中,变卦反映事物发展、演变的趋向。乾代表天、君,变卦《否》的上卦亦为乾,表示成公是能成为国君的;而《否》的下卦变成了代表地、臣的坤,表示他的子孙不一定仍当国君,所以卦辞说:"配而不终。"又因为《否》与《乾》相比,变动了下卦,三爻三变,故卦辞说:"君三出焉。"表示三次从外迎立君主。㊹此:指公子周。㊺规:画。㊻畀(bì 币):给予。驩(huān 欢):晋襄公之名。孙:指公子周,这里指曾孙。古代自孙以下的曾孙、玄孙都可称孙。　㊼ 再:指晋成公传景公据,再传厉公寿曼。　㊽ 三袭:指德、梦、卦三者相合。袭,合。　㊾《大誓》:即《泰誓》,《尚书》篇名,记武王伐纣誓师词。　㊿ 朕:周武王自称。协:合、符合。　(51) 休祥:美好而吉祥。　(52) 戎商:以兵伐商。(53) 仍:数次、屡次。鲜胄:少有后代。胄,古代专指帝王和贵族后代。(54) 厉公之乱:厉公自鄢陵之战后,欲尽去群大夫,而立其左右。使胥童、夷羊五率甲八百攻杀郤锜、郤犨、郤至。又劫栾书、中行偃于朝,欲杀之。厉公不许,释栾书、中行偃。厉公八年(前 573)十二月,厉公游于匠丽氏,栾书、中行偃发动政变,杀厉公,使荀罃、士鲂迎公子周回国即位,是为厉公之乱。

【评析】

单襄公根据平时对公子周言谈举止、品德仪容的观察,预料他一定会入主晋国,成为国君。单襄公的议论,实质是在分析君主应具备的条件。

作为君主,首先应仪容端庄,揖让进退符合礼度。公子周立不歪身,目不斜视,听不侧耳,言不高声,凝重而端庄,从容而安详,教养有素,俨然为人君之貌。在我国古代,对人的行为举止、仪容仪态的要求是非常严格的,俗语“坐如钟,站如松,卧如弓,行如风”,就是对一般人坐立卧走姿态的要求。至于君主自然要求更高,有平居仪容,有朝会仪容,有迎宾仪容,有庆典仪容,都要显示出尊贵而端肃的身份。例如走路时不快不慢,步伐与身上佩带的玉佩叮当声相应和。宋高宗没有子嗣,在“伯”字辈中选取闺门有礼法的宗子伯琮和伯浩入宫育养,准备择优者立为皇太子。伯琮清秀而瘦削,伯浩丰满而肥胖。高宗初爱伯浩。有一天,他想仔细审视他们,便叫二人并排站着,这时刚好有一只猫经过,伯浩举脚便踢,伯琮恭敬肃立如故。高宗说:“此儿轻易乃尔,安能任重耶!”便赐伯浩白金三百两,遣送回家,取消候选皇太子资格。伯琮当时仅六岁,后来经过严格教育培养,“天资英明,豁达大度,左右未尝见喜愠之色,趋朝就列,进止皆有常度,骑乘未尝妄视,平居御服俭约,每以经史自适”。高宗称赞说:“(伯琮)近来骨相一变,非常

人比也。"正式定为皇太子,继位后为宋孝宗。(见李心传《建炎以来朝野杂记》乙集卷一)

　　作为国君,应具有高尚的道德情操和卓越的治国才能,朝乾夕惕,修己以安百姓。公子周有文德。什么是"文"?据谥法,"经纬天地曰文",即具有经天纬地统治国家的道德和才能。"文"又是德的总名,它由恭、忠、信、仁、义、智、勇、教、孝、惠、让十一种具体美德组成。而这十一种美德公子周都具备,所以具有文德,也就是具有君德,足以君临天下,治理臣民。

　　作为国君,应以社稷为重,与国家共休戚、同命运。公子周虽远离祖国,寄于周室,但心不忘本,"晋国有忧未尝不戚,有庆未尝不怡"。晋文公在外流亡十九年,心不忘晋国,不忘君父,未因齐桓公厚待而逸乐忘返,未因楚成王求报而损害晋国尊严,终于入主晋国,成为霸主。而刘禅却相反,蜀亡以后,他被司马昭俘虏到洛阳,封为安乐县公,依旧过着醉生梦死的生活。有一天司马昭问他:"颇思蜀否?"他回答说:"此间乐,不思蜀也。"(《三国志·蜀书·后主禅传》)毫不以国家社稷为念。忘本之人,只能成为阶下囚。

　　单襄公是一位具有远见卓识的政治家。他的议论表达了他心目中的国君应具备的政治素质,体现了儒家以德为主、德才兼备的人才思想,修身律己、礼让为国的政治思想,是有参考价值的。由于时代的局限,他用梦占、卜筮来印证自己的观点,是不足取的。

太子晋谏灵王壅谷水

【解题】

　　本篇记叙周灵王时,谷水与洛水争流,将毁王宫。灵王欲堵塞水流,以保王宫。太子晋以应顺自然立论,列举历史上共工、崇伯鲧堵河逆自然之害,伯禹疏河顺自然之利,以及周朝创业之艰难,劝谏灵王"度于天地而顺于时动,和于民神而仪于物则",修德顺时,勿堵水流。

灵王二十二年①,谷、洛斗②,将毁王宫③。王欲壅之④,太子晋谏曰⑤:"不可。晋闻古之长民者⑥,不堕山⑦,不崇薮⑧,不防川,不窦泽⑨。夫山,土之聚也;薮,物之归也⑩;川,气之导也⑪;泽,水之钟也⑫。夫天地成而聚于高,归物于下。疏为川谷,以导其气;陂塘汙庳⑬,以钟其美⑭。是故聚不陁崩⑮,而物有所归;气不沉滞⑯,而亦不散越⑰。是以民生有财用,而死有所葬。然则无夭、昏、札、瘥之忧⑱,而无饥、寒、乏、匮之患,故上下能相固⑲,以待不虞⑳,古之圣王唯此之慎㉑。

"昔共工弃此道也㉒,虞于湛乐㉓,淫失其身㉔,欲壅防百川,堕高堙庳,以害天下。皇天弗福㉕,庶人弗助,祸乱并兴,共工用灭㉖。其在有虞㉗,有崇伯鲧㉘,播其淫心㉙,称遂共工之过㉚,尧用殛之于羽山㉛。其后伯禹念前之非度㉜,厘改制量㉝,象物天地㉞,比类百则㉟,仪之于民㊱,而度之于群生。共之从孙四岳佐之㊲,高高下下㊳,疏川导滞,钟水丰物,封崇九山㊴,决汨九川㊵,陂鄣九泽㊶,丰殖九薮㊷,汨越九原㊸,宅居九隩㊹,合通四海㊺。故天无伏阴㊻,地无散阳㊼,水无沉气,火无灾燀㊽,神无闲行㊾,民无淫心,时无逆数㊿,物无害生。帅象禹之功㊿¹,度之于轨仪㊿²,莫非嘉绩,克厌帝心㊿³。皇天嘉之,祚以天下㊿⁴,赐姓曰'姒'㊿⁵,氏曰'有夏'㊿⁶,谓其能以嘉祉殷富生物也㊿⁷。祚四岳国㊿⁸,命以侯伯[59]，赐姓曰'姜'[60]，氏曰'有吕'[61]，谓其能为禹股肱心膂[62]，以养物丰民人也。

"此一王四伯[63]，岂繄多宠[64]？皆亡王之后也[65]。唯能厘举嘉义[66]，以有胤在下[67]，守祀不替其典[68]。有夏虽衰，杞、鄫犹在[69]；申、吕虽衰[70]，齐、许犹在[71]。唯有嘉功，以命姓受祀，迄于天下。及其失之也，必有慆淫之心间之[72]。故亡其氏姓，踣毙不振[73]；绝后无主[74]，湮替隶圉[75]。夫亡者岂繄无宠？皆黄、炎之后也[76]。唯不帅天地之度，不顺四时之序，不度民神之义，不仪生物之则，以殄灭无胤[77]，至于今不祀。及其得之也，必有忠信之心间之。度于天地而顺于时动，和于民神而仪于物则，故高朗令终[78]，显融昭明[79]，命姓受氏，而附之以令名[80]。若启先王之遗训[81]，省其典图刑法[82]，而观其废兴者[83]，皆可知也。其兴者，必有夏、吕之功焉；其废者，必有共、鲧之败焉。今吾执政无乃实有所避[84]，而滑夫二川之神[85]，使之于争明[86]，以妨王宫，王而饰之[87]，无乃不可乎！

"人有言曰：'无过乱人之门[88]。'又曰：'佐饔者尝焉[89]，佐斗者伤焉[90]。'又曰：'祸不好[91]，不能为祸。'《诗》曰[92]：'四牡骙骙[93]，旟旐有翩[94]。乱生不夷[95]，靡国不泯[96]。'又曰：'民之贪乱[97]，宁为荼毒[98]。'夫见乱而不惕，所残必多，其饰弥章[99]。民有怨乱，犹不可遏[100]，而况神乎？王将防斗川以饰宫，是饰乱而佐斗也，其无乃章祸且遇伤乎？自我先王厉、宣、幽、平而贪天祸[101]，至于今未弭[102]。我又章之，惧长及子孙，王室其愈卑乎？其若之何[103]？

"自后稷以来宁乱[104]，及文、武、成、康而仅克安民[105]。自后稷之始基靖民⑩⑥,十五王而文始平之⑩⑦,十八王而康克安之⑩⑧,其难也如是。厉始革典⑩⑨,十四王矣⑩⑩。基德十五而始平⑪⑪,基祸十五其不济乎⑫⑫!吾朝夕儆惧,曰:'其何德之修,而少光王室⑬⑬,以逆天休⑭⑭?'王又章辅祸乱,将何以堪之⑮⑮?王无亦鉴于黎、苗之王⑯⑯,下及夏、商之季⑰⑰,上不象天,而下不仪地,中不和民,而方不顺时,不共神祇,而蔑弃五则⑱⑱。是以人夷其宗庙⑲⑲,而火焚其彝器⑳⑳,子孙为隶,下夷于民,而亦未观夫前哲令德之则㉑㉑。则此五者而受天之丰福,飨民之勋力㉒㉒,子孙丰厚,令闻不忘,是皆天子之所知也。

"天所崇之子孙,或在畎亩㉓㉓,由欲乱民也。畎亩之人,或在社稷㉔㉔,由欲靖民也㉕㉕。无有异焉!《诗》云㉖㉖:'殷鉴不远㉗㉗,在夏后之世㉘㉘。'将焉用饰宫?其以徼乱也㉙㉙。度之天神,则非祥也。比之地物,则非义也。类之民则,则非仁也。方之时动,则非顺也。咨之前训,则非正也。观之《诗》《书》,与民之宪言㉚㉚,则皆亡王之为也。上下仪之㉛㉛,无所比度,王其图之!夫事大不从象㉜㉜,小不从文。上非天刑㉝㉝,下非地德㉞㉞,中非民则,方非时动而作之者㉟㉟,必不节矣㊱㊱。作又不节,害之道也㊲㊲。"

王卒壅之。及景王㊳㊳,多宠人㊴㊴,乱于是乎始生。景王崩,王室大乱㊵㊵。及定王㊶㊶,王室遂卑㊷㊷。

【今译】

周灵王二十二年,谷水与洛水泛滥抢道,将要冲毁王宫。灵王想堵截流水,太子晋劝谏说:"不可这样做。我听说古代治理人民的君主,不堕毁山丘,不填高沼泽,不堵截河流,不挖开湖堤。山丘,是土壤的堆积;沼泽,是万物生长的地方;河流,是地气的通道;湖泊,是水流的汇聚。天地形成,土石积聚成为高山,万物依归在低处沼泽。高处疏通为河川、峡谷,用以宣泄地气;低处形成为湖泊、洼地,用来滋润大地。所以土壤积聚的高山不崩毁,而万物则有归依之所;地气不沉伏积滞,而水流就宣泄通畅。这样人民活着时财用充足,死亡时有埋葬的地方。因此人们既没有夭折、狂惑、瘟疫、疾病之忧,也没有饥饿、寒冷、乏财、匮物之患,这样君臣上下能相互团结,用来预防意外事故的发生,古代圣明的君主,对于应顺天性行事这一点是非常慎重的。

"从前共工氏背弃了这个应顺自然的道理,沉湎于逸乐,过度淫乱断送了自身,他妄想堵塞大地上的河流,堕毁高山,填塞池泽,用来危害天下。上天不保佑他,民众不帮助他,天灾人祸一齐发生,共工氏因此而灭亡。到了有虞氏时,有崇地的诸侯鲧,放纵其肆意妄为之心,重蹈共工氏的覆辙,被尧在羽山处死。他的儿子禹意识到过去用堵塞法治水的错误,调整修改治水的法度,效法天地的形象,比照万物的性质,以民众利益为准则,而考虑到不损害天下万物的自然本性。共工的侄孙四岳帮助他,按照地势的高低,疏通河道,排除淤塞,蓄积流水滋养生物,治理增高了九州的山岳,疏浚开通了九州的河流,筑堤保护了九州的沼泽,养殖丰茂了九州的湖泊,扩展平整了九州的原野,建宅安居了九州的民众,沟通了全国范围内的联系和交往。因此天无反常的气候,地无失时的物产,水无伏积的秽气,火无焰起的天灾,神无奸厉的祸害,民无淫滥的思想,四季寒暑正常运行,万物没有病虫害。遵循大禹的功绩,应顺自然的法则行事,没有不获得好功绩的,也能符合上帝的心愿。上天嘉奖他,赐给他天下,赐给他姓叫'姒',赐给他氏叫'有夏'。表彰他能使人民殷富、幸福,使万物生长、繁育。上天也赐四岳诸侯国家,任命他们为诸侯之长,赐给他们姓叫'姜',赐给他们氏叫'有吕'。表彰他们能像手足心腹一样辅佐大禹,使万物生长,丰富人民生活。

"大禹和四岳这一王四诸侯,难道是上天特殊宠爱吗?他们都是亡国之君的后代啊!只是他们能选用好的治水办法,所以能遗泽于后代,保守祭祀,不废常规。后来夏朝虽然衰败了,但其后代杞国、鄫国至今还存在。申、吕二氏虽然衰亡了,但其后代齐国、许国至今还存在。只有立下大功,才能赐姓氏,受封爵,建宗庙,承祭祀,以至于统治天下。等到他们失天下的时候,一定是放纵享乐之心取代其艰苦创业之功。所以丧失了姓氏,倾覆衰颓一蹶不振;断绝后代无人替祖先祭祀,子孙湮没沦落为隶仆。那些亡国的人难道是上天不宠爱他们吗?他们都是黄帝、炎帝的后代啊!只是他们不遵循天地的自然法度,不顺从春夏秋冬四季循环的次序,不考虑民众、神灵的意愿,不取法生物成长的规律,所以灭绝后嗣,到现在连祭祀祖先的人也没有了。等到他们得天下的时候,一定是忠义诚信之心取代其放纵享乐之行,遵循天地的自然法度,顺从春夏秋冬四季循环的次序而行动,和协民众与神灵,取法生物生长的规律,所以显贵善终,彰明功业,赐姓受氏,而且随之得到美好的名声。我们如果打开先王的遗训,省察他们制定的礼制、图象、刑律、法则,结合观察废灭、兴盛的历史事实,就会完全明白其中的道理。那兴盛的,一定建夏禹、四岳的功绩;那废灭的,一定有共工、伯鲧的败政。现在我们在施政中,大概确实存在违背天地自然法则之事吧,因而干扰了谷、洛二水神灵的安宁,使它们争流抢道,以致危害王宫。君王想堵塞遏止流水,恐怕不可以吧!

"人们有这样的话:'不要经过狂悖怨乱者的家门。'又说:'帮助厨师的人先尝味道,帮助斗殴的人先受伤。'又说:'不贪财色,不会惹祸。'《诗经·大雅·桑柔》说:'四匹马拉的战车不停地跑,画着鹰隼龟蛇的军旗在空中飘扬,战乱发生不太平,没有哪国不纷扰。'《桑柔》又说:'民疾王政暴虐起祸乱,怎愿束手遭残杀。'见到祸乱而不知警惕,被伤害的一定很多,如再加以掩饰,祸败现象将暴露得更彻底。民众有怨恨行将暴乱,还不可以遏止,更何况神灵怨恨而作乱呢?君王将防止河水抢道而加固王宫,这是掩饰祸乱而帮人斗殴,恐怕会加剧祸乱而且使自己受伤呢!自从我周室先王厉、宣、幽、平四王不知自惕而遭天祸,至今尚未止息。现在我王又要扩大祸乱,我怕将会长久地连累子孙,王室将会更加衰微吧?那该如何是好呢?

"自从先祖后稷安定祸乱以来,到了文、武、成、康四王时,才仅仅使民众得以安宁。从后稷开始安民,经过十五代君王的努力,到文王时才平定天下,经过十八代君王的努力,到康王时才使百姓安居乐业,可见先辈创业的难度是如此之大啊。到了厉王开始变更先王制定的法度,到父王已经十四代了,树德十五代才使天下平定,招祸十五王恐怕还不会止息吧!我早晚警惕戒惧,说:'如何修德,才能光大周王室,用以迎接上天的赐福?'君王却又在助长祸乱,国家将怎么承受得了呢?君王何不以九黎、三苗之王被诛灭,夏桀、商纣被灭亡的历史作借鉴。他们就是上不效法于天,下不取则于地,中不和协民众,四方不顺应时令,不供奉神灵,完全抛弃了象天、仪地、和民、顺时、供神五条常规。所以人们夷平了他们的宗庙,焚毁了他们的祭器,子孙沦为奴仆,与民众处于同等的地位,这是因为他们没有看到前贤圣哲执行美德的法则。以此五者为准则,就会受上天赐给的丰厚的福泽,享受人民的劳动成果,子孙连绵繁衍,美名传之久远,这些都是天子您所知道的。

"天所崇尚的人的子孙,有的沦为农夫,这是因为他们祸害了民众。而种田的农夫,有的在朝廷任职,这是因为他们安定了民众。没有什么可奇怪的。《诗经·大雅·荡》说:'殷纣王灭亡的教训并不遥远,就在夏桀被灭亡的时代。'何必用堵水的办法来保全王宫?这样做会招致祸乱的。从天神的角度来考虑,就是不吉祥的。从地物生长的规律来比照,就是不适宜的。从和协民众的法则来分析,就是不仁德的。从四境之民不违农时来考察,就是不顺时的。从先王的遗训来衡量,就是不正确的。观看《诗经》、《尚书》的教导,民间的格言,说明堵流是亡国之君的行为。从上下古今来衡量,没有先例可比照,请君王还是好好考虑吧?大事不遵从天象,小事不根据《诗》、《书》。上不合乎天的法则,下不合乎地的规律,中不合乎民众的愿望,四方不按照四季的时令行事,而这样行动的人,一定不符合法度。行动而又没有法度,这是招致祸害的规律啊。"

周灵王最终还是堵塞了水流。到周景王时,多宠幸之臣,祸乱由此开始产生。景王去世,王室大乱。到周定王时,王室就衰微了。

【注释】

①灵王:周灵王。名泄心,一说大心,简王之子,公元前571年至前545年在位。二十二年:公元前550年。 ②谷:谷水,经河南渑池、新安东流。洛:洛水,经河南宜阳东北流。谷水流经周王城(今河南洛阳)北面,洛水流经王城南面。斗:指争抢水道。 ③毁:毁坏。 ④壅(yōng雍):堵塞。 ⑤晋:周灵王之子,早死,未立。 ⑥长民:为民之君长,即统治人民。 ⑦堕:毁、堕毁。 ⑧崇:高。 ⑨薮(sǒu叟):没有水的沼泽地。 ⑩窦:开挖、溃决。 ⑪归:归宿、归依,引申为生长之处。 ⑫气之导:古人认为河流是通导天地之气的。《易经》说:"山泽通气。" ⑬钟:聚、聚集。 ⑭陂(bēi杯)塘:蓄水的堤塘。汙庳(wū bì屋必):低洼的地方。庳,低下。 ⑮美:指滋润。 ⑯阤(zhì至)崩:崩溃。大塌叫崩,小塌叫阤。 ⑰沉滞:伏积,潜伏郁积。 ⑱散越:散发到远方,指水宣泄通畅。 ⑲夭:夭折。昏:狂乱迷惑。札:疫病而死。瘥(cuó痤):疾病。 ⑳上下:指君臣、君民。固:团结。 ㉑不虞:指意料不到的天灾人祸。 ㉒此:指应顺天性行事。 ㉓共工:古史传说中的人物。一说炎帝之后,姓姜,与颛顼争为帝,怒而头触不周之山。一说尧时大臣,与驩兜、三苗、鲧并称为四凶,被尧流亡于幽州。这里指后说。 ㉔虞:安。湛乐:淫乐。 ㉕失:古"佚"字,淫佚。 ㉖福:佑、保佑。 ㉗用灭:因此而灭亡。用,介词,由于、因此。 ㉘有虞:即虞,传说中古代圣君舜。有,名词词头,无义。 ㉙崇伯鲧(gǔn滚):禹的父亲鲧。传说他用湮法治水九年,失败,被尧处死于羽山。崇,国名,鲧封于崇,称有崇氏。伯,爵名。 ㉚播:放肆。 ㉛称遂:举用,引申为蹈袭。过:错误。 ㉜殛(jí急):诛杀。羽山:相传在今山东郯城东北。 ㉝伯禹:大禹,鲧的儿子。相传他用疏导法治水十三年,洪水悉平。舜禅位于禹,建立夏王朝。非度:不符合于法则。 ㉝厘改:调整、修改。制量:制度。 ㉞象物天地:取法天地之物象。《易·系辞》:"在天成象,在地成形,变化见矣。" ㉟比类:比照。类,也指象。百则:指万物的性质、规律。 ㊱仪:准则、法度。 ㊲共:共工。从孙:

侄孙,即兄弟的孙子。四岳:官名,掌四岳的祭祀,也为四方诸侯之长。传说尧时他曾推举舜为继承人,舜时推举禹为继承人。 ㊳ 高高:指增高大山。下下:指筑堤贮水。 ㊴ 九山:泛指九州的山岳。以下五个九均指九州。而《史记·夏本纪》则指九山为汧、壶口、砥柱、大行、西倾、熊耳、嶓冢、内方、汶。 ㊵ 决汩(gǔ 古):开通、凿通。九川:据《史记·夏本纪》,指弱水、黑水、黄河、漾水、长江、沇水、淮水、渭水、洛水。 ㊶ 陂鄣:堤防。九泽:据《尚书·禹贡》,为雷夏、大野、彭蠡、震泽、云梦、荥波、菏泽、孟诸、猪野。 ㊷ 丰殖:丰茂养殖。九薮:九州的湖泊。据《吕氏春秋·有始》及《淮南子·地形》,为具区、云梦、阳华、大陆、圃田、孟诸、海隅、巨鹿、大昭。 ㊸ 汨越:扩展平整。九原:九州的土地。 ㊹ 宅居:建宅安居。九隩(ào 澳):九州可以居住的土地。隩,通"墺",土之可居者。 ㊺ 合通:沟通。四海:泛指全国各地。《尔雅·释地》:"九夷、八狄、七戎、六蛮,谓之四海。" ㊻ 伏阴:指盛夏时出现寒潮,产生霜雹,气候反常。 ㊼ 散阳:指严冬时出现地气暖和,桃李开花,气候反常。 ㊽ 灾燀 (chǎn 产):火花飞溅、燃起自然之火,形成灾祸。 ㊾ 闲行:指民神不相杂,奸神厉鬼不祸民。 ㊿ 逆数:违逆四时寒暑。 (51) 帅:遵循。 (52) 轨仪:轨道仪法。 (53) 克厌:能够符合。 (54) 祚:福禄。 (55) 姒(sì 四):董增龄《国语正义》:"禹母修己吞薏苡而生禹,因姓姒氏。""尧取薏苡之祥,故赐姒以为姓。" (56) 有夏:禹封于夏,故称有夏氏、夏后氏。 (57) 祉:福。殷:盛、盛大。 (58) 国:封国。 (59) 侯伯:诸侯之长。 (60) 姜:炎帝之姓。其后世衰落,变易其姓。四岳为炎帝之后,佐禹治水有功,尧复赐其祖姓,使继炎帝。 (61) 有吕:封四岳于吕,故城在今河南南阳西。 (62) 股肱(gōng 工)心膂(lǚ 吕):大腿、手臂、心腹、脊骨。四者为人体重要部位,借喻为得力大臣。 (63) 一王:指禹。四伯:指四岳。 (64) 繄(yī 衣):是。 (65) 亡王:指共工和伯鲧。 (66) 厘举:选择应用。 (67) 胤(yìn 印):后代、后嗣。 (68) 不替:不改变。 (69) 杞、鄫(zēng 增):国名,夏的后代。商汤灭桀,封夏之后。周武王复封夏后人杞国、鄫国,周灵王时尚存在。后杞国为楚所灭,鄫国为莒所灭。 (70) 申、吕:申国和吕国,均为四岳之后,姜姓。后申为楚所灭,吕在周时已失国。 ⑦齐、许:齐国和许国,姜姓诸侯国。 ⑫慆(tāo涛)淫之心:过度享乐思想。间:代、取代。 ⑬踣(bó勃)毙:颠仆衰毙。 ⑭主:指主持祭祀的人。 ⑮隶圉(yǔ羽):隶仆、马伕。 ⑯黄、炎:黄帝和炎帝。 ⑰殄(tiǎn舔):消灭、灭绝。 ⑱高朗:高贵、尊贵。令终:美好的成就。 ⑲显融:显赫久长。 ⑳令名:好名声。 ㉑启:开。 ㉒省:省察。典图刑法:典礼、图象、刑律、法则。 ㉓废兴:衰败和兴盛。 ㉔避:违背。 ㉕滑:乱。 ㉖明:指水道。 ㉗饰之:指遏制水流,修整王宫。 ㉘乱人:指狂悖怨乱之人。 ㉙佐饔(yōng雍)者:佐辅厨师的人。饔,官名,掌烹煎之官。 ㉚佐斗者:帮助殴斗的人。 ㉛祸不好:指不好财色不惹祸。好,指财、色。 ㉜《诗》:指《诗经·大雅·桑柔》,这是一首芮伯刺厉王的诗。所引四句见该诗第二章,刺厉王征战不息,为祸乱之本。 ㉝四牡:四匹雄马。骙骙(kuí kuī癸癸):形容马奔跑不停。 ㉞旟(yú愚):绘有鸟、鹰的旗。旐(zhào兆):绘有龟、蛇的旗。均泛指旗帜。 ㉟夷:平、平定。 ㊱泯:灭、消灭。 ㊲贪乱:厉王贪暴迫使人民动乱。 ㊳宁:安、怎肯。荼(tú途)毒:指恶行。荼,苦叶。毒,螫虫。以上两句引诗见《桑柔》第十一章,刺厉王无道,将是变乱之原因。 ㊴弥章:更加显著。章,通"彰"。 ㊵遏:止。 ㊶贪天祸:指违背自然规律而导致祸乱。 ㊷弭:弥合、止息。 ㊸若之何:如之何、怎么办。何,代词,表示疑问。 ㊹宁乱:安定纷乱。 ㊺文、武、成、康:周文王、周武王、周成王、周康王。成王、康王的统治被誉为成康之治。 ㊻基:始。靖民:安定人民。 ㊼十五王:指从后稷开始,经不窋、鞠、公刘、庆节、皇仆、差弗、毁隃、公非、高圉、亚圉、公祖、太王、王季,到文王为止,共十五王。 ㊽十八王:上述十五王再加武王、成王、康王。 ㊾厉始革典:从周厉王开始变更先王法度。 ㊿十四王:指从周厉王起,传宣、幽、平、桓、庄、僖、惠、襄、顷、匡、定、简、灵,共十四王。 ⓫基德:指修德奠基。 ⓬基祸:指制造祸乱的根子。济:停止。 ⓭少:才、才能。 ⓮逆:迎。天休:上天赐予的吉庆。 ⓯堪:承受、忍受。

⑯ 鉴:镜,引申为借鉴。黎、苗:指南方九黎、三苗部族,是传说中乱政的诸侯。 ⑰ 季:末世。 ⑱ 蔑弃:灭绝抛弃。五则:指象天、仪地、和民、顺时、供神五条法则。 ⑲ 夷:平。 ⑳ 彝器:指宗庙祭祀用的尊、彝等礼器。 ㉑ 令德:美德。 ㉒ 勋力:功力,指劳动成果。 ㉓ 或:有的。畎(quǎn犬)亩:田间的沟和田埂,即田间,借指农民。 ㉔ 社稷:社神与谷神,指代国家,这里指朝廷。 ㉕ 靖民:安定民众。 ㉖《诗》:指《诗经·大雅·荡》,这是一篇召穆公伤周室纲纪崩坏之诗。 ㉗ 殷鉴:殷纣王灭亡的教训。 ㉘ 世:时代。以上引《荡》的二句诗,意在说明国本动摇,殷商当以夏为鉴,周当以殷为鉴。 ㉙ 徼(yāo腰):同"邀",招致,招引。 ㉚ 宪言:指足以供人们效法和警惕的俗语,即格言。 ㉛ 仪:比照。 ㉜ 象:天象。 ㉝ 文:指《诗》、《书》等典籍。 ㉞ 天刑:上天的法则。 ㉟ 地德:大地的规律。 ㊱ 作:行动。 ㊲ 节:节度、法度。 ㊳ 道:道路,引申为规律。 ㊴ 景王:周景王,名贵,周灵王之子,太子晋之弟,公元前544年至前520年在位。 ㊵ 宠人:指王子朝与臣宾孟等。 ㊶ 王室大乱:因景王无嫡子,既立子猛,又许宾孟立王子朝,未立而王崩。单靖公、刘献公立子猛而攻子朝,王室大乱。 ㊷ 定王:周贞定王,名介,公元前468年至前441年在位。 ㊸ 卑:衰微。定王时周室大臣专政,诸侯无长,王权更加衰落。

【评析】

周灵王时,谷水与洛水泛滥争道,将毁坏王宫。灵王想阻遏水流,巩固王宫,遭到太子晋的反对。他洋洋洒洒、畅酣淋漓地发表了一篇议论,中心思想是应顺自然才能得到上天的福佑而长治久安;违背自然,将会受到上天的灾祸而失国绝嗣。

文章以君王应顺自然立论,主张"不堕山,不崇薮,不防川,不窦泽",让山自高,让水自流,让地生物,让物自长,任天性之自然发展。提出论点以后,分两个层次加以论证。

先列举历史上共工和伯鲧违背上天规律,逆自然而动,用湮塞法治水,结果遭到失败,身死国灭。大禹遵循上天的规律,顺自然而动,用疏导法治水,结果得到成功,赐姓受氏,享有天下。从正反两个事实中,有力地论证其论点的正确。

再从周朝创立宏业,在于自后稷以来应顺天性自然,经历十八代国君象天、仪地、和民、顺时、供神的努力,才受天之福,享民之惠,子孙绵延,令德永存。而周室衰微,则自厉王以来违背自然,因而遭受天祸,虽经十四王之统治而祸乱之源尚未消弭。以周灵王目睹的新鲜经验教训论证其论点之正确。

最后得出结论,如果"上非天刑,下非地德,中非民则,方非时动",逆自然而动,一定会遭受灾祸。从而告诫灵王接受历史的、现实的经验教训,改变堵水的做法,顺应自然的法则。论点明确,论据充实,引经据典,由远及近,一气呵成。确是一篇优秀的议论文。

在这篇文章中,有两点值得注意:

一是应顺自然,无为而治,不违背规律,才能取得成功。应顺自然,无为而治,是老子的思想,《老子》说:"为不为,则无不治。""是以圣人处无为之事,行不言之教,万事作焉而不辞,生而不有,为而不恃,功成而弗居。""人法地,地法天,天法道,道法自然。""道常无为而无不为。侯王若能守,万物将自化。"(《道德经》)教育人们应顺自然,上无为而民自化。庄子继承和发展了老子的观点,他说:"故君子不得已而临莅天下,莫若无为。无为也而后安其性命之情。"(《庄子·在宥》)说明治理天下,必须任其自然,按自然规律办事,不要人为地与自然规律对抗。儒家在应顺自然的观点上,与道家也有相通之处。《尚书·尧典》也说:"钦若昊天,历象日月星辰,敬授民时。"就是要求君主恭谨地遵循上天的意志行事,根据日月星辰的运行情况来制定历法,教导人民按四时节气从事劳动生产,才能国治民安。周文王"克堪用德,惟典神天"(《尚书·多方》),很好地秉承上天的意志办事,广布德教,才能接受天赐大命,开创王业。汉初民生凋敝,实行无为而治,经过七十余年而繁荣富庶。"汉兴七十余年之间,国家无事,非遇水旱之灾,民则人

给家足。都鄙廪庾皆满,而府库余货财。京师之钱累巨万,贯朽而不可校。"(《史记·平准书》)

二是宜疏导不宜堵塞。导与堵是两种不同的工作方法。夏禹用疏导法治水,取得成功;共工和鲧用湮塞法治水,归于失败。治水如此,治国、治民也是如此。周厉王暴虐,压制舆论,结果被流放于彘。帝尧执政,导之使言,广泛听取四岳及臣民意见,国治民安,成为圣君。即使在教育上也要善于诱导,不能压制。孔子循循善诱,"举一隅不以三隅反,则不复也"(《论语·述而》)。唐太宗也是一个善于启发诱导的人,自立太子以后,常"遇物则诲之"。见到他在吃饭,就说:"汝知稼穑之艰难,则常有斯饭矣。"见到他在骑马,就说:"汝知其劳逸,不竭其力,则常得乘之矣。"见到他在坐船,就说:"水所以载舟,亦所以覆舟。民犹水也,君犹舟也。"见到他在树下休息,就说:"木从绳则正,后从谏则圣。"开导启发太子重视农业,珍惜物力,爱护人民,善于纳谏。(见《资治通鉴》卷一百九十七)所以做任何事情都宜导不宜堵,这又是一条治国安民、取得事业成功的法则。

晋羊舌肸聘周论单靖公敬俭让咨

【解题】

本篇记叙晋大夫羊舌肸到周王室聘问,王室卿士单靖公在接待他时俭而敬,恭而有礼,不忘先王之功业。因而羊舌肸结合《昊天有成命》一诗的解析,盛赞单靖公具有居俭、动敬、德让、事咨四方面的美德,一定会再度振兴周室,自己子孙繁衍。

晋羊舌肸聘于周①,发币于大夫及单靖公②。靖公享之,俭而敬③;宾礼赠饯④,视其上而从之⑤;燕无私⑥,送不过郊⑦;语说《昊天有成命》⑧。

单之老送叔向⑨,叔向告之曰:"异哉!吾闻之曰:'一姓不再兴。'今周其兴乎!其有单子也。昔史佚有言曰⑩:'动莫若敬⑪,居莫若俭,德莫若让,事莫若咨⑫。'单子之贶我⑬,礼也,皆有焉。夫宫室不崇⑭,器无彤镂⑮,俭也;身耸除洁⑯,外内齐给⑰,敬也;宴好享赐,不逾其上,让也;宾之礼事,放上而动⑱,咨也。如是,而加之以无私,重之以不殽⑲,能避怨矣。居俭动敬,德让事咨,而能避怨,以为卿佐,其有不兴乎!

"且其语说《昊天有成命》,颂之盛德也⑳。其诗曰:'昊天有成命㉑,二后受之㉒,成王不敢康㉓。夙夜基命宥密㉔,於㉕,缉熙㉖!亶厥心㉗,肆其靖之㉘。'是道成王之德也。成王能明文昭㉙,能定武烈者也㉚。夫道成命者,而称昊天,翼其上也㉛。二后受之,让于德也㉜。成王不敢康,敬百姓也㉝。夙夜,恭也。基,始也。命,信也。宥,宽也。密,宁也。缉,明也。熙,广也。亶,厚也。肆,固也。靖,和也。其始也㉞,翼上德让,而敬百姓;其中也,恭俭信宽,帅归于宁㉟;其终也,广厚其心㊱,以固和之㊲。始于德让,中于信宽,终于固和,故曰成㊳。单子俭敬让咨,以应成德㊴。单若不兴,子孙必蕃,后世不忘。

"《诗》曰㊵:'其类维何㊶?室家之壸㊷。君子万年,永锡祚胤㊸。'类也者,不忝前哲之谓也㊹。壸也者,广裕民人之谓也㊺。万年也者,令闻不忘之谓也㊻。胤也者,子孙蕃育之谓也。单子朝夕不忘成王之德,可谓不忝前哲矣。膺保明德[47]，以佐王室，可谓广裕民人矣。若能类善物，以混厚民人者[48]，必有章誉蕃育之祚，则单子必当之矣。单若有阙[49]，必兹君之子孙实续之[50]，不出于他矣[51]。"

【今译】

　　晋国上大夫羊舌肸到周王室聘问，分送礼物给周王室诸大夫及单靖公。单靖公宴请他，筵席俭朴而执礼恭敬；接待羊舌肸的礼节、馈赠的礼物、饯别的郊宴，都按照比自己职位高的规格执行，不敢逾礼；宴席上不私下结交，送行时不出城郊；席间谈论的只是《昊天有成命》这首诗。

　　单靖公的家臣送叔向时，叔向告诉他说："奇怪啊！我听说过这样的话：'一姓的国家不会兴盛两次。'现在的周王室大概会再度兴盛吧？这是因为有单靖公这样的人啊！从前太史尹佚曾说过这样的话：'行动没有比恭敬更好的了，治家没有比俭朴更好的了，品德没有比谦让更好的了，处事没有比善问更好的了。'单靖公以礼接待我，这些都做到了。他的房屋不高大，器物不漆红镂金，这是俭朴；他心存戒惧，诚身修德，外在朝廷，内治家事，做到整肃齐备，这是恭敬；他宴请宾客、馈赠礼品的规格，不超过地位比自己高的人，这是谦让；他接待宾客的礼仪，都依照比自己地位高的人去执行，这是咨询。这样做了以后，再加上不与宾客私下结交，不附和众人送宾客出城郊，这样就能避免怨恨了。他治家节俭而举动恭敬，品德谦让而处事咨询，又能避免怨恨，用他来担任卿士，辅佐朝政，哪里有不兴盛的呢？

　　"而且，单靖公还在宴席上谈论《昊天有成命》这首乐歌，这是歌颂周先王盛德啊！这首诗歌中说：'昊天有既定的天命，周文王、周武王接受了天命，开创了周王朝的基业。成王不敢耽于安乐，早起晚睡，始顺天命，不敢懈息，行宽仁安静之政，以定天下。啊！前途无限光明！其德厚，其心固，安定了天下。'这首诗是歌颂周文王、周武王成就王业的德行，是歌颂成王能发扬文王光明的美德，继承武王平定天下的武功。所以说既定的天命而称昊天授与，这是尊敬上天啊！文王、武王接受天命,是对有德的人谦让啊!成王不敢耽乐,是对百官的敬重啊!早晚勤于王事,是忠于职守啊!基,是开始的意思。命,是诚信的意思。宥,是宽厚的意思。密,是安宁的意思。缉,是光明的意思。熙,是广大的意思。亶,是厚重的意思。肆,是巩固的意思。靖,是和协的意思。乐歌的开始,赞扬先王敬奉上天,谦让有德,尊重百官。乐歌的中阕,赞美先王谦恭、俭朴、诚信、宽厚的美德,遵循和发扬这些美德,使人民安居乐业。乐歌的结尾,赞美先王修身进德,美其教化,来巩固国泰民安的太平盛世。这首乐歌从谦让有德开始,中阕表现为诚信宽厚,结尾归结为安定和协,天下太平,所以称为成其天命。单靖公俭朴、恭敬、谦让、咨询,与先王的美德相当。单靖公如果不能振兴周室,他的子孙必定繁衍昌盛,后世不会忘记他们。

"《诗经》上说:'家族怎么样?从治家而推广到治国平天下。君子之德流芳万年,上天永远赐给他子孙福禄。'说到家族,就是不辱没前贤的意思。说到推广,就是德行广被民众的意思。说到万年,就是美名永远传扬的意思。说到后嗣,就是子孙繁衍昌盛的意思。单靖公朝夕不忘先王成就王业的美德,可以说是不辱没前贤了。坚定持守先王的美德,用来辅佐王室,可以说是德泽广被臣民了。像这样,能把好事加以推广,使臣民同归于敦厚朴实,必定会享有信誉卓著、子孙繁衍之福。单靖公一定能承受到这种福泽的。如果单靖公得不到,那他的子孙后代一定会得到,而不会是其他人。"

【注释】

① 羊舌肸(xī 昔):晋上大夫,姓羊舌,名肸,字叔向,羊舌职之子,封于杨(今山西洪洞),故亦称杨肸。 ② 单靖公:周王朝卿士,单襄公之孙,顷公之子。 ③ 俭而敬:筵宴不丰盛而执礼很恭敬。 ④ 饯(jiàn 贱):送别的宴请。 ⑤ 上:指位于单靖公之上的官员。 ⑥ 燕:通"宴",宴席。无私:指宴席送礼、加豆等不逾制越礼,即不私下结交。 ⑦ 郊:城外郊区。古代外城叫郭,郭以外为郊。 ⑧《昊天有成命》:《诗经·周颂·昊天有成命》篇,相传是成王时郊祀天地的

乐歌。昊,大,常用来指天。 ⑨ 老:室老,卿大夫的家臣之长。 ⑩ 史佚:周武王时太史,姓尹名佚。 ⑪ 莫若:没有比。 ⑫ 咨:咨询。 ⑬ 贶(kuàng 况):赏赐、赠赐。 ⑭ 崇:高。 ⑮ 彤(tóng 童):朱红色。镂(lòu 漏):雕刻。 ⑯ 夤:同"㞷",戒慎恐惧。除洁:修治使之纯洁。 ⑰ 外:指在朝廷。内:指治家事。齐给:整肃齐备。 ⑱ 放:通"仿",仿效、依照。 ⑲ 不殽:不杂。指众人送叔向过郊,单靖公不从众,遵礼,送不过郊。 ⑳ 颂之盛德:歌颂周文王、周武王受天命、创王业的盛德。 ㉑ 成命:定命,既定的命令。 ㉒ 二后:二位君主,指周文王、周武王。古代君、王也称后,以后专指皇后。 ㉓ 成王:有二说,一指周成王姬诵,一指成王业的人。康:安康、安乐。 ㉔ 夙(sù 肃)夜:早晚。基命:开始奉承天命。宥(yòu 又)密:宽仁宁静。 ㉕ 於:古"乌"字,叹词。 ㉖ 缉熙:光明。 ㉗ 亶(dǎn 胆):厚实、忠实。厥:其、他。 ㉘ 肆:固。靖:和。 ㉙ 明文昭:发扬文王光明的美德。 ㉚ 定武烈:继承武王平定天下的武功。 ㉛ 翼:敬、敬奉。 ㉜ 让于德也:对有德之人谦让,指文王聘吕尚,武王询箕子、访八虞等事。 ㉝ 百姓:百官。 ㉞ 其始:指《昊天有成命》乐曲的开始。下文"其中"、"其终",指乐曲的中阕、结尾。 ㉟ 帅:循、遵循。 ㊱ 广厚其心:指修身进德,提高品德修养。 ㊲ 固和:巩固和平的局面。 ㊳ 成:指成就王业。 ㊴ 应:当、承当。 ㊵《诗》:指《诗经·大雅·既醉》篇,这是一首歌颂西周太平盛世之诗。所引之诗为全诗中之第六章。 ㊶ 类:家族。 ㊷ 壸(kǔn 捆):《尔雅·释宫》:"宫中巷谓之壸。"指巷道之广,引申为推广。 ㊸ 锡:同"赐"。祚胤:福泽和后嗣。 ㊹ 忝:辱、辱没。 ㊺ 民人:指平民和贵族,即臣民。 ㊻ 令闻:好名声。 ㊼ 膺:胸。 ㊽ 混:同。 ㊾ 阙:同"缺",指得不到。 ㊿ 兹君:此君,指单靖公。 (51) 他:其他之人。

【评析】

晋大夫叔向到周王室聘问,王室卿士单靖公接待他,迎送宴享,言行举止,循礼而行。叔向赞扬他具有俭、敬、让、咨四方面的美德,必能再度振兴周王室,自己则子孙繁衍昌盛。单靖公的节俭,表现在宴享不丰盛,居室不高大,器服不华丽,身居高位,自奉俭朴。节俭,是中华民族的传统美德,"俭以养德"。古往今来,明君贤臣、志士仁人,都深明此理而身体力行,总结出"成由勤俭破由奢"的宝贵经验教训。汉文帝是一位节俭的君主,"即位二十三年,宫室苑囿,车骑服御,无所增益。有不便,辄弛以利民。尝欲作露台,召匠计之,直百金。上曰:'百金,中人十家之产也,吾奉先帝宫室,常恐羞之,何以台为!'"(《汉书·文帝本纪》)吴越国王钱镠,处在穷奢极欲不以为奇的五代十国时期,他自奉俭约,"衣服衾被皆用细布,非公宴,惟瓷樽漆器而已"(《吴越备史》),"公宴不贰羹胾,衣必三浣然后易"(《五代史记》)。西汉功臣萧何,受封食邑一万三千户,可以在长安广治田宅,但他只在终南山买了几间没有围墙的茅屋。有人问他为什么?他说:"后世贤,师吾俭;不贤,毋为势家所夺。"(《汉书·萧何传》)西汉大将霍去病,军功卓著,汉武帝要为他起造府第,他说:"匈奴不灭,无以为家也。"(《汉书·霍去病传》)他婉言辞谢,所说的话成为忧国忘家的名言。

　　单靖公的恭敬,表现在宴享时执礼恭敬,修身进德,在朝在家,遵礼而行,整肃齐备。恭敬,也是中华民族的传统美德。《左传·僖公十一年》说:"敬,礼之舆也。不敬,则礼不行;礼不行,则上下昏,何以长世?"敬,是礼的载体,只有从恭敬的态度中,才能体现礼的精神。孔子总是教育人们,"与人恭而有礼"。他说:"居处恭,执事敬,与人忠。虽之夷狄,不可弃也。"(《论语·子路》)为人处事必须掌握恭、敬、忠三个原则。恭是对平日自处而言,言行要恭敬而谨慎,保持严肃的态度;敬是对处事而言,对工作要尽心尽责,切勿马虎草率;忠是对上级、交友而言,对君主、对朋友、对下属都要忠实诚信。汉朝张良对黄石公态度恭敬虔诚,在圯上为之纳履,终于得到《太公兵法》,佐助刘邦平定天下。汉高祖欲废太子刘盈,立戚夫人之子赵王如意。后见太子恭敬地奉侍商山四皓,而四皓也愿意竭诚辅佐刘盈,故得不废。(事见《汉书·张良传》)

单靖公的谦让,表现在宴享赠礼依照地位比自己高的官员执行,不逾制越礼。谦让,也是中华民族的传统美德。《左传·文公二年》说:"卑让,德之基也。"说明谦让是道德的基础。又说:"让,礼之主也。"(《左传·襄公十三年》)说明谦让是礼的主干。纵观古今杰出人物,大多是谦让谨慎、严以律己的。春秋晋悼公时,荀罃、士鲂卒。悼公任士匄为中军帅,士匄辞让说:"伯游(荀偃)年长。我从前与荀罃相知,故为中军佐,并不是我才能高,还是让我做伯游的助手吧!"将中军帅让给荀偃,自己为中军佐。由于士匄谦让,所以晋悼公让韩起任上军帅时,韩起也谦让,推赵武担任。晋悼公就请栾黡担任上军帅,栾黡也谦让说:"我的能力不及韩起。韩起推荐赵武任上军帅,希望您答应他的请求吧!"这样,赵武为上军帅,韩起佐之。栾黡则为下军帅,魏绛佐之。由于晋的六卿互相谦让,晋国上下团结,再度称霸诸侯。(事见《左传·襄公十三年》)

单靖公的咨询、多问,表现在接待宾客时能向上级咨询,按上级的规定行事。多问是求取、扩大知识的一个途径。《荀子·儒教》说:"知而好问,然后能才。"清郑燮在《随猎诗草·花间堂诗草跋》中说:"读书好问,一问不得,不妨再三问,问一人不得,不妨问数十人,要使疑窦释然,精理迸露。"学问的取得,一半是学,一半是问。古代君主行事,要询之于四岳,询之于耆老,询之于群臣,询之于刍荛,多方咨询后,才得出结论。周文王向吕尚咨询创业之策,周武王向箕子咨询治国之道。孔子入太庙每事问,从问中扩大知识。唐太宗曾说过"兼听则明,偏信则暗"的话,也就是在多问、多听中明辨是非。明英宗时,杨溥执政。其子从湖北乡下进京探亲,杨溥问:"一路上遇到的知府、县令,你听说谁最贤明?"其子回答说:"江陵县令不好。"又问:"怎么不好?"子答:"他对我招待得太敷衍、草率了。"杨溥一查,知道县令名叫范理,便暗记心中,随即荐他为德安知府。后来范理为百姓办了不少好事。

此外,叔向在本文中结合《昊天有成命》一诗的诠释、评析来赞扬单靖公。从训诂学的角度看,既有语词的训释,又有句意的串讲,全诗段落层次的归纳为我们保存了一则古老的训诂资料。

单穆公谏景王铸大钱

【解题】

本篇记叙周景王要铸造大面值的重币来代替小面值的轻币,单穆公加以谏阻。单穆公从治事应利民的原则出发,引经据典,指出钱币应"母权子"、"子权母"配合流通,有利于平衡物价,方便人民。若废轻币而行重币,"绝民用以实王府"犹如堵塞河源而成为一潭死水,将会造成"离民而佐灾"的局面。这些话是有道理的。

景王二十一年①,将铸大钱②。单穆公曰③:"不可。古者,天灾降戾④,于是乎量资币⑤,权轻重⑥,以振救民⑦。民患轻⑧,则为作重币以行之⑨,于是乎有母权子而行⑩,民皆得焉。若不堪重⑪,则多作轻而行之,亦不废重,于是乎有子权母而行⑫,小大利之⑬。

"今王废轻而作重,民失其资⑭,能无匮乎⑮?若匮,王用将有所乏,乏则将厚取于民⑯。民不给,将有远志⑰,是离民也。且夫备有未至而设之,有至而后救之,是不相入也⑱。可先而不备,谓之怠⑲;可后而先之,谓之召灾。周固羸国也⑳,天未厌祸焉㉑,而又离民以佐灾,无乃不可乎?将民之与处而离之,将灾是备御而召之,则何以经国㉒?国无经㉓,何以出令?令之不从,上之患也,故圣人树德于民以除之㉔。

"《夏书》有之曰㉕：'关石㉖、和钧㉗，王府则有。'《诗》亦有之曰㉘：'瞻彼旱麓㉙，榛楛济济㉚。恺悌君子㉛，干禄恺悌㉜。'夫旱麓之榛楛殖，故君子得以易乐干禄焉。若夫山林匮竭，林麓散亡，薮泽肆既㉝，民力凋尽㉞，田畴荒芜，资用乏匮，君子将险哀之不暇㉟，而何易乐之有焉？

"且绝民用以实王府，犹塞川原而为潢汙也㊱，其竭也无日矣。若民离而财匮，灾至而备亡，王其若之何？吾周官之于灾备也，其所怠弃者多矣，而又夺之资，以益其灾，是去其藏而翳其人也㊲。王其图之！"

王弗听，卒铸大钱。

【今译】

周景王二十一年，将要铸造大钱。单穆公劝告说："不可以这样做。古时候，天灾降临，于是就度量物资和钱币，权衡它们的轻重，用来拯救民众。民众嫌钱轻物贵，就替他们铸造重币来流通使用，这样就出现重币配合轻币流通的现象，民众都得到了好处。反之，如果民众嫌钱重物轻，就多铸轻币来流通使用，但也不废止重币，这样就出现轻币配合重币流通的现象。小钱、大钱相辅而流通，都对民众有好处。

"现在君王废除小钱而铸造大钱，民众将失去大量财物，能不匮乏吗？如果民众财物匮乏，君王的财用将因此而匮乏。财用匮乏，就将向民众重重搜刮。民众无力供给，将会萌发逃亡念头，这是离散民众啊！况且从国家备物救灾的情况来看，有灾害未至而先期预防，有灾害已至而设法救助，这两者是不能相互代替的。可以事先预防而不做准备，这就叫作懈怠；可以事后救助而提前使用，这就叫作召灾。周王朝本来就是弱国，上天不断降灾，现在君王又要离散民众来助长灾祸，恐怕不能这样做吧！本应与民众和睦相处而要离散他们，本应预防的灾祸却要把它招来，那么怎么治理国家呢？治国无善政，凭什么来发布命令？臣民不服从命令，这是君主的忧患啊！所以圣王对百姓广施德惠,用来消除不服从命令的隐患。

"《夏书》有这样的话:'赋税均平,王室的府库才常常盈满。'《诗》也有这样的话:'看那旱山的山脚下,榛树、楛树长得繁荣茂盛。和乐平易的君子,求得和乐平易的福泽。'旱山山脚下的榛树、楛树长得茂密,所以君子能够用和乐平易的心情求得福泽。如果山上光秃无树木,山脚林木都被砍光,湖沼干涸,民力伤尽,田园荒芜,财用缺乏,君子担心危亡都来不及,哪里还有什么和乐平易呢?

"况且聚敛民众财物来充实王室府库,好比堵塞河流的源头而积成一潭死水,干涸指日可待了。如果民众离散而财用匮乏,灾害降临而没有防备,君王将怎么办呢?我们周室的官员对于备灾的法令,它所疏略、废弃的地方太多了,现在又要侵夺民众的财物来助长灾祸,这是掠取民众的积蓄而又摒弃他们啊!希望君王好好考虑吧!"

周景王不听劝告,结果还是铸了大钱。

【注释】

① 景王:周景王,名贵,灵王之子,公元前544年至前520年在位。二十一年:公元前524年。　② 铸:铸造。大钱:面值大的金属铸币。据云大钱重十二铢,文曰:"大泉五十。"　③ 单穆公:周王卿士,名旗,单靖公之曾孙。　④ 戾(lì利):至、到。　⑤ 量:度、估计。资币:物资和钱币。　⑥ 权:称、衡量。　⑦ 振:同"拯",拯救。　⑧ 患轻:指担心钱轻而物贵。钱轻,指钱的形制、质地都轻,即下文的子钱。　⑨ 重币:指钱的形制、质地都重,即下文的母钱。　⑩ 母:指重钱。子:指轻钱。权衡母钱和子钱的轻重,以母代子,重币代轻币配合流通使用。韦昭《国语注》:"以子贸物,物轻则子独行,物重则以母权而行之也。子母相通,民皆得其欲也。"　⑪ 不堪重:指币重物轻,币、物价值不平衡,物不任币,妨碍流通。堪,任。　⑫ 子权母:指重币不足,则以轻币平而行之,使与货物价值平衡。　⑬ 小大:指小钱、大钱,各有其用途。　⑭ 资:物资。　⑮ 匮:乏、缺乏。　⑯ 厚取:厚敛、从重搜刮。　⑰ 远志:逃亡。　⑱ 不相入:指不能相互代替。

⑲ 怠:缓、懈。　⑳ 羸(léi雷)国:弱国。　㉑ 未厌祸:指不断降灾。厌,满、满足。　㉒ 经国:治国。　㉓ 经:指善政。　㉔ 树德:立德。除:消除。　㉕《夏书》:逸书。韦昭三国时人,未见古文《尚书》,故称逸书。所引两句见《尚书·五子之歌》。　㉖ 关:一说衡,一说门关之征。石:古时计量单位,三十斤为钧,四钧为石。关石:引申为赋税。㉗ 和钧:平均。钧,通"均"。　㉘《诗》:指《诗经·大雅·旱麓》,这是一首文王祭祖受福之诗。所引两句为该诗第一章,说明文王求福。㉙ 旱:山名,在今陕西南部。麓:山脚。　㉚ 榛(zhēn真):落叶乔木,似栗而小。楛(hù户):丛生小乔木,形似荆条,茎赤。济济:茂密的样子。　㉛ 恺悌(kǎi tì 凯替):和乐平易。　㉜ 干禄:求福。　㉝ 肆既:极尽。　㉞ 凋:伤。　㉟ 险:危,危亡。　㊱ 潢汙(huáng wū 黄巫):停滞汇积而不流动的水,大的叫潢,小的叫汙。汙,同"污"。　㊲ 翳(yì义):遮蔽,引申为摒弃、消灭。

【评析】

周景王二十一年(前524),嫌小钱面值轻,将更铸面值重的大钱来代替它。单穆公以铸钱应有利于民众的原则立说,发表议论,加以反对。这篇议论对于认识钱币的性质、作用、流通原则等有一定意义,《汉书·食货志》有所增删地加以著录,《文献通考·钱币考》则全文备载。

单穆公在本文中,阐述了以下三个问题:

第一,论述发行钱币的目的及其流通原则。我国钱币的发行源远流长。马端临《文献通考·钱币考》载:"自太皞以来,则有钱矣。太皞氏、高阳氏谓之金,有熊氏、高辛氏谓之货,陶唐氏谓之泉,商人、齐人谓之布,齐人、莒人谓之刀。""虞、夏、商之币,金为三品:或黄、或白、或赤;或钱,或布,或刀,或龟贝。""周制以商通货,以贾易物。"太公又立"九府圜法"。圜的意思是"均而通";九府,即太府、玉府、内府、外府、泉府、天府、职内、职币、职金,都是掌钱币之官,而专掌钱币的只有外府、玉府两官。当时的钱币有两种,一种是黄金,方寸而重一斤;一种是钱,外圆而内方孔,以铢计重量。周景王时患钱轻,更铸大钱,直径一寸二分,重十二铢,"大泉五十","肉好,皆有周郭"。单穆公所反对的就是铸这种大钱来代替小钱流通。他认为发行钱币的目的在于"救民",即在于帮助民众通货物,易有无,便利人民。因此其流通原则应是"母权子"、"子权母"相配合而运行。如果钱轻、物贵,则发行重币,平抑物价,以"母权子"而行;如钱重、物贱,则多发行轻币,但也不废重币,提高物价,以"子权母"而行。如货物值八十钱,则以母钱当五十,其余三十由子钱结算。大钱、小钱,相辅相成,不能偏废,始能很好地发挥流通、调节作用,对人民有利。

第二,论述钱币的性质,揭露周景王铸大钱厚敛民众的目的。钱币是价值的尺度,交易的媒介,故有"商品的商品"之称。恩格斯在《家庭、私有制和国家的起源》中指出:"商品的商品被发现了。这种商品以隐蔽的方式包含着其他一切商品,它是可以任意变为任何随心所欲的东西的魔法手段。"周景王铸大钱的目的,正是在有意无意地运用钱币这个魔法手段,在不知不觉中"绝民用以实王府",将民众辛勤劳动的积蓄,通过钱币的变换,转入到国库中去,成为王室的私有财产。

第三,论财富的使用原则。我国古代主张藏富于民,处理好德与财的关系。鲁哀公因为年成不好,国用不足,想厚敛于民。有若告诫他说:"百姓足,君孰与不足?百姓不足,君孰与足?"(《论语·颜渊》)宋朱熹说:"民富则君不至独贫,民贫则君不至独富。有若深言君民一体之意,以止公之厚敛,为人上者所宜深念也。"(《论语集注》卷六)单穆公也是遵循这一使用财富原则的。他举《诗经·旱麓》为例,认为山上树木茂盛,君子才能和乐平易地得到财用;山上光秃秃,君子哪能和乐平易得起来。重敛人民,国库虽暂时能充盈,但却是"塞川原而为潢汙",枯竭指日可待。不仅如此,若施厚敛的劫夺之政,没有处理好德与财的关系,没有处理好民穷与君富的关系,把民众财物聚集在自己的府库内,则民众势必散而至于四方,"离民以佐灾",导致国家动荡,社会不安。"树德于民以除之",单穆公的议论,是值得深思的。

单穆公谏景王铸大钟

【解题】

本篇记叙公元前522年,周景王欲制大钟。单穆公从节用以宽民力着眼,通过音乐与政治关系的分析,劝谏景王修德、爱民,勿铸大钟。景王不听,又询之于乐官州鸠,州鸠从乐器制作及应遵从古制着眼,通过音乐与教化关系的分析,劝谏景王勤政、和民,勿铸大钟。景王不听而铸大钟,但钟音不和谐。

二十三年①,王将铸无射②,而为之大林③。单穆公曰:"不可。作重币以绝民资,又铸大钟以鲜其继④。若积聚既丧,又鲜其继,生何以殖⑤?且夫钟不过以动声,若无射有林⑥,耳弗及也。夫钟声以为耳也,耳所不及,非钟声也。犹目所不见,不可以为目也。夫目之察度也,不过步武尺寸之间⑦;其察色也,不过墨丈寻常之间⑧。耳之察和也⑨,在清浊之间⑩;其察清浊也,不过一人之所胜⑪。是故先王之制钟也,大不出钧⑫,重不过石⑬。律度衡量于是乎生⑭,小大器用于是乎出⑮,故圣人慎之。今王作钟也,听之弗及,比之不度⑯,钟声不可以知和,制度不可以出节⑰,无益于乐,而鲜民财,将焉用之!

"夫乐不过以听耳,而美不过以观目。若听乐而震⑱,观美而眩⑲,患莫甚焉。夫耳目,心之枢机也⑳,故必听和而视正。听和则聪,视正则明。聪则言听,明则德昭。听言昭德,则能思虑纯固。以言德于民,民歆而德之㉑,则归心焉㉒。上得民心,以殖义方㉓,是以作无不济,求无不获,然则能乐。夫耳内和声㉔,而口出美言,以为宪令㉕,而布诸民,正之以度量,民以心力,从之不倦。成事不贰㉖,乐之至也㉗。口内味而耳内声,声味生气㉘。气在口为言,在目为明。言以信名㉙,明以时动。名以成政,动以殖生。政成生殖,乐之至也。若视听不和,而有震眩,则味入不精。不精则气佚㉚,气佚则不和。于是乎有狂悖之言㉛,有眩惑之明,有转易之名㉜,有过慝之度㉝。出令不信,刑政放纷㉞,动不顺时,民无据依,不知所力,各有离心。上失其民,作则不济,求则不获,其何以能乐?三年之中,而有离民之器二焉㉟,国其危哉!"

王弗听,问之伶州鸠㊱。对曰:"臣之守官弗及也㊲。臣闻之,琴瑟尚宫㊳,钟尚羽㊴,石尚角㊵,匏竹利制㊶,大不逾宫,细不过羽。夫宫,音之主也㊷。第以及羽㊸。圣人保乐而爱财㊹,财以备器,乐以殖财㊺。故乐器重者从细,轻者从大。是以金尚羽㊻,石尚角㊼,瓦丝尚宫㊽,匏竹尚议㊾,革木一声㊿。

"夫政象乐,乐从和㉛,和从平㉜。声以和乐㉝,律以平声㉞。金石以动之,丝竹以行之,诗以道之,歌以咏之,匏以宣之,瓦以赞之,革木以节之㉟。物得其常曰乐极㊱,极之所集曰声㊲,声应相保曰和,细大不逾曰平。如是,而铸之金,磨之石,系之丝木,越之匏竹,节之鼓而行之,以遂八风㊳。于是乎气无滞阴㊴,亦无散阳㊵,阴阳序次,风雨时至,嘉生繁祉㉛,人民和利,物备而乐成,上下不罢㉜,故曰乐正。今细过其主妨于正㉝,用物过度妨于财,正害财匮妨于乐。细抑大陵㉞,不容于耳,非和也。听声越远㉟,非平也。妨正匮财,声不和平,非宗官之所司也㊱。

"夫有和平之声,则有蕃殖之财。于是乎道之以中德㊲,咏之以中音㊳,德音不愆㊴,以合神人㊵,神是以宁,民是以听。若夫匮财用,罢民力,以逞淫心㊶,听之不和,比之不度,无益于教㊷,而离民怒神,非臣之所闻也。"

王不听,卒铸大钟。二十四年,钟成,伶人告和。王谓伶州鸠曰:"钟果和矣。"对曰:"未可知也。"王曰:"何故?"对曰:"上作器,民备乐之,则为和。今财亡民罢,莫不怨恨,臣不知其和也。且民所曹好㊸,鲜其不济也。其所曹恶,鲜其不废也。故谚曰:'众心成城㊹,众口铄金㊺。'三年之中,而害金再兴焉㊻,惧一之废也㊼。"王曰:"尔老耄矣㊽!何知?"二十五年,王崩,钟不和。

【今译】

　　周景王二十三年,准备制造无射钟,就先替它铸造一座大林钟和音。单穆公劝谏说:"不可以这样做。先前铸造大钱已经掠夺了民众的资财,现在又要铸造大钟,用物过度,势必增加民众负担。他们平时积蓄的资财已经丧失,又要增加他们的负担,他们怎么获得生活资料呢?而且钟不过是用来奏乐的,如果无射钟有大林钟覆盖,耳朵就听不到无射钟的声音了。钟声是为了给耳朵听的,耳朵听不到,就失去钟声的意义了。就像眼睛看不见东西,不可以称为眼睛一样。眼睛所能观察到的范围,不过几尺之间;它所能察看到的颜色,不过是一丈多的距离。耳朵辨别声音是否和谐,仅在于辨明清音、浊音而已;能分辨出清音、浊音的钟,也不过是一个人所能举得起的重量。所以先王制造乐钟,钟音律度之大者不得超过钧所发之音,钟之重不得超过百二十斤。音律、长度、容量、重量都是根据这个标准产生的。小到锱铢分寸,大到斗斛丈尺,都是根据钟律制作出来的。所以圣人对于铸钟是很审慎的。现在君王铸造的钟,耳朵听不出声音的清浊,比例不合于大不出钧、重不过石的法度,从钟声里听不出是否和谐,从制度上不可作为律度衡量的标准,既对音乐无益,又耗费民众财力,造它有什么用处呢?

"音乐不过让耳朵听,美色不过让眼睛看。如果音乐听起来震耳欲聋,美色看起来眼目昏眩,危害没有比这更大的了。因为耳朵和眼睛是心灵的发动机,所以一定要听和谐的音乐和看纯正的东西。听和谐的音乐才能耳聪,看纯正的东西才能目明。耳聪,言语就会动听;目明,德行就会彰明。听善言,昭明德,就能思想纯正,虑事正确。对人民用语言施行德教,民众欣喜悦服而感恩戴德,就归附于君王。君王得民心,树立了正道,所以能行动无不成功,要求无不达到,这样才能制作音乐。耳朵接纳和谐的声音,嘴巴说出美好的语言,以此作为法令,向民众颁布,再用度、量来规范它,民众就会竭尽心力,跟从君王而不倦息。事业成就而民无二心,这是以乐和民的最高境界啊!嘴巴接纳五味而耳朵接纳五声,五味五声产生精气,形成意志。精气在口发为语言,在眼化为光明。言语用来审定号令,眼明得以按时劳动。号令用来完成政事,劳动用来增殖财富,这是以乐成政的最高境界啊!如果视听不和谐,而产生震耳眩目,那么五味入口也不会产生精气。没有精气,气血就散佚,气血散佚,身体就不和谐。于是就会说出狂乱悖理的语言,产生昏眩迷惑的视觉,发出朝令夕改的政令,颁布谬误邪恶的法度。发出的命令失去信用,刑法政事放任混乱,劳动不顺时序,民众失去依据,不知应该怎么效力,大家都产生逃亡思想。君王失去了民众,做事就不能成功,要求就不能达到,那怎么能谈得到制乐呢?三年之中铸造了两件促使人民离散的器物,国家就危险了!"

周景王不听劝谏,又去问乐官州鸠。州鸠回答说:"我守的职责不涉及铸钟的事。我听说,琴瑟宜定宫调为上,钟宜定羽调为上,石磬宜定角调为上,笙箫以声音调和为度。乐音宽大的不逾越宫调,乐音柔细的不超过羽调。宫,是五声中的主音,依次是商、角、徵,最后到羽。圣人安于音乐而珍惜财富,用财富来置办乐器,用音乐来增殖财富。所以金、石等质重的乐器的声音以细柔为上,瓦、丝等质轻的乐器的声音以宽大为上。因此,钟镈以应羽声为上,石磬以应角声为上,瓦器、丝弦以应宫声为上,笙箫以声音调和为宜,革鼓枹敔声音单一,没有清浊之分。

"行政就像奏乐,奏乐要求和谐,和谐导致政平。五声用来和谐乐曲,十二律用来均平五声。钟、磬等乐器用来启动乐曲,琴瑟箫管等乐器用来演奏乐曲,诗用来表达志向,歌用来咏唱抒怀,笙竽等乐器用来阐扬乐曲,瓦埙等乐器用来辅助演奏,鼓枹等乐器用来节拍乐曲。各种乐器都能发挥它的性能联合演奏叫作音乐和谐适中,和谐适中的声音汇集在一起叫作正声,乐声与乐律相安叫作和,细音与大音不相逾越叫作平。这样,冶铸金属铸成钟,磨制石块制成磬,组合丝木制成琴瑟,钻孔在匏竹上制成笙箫,切割长短大小的皮革制成鼓,这些乐器一起演奏起来,用以应顺八方之风。这样,夏天没有积滞的寒气,冬天没有返潮的暖气,阴阳运行有次序,风雨按四季时令下降,嘉谷生长,人口繁衍,民众和睦顺利,物资具备而乐音和谐,君臣上下都不疲劳,所以叫作音乐的正声。现在铸造的大钟尖细的乐音超过了主音,妨害了正声。耗费过多的金属而妨害财用,正声被损害,财用既匮乏,又妨害了乐音的和谐。无射尖细的乐音被大林宽宏的乐音所压制淹没,耳朵不能接受,不是和谐的音乐;听起来声音细微而迂远,不是和平的音乐。妨害正声,浪费物资,乐音又不和谐均平,这不是乐官宗伯所管的事。

"有和谐均平的乐声,就有繁衍增殖的财富。这样,说的是中庸之德,唱的是中和之音,道德与音乐不违失,用祭祀宴享来沟通神人,神灵因此而安宁,民众因此而听从。如果浪费财富,疲劳民力,用来满足自己淫欲之心,听声音不和谐,比照乐律不合法度,不仅无益于教化,而且离散民众,触怒神灵,不是我所听说过的。"

景王不听,终于铸造大钟。景王二十四年,大钟铸成。乐人报告景王说乐音和谐。景王对乐官州鸠说:"钟声果然和谐了。"州鸠回答说:"还不可知道呢。"景王说:"什么缘故呢?"州鸠回答说:"君王制作乐器,民众都非常安乐,就可以叫作乐以和政。现在浪费财物,疲劳民力,为了铸钟民众没有一个不怨恨,我不知道钟声是和谐的。况且民众群起爱好的事,很少办不成功的;民众群起厌恶的事,很少有不被废弃的。所以俗谚说:'众志成城,众口铄金。'现在三年里面耗费钱财的事做了两件,我恐怕一起会被废弃的。"景王说:"你老糊涂了,懂得什么?"二十五年,景王死,钟声果然不和谐。

【注释】

① 二十三年:周景王二十三年,公元前522年。 ② 无射(yì亦):钟名。古代十二音律之一,十二音律由低到高名称为黄钟、大吕、太蔟、夹钟、姑洗、仲吕、蕤宾、林钟、夷则、南吕、无射、应钟。单数阳六为律,双数阴六为吕。无射又属六律之一。钟为古代庙堂祭祀宴享时所演奏的一种重要乐器,钟声必须合律和谐。 ③ 大林:指林钟,属六吕之一。 ④ 鲜其继:指用物过度,财政发生困难。鲜,少。 ⑤ 殖:增殖、增加。 ⑥ 无射有林:无射为阳律细声,林钟为阴吕大声,指细声被大声陵压。 ⑦ 步武:长度名称。古代以六尺为步,半步为武。指距离近。 ⑧ 丈墨寻常:古代量度名称。五尺为墨,十尺为丈;八尺为寻,十六尺为常。指距离不远。 ⑨ 和:指乐音和谐。 ⑩ 清浊之间:指清音、浊音适度则乐音和谐。 ⑪ 胜:举。 ⑫ 钧:通"均",调节乐音之法。《文选·思玄赋》张衡注:"均,所以均声也。"陈奇猷《吕氏春秋校释》:"钟为度量钟音律度大小之器,以七尺之木,系之以弦,击弦所发之音,以定钟音之律度。比之今日之乐器,钧即今之标音,所以定乐器律度之高低者。" ⑬ 石:古代一百二十斤为一石。指钟的重量不超过一石。 ⑭ 律度衡量:音律、长度、容量、重量。这些都根据黄钟来定。 ⑮ 小:指锱、铢、分、寸。大:指斤、两、丈、尺。这是度量标准和器具,也都是根据钟律制定出来的。 ⑯ 不度:指不合"大不出钧,重不过石"的法度。 ⑰ 节:标准。 ⑱ 震:指震耳欲聋。 ⑲ 眩:指眼昏目眩。 ⑳ 枢机:户枢门阃。枢主开,机主闭。

比喻为发动机。　㉑ 歆(xīn 欣)：欣喜。　㉒ 归心：诚心归附。　㉓ 殖：树立。义方：正道。　㉔ 内：同"纳"。　㉕ 宪令：法令。　㉖ 不贰：指没有二心。　㉗ 至：极、最。　㉘ 气：精气，形成为志气。《大戴礼记·四代》说："子曰：'食为味，味为气，气为志。'"　㉙ 信：通"申"，审定。名：号令。　㉚ 气佚：精气散失。　㉛ 狂悖：狂乱悖理。　㉜ 转易之名：指政令朝令夕改、变易无常。　㉝ 慝(tè 特)：邪恶。　㉞ 放纷：放任混乱。　㉟ 二：指铸大钱、铸大钟两件事。　㊱ 伶(líng 零)：乐官。州鸠：乐官的名字。　㊲ 守官：指所任之职守。　㊳ 宫：宫调，古代音律中五音之一。五音与现代乐音的对应关系为：宫(1)、商(2)、角(3)、徵(5)、羽(6)。后来又增加了变徵(4)、变宫(7)，合称七音或七律。琴瑟尚宫：韦昭《国语注》云："凡乐轻者从大，重者从细，故琴瑟尚宫也。"　㊴ 钟尚羽：钟声大，故以定羽调为上。羽，五音之一。　㊵ 石尚角：石磬声清浊之中，故以定羽调为上。角，五音之一。　㊶ 匏(páo 袍)竹：指笙竽和箫管等管乐器。利制：以乐音调和度。　㊷ 音之主：宫声大，为音阶的第一级音，故称宫为五声之主。　㊸ 第：次序。　㊹ 保：安。　㊺ 乐以殖财：韦昭《国语注》云："古者以乐省土风，而纪农事，故曰'乐以殖财'。"　㊻ 金：指钟镈。　㊼ 石：指石磬。　㊽ 瓦：指埙、缶，也作"土"。丝：指琴瑟。　㊾ 匏：指笙竽。竹：指管箫。　㊿ 革：指鼓。木：指柷，木制的打击乐器。一声：只有一种声音，没有清浊之别。以上八类乐器，又称八音。　㉛ 和：和谐，指八类乐器演奏和谐。　㉜ 平：指政治和平。　㉝ 声以和乐：依五声制成的八类乐器用来和谐乐曲。声，指宫、商、角、徵、羽五声。　㉞ 律以平声：用音律来确定五声的音高。韦昭《国语注》引贾逵说："律，黄钟为宫，林钟为徵，太蔟为商，南吕为羽，姑洗为角，所以平五声也。"　㉟ 节：打节拍。古代演奏用鼓、柷打节拍和止乐。　㊱ 极：中。　㊲ 集：会、会合。声：指正声。　㊳ 八风：八方之风。《说文》："东方曰明庶风，东南曰清明风，南方曰景风，西南曰凉风，西方曰阊阖风，西北曰不周风，北方曰广莫风，东北曰融风。"古人认为八音分别与八方之风相应和。　㊴ 滞阴：阴气滞积，夏天出现寒潮。　㊵ 散阳：阳气散佚，冬天出现暖流。滞阴、散阳,均指气候反常。 ⑥1 嘉生:生长繁茂的谷物。古代以嘉禾为瑞征。 ⑥2 罢(pí皮):通"疲",疲劳、疲乏。 ⑥3 细:指无射钟的乐音,其为阳律细声。主:正,指无射律的标准音高。 ⑥4 细抑大陵:无射钟尖细的乐音,被大林钟宽宏的乐音所压抑淹没。 ⑥5 越远:细微迁远。 ⑥6 宗官:宗伯,六卿之一,掌礼仪。乐官属他掌管。 ⑥7 中德:指中庸之德。 ⑥8 中音:指中和之音。 ⑥9 不愆(qiān迁):没有差错、违失。 ⑦0 神人:神灵和人民。 ⑦1 逞:快意。 ⑦2 教:教化。 ⑦3 曹:群、众人。 ⑦4 众心成城:也作众志成城,指万众一心,像坚固的城堡一样不可摧毁。 ⑦5 众口铄(shuò朔)金:众口毁谤,足以熔化金属。铄,销毁、熔化。 ⑦6 再兴:指两度干耗费金钱之事。 ⑦7 一:指一起、一股脑儿,一说指铸钱、铸钟二者之中必废其一。 ⑦8 老耄(mào帽):老糊涂。耄,古代八十岁称耄。

【评析】

公元前522年,周景王继铸大钱以后,又欲铸大钟。单穆公表示反对,景王便去问乐官州鸠,寻求支持,但州鸠也表示反对。他们反对的理由,由于身份不同,职司不同,所以着眼点和论述的侧重面也就不同。但其"乐以和民"、"乐以成政"的结论则是一致的。

单穆公是王室卿士,地位高,职司重,他以政治家特有的敏锐洞察力首先高屋建瓴地指出:制礼作乐,应符合制度,"故圣人慎之"。不合制度,既无益于乐,又浪费民财,有什么意思呢?

然后从作乐的目的、音乐与政治的关系加以论述。"所以作乐者,谐八音,荡涤人之邪意,全其正性,移风易俗也。"(《汉书·律历志》)认为"乐以和民",通过音乐对人民情性的陶冶,治内而为同,不断提高道德涵养,使君臣上下和睦团结。君主对人民加强道德教化,人民欢欣鼓舞而对君主感恩戴德,尽心竭力地拥护君主。这样使君主作无不济,求无不获,成事不贰,政成生殖,达到作乐以成政的最高境界。反之,如果乐不和民,脱离政治,满足个人淫乐的欲望,则刑政废弛,民有离心。作则不济,求则不获,达不到作乐的政治目的。

州鸠是乐官,掌管制造乐器和演奏乐曲等具体事务,地位较低,所以只能从自己实际职司出发,加以论述。首先叙述琴瑟等各种乐器的制作,以及与宫、商、角、徵、羽五声如何定音。从而指出"乐以殖财",说明音乐能增殖财富。

然后从各种乐器的和谐演奏中,指出施政就像奏乐,必须君臣上下和谐,神灵与人民和谐。有和平之声,则有繁殖之财。说的是中庸之德,唱的是中和之音,"物备而乐成"使"政成于乐"。否则,"匮财用,罢民力,以逞淫心",作乐无益于教化,"乐不成政"。

单穆公和州鸠都主张作乐在于"以乐和民"、"以乐成政",而不是其他。他们的话是有参考价值的。那么,他们反对周景王铸钟,是否还寓有深层次的意义呢?他们都没有说,也不敢明说,这就是景王不配作乐。在我国制礼作乐是头等大事。"象天地而制礼乐,所以通神明、立人伦、正情性、节万事者也。"(《汉书·礼乐志》)"非天子,不议礼,不制度,不考文。"(《中庸》)并指出制礼作乐要具备两个条件:"虽有其位,苟无其德,不敢作礼乐焉;虽有其德,苟无其位,亦不敢作礼乐焉。"(《中庸》)就是说,虽有天子的职位,假使没有圣人的德性,是不敢去制礼作乐的;虽有圣人的德性,假使没有天子的职位,也是不敢去制礼作乐的。周景王虽有天子之位,而无圣人之德,妄想作乐,是愚而好自用。

景王问钟律于伶州鸠

【解题】

本篇记叙周景王向乐官州鸠询问律和七律。州鸠首先阐述了十二律的成因,然后分阳六律、阴六吕,以黄钟为主,分别说明它们的名称、功能和相互作用。接着阐述以岁星运行的方位与律度相对应产生七律,并运用七律以定宫、商、角、变徵、徵、羽、变宫七声,制定乐曲,以乐成政。反映了我国古代对音律的重视,以及它与天时、地理、政治、经济、军事的关系。

王将铸无射,问律于伶州鸠①。对曰:"律所以立均出度也②。古之神瞽考中声而量之以制③,度律均钟④,百官轨仪⑤,纪之以三⑥,平之以六⑦,成于十二⑧,天之道也⑨。夫六,中之色也⑩,故名之曰黄钟⑪,所以宣养六气⑫、九德也⑬。由是第之:二曰太蔟⑭,所以金奏赞阳出滞也⑮。三曰姑洗⑯,所以修洁百物,考神纳宾也⑰。四曰蕤宾⑱,所以安靖神人,献酬交酢也⑲。五曰夷则⑳,所以咏歌九则㉑,平民无贰也㉒。六曰无射㉓,所以宣布哲人之令德㉔,示民轨仪也。为之六间㉕,以扬沉伏㉖,而黜散越也㉗。元间大吕㉘,助宣物也。二间夹钟㉙,出四隙之细也㉚。三间仲吕㉛,宣中气也。四间林钟㉜,和展百事,俾莫不任肃纯恪也㉝。五间南吕㉞,赞阳秀也㉟。六间应钟㊱,均利器用㊲,俾应复也㊳。

"律吕不易,无奸物也㊴。细钧有钟无镈㊵,昭其大也。大钧有镈无钟㊶,甚大无镈,鸣其细也。大昭小鸣,和之道也。和平则久,久固则纯㊷,纯明则终㊸,终复则乐㊹,所以成政也㊺,故先王贵之。"

王问:"七律者何㊻?"对曰:"昔武王伐殷,岁在鹑火㊼,月在天驷㊽,日在析木之津㊾,辰在斗柄㊿,星在天鼋㊀。星与日辰之位,皆在北维㊼。颛顼之所建也㊽,帝喾受之㊾。我姬氏出自天鼋㊿,及析木者,有建星及牵牛焉㉛,则我皇妣大姜之侄伯陵之后㉜,逢公之所凭神也㉝。岁之所在,则我有周之分野也。月之所在,辰马农祥也㉞。我太祖后稷之所经纬也㉟。王欲合是五位三所而用之㊱。自鹑及驷七列也㊲。南北之揆七同也㊳,凡人神以数合之㊴,以声昭之。数合声和,然后可同也。故以七同其数,而以律和其声,于是乎有七律。

"王以二月癸亥夜陈㊵,未毕而雨。以夷则之上宫毕㊶,当辰㊷。辰在戌上㊸,故长夷则之上宫,名之曰羽㊹,所以藩屏民则也。王以黄钟之下宫,布戎于牧之野㊺,故谓之厉㊻,所以厉六师也㊼。以太蔟之下宫,布令于商㊽,昭显文德㊾,底纣之多罪㊿,故谓之宣㉛,所以宣三王之德也㉜。反及嬴内㉝,以无射之上宫,布宪施舍于百姓㉞,故谓之嬴乱㉟,所以优柔容民也㊱。"

【今译】

周景王准备铸造无射大钟,向乐官州鸠询问音律。州鸠回答说:"六律六吕是用来确立音调和测度音量大小、清浊的。古代的乐正神瞽考合中和之声,并用之为标准制造乐器,根据律管的长度来平和钟的乐音,并用以定出百事的法则,以天、地、人三者为纲,纪声合乐,以六律定出标准音来调和乐音,阴阳相配形成十二音律,这是符合自然的规律。六,是天地之中,其色黄,所以称与它相对应的律为黄钟,主宫声,用来宣养六气和九功之德。从黄钟开始依次排列,第二律叫太蔟,用来演奏乐钟,辅助阳气升腾,散发积滞。第三律叫姑洗,用来修治洁净万物,在宗庙迎候神明,在享宴接纳宾客。第四律叫蕤宾,用来安靖神人,宴饮宾客礼让交好。第五律叫夷则,用来歌咏九功之德,安定人心,使无二志。第六律叫无射,用来宣扬遍布前贤的美德,为民众树立榜样。阳律之间定出六吕,用来扬弃沉伏积滞之气而排斥散乱之风。第一间叫大吕,帮助阳气而助长万物。第二间叫夹钟,排出存在于四季之中的细微之气。第三间叫仲吕,宣泄阳气助物生长。第四间叫林钟,时务和审,百事无伪,使各任其职,敬成大功。第五间叫南吕,赞助阳气,生成万物。第六间叫应钟,百器具备,时务均利,使符合礼制,为明年再生产做好准备。

"六律、六吕不改变它的常规正声,就不会有邪恶灾祸发生。调节细声用大钟而不用镈,表明以大应细。调节大声用镈而不用大钟,器乐齐奏时连镈也不用,使丝竹革木一类的演奏声得以显示出来。大声明亮,细声清越,这是乐音和谐的法则。乐音和谐可以持久,持久安稳才能纯正,纯正清明的乐音演奏到曲终,再次从头演奏原曲,就能成乐,懂得这个为政像奏乐的道理,就能以乐成政,所以先王非常重视音律。"

景王又问:"七律是什么?"州鸠回答说:"从前,武王讨伐殷纣时,岁星处在鹑火的位置上,月亮在房星的位置上,太阳在析木星次靠近天河之处,三天后日月在斗柄交会,辰星在天鼋星次的位置上。辰星与太阳、月亮交会之处,都在北方。这是颛顼建立王业的地方,帝喾继承王业。我们姬周出自天鼋的位次,连及析木星次,中间经过建星和牵牛星,就是先祖母太姜的侄儿、伯陵的后嗣逢公所依凭的神主保佑的地方。岁星所在之处,就是我们周王朝的分野。月亮所在之处,是标志农事祥瑞的天象,是我们始祖后稷经营农业、创立王业的地方。武王想汇合岁、月、日、星、辰五个星次和天鼋、岁星、月亮所在三处来建立功业,从鹑火到天驷有七个星宿,从南到北测度符合于七律,凡是天道人事用七这个数加以交合,用七声的律调加以调节。数字相合,乐音和谐,然后天道与人事相应和。所以用七来协同其数,用律来和谐其声,这样才产生了七律。

"举武乐来说,武王在二月癸亥晚上列阵,没有完毕就下起雨来,用夷则律为宫声将战阵排列完毕,正好是第二天的辰时。布阵之初,日月之会斗柄在戌时,所以用夷则律为上宫声,名其军乐为羽,表示武王能羽翼其众,用来保护民众使之遵照法则。武王又用黄钟律为下宫声,布战阵于商郊牧野,所以名其军乐为厉,表示武王与战士和谐同心,用来激励六军奋勇向前。武王又用太蔟律为下宫声,在商都发布命令,弘扬文王的仁德,声讨纣王的种种罪恶,所以名其军乐为宣,用来宣扬太王、王季、文王之仁德。回到嬴内,武王又以无射律为上宫声,颁布法令,施舍恩惠于百姓,表示偃武修文,所以名其军乐为嬴治,用来优厚宽柔地对待民众。"

【注释】

①律:音律。 ②律:指十二律,即六律和六吕。阳为律,阴为吕。均:古乐器上的调律器。 ③神瞽:传说中之古乐官。韦昭《国语注》:"神瞽,古乐正,知天道者也,死而为乐祖,祭于瞽宗,谓之神瞽。"考:合、配合。中声:中和的声音。 ④度律:度量律吕管的长短。均:调节。 ⑤百官:百事。轨仪:仪轨、法则。 ⑥三:指天、地、人。 ⑦六:指六律,即黄钟、太蔟、姑洗、蕤宾、夷则、无射。 ⑧十二:指六律和六吕。六吕为林钟、仲吕、夹钟、大吕、应钟、南吕。以律配阳,以吕配阴。 ⑨道:规律、法则。 ⑩中之色也:处于天地之中,其代表颜色为黄色。 ⑪黄钟:六律之首,因其处在天之下,地之上,天地中间,其正色黄,故称黄钟。 ⑫六气:指阴、阳、风、雨、晦、明。 ⑬九德:指水、火、金、木、土、谷、正德、利用、原生九种功德。 ⑭太蔟:六律之一,言万物簇生之意。 ⑮金奏:太蔟正声为商,五行为金,故称金奏。 ⑯姑洗:六律之一,言阳气养生,去旧就新,故称姑洗,正声为角。 ⑰考:合。 ⑱蕤(ruí 绥)宾:六律之一,言阴气萎蕤在下,像主人;阳气在上,像宾客,故称蕤宾。 ⑲献酬交酢(zuò 坐):主宾会见仪礼,主答客,客谢主。 ⑳夷则:六律之一,言阳气正法度而使阴气夷当伤之物,故称夷则。 ㉑九则:指九功之德。 ㉒贰:二心。 ㉓无射:六律之一,言阳气究物而使阴气毕剥落之,终而复始,亡厌已也,故称无射。射,厌也。 ㉔哲人:指死去

的有道德有学问的贤人。　㉕ 六间：六吕为双数，在阳律之间，故称六间。　㉖ 沉伏：积滞。　㉗ 黜：排除。　㉘ 元：一、第一。大吕：六吕之一，言阴大，旅助黄钟，宣气而牙物，故称大吕。　㉙ 夹钟：六吕之一，言阴夹助太蔟，宣四方之气而出种物，故称夹钟。　㉚ 四隙：指春夏秋冬四时之间。　㉛ 仲吕：六吕之一，即中吕，言微阴始起未成，著于其中旅助姑洗宣气齐物，故称仲吕。　㉜ 林钟：六吕之一，言阴气受任，助蕤宾君主种物使长大茂盛。　㉝ 纯恪：大敬。　㉞ 南吕：六吕之一，言阴气旅助夷则任成万事。　㉟ 秀：谷物抽穗开花叫秀。㊱ 应钟：六吕之一，言阴气应亡射，该藏万物而杂阳阂种。　㊲ 均利器用：指农事结束，整理和收藏农具，以待来年春耕再生产。　㊳ 应复：遵照礼制，重复常法。　㊴ 奸物：指邪恶、灾祸。　㊵ 细：细声，指五声中的角、徵、羽。镈（bó 舶）：小钟，一说为平口的乐钟。　㊶ 大：大声，指五声中的宫、商。　㊷ 固：安。纯：纯正。　㊸ 终：指一曲演奏结束。　㊹ 复：指再次演奏。　㊺ 成政：指以乐成政，古人认为声音之道与政通。　㊻ 七律：七音之律，即七音所定的七律。黄钟为宫，太蔟为商，姑洗为角，蕤宾为变徵，林钟为徵，南吕为羽，应钟为变宫。　㊼ 岁：岁星，即木星。古人认为岁星十二年绕天一周，每年行经一特定的星空区域（次），并用以纪年（岁），故称岁星。鹑（chún 纯）火：星次名，位置在正南，当二十八宿中的柳、星、张三宿星次，为周的分野。　㊽ 天驷：星宿名，即二十八中的房宿。驷，指马。故后文指说为辰马。　㊾ 析木：星次名，位置在东北偏东，从尾宿十度至南斗十一度为析木。津：天汉，即银河。　㊿ 辰：日月交会叫辰。斗柄：亦称斗杓，即北斗七星中玉衡、开阳、摇光三星。　51 星：指辰星，水星的别名，又称辰水星。天鼋（yuán 元）：星次名，又名玄枵，位置在正北，须女宿八度至危宿十五度。　52 北维：北方水位。　53 颛顼：古代传说中的五帝之一，为黄帝之孙，昌意之子，号高阳氏，后人奉之为北方的天神。　54 帝喾（kù 库）：传说中的五帝之一，为黄帝之曾孙，帝尧之父，号高辛氏，周人祀为先祖。　55 姬氏：周姓。出自天鼋：天鼋为齐的分野。周太王之妃太姜，为齐君有逄氏伯陵的孙女，故周人自称出自天鼋。 (56) 建星：星宿名，属斗宿。牵牛：星宿名，即今天鹰座 α 星。 (57) 妣(bǐ 比)：古代对去世的母亲的称呼。伯陵：韦昭《国语注》云："伯陵，大姜之祖有逄伯陵也。逄公，伯陵之后，大姜之侄，殷之诸侯，封于齐地。" (58) 凭神：依靠的神主。天鼋为齐的分野，故祀天鼋，逄公死后配食，为天鼋神主，故为依凭之神。 (59) 辰马：星名，即房星、心星，为二十八宿中东方苍龙所属。心星在苍龙后部，旁为天驷，故房星、心星又称辰马。农祥：农事的吉祥征兆。 (60) 经纬：治理、经营。 (61) 王：指周武王。五位：指岁、月、日、星、辰。三所：指逄公所凭神、周分野所在、后稷所经纬。 (62) 自鹑及驷七列：从鹑火到天驷合七宿，即张、翼、轸(属南方朱雀)、角、亢、氐、房(属东方苍龙)。 (63) 揆：度、测度。七同：合于七律。因岁在鹑火为午位，星在天鼋为子位，鹑火是周的分野，天鼋及辰水星为周之所出之区，自午位至子位，由南到北测度为七个星次，即合于七律。 (64) 人神：人事和天道。 (65) 二月癸亥夜：为周正二月四日夜。陈：同"阵"，列阵。 (66) 夷则之上宫：夷则律为上宫声。上宫，夷则宫宫音高，故称上宫。毕：指列阵完毕。 (67) 辰：时辰，即第二天甲子辰时。 (68) 辰：辰星。戌上：指斗柄在戌上。 (69) 羽：羽翼，即《武乐》第一章曲名。 (70) 布戎：布阵。牧之野：地名，在商都朝歌近郊。 (71) 厉：激励，即《武乐》第二章曲名。 (72) 六师：六军。周代兵制，天子有六军，每军一万二千五百人。 (73) 商：商都朝歌。 (74) 文德：文王之德。 (75) 厎(zhǐ 旨)：致、致讨。 (76) 宣：宣扬，即《武乐》第三章曲名。 (77) 三王：指太王、王季、文王。 (78) 嬀内(guī ruì 规锐)：地名，即妫汭，妫水弯曲的地方，约在今山西永济南。 (79) 施舍：指施恩，舍罪。 (80) 嬴乱：嬴治，即《武乐》第四章尾曲曲名。乱，治。 (81) 优柔：优容宽大。

【评析】

周景王将铸无射大钟，向乐官州鸠询问钟律。关于无射钟，杨伯峻《春秋左传注》说："无射，盖大钟。景王初铸于王城，敬王移至洛阳。秦灭周，徙于咸阳，汉及晋尚在今西安市。及刘裕灭姚泓，又迁至于今南京市,历宋、齐、梁、陈,其钟犹在。东魏使魏收聘梁,收作《聘游赋》,有云:'珍是淫器,无射高悬。'即是钟也。隋开皇九年平陈,又迁于西安,置之于太常寺,至十五年,敕毁之。"说明无射钟铸毁及其流传始末。

我国古代对音乐非常重视,产生时代很早。"乐者,圣人之所乐也。而可以善民心。其感人深,其移风易俗,故先王导之以礼乐而民和睦。"(《荀子·乐论》)主张以乐和民,以乐成教。"音者,生于人心者也;乐者,通于伦理者也……是故审声以知音,审音以知乐,审乐以知政,而治道备矣。"(《史记·乐书》)

在本篇中乐官州鸠首先根据古代乐理,阐述了十二律的成因及其功能和相互关系。传说黄帝使伶伦从大夏西面昆仑山北面的解谷中,取竹肉生得厚薄均匀自然的竹管,不加刻削,截取两节间而吹之,以为黄钟之宫,"制十二筒以听凤之鸣,其雄鸣为六,雌鸣亦六,比黄钟之宫,而皆可以生之,是为律本"(《汉书·律历志》)。就是说以黄钟为律管之主,定出基本音,然后依据黄钟律管,用三分损益法,制成十二个律管,定出它们的正音。据《隋书·音乐志》,黄钟 9 尺,林钟 6 尺,太蔟 8 尺,南吕 5.32 尺,姑洗 7.11 尺,应钟 4.74 尺,蕤宾 6.32 尺,大吕 8.43 尺,夷则 5.62 尺,夹钟 7.49 尺,无射 4.99 尺,中吕 6.66 尺。这样,根据十二个律度制作的乐器发出的声音有的宏大而充实,有的尖细而清晰,有的肃穆而柔和,有的振奋而昂扬。配合演奏,"大昭小鸣"则美妙而和谐。又十二律与天地、阴阳、五行、月份、人事等相配合,则产生各种的社会功能。根据"声音之道与政通"(《礼记·乐记》)的道理,"所以成政也"。

其次,州鸠详细解释了什么是七律。我国古代有五声,"声者,宫、商、角、徵、羽也";八音,"土曰埙,匏曰笙,皮曰鼓,竹曰管,丝曰弦,石曰磬,金曰钟,木曰柷"(《汉书·律历志》)。五声和,八音谐,而乐成。至周武王时,五声中增加变徵、变宫,为七声音阶。而七声音阶的高低,要用律来确定。用来确定宫、商、角、变徵、徵、羽、变宫的七律为黄钟、太蔟、姑洗、蕤宾、林钟、南吕、应钟。所以韦昭《国语注》中说:"七律为音器,用黄钟为宫,太蔟为商,姑洗为角,林钟为徵,南吕为羽,应钟变宫,蕤宾变徵也。"由此可见,七律是古乐中的七种基本音律。故州鸠指出:"以七同其数,而以律和其声,于是乎有七律。"这是他对音律的理论分析。由于我国古代认为音乐与天道、人事相对应,所以州鸠在分析七律时以武王伐纣战役为例,说明音乐与天文星次相合;以武王作武乐为例,说明音乐与政治、人事相合。阅读本篇时应予以注意。

宾孟见雄鸡自断其尾

【解题】

本篇记叙周大夫宾孟在郊外见到雄鸡自己弄断尾巴,便向周景王报告,附会成它怕做祭祀的牺牲之故。但人畜不一样,人做牺牲不仅无害而且可以治人。暗示景王下决心改立王子朝为太子。景王心领神会,欲在打猎时杀单穆公以立王子朝,却由于心脏病发作突然去世,这一计划没有实现。

景王既杀下门子①。宾孟适郊②,见雄鸡自断其尾,问之,侍者曰③:"惮其牺也④。"遽归告王⑤,曰:"吾见雄鸡自断其尾,而人曰'惮其牺也',吾以为信畜矣⑥。人牺实难⑦,己牺何害?抑其恶为人用也乎⑧,则可也。人异于是。牺者,实用人也⑨。"王弗应。田于巩⑩,使公卿皆从,将杀单子⑪,未克而崩⑫。

【今译】

周景王已经杀了下门子。宾孟到郊外去,看见雄鸡自己啮断了尾巴毛,便问为什么,他的侍从说:"它惧怕做祭祀的牺牲。"宾孟立即回去向周景王报告,说:"我看见雄鸡自己啮断了尾巴毛,人们说'它惧怕做祭祀的牺牲',我认为这的确是牲畜的本性。给别人做牺牲确实很困难,因为将被杀死。给自己做牺牲又有什么害处呢?因为将显尊贵。大概牲畜厌恶被人利用做牺牲而自断其尾,这还说得过去。但人和鸡可不一样。人做牺牲将承祀宗庙,实际上可以治理人民啊。"景王没有应声。景王到巩地去打猎,他让公卿们都跟着去,打算乘机杀掉单穆公,没有实现目的自己就突然死了。

【注释】

① 下门子:周大夫,王子猛的师傅。景王嫡子早死,遂立庶出长子猛为太子。后又宠幸另一庶子朝,欲立其为太子,故先杀猛的师傅。② 宾孟:周大夫,王子朝师傅,亦称宾起。 ③ 侍者:侍从人员。④ 惮:害怕、惧怕。牺:牺牲,祭祀时用的牲畜,必须毛羽纯洁丰美。⑤ 遽:疾、迅速。 ⑥ 信:诚、确实。 ⑦ 人牺:给别人做牺牲,将被杀以祭。 ⑧ 恶:厌恶。 ⑨ 用人:治人,统治管理别人。 ⑩ 田:打猎。巩:地名,在今河南巩义西南。 ⑪ 单子:即单穆公旗。因恐其不支持立王子朝为太子故欲杀之。 ⑫ 克:能、成。崩:王死为崩。《左传·昭公二十二年》:"王有心疾,乙丑,崩于荣锜氏。"

【评析】

这是一则以自然现象印证人事的历史记载。雄鸡自断其尾,自有各种原因,由于古代科学不发达,便说成是鸡怕做牺牲。以后历代作为鸡祸乱家的实例,收入《汉书》等史书的《五行志》。《荀子·解蔽》说:"昔宾孟之蔽者,乱家是也。"

雄鸡自断其尾之说,出于周大夫宾孟之口。其原因是周景王嫡子早死,立庶子王子猛为太子。后另一庶子王子朝与其傅宾孟有宠于景王,欲改立王子朝为太子。宾孟为了促使景王早下决心,便编造了雄鸡自断其尾的事蛊惑景王。景王心中默许,但怕重臣单穆公、刘献公等反对,便打算在夏四月打猎时乘机杀死他们,踢开绊脚石。不料景王有心脏病,突然去世。王子猛便嗣位,是为悼王。五月四日,单穆公出兵攻打宾孟,将他杀掉。王子朝便煽动旧官员、百工中被解职的人作乱,周王室大乱。单穆公发兵平定,王子朝奔京。十一月,悼王未及改元而卒。单穆公又迎悼王之弟王子匄即位,是为敬王。这就是这一历史记载的背景。

刘文公与苌弘欲城周

【解题】

本篇记叙周敬王十年(前510)大夫刘文公与苌弘打算加固和扩建成周城,以便迁都,并得到晋国正卿魏献子的支持。但卫大夫彪傒以"天之所支,不可坏也。其所坏,亦不可支也"立论,认为此举违背天意,必遭祸殃,加以反对。

敬王十年①,刘文公与苌弘欲城周②,为之告晋。魏献子为政③,说苌弘而与之④。将合诸侯。

卫彪傒适周⑤,闻之,见单穆公曰:"苌、刘其不殁乎⑥?《周诗》有之曰⑦:'天之所支,不可坏也。其所坏,亦不可支也。'昔武王克殷,而作此诗也,以为饫歌⑧,名之曰'支',以遗后之人,使永监焉⑨。夫礼之立成者为饫,昭明大节而已⑩,少典与焉⑪。是以为之日惕⑫,其欲教民戒也。然则夫《支》之所道者,必尽知天地之为也。不然,不足以遗后之人。今苌、刘欲支天之所坏,不亦难乎?自幽王而天夺之明⑬,使迷乱弃德,而即慆淫⑭,以亡其百姓,其坏之也久矣。而又将补之,殆不可矣⑮!水火之所犯,犹不可救,而乎天乎?谚曰:'从善如登,从恶如崩。'昔孔甲乱夏⑯,四世而陨⑰。玄王勤商⑱,十有四世而兴。帝甲乱之⑲,七世而陨。后稷勤周,十有五世而兴。幽王乱之,十有四世矣。守府之谓多⑳,胡可兴也㉑?夫周,高山、广川、大薮也㉒,故能生是良材,而幽王荡以为魁陵㉓、粪土、沟渎㉔,其有悛乎㉕?"

单子曰:"其咎孰多?"曰:"苌叔必速及,将天以道补者也㉖。夫天道导可而省否㉗,苌叔反是,以诳刘子㉘,必有三殃:违天,一也;反道,二也;诳人,三也。周若无咎,苌叔必为戮㉙。虽晋魏子亦将及焉,若得天福㉚,其当身乎?若刘氏,则必子孙实有祸。夫子而弃常法,以从其私欲,用巧变以崇天灾㉛,勤百姓以为己名,其殃大矣。"

是岁也㉜,魏献子合诸侯之大夫于狄泉㉝,遂田于大陆㉞,焚而死。及范、中行之难㉟,苌弘与之,晋人以为讨。二十八年,杀苌弘。及定王㊱,刘氏亡。

【今译】

周敬王十年,刘文公与苌弘准备加固和扩建成周城墙,为此而向晋国求助。当时晋国由魏献子执政,他很喜欢苌弘而答应了这个要求,将会合诸侯,共同出力支持筑城。

卫国大夫彪傒来到成周,听到了这件事,谒见单穆公说:"苌弘、刘文公将不得好死吧?《周诗》上有这样的话:'上天所支持的,谁也毁坏不了;上天要毁坏的,谁也支持不了。'当初武王灭亡殷朝后,作了这首诗,用作宴飨王公时的乐歌,命歌名叫'支',用来留传给后代,让他们永远作为借鉴。按礼制规定,站着不坐而成宴享之礼叫饫礼,只是讲明大事而已,所以这诗乐章少,礼仪简便。听了它,使人天天戒慎恐惧,其目的在于教育人民知道戒惧。那么,《支》诗中所说的人,一定完全知道天地所支不可毁,天地所毁不可支的作用。否则,不足以留传给后人了。现在,苌弘、刘文公想支持天所毁坏的,不是很困难的吗?自从周幽王被上天剥夺了明德,成为昏君以来,历代君主昏乱迷惑,背弃德行,追求淫乐,以致丧失了百姓,王朝的毁坏已经很长久了。而现在苌弘、刘文公想补救它,恐怕办不到了。再说,水火所造成的灾祸,尚且不能挽救,更何况是上天的意志呢?谚语说:'从善像登山那样艰难,从恶像山崩那样容易。'从前孔甲败坏夏朝的法度,传了四代就亡国了。殷契勤身修德,创立商朝基业,经过十四代的努力,到汤才兴盛起来。帝甲败坏商朝的法度,传了七代就亡国了。后稷勤身修德,创立周朝基业,经过十五代的努力,到文王才兴盛起来。幽王败坏周朝的法度,到今天已经十四代了,能够守住宗庙社稷已经是万幸了,怎么还能使它兴盛呢?周朝好比高山、大河、大泽一样,所以能培育出许多优秀的人才。而幽王已经将它破坏成小丘、粪土、小沟,还能止得住毁坏吗?"

单穆公问:"苌弘和刘文公谁的灾祸大?"彪傒回答说:"苌弘一定会很快遭祸,因为他想用天道来弥补人事啊。天道一贯支持可行而排斥不可行的,苌弘违反了这个原则,而且还欺诳迷惑刘文公,他一定会遭到三重灾祸:违背上天的意志,这是一;违反以人事补天道原则,这是二;欺诳迷惑刘文公,这是三。周王室如果没有灾祸,苌弘一定会被杀戮。即使是晋国的魏献子也将受到牵连。他如果能托天之福,灾祸可以仅由自身承当,留存后嗣吧?至于刘文公,他的子孙一定会罹受灾祸。作为王公大臣而抛弃常法,以顺从他们的私欲,想学平王迁都的办法来加重天灾,劳苦百姓而为自己树功立名,这灾祸可就大了。"

这一年,魏献子在翟泉会合诸侯国的大夫,商议帮助周王室筑成周城的事,随后到晋国的大陆打猎,被火烧死了。到晋国发生范氏、中行氏叛乱时,苌弘涉嫌参与,晋人为此向周王室问罪。周敬王二十八年,杀死苌弘。到周贞定王时,刘文公的家族也败亡了。

【注释】

①敬王:周敬王,名匄,悼王之弟,公元前519年至前476年在位。十年:公元前510年。　②刘文公:周王卿士,名卷,又称伯蚠。苌弘:周大夫,字叔。城周:建筑周城。　③魏献子:晋国正卿,魏绛之子,名舒。　④说(yuè悦):同"悦",喜欢、喜爱。　⑤彪傒:卫国大夫。适:到。　⑥殁:死。　⑦《周诗》:所引诗句,《诗经》中无,大概是逸诗。韦昭《国语注》:"《周诗》,饫时所歌也。支,柱也。"　⑧饫(yù玉)歌:举行饫礼时所唱乐歌。　⑨监:观,引申为借鉴。　⑩大节:大事、大体。　⑪典:《公序》本作"曲",指乐章、乐曲。与:类。　⑫日惕:日日警戒恐惧。　⑬明:明德。　⑭即:就、靠近。慆(tāo滔)淫:怠惰淫佚。　⑮殆:近、近乎。　⑯孔甲:夏朝国君。《史记·夏本纪》说他"好方鬼神,事淫乱。夏后氏德衰,诸侯叛之"。乱夏:败坏夏朝法度。　⑰陨:落、灭亡。　⑱玄王:传说中商族始祖契。因其母简狄吞玄鸟卵而生契,故称玄王。　⑲帝甲:商朝国君。《史记·殷本纪》说他"淫乱,殷复衰"。　⑳守府:守住府库,引申为守住宗庙社稷。多:指万幸。　㉑胡:何、怎么。　㉒薮:水少而草木茂盛的湖泽。　㉓荡:坏、毁坏。魁陵:小土丘。　㉔沟渎:小水沟。　㉕悛(quān圈):止、停止。　㉖天以道补:以天道补人事。　㉗省:去掉。　㉘诳:欺诳。　㉙为戮:被杀。　㉚天福:上天赐予福泽。　㉛巧变:投机取巧的办法,此指学周平王东迁而长久的事。　㉜是岁:指周敬王十一年(前509)。　㉝狄泉:又作翟泉,在今河南洛阳。　㉞大陆:晋地名,是今河北隆尧、巨鹿、任泽之间的一片沼泽地,现已淤为平地。　㉟范、中行之难:周敬王二十三年(前497),晋大夫范吉射、中行寅作乱,被荀、韩、赵、魏氏击败。因刘氏、范氏世为婚姻,刘氏曾声援过范氏、中行氏。周敬王二十八年(前492)晋人平叛后,晋卿赵鞅讨伐周王室,敬王被迫处死了奉事刘文公的苌弘。　㊱定王:周贞定王,名介,公元前468年至前441年在位。

【评析】

周敬王十年(前510)刘文公与苌弘准备加固和扩建成周城。原来成周城在瀍水之东,即古洛阳城,为周公所建,当时称为下都,以安置商朝遗民。"成周既成,迁殷顽民。"(《尚书·多士·序》)武王克商后,为了控制东方各族,又命周公营建洛邑,在瀍水之西,称东都,一名河南城。平王东迁,定都洛邑,称王城。所以瀍水之东为成周城,瀍水之西为王城。公元前520年,周景王死后,王室大乱。单穆公、刘文公拥立王子猛为王,未一年而卒,又立敬王。王子朝纠集旧臣、百工等作乱,驱逐敬王、单穆公,自己入居王城。敬王居于成周之狄泉,后居泽地四年。在晋国出兵干预下,敬王入居成周。王子朝奔楚,但其余党多在王城,势力尚强。敬王畏惧,向晋国求援,由晋国与诸侯国派兵协助戍守成周。周役烦劳,故刘文公、苌弘征得晋国正卿魏献子同意,准备扩大和加固成周城,作为国都。这就是建成周城的历史背景。

刘文公、苌弘打算扩建加固成周城以为国都,既可撤回诸侯戍兵,节约开支,又可加强防御力量,本来是无可厚非的。但卫国大夫彪傒以"天之所支,不可坏也。其所坏,亦不可支也"立论,认为周室衰败,为时已久,得不到上天的支持。若强以天道补人事,必然会遭到祸殃。并以魏献子出猎被火烧伤致死,苌弘被杀,刘文公绝后作为印证。显然,这些论述和因果关系的印证是牵强附会的、不科学的。但他在论述时引用谚语"从善如登,从恶如崩",以及"孔甲乱夏,四世而陨。玄王勤商,十有四世而兴。帝甲乱之,七世而陨。后稷勤周,十有五世而兴"的历史事实,寄寓着创业维艰、守成不易的思想,是可以引为借鉴的。

卷四 鲁语上

曹刿问战

【解题】

本篇记叙齐鲁长勺之战前鲁人曹刿与鲁庄公关于战争胜败因素分析的一段对话。曹刿认为人心向背是决定战争胜败的主要因素,庄公能谋虑民事,取信于民,已经具备了取胜的条件。

长勺之役①,曹刿问所以战于庄公②。公曰:"余不爱衣食于民③,不爱牲玉于神④。"对曰:"夫惠本而后民归之志⑤,民和而后神降之福⑥。若布德于民而平均其政事,君子务治而小人务力⑦;动不违时⑧,财不过用⑨;财用不匮,莫不共祀⑩。是以用民无不听,求福无不丰。今将惠以小赐,祀以独恭。小赐不咸⑪,独恭不优⑫。不咸,民不归也;不优,神弗福也。将何以战?夫民求不匮于财⑬,而神求优裕于享者也,故不可以不本。"公曰:"余听狱虽不能察⑭,必以情断之⑮。"对曰:"是则可矣。知夫苟中心图民⑯,智虽弗及,必将至焉。"

【今译】

长勺之战前,曹刿问鲁庄公依靠什么条件与齐国作战。庄公说:"我对民众施恩惠从不吝惜衣服、食物,对神灵的祭祀从不吝惜牺牲、玉帛。"曹刿回答说:"施恩惠给民众,然后民众才会归附您,民众和睦团结,然后神灵才会降福保佑。您如果能对民众广施恩德,而且公平地处理国家政事,让君子致力于治理国家,让民众致力于生产劳动;动用民力不违背农时,使用财物不逾越礼制;国家和民众财用都不匮乏,上下都有丰盛的祭品祭祀神灵。所以您使用民力没有不听的,向神求福没有不丰厚的。现在您只在临事之时施小恩小惠给民众,自身恭敬祭祀神灵。小恩小惠不能普及于民众,自身恭敬不能使君民普遍地用丰厚的祭品祭祀神灵。施恩惠不普遍,民众不会归心;供奉祭品不丰裕,神灵不会降福。您将依靠什么去作战呢?民众所祈求的是财用不匮乏,神灵所祈求的是祭祀者供奉的祭品丰厚,所以不可以不从根本上依靠民众。"庄公说:"我审理民众案件时虽然不能一一明察,但一定用情理加以判断。"曹刿回答说:"这就可以了。假如内心确实替民众考虑,智慧即使有所不及,也一定能达到战胜齐军的目的。"

【注释】

① 长勺之役:发生在公元前684年鲁国长勺地方的一次齐鲁战争,结果鲁国以弱胜强,取得胜利。长勺,地名,在今山东莱芜境内。② 曹刿(guì桂):鲁国士人。《史记·刺客列传》作曹沫,曾随鲁庄公在柯地与齐桓公会盟,用匕首胁迫齐桓公归还被侵占的土地。以:凭借、依靠。庄公:鲁庄公,名同,公元前693年至前662年在位。 ③ 爱:吝惜。 ④ 牲玉:牺牲和玉帛,指祭祀供神之物。牺牲为牛、猪、羊,玉帛为玉璧、绸缎等。 ⑤ 本:指民众。志:指民心。 ⑥ 和:和睦团结。 ⑦ 务治:致力于治理国家。务力:致力于生产劳动。 ⑧ 动:指动用民力。 ⑨ 过用:指逾越礼制。 ⑩ 共祀:指君主和民众都有财力供奉祭祀神灵。 ⑪ 咸:普遍、普及。 ⑫ 优:丰裕。 ⑬ 求:祈求、希求。 ⑭ 听狱:指审判案件。察:明察。 ⑮ 情:实情。 ⑯ 苟:诚。中心:心中。图民:考虑民众之事。

【评析】

公元前684年春天,在鲁地长勺爆发了一场齐鲁之战。齐国自从襄公即位后,荒淫无道,政治败坏。大夫鲍叔牙说:"君使民慢,乱将作矣。"(《左传·庄公八年》)奉公子小白奔莒。不久,齐国公孙无知杀襄公,国内大乱。管夷吾、召忽奉公子纠奔鲁。鲁庄公九年(前685)夏,庄公伐齐，送公子纠回齐即位。不料小白先入齐即位，是为齐桓公。齐桓公便与鲁庄公在齐地乾时作战，鲁军大败，庄公丧失乘坐战车，乘他人之车逃回。所以前684年齐桓公恃其强大，兴兵伐鲁，在鲁地长勺作战。鲁庄公依靠人民的支持，在曹刿正确指挥下，击败了齐军。长勺之战成为我国古代军事史上一个以弱胜强的著名战例。

本文记叙的是长勺之战前鲁人曹刿关于战争胜负因素的分析。认为人心向背是决定战争胜败的重要条件。"惠本而后民归之志，民和而后神降之福。""不可以不本。"鲁庄公能为人民尽心谋事，取信于民，故能取得战争的胜利。

深厚的力量蕴藏于民众之中，这是我国古代具有战略眼光的政治家早就看到了的，由此形成"民为邦本"的民本思想。《左传·桓公六年》说："民，神之主也。是以圣王先成民而后致力于神。"《国语·周语》说："民之大事在农，上帝之粢盛于是乎出。"孔子认为建立国家必须具备足食、足兵、民信三个条件。在不得已的情况下，宁可去兵、去食，而不能失去民信。"自古皆有死，民无信不立。"（《论语·颜渊》）孟轲则公然提出："民为贵，社稷次之，君为轻。"（《孟子·尽心下》）认为："保民而王，莫之能御也。"（《孟子·梁惠王上》）得民心者得天下，所以我国历代名君贤臣都致力于保护民众，从民所欲。刘备在赤壁之战前依附刘表，屯驻樊城。当曹操大军压境时，他率领荆州人民向江陵逃奔。刚到襄阳，跟从逃亡的民众越来越多，有众十余万，辎重数千辆，每日只能走十余里路。有人劝刘备说："应该赶快到江陵固守。现在带着大批民众，士兵又少，如果曹军突然到来，用什么抗拒他呢？"刘备说："夫济大事必以人为本，今人归吾，吾何忍弃去。"（《三国志·蜀志·先主传》）刘备在生死的紧急关头，不弃民逃奔，终于依靠人和而建立了蜀国。岳飞是南宋抗金名将，转战南北，保护人民。他的军号是："冻死不折屋，饿死不卤掠。"（《宋史·岳飞传》）因而深受军民的拥护和支持而所向克捷。

曹刿谏庄公如齐观社

【解题】

本篇记叙曹刿劝谏鲁庄公不要到齐国去观看社祭的议论。他以礼为纲,从礼的"正民"作用出发,认为齐国祭社时使民游观,违背太公遗训;鲁庄公前往观看,违背先王诸侯不会祀礼制。违训违礼,若载之史籍,何以训民。文章观点明确,层次清楚,言简意赅,发人深省。但庄公不听劝谏,还是去了齐国。

庄公如齐观社①。曹刿谏曰:"不可。夫礼,所以正民也②。是故先王制诸侯,使五年四王③、一相朝④。终则讲于会⑤,以正班爵之义⑥,帅长幼之序⑦,训上下之则,制财用之节⑧,其间无由荒怠。夫齐弃太公之法而观民于社⑨,君为是举而往观之,非故业也⑩,何以训民?土发而社⑪,助时也。收攟而烝⑫,纳要也⑬。今齐社而往观旅⑭,非先王之训也。天子祀上帝,诸侯会之受命焉。诸侯祀先王、先公,卿大夫佐之受事焉⑮。臣不闻诸侯相会祀也,祀又不法。君举必书⑯,书而不法,后嗣何观?"公不听,遂如齐。

【今译】

鲁庄公到齐国去观看祭祀社神。曹刿劝谏说:"不可以这样做。礼,是用来端正民风的。所以先王规定诸侯,让他们五年之中派使臣朝聘天子四次,亲自朝见天子一次。朝觐典礼结束就会集在一起讲习礼仪,用来端正爵位排列的尊卑,遵循长幼之间的次序,讲求上下之间的法度，制定大小诸侯国的职贡标准。在朝会之间，不能怠惰疏忽，荒废礼仪。现在齐国废弃了始祖太公望制定的礼法，在祭社神时让民众前往游观，君王为这事而前往观看，这不是先王制定的礼制。违背礼制，用什么来训导民众呢？春天地气升腾祭祀社神，是农事之始求神赐福。秋天庄稼收获后祭祀社神，是农事结束向神感恩。现在齐国祭祀社神而您去观看民众游观，这不是先王的训则。天子祭祀上帝，诸侯参加助祭后接受天子政令。诸侯祭祀先王、先公，卿大夫参加助祭后接受职事。我没有听说过诸侯之间互相观看祭社的，这种祭祀又不符合礼法。国君的举动一定会在史书上记载下来，记载下来的事又不合礼法，叫后代子孙怎么看呢？"庄公不听劝谏，就到齐国去了。

【注释】

① 如：到。社：社神，此指祭祀土地神。　② 正民：端正民风。　③ 四王：四次派官员朝拜天子。　④ 一相朝：指诸侯亲自朝见天子一次。　⑤ 终：指朝觐典礼结束。讲：讲习。　⑥ 班爵：排列爵位尊卑。　⑦ 帅：遵循。　⑧ 财用：指职贡、贡赋。　⑨ 太公：齐始祖太公望。　⑩ 故业：从前先王的规定。　⑪ 土发：地气蒸腾。古时有春社、秋社，是农人春分、秋分时节祭社祈福之日。这里指春社，地气蒸腾，开始农耕。　⑫ 捃：收拾。蒸：冬季的祭祀叫蒸，同"烝"。　⑬ 纳要：韦昭《国语注》："纳五谷之要，休农夫也。"意为农事结束，收藏五谷，祭神感恩。　⑭ 旅：众、众人。　⑮ 佐：帮助，指助祭。　⑯ 举：动，一举一动。书：记载。古代君主言行必记，左史记行，右史记言。

【评析】

公元前671年，鲁庄公到齐国去观看祭祀社神。关于观社，历代有不同解释。有人认为是齐人祭祀社神，检阅军队，炫耀武力。晋孔晁《国语注》云："聚民于社，观戎器也。"晋杜预《左传注》云："齐国祭社，搜军实，故公往观之。"有人认为是未祭祀之前，先田猎以习蒐狩之礼，并未检阅军队。《礼记·郊特牲》云："唯为社田，国人毕作。"清董增龄《国语正义》云:"未祭社之前,先田猎以习蒐狩,不闻祭时而检阅军实。况戎车国之利器,不以示人,恐无示客之理。"有人认为是借祭社节日,聚男女而相游观。《墨子·明鬼》云:"燕之有祖,当齐之社稷,宋之有桑林,楚之有云梦也,此男女之所属而观也。"《公羊传》云:"盖以观齐女也。"明王夫之在《诗经稗疏》中说得更明确:"鲁庄如齐观社之时,指庄姜、哀姜而言。"在这些解释中,以第三说为长,借祭社之时,聚集男女游观,类似近代的迎神赛会,士女云集。国君去观看别国女子,成何体统,不合于礼,故曹刿表示反对。

所以,曹刿的议论是以礼立论,认为礼的作用在于端正民风。然后分两个层次加以剖析。首先举出先王制定"五年四王、一相朝"诸侯朝觐天子的礼仪及其内容为论据,指出齐国"观民于社"的做法违背始祖太公望遗训。庄公"而往观之"违背先王礼制。自己违礼,何以端正民风? 其次,举出春社"土发而社,助时也"、秋社"收捃而蒸,纳要也"的社祭目的、内容为论据,指出庄公"而往观旅",是违背先王"诸侯不相会祀"的古训。违礼之举,载于史册,将何以教育后人,端正民风?

全文短小精悍,紧扣礼以"正民"这个主题开展论述,显示了严密的逻辑力量。

匠师庆谏庄公丹楹刻桷

【解题】

本篇记叙鲁庄公要美化装饰其父鲁桓公庙,以表孝思。匠师庆加以劝谏。他勉励庄公应"昭前之令闻",承节俭之美德,才是真正的孝敬父母,美化桓公庙。匠师的话意义深长,具有积极的垂戒作用。

庄公丹桓宫之楹①，而刻其桷②。匠师庆言于公曰③："臣闻圣王公之先封者④，遗后人之法，使无陷于恶。其为后世昭前之令闻也⑤，使长监于世⑥，故能摄固不解以久⑦。今先君俭而君侈，令德替矣⑧。"公曰："吾属欲美之⑨。"对曰："无益于君，而替前之令德，臣故曰庶可已矣⑩。"公弗听。

【今译】

鲁庄公想把桓公庙的柱子漆成红色，而且在椽子上雕刻花纹。匠师庆对庄公说："我听说先王先公中的始封的圣君，他们留给后人的法则，是使他们不陷于邪恶之中。让他们为后代发扬光大前代的美德，并长久地作为观察世事成败的借鉴，所以他们的事业能坚持不懈而传之久远。现在看来先君节俭而您奢侈，美德快要被废弃了。"庄公说："我们只是想美化先君美德而略表孝思而已。"匠师庆回答说："这样做对您没有好处，而且废弃了先君的美德，所以我说大概可以适可而止了。"庄公不听。

【注释】

① 丹：红，名词作动词用，指漆成红色。桓宫：鲁桓公的宗庙。桓公为庄公之父，公元前711年至前694年在位。楹(yíng盈)：屋柱。② 桷(jué决)：椽子。　③ 匠师庆：掌管工匠的大夫，名字叫庆，字御孙。　④ 圣王公：圣贤的王公，如商汤、周公、太公等。先封：接受始封的诸侯国君。　⑤ 令闻：好名声，引申指美德。　⑥ 监：观、观察。⑦ 摄：持。解：通"懈"，懈怠。　⑧ 替：废弃。　⑨ 吾属：我们、我辈。⑩ 庶：大概、差不多。已：止、停止。

【评析】

公元前671年秋，鲁庄公装修桓公庙，用红漆油漆柱子，在椽子上雕刻花纹。主管工匠的大夫庆加以劝阻。据《穀梁传》，古代礼制规定，天子、诸侯之宗庙屋柱用微青黑色，大夫用青色，士用黄色。桓公庙用红色为非礼。天子宫庙之桷,斫而砻之,又加以细磨;诸侯宗庙之桷,斫而砻之,不加细磨;大夫家庙之桷,只斫不砻;士人庙之桷,砍断树根而已。自天子以至大夫、士,都不雕刻桷,刻桷为非礼。故匠师庆加以劝阻。

那么,庄公为什么要丹楹刻桷装修桓公庙呢?历来注家都认为庄公将从齐国迎娶夫人哀姜回来,国君成婚,将庙见祖先,故修饰宫庙以相夸耀。韦昭《国语注》说:"庄公娶于齐,曰哀姜。哀姜将至,当见于庙,故以丹柱刻榱以夸之也。"这固然是一个原因,我觉得还含有孝亲的因素。成婚庙见,示不忘祖先,本身就是一种孝道。再从庄公"吾属欲美之"的话来看,想美化先君仁德而寄以孝思,虽是辩解之辞,从中我们也可体会出孝亲之意。

至于匠师庆的劝谏,则从光大先王节俭美德、反对奢侈邪恶立论,而非直接指斥违礼,这是一种委婉而得体的手法。既从丹楹刻桷的事实出发,就事论事;又隐含违礼将会丧国深意,符合匠师身份的劝谏方式。他认为节约可以使基业巩固,长治久安;奢侈就废弃先王美德,使国弱民穷。他说:"俭,德之共也;侈,恶之大也。"(《左传·庄公二十四年》)节俭,是道德中最大的道德;奢侈,是罪恶中最大的罪恶。提倡节俭,继承和发扬先王的美德,这才是真正对先王的孝敬,对先王庙真正的美化。匠师的话是有深刻含义的。

夏父展谏宗妇觌哀姜用币

【解题】

本文记叙鲁庄公从齐国娶回哀姜后,命同姓大夫的夫人用玉帛为见面礼进见哀姜。宗人夏父展加以谏阻,认为男女见面礼有别,不应违礼。

哀姜至①,公使大夫、宗妇觌用币②。宗人夏父展曰③:"非故也④。"公曰:"君作故。"对曰:"君作而顺则故之,逆则亦书其逆也。臣从有司⑤,惧逆之书于后也,故不敢不告。夫妇贽不过枣、栗⑥,以告虔也⑦。男则玉、帛、禽、鸟,以章物也⑧。今妇执币,是男女无别也。男女之别,国之大节也,不可无也。"公弗听。

【今译】

夫人哀姜来到鲁国,鲁庄公让同姓大夫的夫人们带着玉、帛之类的见面礼去拜见哀姜。宗人夏父展说:"这不是先王的礼制。"庄公说:"国君可以创制礼制。"夏父展回答说:"国君创制的符合于礼就可以成为制度,违背礼制的也就在史书上记载违礼。我备位宗人官,守职有责,害怕违礼的事被史书记载下来传于后世,所以不敢不向您禀告。女人的见面礼物不过是枣子、栗子之类,用来表示诚敬。男人的见面礼物则是璧玉、丝帛、禽、鸟之类,用来表示贵贱尊卑的地位和身份。现在女人用玉帛一类的见面礼物,岂不是男女之间没有区别了。男女之间的区别,是国家的大礼节,是不可以没有的。"庄公不听。

【注释】

① 哀姜:鲁庄公娶于齐国的夫人,姓姜,哀是谥号。　② 大夫、宗妇:大夫、宗妇为一事,指同姓大夫的夫人。杨伯峻《春秋左传注》云:"《穀梁传》分为大夫与宗妇为二事,误。一则古无大夫见君夫人之礼。二则传文只言宗妇,不言大夫,足见《左氏》亦以大夫宗妇为一事。今从其说。觌(dí 敌):见、进见。币:古人相见时所拿的礼物,如玉、马、皮、帛之类。　③ 宗人:又称宗伯,周代掌宗庙祭祀之官。夏父:复姓。展:名。　④ 故:故事,引申为先王制定的礼制。　⑤ 从有司:自谦之词,即担任了宗人官,职司有守。　⑥ 贽(zhì 至):见面礼。古

代初次求见时,必手执礼物表示诚敬,所执礼物称贽,这种礼节称贽礼。 ⑦告虔:表示诚敬。虔,敬。 ⑧章物:指各人所执礼物不同而显示其贵贱尊卑。

【评析】

本文所记内容,《左传》、《穀梁传》均有记载,都认为女人用币为贽礼是不合于礼制的。足见古代对礼的重视,一切言行都应一遵于礼而不能违反。

哀姜是齐襄公的幼女,公元前670年鲁庄公迎娶于齐,为嫡夫人。后她与庄公长弟庆父私通。庄公有三弟,长庆父,仲叔牙,幼季友,其后代即为执鲁国政的"三桓"。哀姜与庆父勾结,欲立哀姜妹叔姜之子开为鲁君。庄公死后,季友立公子般。庆父与哀姜谋乱,杀公子般,驱逐季友,立闵公开。后在齐桓公的干预下,设计将哀姜召回齐国,鸩而杀之,谥哀姜。帮助成季回鲁,驱逐庆父,立僖公为鲁君,鲁难始平。

据《仪礼》载,古代初次求见,必手执物以表诚敬,所执之物叫作贽。公、侯、伯、子、男五等诸侯执玉;诸侯之太子、附庸国国君及诸侯之孤卿执帛;卿执羔,大夫执雁,士执雉,庶人执鹜(鸭),工、商执鸡。《礼记·曲礼》载:"妇人之贽,脯修枣栗。枣,取其早自矜庄。栗,取其敬栗。"所执礼物不同,表明身份不同。杨宽《古史新探》说:"在西周、春秋间,贵族举行的贽见礼中,贽实际就是一种身份证,而且具有徽章的作用。它不仅用来表示来宾的身份,用来识别贵贱,并用作贵族中等级的标志。"所以有严格区别的。

庄公命同宗大夫的夫人去见哀姜时与大夫持同样的礼物,这是违反古代男女有别的礼制的。宗人夏父认为:"男女之别,国之大节。"违礼之举,载之史册,谬种流传,将无以整肃纲纪,垂教后人。宗人夏父为了维护礼法而表示反对。但庄公没有听从。

臧文仲如齐告籴

【解题】

本篇记叙公元前666年鲁国发生饥荒，正卿臧文仲忧国忧民，勇于任事，主动请缨，出使齐国，告籴救荒。展示了臧文仲忠于国事，体恤民生的高尚的内心世界。

鲁饥①，臧文仲言于庄公曰②："夫为四邻之援③，结诸侯之信，重之以婚姻，申之以盟誓，固国之艰急是为④。铸名器⑤，藏宝财⑥，固民之殄病是待⑦。今国病矣，君盍以名器请籴于齐⑧！"公曰："谁使？"对曰："国有饥馑⑨，卿出告籴⑩，古之制也。辰也备卿，辰请如齐。"公使往。

从者曰："君不命吾子，吾子请之，其为选事乎⑪？"文仲曰："贤者急病而让夷⑫，居官者当事不避难，在位者恤民之患，是以国家无违⑬。今我不如齐，非急病也。在上不恤下，居官而惰，非事君也。"

文仲以鬯圭与玉磬如齐告籴⑭，曰："天灾流行，戾于弊邑⑮，饥馑荐降⑯，民羸几卒⑰，大惧乏周公、太公之命祀⑱，职贡业事之不共而获戾⑲。不腆先君之币器⑳，敢告滞积㉑，以纾执事㉒，以救弊邑，使能共职。岂唯寡君与二三臣实受君赐，其周公、太公及百辟神祇实永饫而赖之㉓！"齐人归其玉而予之籴。

【今译】

　　鲁国发生饥荒,臧文仲向鲁庄公进言说:"与四邻国家结援,与诸侯缔结信义,用婚姻关系来加强它,用盟约誓言来巩固它,原来是为了国家急难时能得到救援。铸造名贵的重器,储藏珍贵的财宝,原来是为了民众遭灾时能得以解救。现在国家遭到严重的灾荒,君王何不用名贵的重器向齐国请求购买粮食呢!"庄公说:"派谁出使到齐国去?"臧文仲回答说:"国家有饥荒,卿出国向邻国买粮,这是古代的制度。我备位正卿,我请求出使到齐国去。"庄公就派臧文仲出使去齐国。

　　臧文仲的随从说:"君王没有任命您为赴齐请籴特使,您自己请求前去,岂不是自己选择职事吗?"臧文仲说:"贤德的人敢于承担国家的危难而把平易的事让给别人,当官的人面临大事不回避危难,在位任职的人要体恤民众的苦难,这样,国家就内部团结而无违礼之事发生。现在我不出使到齐国去,就是不承担国家的危难。我处在上位不体恤民众,在位任职而懒于治事,这不是奉侍君主的道理。"

　　臧文仲带着鲁国的重器鬯圭和玉磬到齐国请求购买粮食,说:"天灾流行,祸难降临到我们鲁国,连年歉收,灾荒严重,百姓饿病快死光了。我们非常惧怕对天子命令的周公、太公的祭祀缺乏祭品,对王室的贡品无力供应而获罪。现在我们不敢珍惜先君不丰厚的宝器,大胆请求购买贵国积贮的余粮,这样既可减轻贵国主管粮仓官员的负担,又可解救我国的饥荒,使我们能守祭祀、朝贡之职。这不仅是我们的国君和臣子实实在在地受到贵国的恩赐,就是周公、太公及鲁国的列祖列宗、天神地祇都可以长久享受祭祀而蒙受贵国的恩惠。"齐国人退还了他们的宝器,而借粮食给鲁国。

【注释】

　　① 鲁饥:鲁国发生饥荒,在鲁庄公二十八年(前666)冬天。② 臧文仲:鲁卿,名辰。　③ 四邻:指周边国家。援:支援、救援。④ 国之艰急是为:是为了国家急难时得到救助。　⑤ 名器:名贵的宝器,如钟鼎之类。　⑥ 宝财:珍贵的财物,如玉帛之类。　⑦ 殄

(tiǎn 舔):绝尽。病:指饥饿困乏。　⑧盍:何不。籴(dí敌):买粮食。　⑨饥馑:《尔雅·释天》:"谷不熟为饥,蔬不熟为馑。"　⑩告:请。　⑪选事:自己选择职事。　⑫夷:平,指平易的事。　⑬无违:指无违礼悖逆之事。　⑭鬯(chàng 畅)圭:祭祀宗庙时盛灌鬯酒的礼器,其圭柄之长一尺二寸,黄金为勺。玉磬:玉石制作的磬,宫廷中演奏雅乐时的一种乐器。　⑮戾:至。　⑯荐:再、重。李巡《尔雅注》:"连岁不熟曰荐。"　⑰羸:弱,这里指饥病。　⑱周公:鲁国始祖。太公:齐国始祖。命祀:天子所命祭祀。　⑲职贡:向王室朝贡之职守。共,通"供",供给。戾:罪。　⑳腆:丰厚。　㉑滞积:指粮仓里积贮很久的粮食。　㉒纾:纾缓、缓解。执事:指齐国主管粮仓官员。　㉓百辟:指鲁国先王、先公。辟,君、君主。

【评析】

公元前666年冬天,鲁国发生饥荒,正卿臧文仲主动请求出使齐国,借粮救灾。本文就是记叙臧文仲的借粮活动。通过他对鲁庄公、对从者、对齐人的三段对话,展示了他三方面的崇高品德和卓越才能。

臧文仲与庄公的对话,展示了他深谋远虑、勇于任事的政治家的品德和才能。作为政治家安邦定国的施政方针,对外,应该善于与邻国交好,以便在危难时得到支持。"亲仁善邻,国之宝也。"(《左传·隐公六年》)对内,应该积谷防饥,积蓄财物,以待不时之需。臧文仲是深明此理的。因此当鲁国发生饥荒、国弊民困之时,他建议庄公,请求邻国支持,"盍以名器请籴于齐"。又以"国有饥馑,卿出告籴"的古代制度为依据,勇于任事,主动请求出使齐国,购粮食以赈民困。

臧文仲与侍从的对话,展示了他忧国忧民、知难而进、明于职守、勤于王事的贤臣的崇高品德。当侍从墨守成规,批评他自己选择出使职事违礼时,臧文仲则认为道德高尚的贤人应急国家之急,在上位而体恤民情,居官位而勤于任事,使政事遵礼而行,这才符合臣子奉事君主之道。

臧文仲与齐人的对话,展示了他娴于辞令的外交家的卓越才能。

他把鲁国的遭遇饥荒与无法筹措祭品,祭祀周公、太公联系起来;与无法筹措对周天子的职贡结合起来。一下子把齐、鲁之间的关系拉得更近、更亲,使周、齐、鲁的关系靠得更紧、更深,深深激起了齐人患难相扶助的道义之心。终于齐国退还重器而借粮食给鲁国。

通过三段平实的对话,臧文仲这个政治家、贤臣、外交家的高大形象,有血有肉地矗立在世人面前,使人肃然起敬。

展禽使乙喜以膏沐犒师

【解题】

本篇记叙齐孝公以霸主自居,趾高气扬地兴师伐鲁。鲁派展喜以酒食犒劳齐军,借助周成王令齐鲁"世世子孙无相害也"的成命,义正词严而又委婉曲折地说退齐师的史事。揭示了齐孝公的夜郎自大和展喜的外交家才能。

齐孝公来伐鲁①,臧文仲欲以辞告②,病焉③,问于展禽④。对曰:"获闻之,处大教小,处小事大,所以御乱也,不闻以辞。若为小而崇⑤,以怒大国,使加己乱⑥,乱在前矣,辞其何益?"文仲曰:"国急矣!百物唯其可者⑦,将无不趋也⑧。愿以子之辞行赂焉⑨,其可赂乎?"

展禽使乙喜以膏沐犒师⑩,曰:"寡君不佞⑪,不能事疆埸之司⑫,使君盛怒,以暴露于敝邑之野,敢犒舆师⑬。"齐侯见使者曰:"鲁国恐乎?"对曰:"小人恐矣,君子则否。"公曰:"室如悬磬,野无青草,何恃而不恐⑭?"对曰:"恃二先君之所职业⑮。昔者成王命我先君周公及齐先君太公曰:'女股肱周室⑯,以夹辅先王⑰。赐女土地,质之以牺牲⑱,世世子孙无相害也。'君今来讨敝邑之罪,其亦使听从而释之,必不泯其社稷⑲;岂其贪壤地⑳,而弃先王之命?其何以镇抚诸侯?恃此以不恐。"齐侯乃许为平而还㉑。

【今译】

齐孝公来讨伐鲁国,臧文仲想写一篇谢罪的公文,请求齐国退兵,苦于难以措辞,便向展禽求教。展禽回答说:"我听说,处在大国的地位要教导小国,处在小国的地位要奉事大国,用来防备祸乱,没有听说过用文辞的。如果作为小国而自高自大,因而激怒了大国,那么把罪恶加到自己身上,罪恶发生在大国征讨之前,用文辞又有什么好处呢?"臧文仲说:"国家已经非常危急了,各种珍贵的物品只要可以用作送给齐国的礼物,没有舍不得割爱的。希望用您的言辞去给齐国送礼,大概可以达到让齐国接受礼物而退兵的目的吧?"

展禽派乙喜用酒食去犒劳齐国军队。说:"我们国君不才,没有奉事好贵国边境上的官员,使您非常生气,连累贵国的军队在我们国都的郊外经受风霜雨露之苦。所以国君派我斗胆前来慰劳贵国的大军。"齐孝公会见使者说:"鲁国害怕吗?"乙喜回答说:"小人害怕了,君子就不害怕。"齐孝公说:"你们的国库空虚得像悬挂着的钟磬,遭受大旱野里连青草都没有,依靠什么不害怕呢?"乙喜回答说:"我们依靠的是周公、太公二位先君在周王室的职守。从前周成王命令我们鲁国的始祖周公和齐国的始祖太公说:'你们全力支持周朝,辅佐周武王,取得胜利。因而赏赐给你们土地,用牺牲祭祀天地盟誓信守,希望你们世世代代子子孙孙不要互相侵害。'现在您来讨伐我国的过错,大概也是为了使我们听从成王的遗训,知错而改,然后宽恕我们,一定不会灭亡鲁国;您哪里会贪图我们的土地,而背弃先王的遗命呢?那又用什么来镇慑安抚诸侯呢?我们就依靠这个而不害怕。"齐孝公就同意讲和而撤兵回去。

【注释】

① 齐孝公：齐桓公之子，名昭，公元前642年至前633年在位。伐鲁事在鲁僖公二十六年（前634）。　② 辞告：指谢罪文辞。　③ 病：指找不到适当措辞。　④ 展禽：鲁士师，姓展，名获，字禽。以其食邑柳下，其妻私谥为"惠"，故亦称柳下惠，以善礼著名于当时。　⑤ 崇：高，指自高自大。　⑥ 乱：恶、罪恶。　⑦ 唯：只、只要。　⑧ 无不趋：都可致送而无所爱。　⑨ 行赂：指送礼。　⑩ 乙喜：鲁国大夫，姓展，名喜，字乙。古人常名、字连用，皆先字后名。膏沐：指酒食，一说润发用的油脂。　⑪ 不佞：不才。　⑫ 疆埸（yì意）：疆界、边疆。　⑬ 舆师：指大军。舆，众。　⑭ 恃：依恃、凭借。　⑮ 二先君：指鲁始祖周公、齐始祖太公。职业：职守。当时周公为太宰，太公为太师，同辅周室。　⑯ 股肱（gōng工）：大腿和上手臂，比喻有力助手。　⑰ 先王：指周武王。　⑱ 质：信。　⑲ 泯：灭、消灭。　⑳ 壤地：土地。　㉑ 平：讲和。

【评析】

本文为历史名篇。弱国以正义的言辞，说退强国非义之师，是真理战胜强权的范例。《左传》也著录其事。

齐国为什么要攻打鲁国？原因是鲁僖公二十五年（前635），与卫国、莒国在洮地会盟，解决了两个问题：一是卫成公修鲁僖公与卫文公之好；二是鲁、莒两国曾相互攻伐，积怨已久，经卫成公的调停而讲和。第二年（前634）鲁僖公与莒兹丕公、卫宁庄子在向地会盟，重申洮地会盟的友好关系。齐孝公以霸主自居，不以鲁国与他国同盟为然，竟然出兵讨伐。

当时齐强鲁弱，面临齐国大军压境的险恶形势，执政臧文仲手足无措，请展禽为使，将不惜致送重器，向齐国请罪，请求退兵。展禽没有亲自出马，委派展喜受辞前往。他借助成王遗训、齐鲁兄弟关系，施展卓越的外交才能,一席外交说辞,在大义凛然中蕴含委婉动听之情,在明尊齐为盟主之中暗寓非义贬意,终于说退齐师。

在这篇短文中,塑造了四个人物形象:

第一个是齐孝公。恃其国力强大,以霸主自居,趾高气扬,挥师伐鲁,大有一举荡平鲁国之势。开口便问:"鲁国恐乎?"随即又说:"室如悬磬,野无青草,何恃而不恐?"狂妄自大,傲慢之气溢于言表。但经展喜据理剖析,又呆若木鸡,无法开口措一辞,只得乘兴而来,败兴而去。

第二个是展喜。他受展禽之辞出使齐军,面对齐军的威胁、齐孝公的追问,不卑不亢,处险不惊,胸有成竹,侃侃而谈,充满必胜的信念。他借助周成王使齐鲁"世世子孙无相害也"的遗训,以守为攻,反证齐孝公绝不会贪图土地而背弃先王遗训,步步紧逼,终于说退齐军。

第三个是臧文仲。他是鲁国忧国恤民的贤臣,但当齐国大军压境时,肉食者鄙,惊惶失措,"百物唯其可者,将无不趋也",不惜卑辞厚礼,求齐国退兵。

第四个是展禽。他深明小国事大之礼、御敌经国之道,面对强大的齐军,泰然自若,坚信以礼服人,齐军必退。他虽未出使,但说退齐军的方略正是从他这里来的。

四个不同地位、不同性格、不同心态的人物形象,刻画得栩栩如生,呼之欲出,立体式地展现在人们面前。

臧文仲说僖公请免卫成公

【解题】

本文记叙臧文仲劝说鲁僖公向周襄王、晋文公求情,救助卫成公免罪。臧文仲出于公心,正直无私,既解救了卫成公免遭杀戮,又提高了鲁国的声誉。晋、卫两国主动与鲁国交好。

温之会①,晋人执卫成公归之于周②,使医鸩之③,不死,医亦不诛④。

臧文仲言于僖公曰⑤:"夫卫君殆无罪矣⑥。刑五而已,无有隐者⑦,隐乃讳也。大刑用甲兵⑧,其次用斧钺⑨,中刑用刀锯⑩,其次用钻笮⑪,薄刑用鞭扑⑫,以威民也⑬。故大者陈之原野⑭,小者致之市朝⑮,五刑三次⑯,是无隐也。今晋人鸩卫侯不死,亦不讨其使者⑰,讳而恶杀之也⑱。有诸侯之请,必免之⑲。臣闻之:班相恤也⑳,故能有亲。夫诸侯之患,诸侯恤之,所以训民也㉑。君盍请卫君以示亲于诸侯,且以动晋㉒?夫晋新得诸侯㉓,使亦曰:'鲁不弃其亲,其亦不可以恶。'"公说㉔,行玉二十瑴㉕,乃免卫侯。

自是晋聘于鲁,加于诸侯一等,爵同㉖,厚其好货。卫侯闻其臧文仲之为也,使纳赂焉㉗。辞曰:"外臣之言不越境㉘,不敢及君。"

【今译】

诸侯在温地会盟时,晋文公逮捕了卫成公将他押解到周王室囚禁,派医生用鸩酒毒害他,没有被毒死,医生也没有受到惩罚。

臧文仲向鲁僖公进言说:"卫成公大概没有罪了。刑不过五种罢了,没有暗中毒害的,暗中毒害就有所忌讳。大刑是用军队讨伐,其次用斧钺杀戮,中刑用刀锯截肢,其次用钻笮刺字黥面,轻刑用鞭子笞打,用来威慑民众。所以甲兵、斧钺杀死的陈尸于原野,用刀锯杀死的陈尸于朝堂和街市,五种刑法,野、朝、市三处地方,这就表明没有暗中行刑的。现在晋人毒杀卫侯而不死,亦不追究、惩罚医生,是有所忌讳而惧怕承担暗杀卫侯的恶名。如果有诸侯替卫侯求情,一定会赦免他的。我听说,地位相等的人要相互体恤,这样才能有亲近的人。诸侯的忧患,要诸侯去体恤,这用来教育民众互相体恤关怀。君王何不替卫君求情,在诸侯中表明您的爱亲之心,并且以此来感动晋国呢?晋国新近被任命为诸侯之长,让他们亦这样说:'鲁国不背弃他所亲近的诸侯,我们亦不可以与鲁国关系恶化。'"僖公很高兴,向周天子和晋侯献上二十对白玉,于是卫成公被赦免回国。

从此以后晋国派使者聘问鲁国,礼仪规格比其他诸侯高一等,爵位与鲁国相同的,就加厚馈赠礼物。卫成公听说自己被释是臧文仲的努力,便派人送礼物给他。臧文仲辞谢说:"别国臣子的话不超越国境,不敢与您交往。"

【注释】

① 温之会:鲁僖公二十八年(前 632),晋、鲁、齐、宋、蔡等国在温地(今河南温县西南)会盟,商讨攻打不服从的国家。　② 卫成公:卫国国君,名郑,公元前 634 年至前 600 年在位。晋人逮捕卫成公事见《周语》。　③ 鸩(zhèn 振):传说鸩为鸟名,一名运日,其羽毛有毒,浸在酒中,饮之立死。　④ 诛:杀、惩罚。　⑤ 僖公:鲁国国君,名申,公元前 659 年至前 627 年在位。　⑥ 殆:大概、或许。　⑦ 隐:暗中,指隐秘地谋害。　⑧ 甲兵:军队,指武力讨伐。　⑨ 斧钺(yuè 越):军队里执行斩首的斧子。钺,大斧。　⑩ 刀锯:指割刑与刖刑。　⑪ 钻笮(zuó 昨):指黥刑。笮,通"凿"。　⑫ 鞭扑:皮鞭与戒尺责打。　⑬ 威民:威慑民众。　⑭ 大者:指甲兵。陈:陈尸示众。　⑮ 市朝:街市与朝堂。古代凡死刑,大夫以上陈尸于朝,士以下陈尸于市。　⑯ 五刑:指以上甲兵、斧钺、刀锯、钻笮、鞭扑五种刑法。三处:指原野、朝堂、街市三处地方。　⑰ 使者:指被派遣的医生衍。　⑱ 讳:忌讳,避忌讳言。　⑲ 免:赦免罪行。　⑳ 班:次、等,指鲁、卫两国是同等爵位的诸侯。　㉑ 训民:教育人民。　㉒ 动:感动。　㉓ 晋新得诸侯:指晋文公新近称霸于诸侯,被周天子任命为诸侯之长。　㉔ 说:通"悦",高兴。　㉕ 縠(jué 绝):同"珏"。《说文》:"二玉相合为

一珏,珏或为瑴。" ㉖ 爵同:爵位与鲁国相同的诸侯国。 ㉗ 纳赂:送礼。 ㉘ 外臣:别国的臣子。

【评析】

本篇是《周语·襄王拒杀卫成公》的续篇。卫成公亲楚而不亲晋,不借道给晋文公讨曹伐楚,又杀其弟叔武。卫卿元咺在温之会上诉之于晋,故晋文公将他逮捕交给周襄王,想借周襄王之手杀死卫成公。但周襄王将他囚禁起来,不加杀戮。晋文公没有达到处死卫成公的目的,于心不甘,便派医生衍用鸩酒暗中谋害卫成公。卫大夫宁俞察知此事,便贿赂医生衍,请他减轻毒药的剂量,所以卫成公没有被毒死。鲁正卿臧文仲分析了周天子、晋文公的心理状态,建议鲁僖公去替卫成公说情,营救他回国。僖公听了他的话,便向周天子、晋文公各送十对白玉,请求释放卫成公。鲁僖公三十年(前630)秋,卫成公获释回国。前后两篇,各有侧重,合起来使史事前后完整。

本篇主要记叙臧文仲建议鲁僖公为卫成公求情的言论,表现了臧文仲的远见卓识、外交才能和高尚无私品德。

首先,臧文仲能审时度势。从刑法应该公开执行的原则中,抓住晋文公暗害卫成公而不愿被暴露和刚为诸侯盟主欲要结诸侯的心理状态,预料只要有人说情,使他们有台阶可下,周天子与晋文公一定会赦免卫成公。因而他向鲁僖公建议,请他替卫成公说情,请求赦免,终于获得成功。充分体现了臧文仲是一位具有远见卓识的政治家。

其次,臧文仲善于运用外交策略。他认为:"诸侯之患,诸侯恤之。"诸侯之间的患难,要相互体恤,相互救助。鲁国救助卫成公,"示亲于诸侯",就会得到诸侯的尊重和信任。果然提高了鲁国在诸侯中的地位和声望,为诸侯所向往,连晋国在聘问时也提高了礼仪的规格。充分体现了臧文仲是一位具有聪明才智的外交家。

其三,臧文仲知礼,明礼,循礼而行。当卫成公知道自己的获释是臧文仲出的力后,便感恩图报,派人送去礼物。而臧文仲不居功,不受赏,坚持"外臣之言不越境,不敢及君"的臣子不外交原则,退还礼物,不与卫成公有私人交往。充分体现了臧文仲是一位正直无私、循礼守法的贤臣。

由此可见,臧文仲既具有敏锐的政治洞察力,又具有忠厚淳朴的长者之心;既善于运用外交策略,又具有不居功、不邀赏、坚持原则的高贵品德。是难能可贵的。

臧文仲请赏重馆人

【解题】

本篇记叙晋文公削割战败的曹国土地给诸侯各国,鲁国臧文仲听了重地馆人的建议,抢先到达晋国,"班长而又先",分得比别国多的土地。臧文仲认为这是重馆人的功劳,建议僖公重赏馆人的史实。

晋文公解曹地以分诸侯①。僖公使臧文仲往,宿于重馆②。重馆人告曰③:"晋始伯而欲固诸侯④,故解有罪之地以分诸侯⑤。诸侯莫不望分而欲亲晋,皆将争先;晋不以固班⑥,亦必亲先者,吾子不可以不速行。鲁之班长而又先,诸侯其谁望之⑦?若少安,恐无及也。"

从之,获地于诸侯为多。反,既复命,为之请曰:"地之多也,重馆人之力也。臣闻之曰:'善有章⑧,虽贱,赏也;恶有衅⑨,虽贵,罚也。'今一言而辟境⑩,其章大矣,请赏之。"乃出而爵之⑪。

【今译】

晋文公削割曹国的土地分给各诸侯国。鲁僖公派遣臧文仲前往晋国接受土地,住在重地的馆舍里。重地馆舍的仆人告诉臧文仲说:"晋国刚刚开始称霸,想固结诸侯之心,所以削割有罪国家的土地分给诸侯。诸侯无不希望分到土地,而争先恐后地去亲近晋国。晋国如果不按诸侯国原先的爵位进行分配,一定会亲近先到的诸侯。您不可以不火速前去。鲁国的爵位在诸侯中最尊贵,而您又先到达,诸侯中有谁敢望鲁国的项背?如果您稍稍耽搁一下,恐怕赶不上了。"

臧文仲听了重地馆舍的仆人的话,果然分得的土地比其他诸侯多。回鲁国,向僖公复命后,替重地馆舍仆人请功说:"这次土地分得这么多,是重地馆舍那个人的功劳。我听说:'一个人善行显明彰著,即使卑贱,也要给予奖赏;一个人恶行出现征兆,即使尊贵,也要给予惩罚。'现在重馆人一句话就扩大了我国的疆土,他的功劳再明显不过了,请求君王奖赏他。"于是僖公就解除重馆人的仆役身份,赐给他一个爵位。

【注释】

① 解:削、削割。曹:国名。晋文公在外流亡时经过曹国,曹共公闻晋文公骈胁,便在帘外看晋文公沐浴,无礼于晋。文公即位后,伐曹,逮捕曹共公,削其土地,分割给诸侯。 ② 重:鲁国地名,在今山东鱼台西北。馆:馆舍,公家接待宾客的旅舍。 ③ 馆人:馆舍的仆人,即今之服务员。 ④ 伯:通"霸"。固:要结、团结。 ⑤ 有罪之地:指曹国的土地。 ⑥ 班:次、次序,指爵位、等次。 ⑦ 望:含有望其项背、与之比较之意。 ⑧ 章:彰明、显著。 ⑨ 衅:征兆。 ⑩ 辟境:开辟疆土,扩大国境。 ⑪ 出:指出籍,即解除其仆役身份。爵:爵位。

【评析】

公元前637年,晋文公在流亡中途经曹国。曹共公听说晋文公骿胁（肋骨紧密相连如一块的样子），便不听贤臣釐负羁谏阻，乘晋文公沐浴时，在帘外窥视。这是对晋文公的极大侮辱。于是晋文公即位后，即举兵伐曹，逮捕了曹共公，并分其地给诸侯作为报复。《左传·僖公二十三年》《韩非子·十过》《列女传》均载此事。《十过》说："国小无礼，不用谏臣，则绝世之势也。"可作为君主轻率无礼者之戒。

本篇就是记叙鲁国派臧文仲去晋国接受分割曹国土地的事。臧文仲在去晋途中，住在重地的旅舍里，他听从重地馆人的建议，火速赶到晋国，拔得头筹。晋国以其"班长而又先"，分得比别国多的土地。臧文仲回国后，把功劳归给重馆人，建议鲁僖公重赏他。因而重馆人得以出隶籍，受爵为大夫。

阅读本文，可以给人三点启示：

第一，智慧蕴藏于民众之中。重地馆人虽身处贱役，但关心祖国，洞察形势，心明如镜。他对晋国分割曹地的目的、心理状态了如指掌。他认为晋文公分割曹地给诸侯的目的在于结人心，获得诸侯的拥护而巩固霸业。因此从心态上看，谁最先到达，就表明谁最拥护他，能讨得他的欢心。再从诸侯的角度看，谁都希望得到土地而亲附晋国，争先恐后地捷足先登。所以他催促臧文仲火速前往，臧文仲依计而行，果然分得比别国多的土地。

第二，学习臧文仲忠诚老实、不掩人之功、不掠人之美的高尚品德。臧文仲出使回国向鲁僖公复命时，将得地之多归功于重馆人。"地之多也，重馆人之力也"，请求给他赏赐。表现了臧文仲光明磊落的宽大胸怀和实事求是的美德，与身居高位、争名于朝、争利于市者不可同日而语。

第三，有功则赏，有罪则罚，无别贵贱，是治国的重要原则。臧文仲主张："善有章，虽贱，赏也；恶有衅，虽贵，罚也。"以是否有善行作为奖罚的标准，用以教育人民求是去非，扬善惩恶。

展禽论祭爰居非政之宜

【解题】

本篇记叙臧文仲让国人去祭祀海鸟"爰居",展禽批评他违背祭祀原则,为非仁、非智之举。臧文仲虚心接受他的批评,知过必改,并把展禽的话载入简册,以戒后人。

海鸟曰"爰居①",止于鲁东门之外三日,臧文仲使国人祭之。展禽曰:"越哉②,臧孙之为政也!夫祀,国之大节也③;而节,政之所成也。故慎制祀以为国典④。今无故而加典,非政之宜也。

"夫圣王之制祀也,法施于民则祀之,以死勤事则祀之,以劳定国则祀之,能御大灾则祀之,能捍大患则祀之。非是族也⑤,不在祀典。昔烈山氏之有天下也⑥,其子曰柱⑦,能殖百谷百蔬;夏之兴也,周弃继之⑧,故祀以为稷。共工氏之伯九有也⑨,其子曰后土⑩,能平九土,故祀以为社。黄帝能成命百物⑪,以明民共财⑫,颛顼能修之⑬。帝喾能序三辰以固民⑭,尧能单均刑法以仪民⑮,舜勤民事而野死⑯,鲧鄣洪水而殛死⑰,禹能以德修鲧之功⑱,契为司徒而民辑⑲,冥勤其官而水死⑳,汤以宽治民而除其邪㉑,稷勤百谷而山死㉒,文王以文昭㉓,武王去民之秽㉔。故有虞氏禘黄帝而祖颛顼,郊尧而宗舜㉕;夏后氏禘黄帝而祖颛顼,郊鲧而宗禹;商人禘舜而祖契,郊冥而宗汤;周人禘喾而郊稷，祖文王而宗武王；幕㉖，能帅颛顼者也㉗，有虞氏报焉㉘；杼㉙，能帅禹者也，夏后氏报焉；上甲微㉚，能帅契者也，商人报焉；高圉㉛、大王㉜，能帅稷者也，周人报焉。凡禘、郊、祖、宗、报，此五者国之典祀也㉝。

"加之以社稷山川之神，皆有功烈于民者也㉞；及前哲令德之人，所以为明质也㉟；及天之三辰，民之所以瞻仰也；及地之五行㊱，所以生殖也㊲；及九州名山川泽，所以出财用也。非是不在祀典。

"今海鸟至，己不知而祀之，以为国典，难以为仁且智矣。夫仁者讲功㊳，而智者处物㊴。无功而祀之，非仁也；不知而不能问，非智也。今兹海其有灾乎？夫广川之鸟兽，恒知避其灾也㊵。"

是岁也，海多大风，冬暖。文仲闻柳下季之言，曰："信吾过也㊶，季子之言不可不法也。"使书以为三策㊷。

【今译】

有一只叫"爱居"的海鸟，停在鲁国都城东门外已经三天了，臧文仲派国都里的人去祭祀它。展禽说："太迂了，臧文仲竟这样处理政务！祭祀，是国家的重要制度；制度，使政事得以成功。所以要慎重地制定祭祀的制度，作为国家的大法。现在无缘无故而增加祭典，不是为政所应该的。

"圣王创制祭祀大法的原则是：凡是执法为政、施恩于民的人就祭祀他，凡是勤于王事、以身殉国的人就祭祀他，凡是劳苦功高、安邦定国的人就祭祀他，凡是能抵御重大灾祸的人就祭祀他，凡是能解除重大人祸的人就祭祀他。不属于这几类的，不能列在祭祀大典之中。从前烈山氏掌管天下时，他的儿子叫柱，能够种植各种谷物和蔬菜；夏朝兴起后，周族的弃继承了柱的事业，所以祭祀他们尊之为谷神。共工氏称霸九州的时候,他的儿子叫后土,能平治九州的土地,所以祭祀他尊之为土神。黄帝能给百物命名,使民明白道理,供给国家财用,颛顼能继承他的功业。帝喾能按日、月、星辰的运行规律制定季节变化的顺序,使民众安心从事农业生产;尧能尽力使刑法公平,使之成为民众行动的准则;舜能勤劳民事,死于苍梧之野;鲧用湮法治洪水失败,被处死于羽山;禹能用仁德继承并完成鲧治水未竟之业;契担任司徒,教化人民和顺辑睦;冥任水官,勤于职守而死在水中;汤用宽大政策治理人民,为民除掉夏桀的残暴统治;后稷辛勤地播种百谷,累死于山上;文王以文德著称于世;武王伐纣为民众除掉祸害。所以有虞氏禘祭黄帝而祖祭颛顼,郊祭帝尧而宗祭帝舜,夏后氏禘祭黄帝而祖祭颛顼,郊祭伯鲧而宗祭夏禹,商人禘祭帝舜而祖祭契,郊祭冥而宗祭汤,周人禘祭帝喾而郊祭后稷,祖祭文王而宗祭武王。幕,是能遵循颛顼功业的人,有虞氏报祭他;杼,是能遵循夏禹功业的人,夏后氏报祭他;上甲微,是能遵循殷契功业的人,商人报祭他;高圉、太王,是能遵循后稷功业的人,周人报祭他。凡是以上所说的禘祭、祖祭、郊祭、宗祭、报祭这五种祭祀,是国家规定的祭祀大典。

"此外,再加上祭祀土地、五谷、名山、大川的神,它们都是对民众有功德的;再加上祭祀前代的圣哲、有美德的人,他们有德于民,祭之以表诚信;还要祭祀天上的日、月、星辰,它们都是民众所瞻仰的;还要祭祀大地上金、木、水、火、土,它们都是民众赖以生长繁衍的;还要祭祀九州的名山、大川,它们都为民众生产财物器用。不是以上这些,都不能列入祭祀的大典。

"现在海鸟飞来了,自己弄不清楚原因而去祭祀它,还作为国家的祭典,就难以说是仁者和智者的行为了。仁者讲论功业,智者明察事理。没有功业而去祭祀它,不是仁者的举动;不了解而不去问别人,不是智者的做法。现在海上大概要发生灾祸了吧?那广阔海域里的鸟兽,常常预知灾祸而到别处躲避的。"

这一年,海上多刮大风,冬天过于暖和。臧文仲听了柳下季的话后,说:"这的确是我的过错啊!柳下季的话不可以不奉为法则。"于是叫人把柳下季的话写在三卿的简册上。

【注释】

①爰居:海鸟名,又名杂县。 ②越:迁、迁阔。 ③大节:重大的制度。 ④祀:祭祀。国典:国家的大法。 ⑤族:类。 ⑥烈山氏:传说中炎帝即神农氏的号。 ⑦柱:传说中神农之子,七岁有圣德,佐神农氏种植百谷百蔬,夏以前被祀为五谷神。 ⑧弃:后稷,周人的始祖,尧、舜时为农官,教民耕种,死后祀为谷神。 ⑨共工氏:古代传说中的帝王名。伯:同"霸"。九有:九州,即全国。 ⑩后土:共工氏的儿子,传说为黄帝土官,后世祀为土神。 ⑪黄帝:传说为中原各族的共同祖先,相传为少典之子,姓公孙,住在轩辕之丘,号轩辕氏,又迁居姬水,改姓姬,以土德王,称为黄帝。成命百物:给百物命名。命,名。 ⑫明民:使民众明白道理。共财:供给国家财用。共,通"供"。 ⑬颛顼:传说中黄帝孙子,昌意之子,高阳氏。 ⑭帝喾:传说中黄帝曾孙高辛氏。三辰:日、月、星。固:安。 ⑮尧:传说中帝喾的庶子,名放勋,号陶唐氏,史称唐尧。单:同"殚",尽、全。均:平。仪:善。 ⑯舜:传说中颛顼六世孙,姓姚,名重华,号有虞氏,史称虞舜。野死:传说舜征有苗,死于苍梧之野。 ⑰鲧:传说中颛顼后代,禹之父,用湮法治水,九年不成,被杀于羽山。鄣(zhāng张):堵塞。殛(jí及):杀、杀戮。 ⑱修:继承。 ⑲契(xiè泄):传说中商族的始祖,帝喾之子,助禹治水有功,舜任命他为司徒,掌管教化,赐姓子氏,封于商。辑:和,和睦。 ⑳冥:契的六世孙,夏朝水官,忠于职守,治水而死。㉑汤:冥的九世孙,商王朝建立者,名天乙、履,史称成汤。邪:邪恶之人,指夏桀。 ㉒稷:后稷。山死:传说稷勤百谷,死于黑水之山。 ㉓文昭:文德昭著。 ㉔秽:秽物,指纣王。 ㉕有虞氏:古部落名,舜为其首领。禘:古代天子祭祀祖先的大祭,即在始祖宗庙内对始祖所自出之天帝的祭祀,是追远中的追远、报本中的报本。祖:古代天子对始祖(开国君主)的祭祀。郊:古代天子对天的祭祀,由祖先配祭。宗:古代天子对宗庙的祭祀,即庙祭。禘、祖、郊、

宗都是祭祀名。 ㉖ 幕:人名,舜之先人。《左传·昭公八年》:"自幕至于瞽瞍,无违命。"可见幕在舜之先。韦昭《国语注》云:"幕,舜后虞思也。"误。 ㉗ 帅:循、遵循。 ㉘ 报:祭祀名,报德的祭祀。 ㉙ 杼(zhù柱):禹七世孙,少康之子,曾复兴夏朝。 ㉚ 上甲微:商契八世孙,汤六世祖。上甲微父王亥被有易氏杀死,并抢走其牛羊。他征伐有易氏为父报仇,夺回牛羊,有功于商族。 ㉛ 高圉(yǔ雨):后稷十世孙,周族首领。 ㉜ 大王:古公亶父,高圉的曾孙,文王的祖父。迁都于岐,奠定周族发展的基础。 ㉝ 典祀:祭祀的大法。 ㉞ 功烈:功德、功绩。 ㉟ 明质:明信。 ㊱ 五行:指金、木、水、火、土。 ㊲ 殖:生长。 ㊳ 讲功:讲论功业。 ㊴ 处物:明察事理。 ㊵ 恒:常。 ㊶ 信:诚然、确实。 ㊷ 筴(cè册):同"策",指竹简。

【评析】

公元前 625 年,臧文仲使国人祭祀"爰居",引出展禽关于祭祀的一大篇议论,批评臧文仲不仁不智之举。

臧文仲是鲁国正卿,忠君爱民,正直无私,但也有局限之处。海上飞来一只鸟,停在鲁国东门上三天不走,他以为是神,让国人去祭祀。无独有偶,他还为大乌龟造了华丽的房子,柱子的斗拱上、大梁上的短柱都雕刻着花纹,把它当神物供奉起来。"臧文仲居蔡,山节藻棁。"(《论语·公冶长》)好心办错事,一副迂阔的样子。所以孔子曾批评他说:"臧文仲,其不仁者三,不知者三。"有三件不仁的事、三件不智的事。不仁的事:一是不举用展禽,让他屈居下位;二是设置六座关隘,征收赋税,加重商民负担;三是让他的妻妾织蒲席贩卖,与民争利。不智的事:一是私蓄大蔡之龟,造华丽的房子给它居住;二是纵容执政夏父弗忌在祭太庙时把僖公的神主排列在闵公之上(僖公继闵公为鲁君,按礼,闵公应在僖公之上。臧文仲身为庄、闵、僖、文四朝元老,却不据礼加以纠正);三是祭祀爰居。孔子对臧文仲的批评有的是对的,有的似可商榷,而孔子与展禽对臧文仲批评的着眼点则是相同的。臧文仲的可贵之处在于,听了展禽的批评后,不护短,不掩饰,虚心接受,承认错误,还把展禽的话写在简策上，供三卿施政及后人参考，具有长者之仁风。

展禽，鲁国的贤人，姓展，名获，字禽。食邑在柳下，《列女传》说其妻私谥曰"惠"，故又叫柳下惠。《庄子·盗跖》及《战国策》称柳下季，季是排行。曾任鲁国士师，掌管刑狱之事。传说他道德高尚，坐怀不乱，明于礼仪，为孔子所尊重。

在古代，"国之大事，在祀与戎"。展禽在本文中以"夫祀，国之大节也；而节，政之所成也。故慎制祀以为国典"立论，指出祭祀是国家的重大制度，乃政之所由成，关系甚大，故慎立祭祀之法，以为国家重大典制，不得有所增加。"今无故而加典，非政之宜也。"

展禽首先论述了圣王制定祭祀原则及其事例。认为只有为人民建立了功劳的五种人才属于祭祀之列，否则"非是族也，不在祀典"。接着列举柱、后土、黄帝、帝喾、尧、舜、鲧、禹、契、冥、汤、稷、文王、武王等从不同方面为人民建立功勋的人，才能享受国家的祭祀。而祀典则分禘、郊、祖、宗、报五种，以祭祀不同的祖先。其次，论述有功德于人民的社稷山川等自然物，也属于享受国家祭祀之列，因为它们供给人民财用，对人民有利。"非是不在祀典。"最后，落实到海鸟至而祭祀，乃"无故而加典"，不是仁者、智者之举的结论。

全文结构严谨，说理透辟，不熟谙古代祭祀之礼，是难以发表如此高深的议论的。

文公欲弛孟文子与郕敬子之宅

【解题】

本篇记叙鲁文公欲扩建宫室，打算占用孟文子、郕敬子住宅，让他们迁居。孟、郕二人以守护先王建政之制和有利于政务为由，委婉而柔中有刚地拒绝了鲁文公的要求。反映了鲁国公室卑弱、大夫强大的现实。

文公欲弛孟文子之宅[1]，使谓之曰："吾欲利子于外之宽者。"对曰："夫位[2]，政之建也；署[3]，位之表也[4]；车服[5]，表之章也[6]；宅，章之次也[7]；禄[8]，次之食也。君议五者以建政[9]，为不易之故也[10]。今有司来命易臣之署与其车服[11]，而曰：'将易而次[12]，为宽利也。'夫署，所以朝夕虔君命也[13]。臣立先臣之署[14]，服其车服，为利故而易其次，是辱君命也[15]，不敢闻命[16]。若罪也，则请纳禄与车服而违署[17]，唯里人所命次[18]。"公弗取。臧文仲闻之曰："孟孙善守矣[19]，其可以盖穆伯而守其后于鲁乎[20]！"

公欲弛郈敬子之宅[21]，亦如之。对曰："先臣惠伯以命于司里[22]，尝、禘、烝、享之所致君胙者[23]，有数矣。出入受事之币以致君者[24]，亦有数矣。今命臣更次于外，为有司之以班命事也，无乃违乎[25]！请从司徒以班徙次。"公亦不取。

【今译】

鲁文公想拆毁孟文子的住宅来扩建自己的宫室，派人对孟文子说："我想在外面给你安排一处宽敞的地方让你搬去居住。"孟文子回答说："爵位，是用来建立政事的；官署，是爵位的表识；车服，是使贵贱尊卑的爵位显示出来的；宅第，是有章服、有官位的人居住的房舍；俸禄，是有房舍居住的人所享受的禄米。国君议定位、署、服、宅、禄五项内容以建立政事，因为这是不可以随便改变的。现在有关部门来命令我改变我的官署和车舆服饰，并说：'将要改变你的住宅，为了使你住得宽敞些、便利些。'官署，是用来早晚虔诚地接受国君政令的。我住在父祖的官署里，用他们的车舆服饰，为了贪图利益而改变居住的地方，这是辱没君命的，所以我不敢听从。如果我有罪，就请求交还爵禄和车舆服饰而离开我的官署,让里宰来安排我的住宅吧。"文公没有占取孟文子的住宅。臧文仲听到这件事后说:"孟文子善于守职啊,他的作为可以掩盖他父亲穆伯的罪恶,而在鲁国固守他的后嗣吧!"

鲁文公想拆毁郈敬子的住宅来扩建自己的宫室,也说了对孟文子说的同样的话。郈敬子回答说:"先臣惠伯接受司里的命令住在这所房子里,每年国家举行秋祭、夏祭、冬祭、春祭时我们在这所房子里接受国君赏赐的胙肉,已经好几代了。在这所房子里接受国君的任命,带着礼物出使到别国去聘问,传达君主的命令,也有好几代了。现在命令我更换住宅搬到外面去,如果有关部门以位次命职事于我,我在外面居住,恐怕太远而不方便吧!君王如果以我为有罪而黜退的话,请司徒按照班次安排我的住宅。"文公也没有占取郈敬子的住宅。

【注释】

① 文公:鲁文公,名兴,僖公之子,公元前 626 年至前 609 年在位。弛:毁、拆毁。孟文子:鲁大夫,公孙敖之子,名谷,又称文伯。② 位:爵位。 ③ 署:官署,也指代官职。 ④ 表:表识。 ⑤ 车服:车舆服饰。 ⑥ 章:别、区别。 ⑦ 次:房舍、住宅。 ⑧ 禄:俸禄。 ⑨ 五者:指位、署、服、宅、禄。 ⑩ 不易:不可改变。 ⑪ 有司:指有关职能部门。 ⑫ 而:你。 ⑬ 虔:虔诚、虔敬。 ⑭ 先臣:指已死的父祖。 ⑮ 辱:侮辱、辱没。 ⑯ 不敢闻命:不接受命令的婉转说法。 ⑰ 纳:归、归还、交还。违:去、离开。 ⑱ 里人:里宰,里中管事人员,亦即下文司里。 ⑲ 孟孙:孟文子。守:守职。 ⑳ 盖:掩盖、弥补。穆伯:公孙敖,孟文子之父,曾为襄仲聘莒女,见其美而自娶为继室,后出奔莒,死于齐。 ㉑ 郈(hòu 厚)敬子:鲁大夫,郈惠伯的玄孙敬伯,名同。 ㉒ 惠伯:郈敬子先人,鲁孝公之子,名巩。㉓ 尝、禘、烝、享:古代祭祀名。秋祭曰尝,夏祭曰禘,冬祭曰烝,春祭曰享。致君胙者:有二说,一说臣家祭后致祭肉于君,一说君祭祀后赐胙肉于臣下。此以后说为长。 ㉔ 出入:指奉使出境入国。受事:接受使命。币:礼币。 ㉕ 违:远。

【评析】

鲁文公准备扩建自己的宫室,想拆毁孟文子和郕敬子的住宅,让他们搬迁到别处去,结果遭到拒绝,不能如愿以偿。这一事实反映了鲁国文公时公室正日趋衰微、卿大夫势力日益强大的现实。在我国古代,"溥天之下,莫非王土;率土之滨,莫非王臣"。国君要建造宫室苑囿,征用臣子的土地、住宅,是谁也不敢反对的。但在鲁文公这里竟然行不通,岂不说明国君已大权旁落?那么,鲁国从何时开始公室卑微、国君大权旁落呢?据有关史书记载,鲁自东门仲襄杀文公之子赤而立宣公,于是公室丧权,政在大夫,爵禄不从君出。《史记·鲁世家》说:文公卒,仲襄立宣公,"鲁由此公室卑,三桓强"。好像从文公卒后,鲁国公室始卑,三桓开始强大。其实,公室的衰微是一个渐变的过程,《国语》的这则史料倒可以补充说明鲁国公室的衰微,在文公时已经初露端倪了。

在本文中孟文子和郕敬子都反对文公侵占他们的住宅。但拒绝的言辞颇有不同,各尽其妙,值得我们细细玩味。孟文子以维护先王建政之制为由,决心守护祖先的职守,拒绝搬迁。甚至声称,除非自己犯罪,才"纳禄与车服而违署",否则"不敢闻命"。义正词严,态度强硬,锋芒毕露,大有得理不让人之势。

郕敬子则有所不同,他从迁居不利于职守出发,陈述不迁的理由。他认为即使自己有罪,也应由司徒依据自己的班次安排住宅,不应由国君下令搬迁。言辞表面虽委婉,而柔中有刚,以守为攻,非常得体。

夏父弗忌改昭穆之常

【解题】

本篇记叙夏父弗忌在宗庙祭祀时,不听宗有司劝阻,不按昭穆顺序,随心所欲地把鲁僖公的神主列在先为国君的鲁闵公之上,违背宗法礼制。刻画了一个主观武断、刚愎自用者的形象。

夏父弗忌为宗①,蒸②,将跻僖公③。宗有司曰④:"非昭穆也⑤。"曰:"我为宗伯,明者为昭⑥,其次为穆,何常之有⑦!"有司曰:"夫宗庙之有昭穆也,以次世之长幼⑧,而等胄之亲疏也⑨。夫祀,昭孝也。各致齐敬于其皇祖⑩,昭孝之至也。故工史书世⑪,宗祝书昭穆⑫,犹恐其逾也⑬。今将先明而后祖,自玄王以及主癸莫若汤⑭,自稷以及王季莫若文、武⑮,商、周之蒸也,未尝跻汤与文、武,为不逾也。鲁未若商、周而改其常,无乃不可乎?"弗听,遂跻之。

展禽曰:"夏父弗忌必有殃⑯。夫宗有司之言顺矣⑰,僖又未有明焉。犯顺不祥⑱,以逆训民亦不祥⑲,易神之班亦不祥,不明而跻之亦不祥。犯鬼道二⑳,犯人道二㉑。能无殃乎?"侍者曰:"若有殃焉在㉒?抑刑戮也,其夭札也㉓?"曰:"未可知也。若血气强固,将寿宠得没㉔,虽寿而没,不为无殃。"既其葬也,焚㉕,烟彻于上㉖。

【今译】

夏父弗忌担任宗伯,冬祭时准备升鲁僖公的神主在闵公之上。宗伯属下主管祭祀的官员说:"这不符合左昭右穆的次序。"夏父弗忌说:"我是宗伯,僖公有明德当为昭,闵公次于僖公当为穆,有什么固定的次序!"主管祭祀的官员说:"宗庙有昭穆次序,是用来排列世系的先后,整齐划一后代的亲疏关系。祭祀,是昭明孝道的,各自向皇天宗祖呈献虔诚的敬意,这是昭明孝道达到最高的境界。所以乐师、太史要记载受祭者世系的先后,宗伯、太祝要记载受祭者昭穆的次序,这样做还恐怕出现越礼的事。现在您打算把明德的僖公放在前面,而把世系在前的闵公放在后面,正好比先祭父而后祭祖。殷商从玄王到主癸论明德都不及汤,周代从稷到王季论明德都不及文王、武王,可是商人、周人在冬祭时,从来没有升汤与文王、武王的神主在列祖列宗之上的,这是为了不使世系的次序相逾越。鲁国不像商人、周人那样做,反而改变它的常规,恐怕不可以吧!"夏父弗忌不听,于是就升僖公的神主在闵公之上。

展禽说:"夏父弗忌一定会遭受灾祸。主管祭祀的官员的话是符合祭礼的,况且僖公又没有明德。违背了礼不吉祥,用违礼的话教育人民也不吉祥,变更神主的班次亦不吉祥,没有明德而把神主升在前面也不吉祥。后两条违犯鬼道,前两条违犯人道,能不遭到灾祸吗?"侍从人员问:"如果有灾祸将发生在哪里呢?是被刑杀,还是因瘟疫而早死?"展禽说:"那就不可能知道了。如果他血气旺盛,将会老寿而保宠终身,但即使寿终而死,也不可能没有灾祸。"后来夏父弗忌死后安葬,火焚烧了他的棺椁,缭绕的烟气直冲云霄。

【注释】

① 夏父弗忌:鲁大夫,夏父展的后代,姓夏父,名弗忌。宗:宗伯,官名,掌国家祭祀之礼。 ② 蒸:古代冬季祭祖庙之礼。 ③ 跻(jī机)僖公:升鲁僖公的神主到闵公之上去祭祀。僖公、闵公均为庄公之子,僖公虽为闵公庶兄,但继闵而立,按礼,僖公神主应在闵公之下。跻,升。 ④ 宗有司:指宗伯属官主管祭祀的官员。 ⑤ 昭穆:古代宗庙排列神主次序,以始祖庙居中,左为昭,右为穆,父为昭,子为穆。祭祀时,子孙也按此排列行礼。 ⑥ 明:明德。 ⑦ 常:常规。 ⑧ 长幼:指先后。 ⑨ 等:同辈。胄:后代。 ⑩ 齐(zhāi斋)敬:虔诚肃敬。皇:大,指皇天。 ⑪ 工:乐师。史:太史。世:世次先后。《周礼·春官·瞽蒙》"世奠系"注:古时天子、诸侯卒,停丧将丧时,让瞽蒙乐师讽诵死者功业诗篇,唱谥号,小史叙先王序次。 ⑫ 宗:宗伯,官名,掌礼仪。祝:太祝,官名,掌位序。 ⑬ 逾:越,越礼。 ⑭ 玄王:商族始祖契。主癸:汤的父亲。 ⑮ 稷:后稷,周族始祖弃。王

季:周文王父亲。　⑯ 殃:灾祸、祸殃。　⑰ 顺:指符合于礼。　⑱ 犯:违犯。不祥:不吉利。　⑲ 逆:指违礼。　⑳ 犯鬼道二:指"易神之班"和"不明而跻之"两件事。　㉑ 犯人道二:指"犯顺"和"以逆训民"两件事。　㉒ 焉在:在哪里。　㉓ 夭:短命而死为夭。札(zhá闸):遭瘟疫而死为札。　㉔ 寿宠:老寿而保宠。没:通"殁",死亡。　㉕ 焚:指火焚烧其棺椁。　㉖ 彻:通、达。

【评析】

公元前625年,鲁文公三年之丧毕,八月丁卯,袷祭先君于太庙,宗伯夏父弗忌主持祭典,主张将僖公的神主升在闵公之上享受祭祀。闵公与僖公为兄弟,《史记·鲁世家》称"闵为兄,僖为弟",而《汉书·五行志》则谓僖是闵之庶兄。无论谁为兄,谁为弟,僖公是入继闵公的,依当时礼制,闵公固当在上,升僖公的神主在闵公之上是违反礼制的。据本文宗有司与夏父弗忌的对话看,跻僖公不仅改变了享祀的位次,而且改变了昭穆。《周礼·春官·冢人》贾公彦疏此事说:"文二年秋八月,大事于大庙,跻僖公,谓以惠公当昭,隐公为穆,桓公为昭,庄公为穆,闵公为昭,僖公为穆。今升僖公于闵公之上为昭,闵公为穆,故云逆祀也。"认为跻僖公改变了昭穆。而同书孔颖达疏说:"礼,父子异昭穆,兄弟昭穆同。僖、闵不得为父子,同为穆耳。当闵在僖上,今升僖先闵,故云逆祀。二公位次之逆,非昭穆乱也。"认为跻僖公只改变位次,未改变昭穆。故后人对此议论纷纭,恐怕是缺乏对本文的研究所致。其实本文表述得清清楚楚,跻僖公不仅改变位次,而且也改变了昭穆,应依本文为断。所以这件事在历史上作为鲁国礼崩乐坏的典型事例来叙述。孔子曾在观看鲁国禘祭时说:"禘自既灌而往者,吾不欲观之矣。"(《论语·八佾》)孔子为什么在鲁国举行禘礼时看了一、二献以后就不再看下去呢? 就是因为"逆祀"跻僖公而乱昭穆。坚决维护周礼的孔子不看非礼之祭,不是很自然的吗?

夏父弗忌为什么要升僖公于闵公之上呢? 这是因为文公是僖公

之子，他为了取悦于文公以邀宠，并得到文公的默许和支持，故假手中宗伯权力而为此。何以知道呢？这从本文开头"烝，将跻僖公"一句的"烝"字中可以看出端详。烝，指冬祭。据《尔雅·释诂》，也可作"进"字解。贾逵《国语注》说："烝，进也，谓夏父弗忌进言于公，将升僖公于闵公之上也。"（转引董增龄《国语正义》）说明跻僖公一事，文公与夏父弗忌之间事先已有了默契。所以夏父弗忌便敢于违背古礼，冒天下之大不韪，站出来胆大妄为。在他背后站着文公，他有恃无恐。实质上，跻僖公的始作俑者应是文公。按常规推论，文公是主祭者，如果文公不同意，僖公能升位吗？但作者为尊者讳，一个"烝"字，把文公隐去，将夏父弗忌推到前台，充当打手。可见作者作文匠心之独运。

此外，本文文笔凝练。作者很强的驾驭语言能力还表现在，仅用夏父弗忌"我为宗伯，明者为昭，其次为穆，何常之有"短短的一句话，就把一个狂妄自大、滥用职权、主观武断、刚愎自用而又取媚邀宠的官僚形象活灵活现地刻画出来。

里革更书逐莒太子仆

【解题】

本篇记叙莒太子仆杀其父纪公，盗其宝投奔鲁宣公。鲁宣公贪其宝，下令季文子接纳莒仆。太史里革改动鲁宣公命令，令季文子立即将杀君盗宝的坏人驱逐出境。表现了里革刚正不阿、疾恶如仇的高贵品德。

莒太子仆弑纪公①，以其宝来奔。宣公使仆人以书令季文子曰②："夫莒太子不惮以吾故杀其君③，而以其宝来，其爱我甚矣。为我予之邑④。今日必授,无逆命矣。"里革遇之而更其书曰⑤:"夫莒太子杀其君而窃其宝来,不识穷固⑥,又求自迩⑦,为我流之于夷⑧。今日必通⑨,无逆命矣。"明日,有司复命⑩,公诘之⑪,仆人以里革对。公执之,曰:"违君命者,女亦闻之乎⑫?"对曰:"臣以死奋笔,奚啻其闻之也⑬!臣闻之曰:'毁则者为贼⑭,掩贼者为藏⑮,窃宝者为宄⑯,用宄之财者为奸。'使君为藏奸者,不可不去也。臣违君命者,亦不可不杀也。"公曰:"寡人实贪⑰,非子之罪。"乃舍之⑱。

【今译】

　　莒国太子仆杀了父亲纪公,带着他的国宝投奔鲁国。鲁宣公派仆人拿着他的亲笔书信命令执政季文子说:"莒太子因我的缘故不怕冒天下之大不韪杀死了他的国君,而且带了他的国宝来投奔我,他是非常爱我的。你替我赏给他采邑。今天一定要办妥,不要违背我的命令。"太史里革在路上遇到仆人,把信的内容改为:"莒太子杀死了他的国君并且窃取了他的国宝来投奔,他不仅没认识到自己穷凶极恶,还想来亲近我,你替我将他流放到东夷去。今天必须彻底执行,不要违背我的命令。"第二天,有关部门向宣公报告执行命令的情况,宣公责问他们为什么把莒太子驱逐出境。仆人便将里革改动书信的事报告了宣公。宣公立即派人把里革捉来,问他说:"违犯国君命令的人该当何罪,你也听说过吗?"里革回答说:"我拼着一死奋笔改写书信,何止是听说过!我还听说:'破坏法则的人是乱贼,掩护乱贼的人是窝主,盗窃国宝的人是内盗,用内盗财物的人是奸邪。'使君王您成为窝主、奸邪的人,我不可以不把他赶走。我是违背君王命令的人,也不可以不杀。"宣公说:"我确实太贪心了,这不是你的罪过。"于是就释放了他。

【注释】

　　① 莒(jǔ举):国名,己姓,子爵,在今山东莒县。太子仆:莒国的

太子,名仆。纪公先立仆为太子,后又立次子季佗而废仆,故仆杀其父纪公。纪公:莒国国君,名庶其。　②宣公:鲁宣公,名俀,一名接,文公之子,公元前608年至前591年在位。仆人:官名,即谒者,在君主身边掌迎接宾客等事。季文子:季孙行父,鲁国正卿。　③惮:难。　④邑:采邑。　⑤里革:鲁国太史,名克。　⑥穷固:穷凶极恶。　⑦迩:近、亲近。　⑧流:流放、驱逐。　⑨通:达,指彻底执行。　⑩有司:主管部门,这里指司寇。　⑪诘:问、诘问。　⑫女:同"汝",你。　⑬奚啻(chì 赤):何只、何止。　⑭则:法则。　⑮藏:窝主。　⑯宄(guǐ 鬼):乱在内为宄,指内盗。　⑰实贪:确实贪婪。　⑱舍:释放、赦免。

【评析】

本篇在《左传·文公十八年》亦有记载。莒国纪公生太子仆,后又生季佗,偏爱季佗而废黜太子仆,在国内又多行违礼之事,引起国人不满。太子仆在国人的帮助下杀死了纪公,带着国宝来投奔鲁国,意在得到鲁国的支持,返国为君。在当时杀君父而违礼不孝的人是极大的恶人,人人得而诛之。但鲁宣公贪其宝,不分是非,下令赏赐他采邑。鲁国执政季孙行父派人将他驱逐出境,并派太史克向宣公复命,阐明进贤臣、退凶顽、去凶保德的道理。本文则为里革改写宣公诏书,命令季孙行父驱逐太子仆出境,与《左传》所记稍异。

在这篇短文中,刻画了两个主要人物:

第一个是里革。他是一位忠耿正直而又机智勇敢的史官,处处以国家利益为重,疾恶如仇。明知改动诏书会招来杀身之祸,但他义无反顾,不惜一死奋笔改写诏书,全是为了保全君德,使国君美名不受亵渎,使鲁国声誉不受损害。他改动诏书的话,如果敷衍成戏,很具戏剧性。他回答宣公责问的一席话,言简意赅,义正词严,说明为国者进贤臣、退不肖的道理,处处在捍卫国君美德,捍卫国家声誉,闪烁着智慧的光芒,使宣公顽石点头,激起良知,认识了自己的错误。

第二个是宣公。他是一个贪婪而能改错的君主。他的情感循着喜—怒—喜的轨迹发展。当他知道莒太子持国宝来奔时,非常高兴,"其爱我甚矣",贪婪之情溢于言表。当他知道莒太子被驱逐出境时,失去国宝,便勃然大怒,立即将里革捉来问罪。当他听了里革的话后,又转怒为喜,检讨自己,"寡人实贪,非子之罪"。前面的喜与后面的喜是不同的。前一喜表现了贪婪之心,得财货而喜;后一喜是唤起正义之心,得贤人而喜,是思想境界的飞跃和升华。

作者寥寥几笔,着墨不多,便将人物的内心世界、善恶美丑,淋漓尽致地展现出来,有血有肉,栩栩如生。

里革断罟匡君

【解题】

本篇记叙鲁宣公贪得无厌,在鱼分群产卵时下网捕鱼,破坏生态平衡。里革割断渔网,强行谏阻。一方面表明里革坦荡无私,勇于任事,敢于谏诤;一方面表现了鲁宣公勇于接受批评,知错能改;又从另一方面说明我国古代就注意生态平衡和保护自然资源。

宣公夏滥于泗渊①,里革断其罟而弃之②,曰:"古者大寒降③,土蛰发④,水虞于是乎讲罛罶⑤,取名鱼⑥,登川禽⑦,而尝之寝庙⑧,行诸国,助宣气也⑨。鸟兽孕,水虫成,兽虞于是乎禁罝罗⑩,矠鱼鳖以为夏槁⑪,助生阜也⑫。鸟兽成,水虫孕,水虞于是乎禁罜䍡⑬,设阱鄂⑭,以实庙庖⑮,畜功用也。且夫山不槎蘖⑯,泽不伐夭⑰,鱼禁鲲鲕⑱,兽长麑𪊨⑲,鸟翼鷇卵⑳,虫舍蚳蝝㉑,蕃庶物也㉒,古之训也。今鱼方别孕㉓,不教鱼长,又行网罟,贪无艺也㉔。"

公闻之曰:"吾过而里革匡我㉕,不亦善乎!是良罟也,为我得法。使有司藏之,使吾无忘谂㉖。"师存侍㉗,曰:"藏罟不如置里革于侧之不忘也。"

【今译】

鲁宣公在夏天到泗水深处撒网捕鱼,里革割断他的渔网扔在一旁,说:"古时候,大寒节过后蛰伏在泥土中过冬的虫类开始活动,掌管川泽的官员就开始给人们讲解使用鱼网、鱼笼的方法,让人们在江河里捕捉大鱼,捕捞鳖蜃等水产品,祭祀时供奉在宗庙里让祖宗享用。这时让全国人民下水捕鱼,帮助地下的阳气宣泄出来。鸟兽怀孕、鱼类成长时,掌管山林、鸟兽的官员就宣布禁止用网捕捉鸟兽,只准许用鱼叉刺鱼鳖,晾晒成干,供夏天食用,这是为了帮助鸟兽繁殖生长。鸟兽成长时,鱼鳖等动物开始产卵,掌管川泽的官员就禁止用大小鱼网捕鱼,只准许设陷阱和鸟网去捕捉鸟兽,这样做让猎获的鸟兽供宗庙祭祀和庖厨应用,让鱼鳖等动物在水中生长,为国家提供财用。而且还规定到山上砍柴时不斫伐嫩枝、幼苗,到湖泽割草时不割初生的嫩草,到水里捕鱼时禁止捕捞鱼子、小鱼,到山上捕兽时要保护小鹿、小麋,捕鸟时要保护幼鸟、鸟卵,捕虫时不捉幼虫,这样使自然界的生物得以生长繁息,这是古人对我们的教导。现在鱼正在分群产卵,你却不叫鱼长大,还要撒网捕鱼,真是贪心之极了。"

宣公听了这番话后说:"我有错误,里革纠正我,这不是很好吗?这是一张好鱼网,它启发我认识到治理国家的方法。让主管部门把鱼网收藏起来,使我永远不忘记里革的劝告。"乐师存陪侍在旁边,就说:"收藏鱼网,还不如把里革留在您身边,就不会忘记他的劝告了。"

【注释】

① 滥:沉浸,指把鱼网撒到水里。泗:泗水。它流经鲁国都城北面。渊:深水。　② 罟(gǔ古):鱼网。　③ 大寒:农历二十四节气之

一,是一年中最寒冷的时候,过了大寒,大地回春。 ④ 土蛰(zhé蛰):蛰伏在土里冬眠的动物。发:指冬眠后动物开始活动。 ⑤ 水虞:官名,又称渔师、泽虞,掌管川泽。讲:习。罛(gū姑):鱼网。罶(liǔ柳):竹笼。 ⑥ 名鱼:大鱼。名,大。 ⑦ 川禽:鳖蜃之类水生物。 ⑧ 尝:秋祭名。寝庙:宗庙。古代宗庙有庙和寝两部分,前面供祭祀之处叫庙,后面供神主和先人衣冠之处叫寝。始祖庙称大寝,高祖以下庙称小寝。 ⑨ 宣气:宣泄地下阳气。 ⑩ 兽虞:官名,也叫山虞,掌管山林鸟兽。罝(jū居):捕兔的网。罗:捕兽的网。 ⑪ 猎(zé则):刺取。槁:干。 ⑫ 阜:长、生长。 ⑬ 罜麗(zhǔ lù主鹿):小鱼网。 ⑭ 阱(jǐng井):陷阱。鄂:捕兽器。 ⑮ 庖:厨房。 ⑯ 槎(chá茶):斫、砍。蘖(niè聂):树木的分枝嫩条。 ⑰ 夭:草木未成曰夭,指初生的草木。 ⑱ 鲲(kūn昆):鱼子。鲕(ér而):小鱼。 ⑲ 麑(ní尼):幼鹿。麇(yǎo咬):幼麋,即四不象。 ⑳ 翼:成。鷇(kòu寇):待哺食的幼鸟。 ㉑ 蚳(chí池):蚂蚁卵。蝝(yuán原):未长翅膀的幼蝗。蚳蝝,古代用来制酱吃。 ㉒ 庶物:百物。 ㉓ 别孕:雌鱼怀子,离开雄鱼。 ㉔ 艺:极。 ㉕ 匡:正、纠正。 ㉖ 谂(shěn审):告、劝告。 ㉗ 师:乐师。存:乐师的名字。

【评析】

夏天,鲁宣公在泗水深处撒网捕鱼,太史里革不由分说将鱼网割断,扔在一边。从一割一扔之中,先声夺人,将一位坦荡无私、不畏权威、勇于任事、敢于谏诤者的形象展示在人们面前。然后这个人物引述古训,侃侃而谈,在错综复杂的变化中,展示了他渊博的知识和丰茂的才华。及到切入劝谏正题,仅用了"贪无艺也"四字,点睛之笔,似有千钧之力,震撼了宣公的心房。

宣公听了里革的劝谏,并不以为忤,私心顿释,连声赞扬:"吾过而里革匡我,不亦善乎!"并让有司将鱼网收藏起来,不忘里革劝谏。还接受乐师存的建议——"藏罟不如置里革于侧之不忘也。"一位勇于服从真理、知错能改、不以权力骄人的君主的生动形象,矗立在人们面前。

君明臣直，里革敢于犯颜直谏，而且收到积极效果，在于宣公英明，善于纳谏。所以进谏与纳谏是相辅相成的，只有让两者成为统一体，才能产生积极的效果。人们喜爱里革的正直，也喜爱宣公的明智。否则就会出现悲剧的下场，直臣屈死于权力之下，这样的例子历史上还少吗？

在本文中更值得我们注意和骄傲的是，早在两千多年前，我国古人就科学地注意保护自然资源和生态平衡，并形成制度，在实践中加以推广。从捕鱼捕兽来说，每年大寒过后，孟春时节，鱼类肥壮，在水虞的指导下，才允许撒网捕鱼，捞鳖蜃等水产。到了春天，鸟兽怀孕待产，鱼类生长之时，在兽虞的指导下，禁止用罗网捕鸟、捉兽，保护鸟兽繁殖生长，但允许用鱼叉刺鱼，晒成鱼干供夏天食用。到了夏天，鸟兽长大，而鱼类将要产卵繁衍，在水虞的指导下，禁止捕鱼，但允许设陷阱捕兽，张网捕鸟。有取有养，按时令保护鸟兽、鱼类等自然资源，不使竭泽而渔，破坏生态平衡。就平时来说，则教育人们做到不砍幼苗嫩枝，不割初生草木，禁捕鱼子、小鱼，保护小鸟、小兽，不捉蚁卵、幼蝗，为各种各样的动植物营造茁壮成长的良好循环，为人们提供不绝的衣食之源。古代保护自然资源和生态平衡的经验，至今仍有十分重要的经济意义和现实意义。

子叔声伯辞邑

【解题】

本篇记叙鲁国子叔声伯出使晋国谢罪，请求释放季文子回国。晋卿郤犨为了笼络他，想请晋君封给他采邑，他婉辞谢绝。回国后，与鲍国谈及拒绝的理由,反映了他敏锐的政治洞察力。

子叔声伯如晋谢季文子①,郤犨欲予之邑②,弗受也。归,鲍国谓之曰③:"子何辞苦成叔之邑,欲信让耶④?抑知其不可乎?"对曰:"吾闻之,不厚其栋⑤,不能任重。重莫如国,栋莫如德。夫苦成叔家欲任两国而无大德⑥,其不存也,亡无日矣。譬之如疾⑦,余恐易焉⑧。苦成氏有三亡:少德而多宠,位下而欲上政,无大功而欲大禄,皆怨府也⑨。其君骄而多私⑩,胜敌而归⑪,必立新家⑫。立新家,不因民不能去旧⑬;因民,非多怨民无所始。为怨三府,可谓多矣。其身之不能定,焉能予人之邑!"鲍国曰:"我信不若子,若鲍氏有衅⑭,吾不图矣。今子图远以让邑,必常立矣。"

【今译】

子叔声伯出使到晋国去谢罪,请求放回季文子,郤犨想请求晋君封给他采邑加以笼络,结为外援,子叔声伯婉辞拒受。回国后,鲍国对他说:"您为什么要辞让苦成叔替您请封的采邑,想表明您确实谦让,还是知道他办不到呢?"子叔声伯回答说:"我听说过这样的话,不选用厚重的大木料做栋梁,承受不了房屋的重量。最重的分量没有比得上国家的,最好的栋梁没有比得上德行的。苦成叔家想承担晋、鲁两国的事务,却没有大的德行,他自身也保不住了,败亡就在眼前了。就好比得了瘟疫,我躲开他还恐怕来不及呢!苦成叔家有三个败亡的因素:缺少德行而得到晋君很多的宠信,处在下卿的地位而想干预上卿的国政,没有大功劳而想得到很多的俸禄。这些都会招来很多的怨恨。他们的国君骄傲而身边聚集着奸佞之臣,刚刚在鄢陵打败强大的楚国得胜回朝,一定会封赏佞幸之臣当大夫。立了新大夫,不依靠人民的怨恨是不可能除去旧大夫的;顺着民众的意愿,不是集中众怨的人,民众是不会首先攻击他的。现在郤犨从三个方面招来怨恨,可以说是积怨太多了。他自己的身家性命都难以保全，哪里还能请求国君封给别人采邑呢！"鲍国说："我的见识确实不及您，如果我们鲍家有什么祸兆，我是不能事先预料到的。今天您深谋远虑而辞让了采邑，一定会永远立于不败之地。"

【注释】

① 子叔声伯：鲁大夫，宣公弟叔肸之子公孙婴齐。谢：谢罪、致歉。季文子：鲁正卿季孙行父。他被叔孙侨如逸害，为晋人扣押。② 郤犨（xì chōu 细抽）：晋国下卿，即苦成叔，与子叔声伯有姻亲关系。 ③ 鲍国：齐鲍叔牙玄孙，又称鲍文子，当时为鲁国施孝叔家臣。④ 信让：诚心谦让。 ⑤ 厚：大。 ⑥ 两国：指晋国和鲁国。 ⑦ 疾：指疫疠。 ⑧ 易：避、躲避。 ⑨ 怨府：怨恨聚集的地方。韦昭《国语注》："怨之所聚，故曰府。" ⑩ 其君：指晋厉公。多私：指多嬖幸之臣，如胥童、夷羊五、长鱼矫等。 ⑪ 胜敌：指公元前575年晋国在鄢陵之战中战胜楚国。 ⑫ 新家：指新封卿大夫。家，卿大夫称家，有采地食邑。 ⑬ 因：依靠、凭借。 ⑭ 衅：迹兆、事端。

【评析】

公元前575年9月，鲁成公派子叔声伯出使到晋国去谢罪，请求释放季文子回国。在晋楚鄢陵之战前，晋国照会鲁国协同参战，鲁成公率兵欲行。临行前，其母穆姜因与叔孙侨如通奸，要求成公驱逐执政季文子、仲孙蔑，让叔孙侨如执政。成公不答应，穆姜欲废成公，成公只好在坏隤固守，因而迟到，不及参战，得罪于晋。叔孙侨如又到晋国郤犨处挑拨，诬陷鲁成公"鲁侯待于坏隤，以待胜者"，意为袖手观望，楚胜则从楚，晋胜则从晋。因而在沙随之会上晋侯拒不见鲁成公。季文子将罪责揽在自己头上，九月，晋人扣押季文子，将他囚于苕丘，让鲁成公回国。因而鲁成公派子叔声伯出使到晋国去请求释放季文子。子叔声伯的异父妹妹嫁给郤犨，与郤犨有姻亲关系，郤犨又负责接待东方诸侯任务，故想拉拢子叔声伯，结为外援，干预鲁国内政。他曾对子叔声伯说:"苟去仲孙蔑,而止季孙行父,吾与子国,亲于公室。"子叔声伯严辞拒绝。但郤犨还不死心,便有"为子请邑"之事,又遭到子叔声伯的拒绝。(事见《左传·成公十六年》、《公羊传·成公十六年》)这就是本文的历史背景。

子叔声伯拒绝接受郤犨采邑原因,在与鲍国的对话中表达出来。他预见到郤氏家族有三个败亡因素:"少德而多宠,位下而欲上政,无功而欲大禄。"成为众怒之的,在晋国的地位已岌岌可危。而当时形势又大大不利于旧大夫。晋厉公多嬖幸佞臣,乘战胜楚国封赏功臣之机,欲去群大夫而立其左右,于是就先向族大、怨多的郤氏家族下手。所以子叔声伯说:"其身之不能定,焉能予人之邑!"正像有人染上瘟疫,躲避尚且不及,怎可前去惹祸。充分说明子叔声伯具有敏锐的政治洞察力,是一位深谋远虑的成熟的政治家。

里革论君之过

【解题】

本篇记叙晋人杀厉公后,鲁国朝廷开展"臣杀其君,谁之过也"的讨论。里革认为臣弑君是由于君主的过错造成的,是君主行为邪恶、不理民事造成的。并引用桀、纣、厉、幽四王败亡为例,说明"君之过也"。观点鲜明,爱憎分明,表现了里革正直无私、疾恶如仇的性格。

晋人杀厉公①,边人以告②,成公在朝③。公曰:"臣杀其君,谁之过也?"大夫莫对。里革曰:"君之过也。夫君人者,其威大矣④。失威而至于杀,其过多矣。且夫君也者,将牧民而正其邪者也⑤。若君纵私回而弃民事⑥,民旁有慝无由省之⑦,益邪多矣。若以邪临民⑧,陷而不振,用善不肯专,则不能使,至于殄灭而莫之恤也⑨,将安用之?桀奔南巢⑩,纣踣于京⑪,厉流于彘⑫,幽灭于戏⑬,皆是术也⑭。夫君也者,民之川泽也。行而从之,美恶皆君之由,民何能为焉?"

【今译】
　　晋国人杀死了晋厉公,鲁国边防官员将这个消息报告给朝廷,鲁成公正好在朝堂上。成公说:"臣子杀死了他的国君,是谁的过错呢?"大夫们不敢应声。里革说:"这是国君的过错。作为国君的人,他的威望应该是很高的。失去威望而至于被杀,他的错误一定是很多的。再说作为国君,将负有教育人民并纠正人民邪恶的重任。如果国君放纵自己的私心邪念,放弃治理人民的责任,人民中有邪恶事情发生却无从省察,邪恶的事就更多了。如果用邪恶的办法来治理人民,就会政事败坏无法挽救。任用贤人又不能专一,就不能统治人民。人民陷于绝望的境地却没有人去体恤,这还要君主做什么?夏桀被放逐到南巢,商纣被焚死于京师,周厉王被流放到彘地,周幽王被杀死在戏地,都是走了失威、多过这条道路。国君,好比养育鱼的河湖,人民,好比河湖里的鱼。君行而民从,人民的善恶都取决于君主,人民怎么能无缘无故弑君呢?"

【注释】
　　① 晋人杀厉公:公元前573年晋正卿栾书、第四卿中行偃(荀偃)派程滑杀晋厉公于匠丽氏(事见《左传·成公十七、十八年》)。② 边人:边防官员。　③ 成公:鲁成公,名黑肱,宣公之子,公元前590年至前573年在位。　④ 威:威望、威势。　⑤ 牧民:管理人民,引申为教育人民。　⑥ 回:邪、邪恶。　⑦ 旁:普遍。慝(tè 特):恶、邪恶之人。省:省察、明察。　⑧ 临民:靠近人民,引申为统治人民。⑨ 殄灭:断绝、绝望。　⑩ 桀:夏王桀,夏朝末代暴君,被汤放逐于南

巢。南巢:地名,在今安徽巢湖西南。　⑪ 纣:商纣王,商朝末代暴君,武王伐纣,自焚于朝歌鹿台。京:商都朝歌,在今河南淇县。踣(bó博):毙。　⑫ 厉:周厉王,西周暴君,被国人流放于彘。彘:地名,在今山西霍州境内。　⑬ 幽:周幽王,西周末代暴君,被申侯引犬戎入京杀于戏。戏:地名,即戏亭,在今陕西临潼东北戏水西岸。　⑭ 术:道、路。

【评析】

公元前573年,晋栾书、中行偃杀死了奢侈而多外嬖的晋厉公,消息传到鲁国,鲁成公在朝堂上提出"臣杀其君,谁之过也"的问题,让大家讨论。在君权至上的时代里,说"君之过"谁也没有这个胆量,说"臣之过"也不愿启齿。满朝文武怔住了,噤若寒蝉,缄口不语。又是这个心直口快、敢作敢为的太史里革,打破沉默的局面,毫不含糊地公然提出:"君之过也。"这四个字掷地有声,震惊朝堂。接着他围绕这个主题侃侃而谈。

首先,里革认为国君被杀,咎由自取。国君是人民的表率,在民众中享有崇高的威望。但好端端的一个国君,竟然从失去威望到被人仇杀,足见他积恶之严重。"祸福无门,唯人自招。"死得活该。其次,他认为君主的职责在于治理人民、教育人民,引导他们走正道,去邪恶。如果君主自身邪恶,多行不义,放弃治理、教育人民的职责,导致政治败坏,陷民于绝境,这样的国君,要他何用!其三,他引用历史事实,指出桀、纣、厉、幽诸王的身死国灭,走的都是"失威"、"多过"之路,背弃人民,结果为人民所唾弃。最后,他用河湖比喻君主,用鱼比喻人民。君善则民善,君恶则民恶,人民的善恶完全取决于君主。如果君主关怀抚育人民,人民就会仰赖拥戴君主,怎么会随便杀害君主呢?委婉地规谏君主改恶行善,回应全文。

还有一个值得注意的地方,本篇行文与其他篇章略有不同。《国语》作者往往喜欢用因果关系加以表述,有明确的结论。但这篇短文没有成公的表态,是赞成还是反对,只好留给读者自己去猜度了。但有一点是肯定的,里革的观点明显被孟子所继承。且看《孟子·梁惠王下》齐宣王与孟子的一段对话——"齐宣王问曰:'汤放桀,武王伐纣,有诸?'孟子对曰:'于传有之。'曰:'臣弑其君,可乎?'曰:'贼仁者,谓之贼;贼义者,谓之残。残贼之人,谓之一夫。闻诛一夫纣矣,未闻弑君也。'"何其相似乃尔!

季文子论妾、马

【解题】

本篇记叙鲁国正卿季文子之妾不穿丝绸、马不喂粮食的节俭生活,以及教育仲孙它保持节俭美德,为国争光。从而歌颂了季文子克勤克俭,关心人民疾苦,仲孙它知错能改,孟献子严于教子。

季文子相宣、成①,无衣帛之妾②,无食粟之马③。仲孙它谏曰④:"子为鲁上卿,相二君矣,妾不衣帛,马不食粟,人其以子为爱⑤,且不华国乎⑥!"文子曰:"吾亦愿之。然吾观国人,其父兄之食粗而衣恶者犹多矣,吾是以不敢。人之父兄食粗衣恶,而我美妾与马,无乃非相人者乎⑦!且吾闻以德荣为国华,不闻以妾与马。"

文子以告孟献子⑧,献子囚之七日⑨。自是,子服之妾衣不过七升之布⑩,马饩不过稂莠⑪。文子闻之,曰:"过而能改者,民之上也。"使为上大夫⑫。

【今译】

　　季文子辅佐鲁宣公、鲁成公,他的妾不穿丝帛,他的马不喂粮食。仲孙它劝他说:"您是鲁国的上卿,辅佐两朝国君,妾不穿丝帛,马不喂粮食,人们将以为您吝啬,而且对国家也不光彩呀!"季文子说:"我也愿意光彩一些啊。但是我看到我国的人民,他们的父兄吃粗粮、穿敝衣的还很多,所以我不敢这样做。别人的父兄吃粗粮、穿敝衣,而我却美化妾和马,这恐怕不是辅佐国君的人应有的作风吧!而且我听说品德高尚可以为国家增光添彩,没有听说过美化妾和马会给国家增加光彩。"

　　季文子把这件事告诉仲孙它的父亲孟献子,孟献子将仲孙它禁闭了七天,让他思过。从此以后,仲孙它的妾穿的不过是七升的粗布,马的饲料也只是稊草。季文子听到后说:"有过错而能改正的人,是可以治理人民的。"于是便举拔仲孙它为上大夫。

【注释】

　　① 相:辅佐。春秋时期尚无相国的称谓。宣、成:鲁宣公、鲁成公。　② 衣:穿,名词用如动词。　③ 食:喂。　④ 仲孙它:又称子服它、子服孝伯,孟献子的儿子。　⑤ 爱:吝啬。　⑥ 华:荣华、光华。⑦ 相人:辅佐国君的人。　⑧ 孟献子:仲孙它之父仲孙蔑。　⑨ 囚:关押。　⑩ 七升之布:古时八十缕为一升,用升之多少计布的优劣。朝服十五升,在2尺2寸布幅中有1200缕,是一种优质的细布。七升之布在2尺2寸布幅中有560缕,为粗劣的布。居丧时服三升之布,则更为粗劣。　⑪ 饩:食料。稂莠(láng yǒu狼有):两种有害禾苗的杂草,可作牲口饲料。　⑫ 上大夫:古职官名。春秋时期国君之下有卿、大夫、士三级,大夫序列内又分为上大夫、中大夫、下大夫三等。

【评析】

　　在这篇短文里,寥寥数笔,塑造了三个个性鲜明的人物形象:
　　第一个是季文子。他是鲁国的上卿,相当于后世的丞相,是辅佐过鲁宣公、鲁成公二朝君主的元老重臣。身居高位而躬行节俭,妾不穿丝帛之衣,马不喂精细饲料。当仲孙它劝他按照上卿的规格提高享受时,他回答说:"我也愿意这样做,但国内吃粗粮、穿敝衣的人还很多,如果我让妾身穿绫罗绸缎,让马吃得膘肥臀圆,恐怕有负上卿的德行,不是上卿应有的诈为。"他还谆谆教导仲孙它保持节俭的美德,为国争光。当他看到仲孙它改正错误有进步时,便提拔他为上大夫。展示了政治家的宽阔情怀和高尚情操。节俭是我国的传统美德,只有生活上恬淡寡欲的人,才能在事业上取得成就。诸葛亮是蜀国的丞相,一生节俭,在恬淡的生活中砥砺美德,创建功业。他临死时遗表后主说:"若臣死之日,不使内有余帛,外有赢财,以负陛下。"(《三国志·蜀志·诸葛亮传》)他在《诫子书》中说:"夫君子之行,静以修身,俭以养德。非淡泊无以明志,非宁静无以致远。"教育人们"淡泊明志,宁静致远",力戒骄奢淫逸,培养节俭美德,与民共甘苦,为国建功业。

第二个是仲孙它。他是一个平时锦衣玉食、不知稼穑之艰难的贵族纨绔子弟,但知错能改。当他看到季文子节俭的生活时,以他自己的世界观去观察季文子,觉得不可理解,认为季文子太吝啬了,没有上卿的排场,给国家丢了面子。活画出一个贵公子的心态。但当知道自己的想法错误时,便毅然改正,学习季文子的节俭美德,让妾穿七升之衣,让马吃稂莠之草。可见孺子还是可以教诲的。

第三个是孟献子。他是鲁国的下卿,相当于后世的副丞相,仲孙它的父亲,与季文子是同僚,严于教子。当他听了季文子的话,知道仲孙它的错误,便将他关押了七天,让他闭门思过。"养不教,父之过。"在我国古代,十分重视教育子女。为了提高子女素质,在未出生前,甚至实行"胎教"。《大戴礼·保傅》说:"古者胎教,王后腹之七月,而就宴室。"就是怀孕七月之后,要到安静幽雅的房间里居住,给胎儿以良好的环境影响。孟母怀孕时说:"吾怀妊是子,席不正不坐,割不正不食,胎教之也。"(《韩诗外传》)至于出生以后,更要严加管教,以期提高道德品质,成为国家有用之才。孟献子就是一位严于教子的人。

卷五 鲁语下

叔孙穆子聘于晋

【解题】

本篇记叙叔孙穆伯到晋国聘问，晋悼公设宴招待他。席间奏《肆夏樊》、《遏》、《渠》，奏《文王》、《大明》、《绵》时，他不答拜；当演奏到《鹿鸣》、《四牡》、《皇皇者华》时，每终一曲，答拜一次。表现了他是一位知礼识乐的外交使节。

叔孙穆子聘于晋①，晋悼公飨之②，乐及《鹿鸣》之三③，而后拜乐三。晋侯使行人问焉④，曰："子以君命镇抚弊邑⑤，不腆先君之礼⑥，以辱从者⑦，不腆之乐以节之⑧。吾子舍其大而加礼于其细⑨，敢问何礼也？"对曰："寡君使豹来继先君之好，君以诸侯之故，贶使臣以大礼⑩。夫先乐金奏《肆夏樊》、《遏》、《渠》⑪，天子所以飨元侯也⑫；夫歌《文王》、《大明》、《绵》⑬，则两君相见之乐也。皆昭令德以合好也⑭，皆非使臣之所敢闻也。臣以为肄业及之⑮，故不敢拜。今伶箫咏歌及《鹿鸣》之三⑯，君之所以贶使臣，臣敢不拜贶。夫《鹿鸣》，君之所以嘉先君之好也⑰，敢不拜嘉。《四牡》⑱，君之所以章使臣之勤也⑲，敢不拜章。《皇皇者华》⑳，君教使臣曰'每怀靡及'㉑，诹、谋、度、询，必咨于周㉒。敢不拜教。臣闻之曰：'怀和为每怀㉓，咨才为诹，咨事为谋，咨义为度，咨亲为询，忠信为周。'君贶使臣以大礼，重之以六德㉔，敢不重拜。"

【今译】

叔孙穆子到晋国聘问，晋悼公设宴款待他，席间奏乐助兴，当乐师演奏到《鹿鸣》等三首乐曲时,每演奏一曲,叔孙穆子便离席答拜一次,一共答拜了三次。晋悼公派外交官问他,说:"您奉贵国国君的命令来郑重地安抚敝国,敝国用先君不丰厚的礼仪来接待您,用不醇美的乐曲来调节礼仪。您弃置重大乐曲于不顾而对次要乐曲优礼有加,再三答拜,我不揣冒昧,大胆请问这是什么礼节?"叔孙穆子回答说:"我国国君派我来,是为了继承先君的友好关系,贵国国君因为诸侯之间友好的缘故,用大礼赏赐给我。先用钟镈演奏《肆夏樊》、《遏》、《渠》三首夏曲,这是天子用来宴享诸侯领袖的。接着乐工演唱《文王》、《大明》、《绵》三首周曲,是两国国君会见时演唱的。这些乐曲都是昭明先王的美德用来加强友好关系的,都不是我这种身份的人所敢听的。我以为是乐工们在练习这些曲子,所以不敢答拜。现在乐工用箫伴奏演唱《鹿鸣》等三首曲子,这是君王赏赐给我的乐曲,我怎么敢不拜谢恩赐呢?《鹿鸣》这首曲子,是国君用来嘉美先君的友好关系的,我怎么敢不拜谢嘉美?《四牡》这首曲子,是国君用来表彰我勤于王事的,我怎么敢不拜谢表彰?《皇皇者华》这首曲子,是国君用来教导我'每个人都怀有私心,就不能达到目的',咨询、谋略、策划、询问,一定要向忠诚的人咨询,我怎么敢不拜谢教导? 臣听说:'怀私就是每怀的意思,咨询贤才叫诹,咨询政事叫谋,咨询礼仪叫度,咨询亲戚叫询,向忠信的人咨询叫周。'国君用大礼赏赐给我,又教导我六种美德,我怎敢不再三答拜。"

【注释】

① 叔孙穆子:鲁卿,名豹,鲁庄公幼弟叔牙的曾孙,叔孙得臣之子。穆,谥号。　② 晋悼公:晋国国君,名周,公元前572年至前558年在位。飨(xiǎng 响):同"享",宴享。　③《鹿鸣》:《诗经·小雅》篇名,为《小雅》首篇。前三篇依次为《鹿鸣》、《四牡》、《皇皇者华》,为周代宴会群臣、嘉宾时演奏的乐歌。　④ 行人:官名,掌管朝觐聘问时迎送宾客之礼,相当于外交官员。　⑤ 镇:重,郑重。抚:安抚。弊:通"敝"。　⑥ 不腆(tiǎn 舔):不丰厚。　⑦ 以辱从者:用来辱没侍从

的人,即招待您。 ⑧ 腆:这里作醇美讲。节:调节,以乐节礼。 ⑨ 舍:舍弃、弃置。以上行人的话均为谦词。 ⑩ 贶(kuàng况):赐、赏赐。 ⑪ 金奏:指用钟镈之类的金属乐器演奏。《肆夏樊》《遏》、《渠》:夏代的三首乐曲名。礼有九夏,《周礼》:"钟师掌金奏,凡乐事以钟鼓奏九夏。"其二曲为《肆夏》,一名《繁》,也作《樊》。其三曲为《韶夏》,一名《遏》。其四曲为《纳夏》,一名《渠》。今已亡逸。 ⑫ 元侯:诸侯之长,即牧伯,一般由大国诸侯担任。 ⑬《文王》《大明》、《绵》:《诗经·大雅·文王之什》前三篇的篇名。 ⑭ 昭:昭明、彰明。 ⑮ 肄(yì意):习、学习。 ⑯ 伶:伶人,即乐官。 ⑰ 嘉:嘉美、嘉奖。 ⑱《四牡》:《诗经·小雅》篇名。 ⑲ 章:表彰、表扬。 ⑳《皇皇者华》:《诗经·小雅》篇名。 ㉑ 怀:指怀有私心。靡:无。 ㉒ 诹(zōu邹):咨询。周:忠信。 ㉓ 和:郑玄《毛诗笺》云:"和当为私。" ㉔ 六德:指上文所说诹、谋、度、询、咨、周六种使臣所应具备的品德。

【评析】

本文歌颂了鲁国知礼识乐的使者叔孙豹。在我国古代,非常重视礼乐教化。孔子曾说:"不学《诗》,无以言。不学礼,无以立。"(《论语·季氏》)又说:"移风易俗,莫善于乐;安上治民,莫善于礼。"(《汉书·礼乐志》)所以他在礼、乐、射、御、书、数六艺的教育内容中,把礼、乐放在首位。"礼节民心,乐和民声。""乐以治内而为同,礼以修外而为异。"(《汉书·礼乐志》)特别是外交使者,必须熟谙礼乐制度,才能应对自如,不失轨度。叔孙豹就是这样一位明礼知乐的外交使者。

叔孙豹出使晋国进行友好聘问时,晋悼公设宴款待他,席间奏乐助兴。开始用钟镈演奏《肆夏樊》《遏》《渠》时,他就知道这是《九夏》之乐中的第二、三、四曲,这曲子是天子宴享诸侯之长时演奏的。区区使臣何敢当此大礼,所以他不起身离席答拜。接着乐工演唱《文王》、《大明》《绵》时,他就知道这是《诗经·大雅·文王之什》前三篇的诗篇,是歌颂周文王功德的,这诗篇是两国君主相会时演唱的。区区使者,何敢当此大礼,所以也不起身离席答拜。当行人问及时,他却巧妙地解释说:"我以为这是乐工在练习这些曲子。"轻轻一句既表明了自己知礼的谦逊风度,又辞谢了晋国对他超身份的隆重礼遇。当演奏到《鹿鸣》《四牡》《皇皇者华》时,他就知道这是《诗经·小雅》中的前三篇。这曲子是国君欢宴群臣嘉宾时演奏的,与自己的身份相符,于礼可以接受。所以每终一曲,答拜一次。他还巧妙地把《皇皇者华》中文王教出使之臣当咨问善道于忠信之人的"周爰咨诹"、"周爰咨谋"、"周爰咨度"、"周爰咨询"原话,移植为晋悼公对自己的教诲。既表达了对晋悼公的尊重,又表达了自己知礼谦逊,十分得体。

叔孙穆子谏季武子为三军

【解题】

本篇记叙鲁国季武子准备建立三军,叔孙穆子加以谏阻的史事。叔孙穆子以礼立论,认为按礼制规定,鲁国是侯国,只能拥有上、下两军,若违礼建立上、中、下三军,与大国抗衡,必然会遭到大国的声讨。季武子不听,建立了三军,结果遭到齐、楚等国的轮番讨伐,鲁襄公、鲁昭公只好被迫屈辱地到楚国去奉侍楚王。

季武子为三军①,叔孙穆子曰:"不可。天子作师②,公帅之③,以征不德。元侯作师④,卿帅之⑤,以承天子⑥。诸侯有卿无军⑦,帅教卫以赞元侯⑧。自伯、子、男有大夫无卿⑨,帅赋以从诸侯⑩。是以上能征下⑪,下无奸慝⑫。今我小侯也⑬,处大国之间,缮贡赋以共从者⑭,犹惧有讨。若为元侯之所,以怒大国,无乃不可乎?"弗从。遂作中军。自是齐、楚代讨于鲁⑮,襄、昭皆如楚⑯。

【今译】

季武子准备建立三军,叔孙穆子说:"不可以这样做。天子建立六军,由王室任公卿的诸侯统率,用来征讨无德的诸侯国。诸侯之长的大国建立三军,由卿统率,随从王师征讨不义之国。一般诸侯国有命卿而没有三军,由卿统率所教习的武卫之士去协助诸侯之长的大国。从伯、子、男以下的小国,有大夫而没有命卿,如果诸侯有战事,就由大夫率兵车、甲士随从诸侯参战。这样,上能匡正下,下面没有邪恶之事发生。现在我们鲁国是个小小的侯国,处在齐、楚等大国之间,即使整治好贡品、兵车,训练好甲士听从大国调遣,还时时惧怕他们讨伐。如果我们建立诸侯之长才能拥有的三军,势必会激怒大国,恐怕不可以这样做吧?"季武子没有听从,于是在原有上、下军的基础上又组建了中军。从此以后,齐国、楚国轮番前来讨伐鲁国,鲁襄公、鲁昭公都被迫到楚国去奉事楚王。

【注释】

① 季武子:鲁卿,季文子之子季孙夙。三军:上、中、下三军。按《周礼》规定,天子有六军,诸侯大国三军,次国二军,小国一军,一军为一万二千五百人。鲁始封为大国,原有三军建制,后国势削弱,仅有上、下两军。　② 师:指天子的六军。　③ 公:指诸侯在王室担任卿士的,如周初周公、召公等,春秋初郑武公、庄公、虢公等。　④ 师:指大国的三军。　⑤ 卿:指大国三卿,皆由天子任命。　⑥ 承天子:指随从王师征讨不义之国。　⑦ 诸侯:指一般诸侯国。有卿:指由天子任命的卿,即命卿。按《周礼》,次国二卿命于天子,一卿命于国君。无军:指无三军。　⑧ 教卫:教育训练过的武卫之士。赞:佐、助。　⑨ 无卿:指没有命卿。　⑩ 赋:兵车、甲士。古代按田赋出兵,故称兵车、甲士为赋。　⑪ 征:正,匡正,纠正。　⑫ 奸慝:奸恶。　⑬ 小侯:鲁国自称,因其国力削弱之故。　⑭ 缮:整治、修整。共:通"供",

供给、供应。　⑮ 代：更、轮番、轮流更替。　⑯ 襄、昭：指鲁襄公、鲁昭公。

【评析】

公元前562年，季武子将作三军。军队是建立政权和巩固政权的支柱。《周礼》兵制记载，周代天子六军，每军一万二千五百人。其编制为五人为伍，五伍为两，四两为卒，五卒为族，五族为师，五师为军。还有兵车，孙诒让《周礼正义》考证："制军于伍，五伍为一辆，以此数计之，则每军兵车编制当为五百乘，六军则有兵车三千乘。"诸侯大国三军，次国二军，小国一军，有严格规定，不能逾越。鲁国是周公之子伯禽所始封，为公爵，应建有三军。但后来只有上、下两军，都属于公室所有，何时始削减三军为二军，已无文献可征考。据《鲁颂·閟宫》"公徒三万"一句推测，若是三军，则近四万，举成数应就大而不应缩小，似乎僖公时亦只二军。又据《左传·哀公十二年》孟孺子帅右师、冉求帅左师以抗齐军的记载看，则鲁国仅二军。

那么，季武子为什么要作三军呢？是否如本文所说"遂作中军"呢？因为鲁国的军队本为公室所有，今作三军，为了侵夺鲁公室军权，把三军改为季孙、叔孙、孟孙三族所私有，各族各得一军之指挥权与编制之权。故韦昭《国语注》说："武子欲专公室，故益中军以为三，三家各征其一。"杨伯峻《春秋左传注》说："作三军，明非仅增加一军而已，乃改组并重新编制，组成三军。"这种看法是符合实际的。

叔孙穆子为什么要反对季武子作三军呢？是否仅仅是怕激怒大国，招来侵凌呢？原来叔孙氏世为鲁国司马，掌军政。当时鲁襄公年幼，由叔孙豹执政。叔孙豹已年老，按鲁国制度，季氏世为鲁国上卿，叔孙豹不能不让位给季武子。他恐怕季武子一人专军权、政权，不能团结三家，所以表示反对。可见叔孙豹怕激怒大国而反对建立三军乃是一种借口、一种托辞，恐怕季武子独专军权、政权，排斥叔孙、孟孙两家，则是本意所在。

诸侯伐秦，鲁人以莒人先济

【解题】

本篇记叙晋悼公率六卿及诸侯之师伐秦，到达泾水，谁也不肯先渡。只有叔孙穆子向晋国表示愿意率先渡河。晋国叔向便替他准备好船只，开辟道路。结果鲁人命从属于他的莒人首先抢渡泾水。诸侯的军队也就跟着渡过了泾水。

诸侯伐秦①，及泾莫济②。晋叔向见叔孙穆子曰③："诸侯谓秦不恭而讨之，及泾而止，于秦何益？"穆子曰："豹之业④，及《匏有苦叶》矣⑤，不知其他。"叔向退，召舟虞与司马⑥，曰："夫苦匏不材于人⑦，共济而已⑧。鲁叔孙赋《匏有苦叶》，必将涉矣。具舟除隧⑨，不共有法⑩。"是行也，鲁人以莒人先济⑪，诸侯从之。

【今译】

晋悼公统率诸侯讨伐秦国，到达泾水谁也不肯先渡河。晋国大夫叔向去见叔孙穆子，说："诸侯认为秦国对周天子不恭敬而讨伐，到达泾水却停止不前，这对讨伐秦国有什么好处呢？"叔孙穆子说："我的任务，就是讽诵《匏有苦叶》，不知道其他的事。"叔向回去后，召来舟虞与司马，说："苦味的匏瓜人不能食用，却可以帮助人们作为渡河的工具。鲁国叔孙穆子讽诵《匏有苦叶》这首诗，他一定准备渡河了。你们赶快准备好船只，清除道路。船只供应不上，道路不畅通，将军法从事。"这次渡河行动中，鲁国派莒国军队为先遣队抢先渡过泾水，诸侯的军队都跟着渡过河去。

【注释】

①诸侯伐秦:战役发生在公元前559年,晋悼公使六卿帅诸侯之大夫伐秦,以报秦人伐晋、败晋军于栎地之仇。 ②及:至、到达。泾:泾水。济:渡。 ③叔向:晋大夫,姓羊舌,名肸,字叔向,亦字叔誉。 ④业:事,引申为任务、责任。 ⑤《匏有苦叶》:《诗经·邶风》篇名,为女求男之作。其首章为"匏有苦叶,济有深涉。深则厉,浅则揭。"表明必渡水的意志和决心。 ⑥舟虞:掌船只的官员。司马:主掌军政、执法的官员,即军司马。 ⑦苦匏:一种含苦味的葫芦,不能食用。瓜老时挖空内瓤,其壳可做泅渡工具。不材于人:指人不可食用。材,通"裁"。 ⑧共济:供给渡水之用。共,通"供"。 ⑨隧:道、路。 ⑩法:军法。 ⑪莒:古国名,己姓,春秋初迁都于莒(今山东莒县)。鲁经常征讨它,从属于鲁,后为楚所灭。

【评析】

公元前562年夏及秋天,晋悼公会合诸侯两次兴兵伐郑。秦庶长鲍、庶长武帅军伐晋以救郑。秦、晋战于晋国栎地,晋军大败。公元前559年夏,晋悼公帅六卿及诸侯之大夫伐秦,以报栎地败绩之仇。行军至泾水边,诸侯互相观望,谁也不肯先渡河。而鲁大夫叔孙穆子则表示愿意先渡河,于是鲁人以莒军为先遣队抢先渡河。渡河以后,由于诸侯互相观望,晋国将帅不和,终于无功而返,晋人谓之迁延之役,视为一大耻辱。

当诸侯之师在泾水边相互观望、逗留不进之际,晋大夫叔向与鲁大夫叔孙穆子商量。叔孙穆子料到他的来意,便争取主动,赋《匏有苦叶》一诗,表明愿意率先渡河的意志和决心。先秦时期,人们往往用赋诗形式,借诗的内涵思想来表达自己的意志。匏瓜虽苦不可吃,却可以帮助泅渡。叔向是晋国有学问的贤人,一听就明白叔孙穆子的意思,便立即关照舟虞和司马,准备船只,清除道路,为渡河做好准备。鲁人为了避免自己的军队牺牲,便派附属于他的莒国军队充当先遣队抢先渡河。在这篇短文中,我们可以看到各类人物的心态及其表现。

襄公如楚

【解题】

本篇记叙鲁襄公到楚国朝见楚王时，在往返路上所发生的两件事，歌颂了叔仲昭伯和荣成伯的远见卓识，反衬襄公的平庸低能。

襄公如楚①，及汉②，闻康王卒③，欲还。叔仲昭伯曰④："君之来也，非为一人也⑤，为其名与其众也⑥。今王死，其名未改，其众未败，何为还？"诸大夫皆欲还。子服惠伯曰⑦："不知所为，姑从君乎⑧！"叔仲曰："子之来也，非欲安身也，为国家之利也，故不惮勤远而听于楚⑨；非义楚也⑩，为其名与众也。夫义人者，固庆其喜而吊其忧⑪，况畏而服焉？闻畏而往，闻丧而还，苟芈姓实嗣⑫，其谁代之任丧⑬？王太子又长矣，执政未改⑭，予为先君来，死而去之，其谁曰不如先君？将为丧举，闻丧而还，其谁曰非侮也⑮？事其君而任其政，其谁由己贰⑯？求说其侮⑰，而亟于前之人⑱，其仇不滋大乎⑲？说侮不懦，执政不贰，帅大仇以惮小国，其谁云待之⑳？若从君而走患㉑，则不如违君以避难㉒。且夫君子计成而后行，二三子计乎㉓？有御楚之术而有守国之备㉔，则可也；若未有，不如往也。"乃遂行。

反，及方城㉕，闻季武子袭卞㉖，公欲还，出楚师以伐鲁㉗。荣成伯曰㉘："不可。君之于臣，其威大矣。不能令于国,而恃诸侯,诸侯其谁暱之㉙?若得楚师以伐鲁,鲁既不违夙之取卞也㉚,必用命焉㉛,守必固矣。若楚之克鲁,诸姬不获阙焉㉜,而况君乎?彼无亦置其同类以服东夷㉝,而大攘诸夏㉞,将天下是王,而何德于君,其予君也?若不克鲁,君以蛮、夷伐之㉟,而又求入焉㊱,必不获矣。不如予之,夙之事君也,不敢不悛㊲。醉而怒,醒而喜㊳,庸何伤㊴?君其入也!"乃归。

【今译】

鲁襄公到楚国去朝见楚康王,走到汉水时,听说楚康王死了,想回国。叔仲昭伯说:"君王这次到楚国来,不是为了楚王一个人,而是畏惧它的大国盟主名分和占有辽阔的疆土、拥有强大的武力啊。现在楚康王虽然死了,但楚的大国盟主名分并未改变,楚的军队没有败坏,为什么要回去呢?"大夫们都希望回国。子服惠伯说:"既然不知怎么办好,姑且听从国君回去吧!"叔仲昭伯说:"你们这次到楚国来,并不是为了个人安身立命,而是为了国家的利益,所以才不怕长途跋涉的辛劳到楚国来接受它的命令;也不是因为楚国拥有正义,而是畏惧它的大国盟主名分和强大的武力。对于具有仁义的人,本来应该庆贺其喜事而吊唁其丧事,何况是畏惧而慑服于人呢?畏惧楚国我们才前去,听到楚王死了我们就返回,如果楚国立了新君,难道谁还敢代替他主丧吗?康王的太子已经长大成人,执政的令尹也没有更换,我们为楚国的先君而来,听说他死了就回去,谁敢说新君的德行就不如先君呢?即使在国内听到楚国有丧事也要派使者前往吊唁,现在听到有丧反而要回去,谁能说这不是鲁国对楚国的轻侮呢?楚国的臣子奉事自己的新君,承担楚国的政事,谁愿意在自己当政时让诸侯对楚国怀有二心呢?楚国的君臣要除掉敢于侮辱他们的诸侯,将会比前人更加迫切、厉害,我们一回去,鲁、楚的仇恨不就更大了吗?楚国君臣要涮洗侮辱一定不会示弱,执政大臣一定不能容忍怀有二心的诸侯,楚国怀着对鲁国的深仇大恨率兵前来侵犯,谁敢说抵御得了它呢?如果听从君主而趋向祸患,还不如违背君主而避开灾难。况且君子处事考虑成熟才付诸行动,你们考虑过吗?有抵御楚国的方法和守卫国家的准备,就可以回去;如果没有,不如到楚国去。"于是就继续前进。

从楚国回来,走到方城时,听说季武子袭取了卞邑,鲁襄公想返回楚国,请求楚国出兵讨伐季武子。荣成伯说:"不可以这样做。国君对于臣子,他的权威是很大的。国君的命令不能在国内推行,反而仰仗诸侯的力量,诸侯们谁还会亲近您?假如您得到楚国军队的帮助来讨伐季氏,鲁国人民当时既不反对季武子袭取卞邑,一定听从他的命令,为他效力,齐心协力地固守。假使楚国战胜鲁国的季武子,姬姓的诸侯国都见不到一点好处,何况国君您呢?楚国将会在鲁国安置其同姓进而去征服东夷,大肆侵犯中原各国,将天下置于其统治之下。楚国对您有什么恩德,会把鲁国白白送给您吗?假使楚国没有战胜鲁国的季武子,您曾经凭借蛮、夷的武力去攻打过季武子,而又向他要求回国,他一定不会允许的。还不如把卞邑赐给季武子算了。季武子以后奉事君主,也不敢不有所悔改了。您好比喝醉了酒时大发雷霆,酒醒时又高高兴兴,又有什么关系呢?"于是,鲁襄公就回到鲁国。

【注释】

① 襄公:鲁襄公,名午,鲁成公之子,公元前572年至前542年在位。 ② 汉:汉水。 ③ 康王:楚康王,名昭,楚恭王之子,公元前559年至前545年在位。 ④ 叔仲昭伯:鲁大夫,名带,叔仲惠伯之孙。 ⑤ 一人:指楚康王。 ⑥ 名:名分,指楚有大国盟主名分。众:指楚国地广兵多。 ⑦ 子服惠伯:鲁大夫,名椒,仲孙它之子。 ⑧ 姑:姑且。 ⑨ 惮:难。听:听命。 ⑩ 义:道义、仁义。 ⑪ 忧:丧事。 ⑫ 芈(mǐ米):楚国国君的姓。 ⑬ 任丧:主丧。古代国君死,由太子主丧,继位为君。 ⑭ 执政:楚国的执政称令尹,相当于后世的丞相。当时令尹为蒍罢。 ⑮ 侮:轻侮,侮辱。 ⑯ 贰:二心、两条心。 ⑰ 求说:要求除去,要求摆脱。说,通"脱"。 ⑱ 亟:急、快。

⑲ 滋:更加。　⑳ 待:等待,引申为抵御。　㉑ 走患:趋向祸患。㉒ 避难:躲避灾难。　㉓ 二三子:指鲁国大夫们。　㉔ 术:方法、办法。　㉕ 方城:楚国北部边境的山名,在今河南叶县南。　㉖ 卞:鲁城邑名,在今山东泗水。　㉗ 伐鲁:指讨伐季氏。因季氏专鲁国政,故云伐鲁。　㉘ 荣成伯:鲁大夫,名栾,声伯之子。　㉙ 暱(nì 逆):"昵"的异体字,亲、亲近。　㉚ 违:违背、反对。夙:季武子的名字。㉛ 用命:听命、效力。　㉜ 诸姬:指姓姬的诸侯。闚:同"窥"。　㉝ 彼:指楚国。无亦:亦。同类:同姓。东夷:指鲁国附近东方小国。㉞ 攘:侵夺、侵犯。诸夏:指中原各国。　㉟ 蛮、夷:指楚国。因楚一向不臣服于周,中原诸国鄙视其为蛮夷。　㊱ 求入:要求回鲁国。㊲ 悛(quān 圈):悔改。　㊳ 醉而怒,醒而喜:是一句诙谐的比喻话。襄公欲借楚伐鲁,好比是喝醉的人发怒讲胡话。现在不借楚伐鲁,好比是酒醒而头脑清醒。　㊴ 庸:用,因而。

【评析】

　　公元前 546 年,在宋国执政向戌的斡旋下,晋、楚及各诸侯国在宋国会盟,史称弭兵之会。会议议定晋、楚平分霸权,宋、鲁、郑、卫、曹、许、陈、蔡八国要对晋、楚同样朝贡。齐、秦是大国,与晋、楚结成联盟。所以公元前 545 年鲁襄公与宋公、陈侯、郑伯、许男去楚国朝见。本文即是记载鲁襄公去朝楚往返途中所发生的两件事。

　　在去途中,听说楚康王死了,鲁襄公和诸大夫便想回国,叔仲昭伯力排众议,建议襄公"为国家之利"仍去楚国。

　　叔仲昭伯的话分两个方面。他首先说服襄公。认为襄公到楚国去朝拜,是畏惧楚国的盟主名分和强大武力,并不是为了康王一人。现康王虽死,"其名未改,其众未败",实力照样强大,不能不去朝拜,否则就会得罪楚国,招来无穷之祸。然后说服子服惠伯为首的诸大夫。他说了三层意思:一是指出诸大夫跋山涉水随襄公赴楚的目的,是畏惧楚国盟主名分和武力强大。一般人有喜事、丧事,尚且要去庆吊,楚康王死,臣服的国家岂可不去吊唁? 二是阐明闻丧而还,将会构成轻视、侮辱楚国新君罪名,遭到更沉重的打击。因此得出"若从君而走患,则不如违君以避难"的结论。三是说明鲁若有力量抗御楚国,尽可以回去,否则只能屈从于楚。

话虽说得合情合理,完全是为了鲁国,但通篇饱含着苦涩和无奈的情绪,是小国、弱国屈从于大国、强国的申诉书。这为我们揭示了一个真理:国弱,民穷,落后就要挨打。如果鲁国是一个强大的国家,襄公就不必到楚国去,楚国更不敢视襄公为臣,命令他替死去的康王穿衣了。这样的例子,历史上也是有的。南宋高宗慑于金国的兵威,向金国哀求乞和,在"誓表"中卑躬屈膝地说:"世世子孙,谨守臣节。每年皇帝生辰并正旦,遣使称贺不绝。岁贡银、绢二十五万两、匹。"金国则在册封赵构为宋帝册文中说:"册命尔为帝,国号宋,世服臣职,永为屏翰。"(《金史·宗弼传》)何其屈辱啊!

在返回途中,听说季武子袭取卞地,襄公便想返回楚国,借助楚国兵力,讨伐季武子。经荣成伯力加劝阻,襄公才作罢。

荣成伯的话分四个层次。首先,说明国君不能借外敌以立威,否则将会失去诸侯的信任。其次,指出季武子取卞,已得到民众的拥护。其三,指出楚打败季武子也好,季武子打败楚国也好,襄公都将成为有家难投、有国难奔的人。其四,劝襄公不如顺水推舟,将卞邑赏赐给季武子。既维护国君对臣子的权威,又能让季武子有所改悔而不敢放肆行动。并用"醉而怒,醒而喜"的诙谐比喻,让襄公体面地顺阶而下。荣成伯的话为人们揭示了不能引狼入室的古训。引狼入室而遭殃的例子历史上也是有的。后晋石敬瑭,为了推翻后唐统治,不惜割燕云十六州国土给契丹,恬不知耻地认比自己小十一岁的契丹国主耶律德光为父皇帝,自称儿皇帝。石敬瑭死后,其侄子石重贵继位,公元946年耶律德光借口石重贵"称孙不称臣",出兵占领开封,灭亡后晋,四处抄掠,使中原地区赤地千里,哀鸿遍野,人民饱尝了石敬瑭引狼入室的痛苦。

季冶致禄

【解题】

本篇记叙季冶受季武子蒙蔽,欺骗了襄公。经荣成伯点明,认识到上了季武子的当,于是便交还爵禄,辞官不出。表现了季冶诚实不欺的高尚人格。

襄公在楚,季武子取卞,使季冶逆①,追而予之玺书②,以告曰:"卞人将畔③,臣讨之,既得之矣。"公未言,荣成子曰:"子股肱鲁国,社稷之事,子实制之。唯子所利④,何必卞?卞有罪而子征之,子之隶也⑤,又何谒焉⑥?"子冶归,致禄而不出⑦,曰:"使予欺君⑧,谓予能也⑨。能而欺其君,敢享其禄而立其朝乎?"

【今译】

鲁襄公在楚国朝拜时,季武子攻取了卞邑,听说襄公回来,派季冶到边境迎候,又追上去交给他一封加盖印章的信,在信上禀告襄公说:"卞邑人将要发动叛乱,我讨伐他们,已经占领了卞邑。"襄公看了书信后尚未说话,荣成子说:"您是鲁国的股肱之臣,鲁国的大事实际上由您制裁。只要您认为是有利于国的,就可去办,何况区区一个卞邑呢?卞邑的人有罪,您去讨伐,这是您职责范围内的事,又何必来禀告呢?"季冶回去后,交还爵禄,辞官不出,说:"季武子派我去欺骗国君,还说我有才能。有才能的人却去欺骗他的国君,还敢享受他的爵禄立在朝堂上做官吗?"

【注释】

① 季冶:鲁大夫,季氏的族人。逆:迎、迎接。　② 玺(xǐ 喜):

印章。古代大夫之印亦称玺。秦始皇开始以玺作为皇帝印章的专有名词。玺书:在封口上加盖印章的书信。　③ 畔:通"叛",叛变、叛乱。　④ 利:便。　⑤ 隶:役、差役,引申为职责范围内之事。　⑥ 谒:告、禀告。　⑦ 致:归、交还。　⑧ 欺君:指季武子用玺书告襄公说卞人将叛,掩盖自己占领卞邑的事实。　⑨ 能:才能、贤能。

【评析】

本文是上文的续篇,鲁襄公从楚国朝拜回来,执政季武子便派季冶到边境迎候,并让季冶带去一封封口处加盖印章的亲笔信,交给鲁襄公。信上说:"卞人将叛,臣讨之,既得之矣。"掩盖了他抢占卞邑的事实,欺骗鲁襄公。鲁襄公看完信尚未开口,机智的荣成子怕襄公发怒,责备季武子,激起新的矛盾,便抢先发言。用明尊暗贬的手法,表面上肯定季武子是鲁国重臣,处置卞邑是份内之事,不必请示;实际上把季武子放在臣子的地位上,维护了襄公国君的尊严。化解了矛盾,使季武子无法找到借口抵制鲁襄公,让襄公堂堂正正地返回鲁国。

季冶是个真诚的君子,当他知道自己受季武子蒙蔽、利用,欺骗了鲁襄公后,内心感愧,便交还采邑,辞官不出,表现了诚实不欺的高贵品格。

本文仅一百零六字,但作者匠心独运,在叙事中揭示了人物性格,让人物立体地展现在人们面前。

叔孙穆子知楚公子围有篡国之心

【解题】

本篇记叙在虢之会上,楚公子围以大夫身份而用国君仪卫。叔孙穆子以仪卫之礼为依据，预知公子围有不臣之心。后他果然杀死了康王之子郏敖，自立为楚王。本文赞扬叔孙穆子有先见之明。

虢之会①，楚公子围二人执戈先焉②。蔡公孙归生与郑罕虎见叔孙穆子③，穆子曰："楚公子甚美④，不大夫矣，抑君也⑤。"郑子皮曰："有执戈之前，吾惑之⑥。"蔡子家曰："楚，大国也；公子围，其令尹也。有执戈之前，不亦可乎？"穆子曰："不然。天子有虎贲⑦，习武训也⑧；诸侯有旅贲⑨，御灾害也；大夫有贰车⑩，备承事也⑪；士有陪乘⑫，告奔走也⑬。今大夫而设诸侯之服，有其心矣⑭。若无其心，而敢设服以见诸侯之大夫乎？将不入矣⑮。夫服，心之文也⑯。如龟焉⑰，灼其中，必文于外。若楚公子不为君，必死，不合诸侯矣。"公子围反，杀郏敖而代之⑱。

【今译】
　　在虢地的会盟上，楚公子围使两个卫士拿着戈为先导。蔡国大夫公孙归生和郑国大夫罕虎去拜见叔孙穆子，叔孙穆子说："楚国公子围的服饰太华丽贵盛了，不像大夫的样子，倒像是国君了。"郑国子皮说："他前面有拿着戈的卫士开道，我感到奇异而难以解释。"蔡国的子家说："楚国是一个大国，公子围是楚国的令尹。有拿着戈的卫士在前面开道，不也是可以的吗？"叔孙穆子说："不是这样的。天子有虎贲，教习武功保卫天子，守护王宫；诸侯有旅贲，防御非常事故和突发灾祸；大夫有副车，准备随时奉王命处理政务；士有陪乘，往返奔走传达指令。现在作为大夫的人竟然使用诸侯的仪卫服饰，说明他有篡国之心啊！如果没有这种篡国的野心，他怎么敢用诸侯的仪卫服饰来会见诸侯的大夫呢？他将不再当楚国的大夫了。车服，是表露内心思想的。譬如龟甲，烧灼它的内部，外部一定会有纹理显露出来。如果楚公子围当不上国君,一定会死,不再会以大夫的身份会合诸侯了。"公子围回国后,果然杀死了郏敖,取代他为楚王。

【注释】

① 虢之会:公元前541年,楚、晋、齐、鲁、宋、陈、蔡、郑、许、曹等诸侯国大夫在虢地会盟,重申前546年弭兵之会的原则。虢:古地名,故城在今河南郑州北。　② 楚公子围:楚灵王熊虔,本名围,后改名虔,楚恭王庶子。当时任楚令尹。公元前541年杀楚王郏敖自立,前540年至前529年在位。二人执戈先焉:二人拿着戈在前面开道。这是诸侯出行礼仪,公子围越礼僭用。　③ 公孙归生:蔡大夫,太师子朝之子,字子家,又称公子归生。罕虎:郑国上卿,字子皮,子罕之孙,子展之子。　④ 美:指服饰华丽贵盛。　⑤ 抑:或许。　⑥ 惑:指奇异而难以理解。　⑦ 虎贲:官名,王宫中卫戍部队将领。《周礼·夏官》:"虎贲氏掌先后王而趋以卒伍。"即率领虎士保卫天子。　⑧ 习武训:教习武事。　⑨ 旅贲:王及诸侯出行时护车的勇士。《周礼·夏官》:"旅贲氏掌执戈盾,夹王车而趋。左八人,右八人。车止,则持轮。"　⑩ 贰车:副车。《礼记·少仪》:"贰车者,诸侯七乘,上大夫五乘,下大夫三乘。"　⑪ 承事:承王命处理政事。　⑫ 陪乘:车右,车上负责保卫安全的力士。　⑬ 奔走:指往返传达命令。　⑭ 有其心:指有篡国的野心。　⑮ 入:指进入大夫行列。　⑯ 心之文:内心思想的外在表露。　⑰ 龟:占卜用龟甲。　⑱ 郏(jiá 夹)敖:楚康王之子,名麇,公元前544年至前541年在位。《史记·楚世家》:麇有疾,"围入问王疾,绞而弑之,遂杀其子莫及平夏"。葬于郏,谓之郏敖。

【评析】

公元前541年,楚、晋、齐、鲁、宋、陈、蔡、郑、许、曹等诸侯国大夫在虢地会盟,重申公元前546年弭兵之会的原则。楚国派令尹公子围出席会议。他排出国君的仪卫,穿着国君的服饰,趾高气扬地到会。

在我国古代,礼是国之大经。"礼,经国家,定社稷,序民人,利后嗣者也。"(《左传·隐公十一年》)明上下长幼之序,辨贵贱尊卑之等。祭祀、宴享、朝廷、丧纪、军旅、宾客、车马、服饰都严格按礼行事,不能逾越。而楚公子围以大夫身份而享用国君礼仪,因而受到公孙归生、罕虎、叔孙穆子的议论。

叔孙穆子以天子、诸侯、大夫、士不同身份的人有不同仪卫为例,说明楚公子围违礼僭越。据《周礼·夏官》载,天子的仪卫由虎贲氏掌管。"虎贲氏掌先后王而趋以卒伍。军旅、会同,亦如之。舍则守王闲。王在国,则守王宫。"王与诸侯的仪卫还有旅贲氏。"旅贲氏掌执戈盾,夹王车而趋。左八人,右八人。车止,则持轮。"持轮就是推车轮出泥淖,排除险情。齐、晋鞌之战时,晋中军帅郤克负伤,仍擂鼓不绝。其车遇险,车右郑丘缓下车推车。齐孝公战车的两骖马被树木挂住,车右逢丑父手臂被蛇咬伤,不能推车,故被晋司马韩厥追及。这就是卫士"御灾害"的意思。大夫则有副车,以备承王命办事。《礼记·少仪》:"上大夫五乘,下大夫三乘。"士则有陪乘,即是由力士来保护车上安全。可见不同等级的贵族,其仪卫是不同的,应严格按照制度执行,方是遵礼,否则就是越礼。叔孙穆子的话并不到此为止,他认为:"夫服,心之文也。"说明车舆服饰是人们内心世界的外在表露,心有所好,身必服之,话锋一转,指出楚公子围有谋王篡位的野心,预料他不安于大夫之位,图谋篡夺。果然不出叔孙穆子所料,公子围回国后,乘国君熊麋患病之机,借探病为名,将其缢死,自立为君,是为楚灵王。

叔孙穆子不以货私免

【解题】

本篇记叙鲁大夫叔孙穆子在虢地参加诸侯之大夫会盟时,不肯用行贿手段保全自己,使国家受兵。他回国后能对季武子忍小忿顾大局,维护团结,振兴国家。歌颂叔孙穆子为国忘身的高尚品德。

虢之会,诸侯之大夫寻盟未退①。季武子伐莒取郓②。莒人告于会,楚人将以叔孙穆子为戮③。晋乐王鲋求货于穆子④,曰:"吾为子请于楚。"穆子不予。梁其胫谓穆子曰⑤:"有货⑥,以卫身也。出货而可以免,子何爱焉⑦?"穆子曰:"非女所知也⑧。承君命以会大事⑨,而国有罪,我以货私免,是我会吾私也。苟如是⑩,则又可以出货而成私欲乎?虽可以免,吾其若诸侯之事何?夫必将或循之⑪,曰:'诸侯之卿有然者故也。'则我求安而为诸侯法矣。君子是以患作。作而不衷⑫,将或道之⑬,是昭其不衷也⑭。余非爱货,恶不衷也。且罪非我之由,为戮何害?"楚人乃赦之。

穆子归,武子劳之,日中不出⑮。其人曰⑯:"可以出矣。"穆子曰:"吾不难为戮,养吾栋也⑰。夫栋折而榱崩⑱,吾惧压焉⑲。故曰虽死于外,而庇宗于内⑳,可也。今既免大耻,而不忍小忿,可以为能乎㉑?"乃出见之。

【今译】

在虢地的会盟上,诸侯的大夫们重申弭兵之会原则的会谈尚未结束,鲁国季武子攻打莒国夺取了郓城。莒国向盟会控告鲁国违背弭兵盟约,楚人准备把鲁国的使者叔孙穆子杀掉,以示警戒。晋国的乐王鲋向叔孙穆子索取贿赂,说:"我替您向楚国求情。"叔孙穆子拒绝给他贿赂。梁其胫对叔孙穆子说:"财物,就是用来保护自身的。拿出财物而可以免死,您为什么吝惜财物呢?"叔孙穆子说:"这不是你所能理解的。我承奉国君的命令来参加会盟的大事,现在国家有罪,我却用财物私下免死,这就说明我参加会盟是为了个人私利。假如是这样,那么还可以拿出财物来达到私人的目的吗？虽然可以免去杀身之祸，但我今后怎么再从事诸侯之间的外事活动呢？今后一定会有仿效我行为的人，他们说：'诸侯的卿曾有以货私免的成例啊。'那么我为了保全自身却替诸侯各国立了一个行贿免死的法则。君子担心行事不正派。行事不正派，将会导致别人也来仿效，这样不正派的行为就更猖獗了。我并不是吝惜财物，而是厌恨行事不正派啊！况且罪过不是由我引起的，被杀死对于道义又有什么损害呢？"楚国人于是就赦免了他。

叔孙穆子回到鲁国，季武子前去慰劳他，从早上一直到中午叔孙穆子还不肯出来见他。叔孙穆子的家臣对他说："可以出去见他了。"叔孙穆子说："我不害怕被杀，而是为了保护国家的栋梁呀。栋梁摧折，椽子也就崩坍了，我害怕铺在椽子上的箔席也不能幸免呀。所以说虽然死在国外，但却庇护了国内的宗室，这是值得的。现在既然避免了国家灭亡的大耻，却不能忍受个人的小忿，可以说是贤能的人吗？"于是就出来会见季武子。

【注释】

① 未退：指会盟尚未结束。　② 郓（yùn 运）：古邑名，属莒国所有，在今山东沂水北。　③ 楚人：指楚公子围，是盟主之一。　④ 乐王鲋：晋大夫，又称乐桓子。求货：索取贿赂。　⑤ 梁其跖：叔孙穆子的家臣。　⑥ 有：名词词头，无义。货：财物。　⑦ 爱：吝惜。　⑧ 女：通"汝"，你。　⑨ 大事：指会盟之事。　⑩ 苟：诚，假如。　⑪ 循：仿效。　⑫ 衷：中，指正派。　⑬ 道：通"导"，引导、导致。　⑭ 昭：昭明，引申为猖獗。　⑮ 日中不出：指从早晨等到中午不出来。　⑯ 其人：据《左传》为穆子家人曾阜。　⑰ 养：维护、保护。栋：指代季武子。当时他为鲁国正卿，专国政。　⑱ 榱（cuī 崔）：椽子。　⑲ 庒：笮。铺在椽子上瓦片下的箔席。意为季氏亡，叔孙氏亦必亡。　⑳ 宗：宗室，即国家。　㉑ 能：贤能。

【评析】

本文通过叔孙穆子在虢地会盟及回国后的表现，歌颂了他的高尚品德。

第一,叔孙穆子具有为国忘身的自我牺牲精神。叔孙穆子作为鲁国的使臣,出席公元前541年虢地的会盟,得到"绞而婉"的好评,说他语言确切而婉转。不料留守国内的、不安分的季武子,率军攻打莒国,惹起祸端。莒国赶到会盟上告状,盟主之一的楚公子围勃然大怒,指责鲁国竟敢顶风违纪,破坏弭兵之会的和平原则,轻慢、亵渎会盟,欲将鲁国使者叔孙穆子正法示警。狡猾而贪婪的晋国使者赵武的副手乐王鲋便趁火打劫,以索取腰带为名,向叔孙穆子索取贿赂,表示愿意为他向楚国说情赦免他。叔孙穆子的家臣梁其跐也劝他送贿赂给乐王鲋以求免死。但遭到叔孙穆子的严辞拒绝,说:"诸侯之会,卫社稷也。我以货免,鲁必受师。"(《左传·昭公元年》)他站得高,看得远,看到的是国家的利益而不是个人的安危。按照鲁国的常规,下卿叔孙氏外出执行外交任务,上卿季孙氏则留守国内。所以叔孙穆子为外交活动而死,让鲁国不受兵燹之灾,死也是心甘情愿的。决不用贿赂的不正当手段乞求免死,玷辱自己的清白,损害国家的声誉。他撕了一块衣裳布给乐王鲋,奚落地说:"带子太狭了,给你一块衣裳布吧!"表明叔孙穆子与不正的贿赂之风决绝,视死如归,充分表现了他忠于国事、为国忘身、持身守正的自我牺牲精神。他的勇气和风骨,感动了盟主之一晋国上卿赵武。赵武感叹说:"临患不忘国,忠也;思难不越官,信也;图国忘死,贞也。谋主三者,义也。有是四者,岂可戮乎?"(《左传·昭公元年》)赞美叔孙穆子具有忠、信、贞、义四种美德,坚请楚国"去烦宥善",赦免叔孙穆子,终于得到楚国的同意。

第二,叔孙穆子具有忍小忿、求团结以卫国家的宽大胸怀。叔孙穆子回国后,季武子去他家慰劳他。叔孙穆子恨季武子伐莒,几乎将他送上断头台,因而从早上到中午一直不出来会客。而季武子自知有罪,耐心等候。叔孙穆子见他内心有所悔悟,便出来见他,说:"鲁以相忍为国也。"(《左传·昭公元年》)并以"栋折而榱崩"为例说明季孙氏若亡,叔孙氏也将不复存在,自己"虽死于外,而庇宗于内"也是非常值得的。充分展示了叔孙穆子忍私怨以卫社稷的宽广胸怀。战国时期,曾有"廉蔺交欢"使强秦不敢正视赵国的美谈。早在春秋时期,叔孙氏和季孙氏忍小忿、求团结的相会,不也是一曲"将相和"吗?

子服惠伯从季平子如晋

【解题】

本篇记叙子服惠伯在晋昭公拒绝鲁昭公参加平丘之会,鲁、晋关系紧张之时,知难而进,主动请缨,随正卿季平子参加平丘之会。当季平子被晋人扣押时,他据理抗争,引证历史,表白鲁国奉事晋国的功劳,指责晋国信蛮、夷而弃兄弟。使晋国放回季平子,取得外交斗争的胜利,充分展示了子服惠伯足智多谋的外交才干。

平丘之会①,晋昭公使叔向辞昭公②,弗与盟。子服惠伯曰③:"晋信蛮、夷而弃兄弟④,其执政贰也⑤。贰心必失诸侯,岂唯鲁然?夫失其政者,必毒于人⑥,鲁惧及焉,不可以不恭。必使上卿从之。"季平子曰⑦:"然则意如乎!若我往,晋必患我⑧,谁为之贰⑨?"子服惠伯曰:"椒既言之矣,敢逃难乎?椒请从。"

晋人执平子⑩,子服惠伯见韩宣子⑪,曰:"夫盟,信之要也⑫。晋为盟主,是主信也。若盟而弃鲁侯,信抑阙矣⑬。昔栾氏之乱⑭,齐人间晋之祸⑮,伐取朝歌。我先君襄公不敢宁处⑯,使叔孙豹悉帅敝赋,踦跂毕行⑰,无有处人,以从军吏,次于雍渝⑱,与邯郸胜击齐之左⑲,掎止晏莱焉⑳,齐师退而后敢还。非以求远也,以鲁之密迩于齐㉑,而又小国也;齐朝驾则夕极于鲁国㉒,不敢惮其患,而与晋共其忧,亦曰:'庶几有益于鲁国乎!'今信蛮、夷而弃之,夫诸侯之勉于君者,将安劝矣㉓?若弃鲁而苟固诸侯㉔,群臣敢惮戮乎?诸侯之事晋者,鲁为勉矣。若以蛮、夷之故弃之,其无乃得蛮、夷而失诸侯之信乎?子计其利者,小国共命㉕。"宣子悦,乃归平子。

【今译】

　　诸侯在平丘会盟,晋昭公派叔向去回绝鲁昭公,不让他参加会盟。子服惠伯说:"晋国听信蛮、夷的话而抛弃其兄弟鲁国,这是其执政有二心。有二心,一定会失去诸侯的信任,难道只失去鲁国的信任吗?国政有阙失的,一定会加害于别人,鲁国惧怕侵害,不能不对晋国表示恭敬,一定要派上卿到晋国谢罪。"季平子说:"那么应当我意如去了!如果我前去,晋国一定会害我,谁给我当助手呢?"子服惠伯说:"我既然说了这个主张,岂敢逃避危难。让我跟随您去吧。"

　　晋国人逮捕了季平子。子服惠伯求见韩宣子,说:"结盟,是信义的结合。晋国作为盟主,应该主持信义。如果诸侯结盟而摒弃鲁国,信义或许就欠缺了。当初晋国栾盈内乱时,齐国人利用晋国的内乱,攻占了晋国的朝歌。我先君襄公不敢袖手旁观,立即派叔孙豹统率全国的军队,连腿脚有病的人都应征入伍,空国而出,没有一个人留在家里。他们跟从军吏,驻扎在雍渝,配合邯郸大夫赵胜攻击齐国的左军,从后面牵制并俘虏了齐国大夫晏莱,直到齐国军队撤退后,我们才敢率军回国。我们劳师远征并不是贪图什么功劳。就我们鲁国来说,与齐国比邻,而且又是一个小国。齐国人早上驾着兵车,晚上就可到达鲁国。但我们不敢害怕齐国侵害,而愿意与晋国共命运,同患难,还说:'晋国或许对鲁国有好处吧!'现在晋国听信蛮、夷的话而抛弃了鲁国,那么对于尽力于晋国的诸侯,您将用什么去劝勉呢?如果抛弃鲁国的确可以团结诸侯,我们这些臣子敢害怕被杀吗?诸侯各国中尊奉晋国的,要算鲁国是最尽心竭力了。假使因蛮、夷的缘故而抛弃鲁国,恐怕会得到蛮、夷而失去诸侯的信任吧?请您权衡其中的利害关系后再做出决定,我们鲁国一定恭敬地听从您的命令。"韩宣子听后非常高兴,于是就放季平子回国。

【注释】

① 平丘之会:公元前532年,鲁国季平子攻打莒国,占据郠地(今山东沂水境内),莒人向盟主晋国控诉鲁国。公元前529年,晋国与齐、宋、卫、郑等国在平丘会盟,讨伐鲁国。平丘,地名,在今河南封丘东。 ② 晋昭公:晋国国君,名夷,晋平公之子,公元前531年至前526年在位。叔向:晋大夫,即羊舌肸。昭公:鲁昭公,名稠,鲁襄公之子,公元前541年至前510年在位。 ③ 子服惠伯:鲁大夫,名椒。 ④ 蛮、夷:指莒、邾两国。 ⑤ 执政:主持国政的人,指晋国正卿韩宣子。贰:二心,即有偏袒莒国之心。 ⑥ 毒:加害。 ⑦ 季平子:鲁国上卿,名意如,季武子之孙。 ⑧ 患:害。 ⑨ 贰:副手、助手。 ⑩ 执:逮捕、扣押。 ⑪ 韩宣子:晋国正卿,名起,韩献子之子。 ⑫ 要:结、结合。 ⑬ 抑:或许、大概。 ⑭ 栾氏之乱:指晋大夫栾盈之乱。公元前550年,栾盈在齐庄公支持下讨伐晋国,夺取晋邑朝歌。鲁上卿叔孙豹曾率军救晋。 ⑮ 间:间隙,指乘隙而入。 ⑯ 宁处:安居,引申为袖手旁观。 ⑰ 踦跂(qī qí 期齐):腿脚不方便。踦,跛脚。跂,多出的脚趾。 ⑱ 次:驻扎。雍渝:晋地,在今河南浚县西南。 ⑲ 邯郸胜:晋大夫赵胜,赵旃之子。食采邯郸,故称邯郸胜,亦称邯郸大夫。 ⑳ 掎(jǐ挤):牵制。止:获、俘获。晏莱:齐国大夫。 ㉑ 密:比、比邻。迩:近。 ㉒ 极:至、到。 ㉓ 劝:劝勉。 ㉔ 固:巩固,引申为团结。 ㉕ 共:通"恭",恭敬。

【评析】

本文反映了春秋时期大国称王称霸,专横跋扈,主宰一切;小国失去独立自主权,只好卑辞厚礼,屈从大国。

公元前532年,鲁国季平子讨伐莒国,占领了郠地。莒人向晋国告状说:"鲁国经常攻打我国,我国快要灭亡了。我国不能进贡财礼,是由于鲁国的缘故。"公元前529年晋国会合齐、宋、卫、郑等诸侯国在平丘会盟,准备讨伐鲁国。便派叔向到鲁国拒绝鲁昭公出席平丘之会,威胁说:"寡君有甲车四千乘在,虽以无道行之,也必然是可怕的;何况循正道而行,还有谁能抵挡?牛虽然瘦了,压在小猪身上,难道怕压不死吗?"(《左传·昭公十三年》)一副霸权主义的狰狞面目,杀气腾腾,凶相毕露。鲁国国小力弱,害怕极了,但不能不恭恭敬敬对待晋人,只好派上卿季平子到晋国谢罪。季平子到了平丘,晋人将他扣押起来,用幕布将他遮住,让狄人看守着。闷热难当,受尽凌辱。他的随从司铎射怀藏锦帛,捧着用壶盛着的冰水,偷偷地爬过去。看守的人阻止了他,他就将锦帛送给看守人,然后进去探望季平子。平丘之会结束后,晋人将季平子押回晋国,子服惠伯跟着前去。子服惠伯找到晋国执政韩宣子,哀哀陈辞,韩宣子才允许释放季平子回国。可见春秋时期强国为刀俎,弱国为鱼肉,弱肉强食,争夺不已。

本文也展示了子服惠伯忠于国事、知难而进、足智多谋的外交才干。

当鲁、晋关系处于极度紧张之时,子服惠伯挺身而出,保护季平子赴晋谢罪。当季平子被晋人扣押回晋国时,他寸步不离,保护季平子的安全。并找到韩宣子据理力争,他以信义立论,认为盟主只有坚持信义,才能取得诸侯的拥护。并举鲁国协助晋周平定栾盈内乱、击败齐军的事例,说明鲁国是最忠诚于晋国的。再从亲疏有别的礼则,指出晋、鲁是姬姓兄弟之亲,而莒、邾乃蛮、夷之人,信蛮、夷而弃兄弟,一定会失去诸侯信任。处处为晋国霸主地位着想,事事表白鲁国对晋国的忠诚,有理,有节,说得韩宣子大为喜悦,放回季平子。充分展示了子服惠伯足智多谋、善于辞令的外交才干。

季桓子穿井获羊

【解题】

本文记叙季桓子打井时得到一只瓦罐,里面有一只像羊一样的怪物。他向孔子问难,孔子告以"羵羊"。充分显示了孔子的博学多闻。

季桓子穿井①,获如土缶②,其中有羊焉。使问之仲尼曰③:"吾穿井而获狗,何也?"对曰:"以丘之所闻,羊也。丘闻之:木石之怪曰夔、蝄蜽④,水之怪曰龙、罔象⑤,土之怪曰羵羊⑥。"

【今译】

季桓子家打井,在土中挖到一只像瓦罐一样的东西,里面有一只像羊一样的怪物。就派人去问仲尼说:"我家打井时得到一只狗,这是怎么一回事呢?"仲尼回答说:"据我孔丘所知道的,是羊。我听说:山里的怪物叫夔、蝄蜽,水里的怪物叫龙、罔象,土里的怪物叫羵羊。"

【注释】

① 季桓子:鲁国上卿,名斯,季平子之子。 ② 土缶(fǒu否):陶土的瓦罐,古代用来盛酒、汲水。 ③ 仲尼:孔丘的字,公元前551年至前479年在世,春秋鲁国人,我国伟大的思想家、教育家。 ④ 木石:指山。夔(kuí奎):传说中山林里的精怪。韦昭《国语注》说:"或云,夔,一足,越人谓之山缫,或作獟。富阳有之,人面猴身,能言。"蝄蜽(wǎng liǎng 网两):传说中山林里的精怪。韦昭注说:"山精,好学人声而迷惑人也。" ⑤ 龙:古代传说中一种有鳞、有须、有爪、能兴云布雨的神异动物。罔象:古代传说中的水怪。 ⑥ 羵(fén 坟)羊:

也作'坟羊',古代传说中土中所生的精怪。韦昭注引唐固说:"坟羊,雌雄不成者。"指这种土中精怪雌雄不分。

【评析】

本文在《史记·孔子世家》、魏王肃《孔子家语注》中都有著录。通过孔子回答季桓子的问难,歌颂孔子博学而多闻。

季桓子在费地打井,挖出一只瓦罐,里面有一只活羊。明明是羊,狡诈的季桓子却派人去问孔子,从土里挖出了一只狗是怎么一回事。想考考孔子,让孔子当场出丑。所以韦昭说:"获羊而言狗者,以孔子博物,测之也。"可见其险恶之用心。幸而孔子博学多闻,回答得既简洁,又清楚,并纠正了他以羊为狗的错误。使季桓子不得不佩服孔子学识的渊博。季桓子是鲁国的上卿,鲁定公时专鲁国国政,当时孔子任鲁国中都宰、司寇,对季桓子的所作所为颇多不满。孔子摄行相事三月,大见成效。以季桓子受齐人女乐,三日不听政;郊祭又不送肉给大夫,孔子才辞官而去。后来季桓子病重,临死前乘车见鲁国城墙时,良心发现,"喟然叹曰:'昔此国几兴矣,以吾获罪于孔子,故不兴也。'顾谓其嗣康子曰:'我既死,若必相鲁;相鲁,必召仲尼。'"可惜季康子未用孔子,致使鲁国每况愈下,一蹶不振。

公父文伯之母对季康子问

【解题】

本篇记叙鲁国执政季康子向其从祖叔母敬姜请教,敬姜告诫他:"君子能劳,后世有继。"这是很有见地的至理名言,受到子夏的肯定与赞扬。

季康子问于公父文伯之母曰①:"主亦有以语肥也②。"对曰:"吾能老而已③,何以语子。"康子曰:"虽然④,肥愿有闻于主。"对曰:"吾闻之先姑曰⑤:'君子能劳⑥,后世有继。'"子夏闻之⑦,曰:"善哉!商闻之曰:'古之嫁者,不及舅姑⑧,谓之不幸。'夫妇,学于舅姑者也。"

【今译】

　　季康子向公父文伯的母亲敬姜请教说:"您有什么话教导我季孙肥吧。"敬姜回答说:"我不过能敬事老人罢了,拿什么来教导您呢?"季康子说:"即使这样,我还是希望听到您的教诲。"敬姜回答说:"我从已去世的婆婆那里听说过:'君子能辛勤劳动,他的子孙就能连续做官。'"子夏听到后,说:"说得真好啊!我听说过:'古时候出嫁的女子,见不到公公、婆婆,叫作不幸。'媳妇,是要向公公、婆婆学习的。"

【注释】

　　① 季康子:鲁国上卿,名肥,季悼子曾孙,季桓子之子。公父文伯:鲁大夫,名歜。母:公父穆伯之妻敬姜。　② 主:古代大夫称主,妻也可以称主。语:教戒、教导。　③ 能老:指能孝敬老人。　④ 虽然:即使这样。　⑤ 先姑:死去的婆婆。　⑥ 能劳:能保持勤劳习惯,贵而不骄。　⑦ 子夏:孔子学生,姓卜,名商,字子夏。　⑧ 不及:见不到,意为已死。舅:丈夫之父称舅,即公公。

【评析】

敬姜对季康子的教导只有一句话,"君子能劳,后世有继",八个字,又集中落实在一个"劳"字上。内涵丰富而意义深长。这话虽然是对执政的季康子说的,教育他只有降低身份,从事劳作,贵而不骄,勤劳于政事,才能保持子孙兴旺发达,后继有人。但推而广之,各行各业都离不开一个"劳"字。劳动才能创造世界。

文中还歌颂了身为执政的季康子,不耻下问,再三虚心求教。歌颂了敬姜谦逊知礼的作风。她将"君子能劳,后世有继"的话,说成是从婆婆处听来的,这是符合古代妇德的,因而赢得了子夏的赞扬。

公父文伯饮南宫敬叔酒

【解题】

本篇记叙敬姜严于教子。其子公父文伯宴请南宫敬叔时,对上宾露睹父不敬,敬姜竟将他逐出家门。

公父文伯饮南宫敬叔酒①,以露睹父为客②。羞鳖焉③,小。睹父怒,相延食鳖④,辞曰:"将使鳖长而后食之。"遂出。文伯之母闻之,怒曰:"吾闻之先子曰⑤:'祭养尸⑥,飨养上宾⑦。'鳖于何有?而使夫人怒也⑧!"遂逐之。五日,鲁大夫辞而复之⑨。

【今译】

公父文伯宴请南宫敬叔,尊露睹父为上宾。进献鳖羹时,给露睹父的鳖小了些。露睹父很生气,宾主互相逊让吃鳖时,他告辞说:"等鳖长大以后我再来吃吧。"于是就退席出去了。文伯的母亲听到这件事后,气愤地对儿子说:"我听去世的公公说过:'祭祀时要最尊敬尸主,宴会时要最尊敬上宾。'你献鳖羹用的是什么礼节?使上宾生气呢!"于是把公父文伯赶出家门。过了五天,由于鲁国的大夫们前来替他求情,才允许他回家。

【注释】

① 南宫敬叔:名说,鲁大夫,孟僖子之子。　② 露睹父:鲁大夫。客:上宾。据周礼规定,众人饮酒时,尊一年高德劭者为上宾,也称上客。　③ 羞:进、进献。　④ 相延:互相逊让延请。　⑤ 先子:古时媳妇对已去世的公公称谓,也称先舅,指季悼子。　⑥ 养:供养、供奉。尸:神主。古代祭祀时,用人代死者受祭,叫作尸,后世改为神主、牌位、画像。《公羊传·宣公八年》汉何休注:"祭必有尸者,节神也。礼,天子以卿为尸,诸侯以大夫为尸,卿大夫以下以孙为尸。"
⑦ 飨:享宴。　⑧ 夫(fú 扶)人:这个人,指露睹父。　⑨ 辞:请。

【评析】

本篇记叙了一位明于礼仪、严于教子的母亲敬姜的故事。

公父文伯宴请南宫敬叔,尊年高德劭的露睹父为上宾。在我国古代,天子、大夫用炰鳖鲜鱼供奉宾客。所以宴享席上上甲鱼,规格是很高的。《诗经·大雅·韩奕》篇说:"炰鳖鲜鱼,其蔌维何?"意思是说清蒸甲鱼,活烹鲜鱼,用的是什么蔬菜。但公父文伯在进献清蒸甲鱼时,给露睹父的小了一点,露睹父大为不满,竟至退席而去。是不是露睹父过于小气,只是斤斤计较争鳖的大小呢?其实不然,争鳖之大小,实质是争礼的尊卑。我国古代对于礼是非常讲究的,既然尊他为上宾,自然应该让最大的鳖给他吃,以示尊崇。现在给他小的,岂不是对他的亵渎和轻慢吗?说得严重点是对他人格的侮辱。所以敬姜便指责公父文伯"鳖于何有",意思是献清蒸甲鱼用的是什么礼节。她竟然把自己的儿子赶出家门,对违礼者的惩罚够厉害的了。

无独有偶,《左传·宣公四年》记载了一个为了吃甲鱼竟然杀死国君的故事。楚人送给郑灵公一只大甲鱼。公子宋和子家将要进见。公子宋的食指忽然自己摇动起来,就伸给子家看,并说:"以往我发生这种情况,一定会尝到新鲜的美味。"等到进到宫中以后,看见厨子正在切甲鱼块。两人相视而笑。郑灵公问他们为什么笑,子家把刚才的情况告诉郑灵公。等到甲鱼赐给大夫们吃的时候,郑灵公把公子宋召来,偏不给他吃。公子宋发怒,把手指头伸进鼎里,蘸着卤汁尝了尝味道就退出来了。郑灵公发怒,要杀死公子宋,公子宋和子家先下手为强,反而杀死了郑灵公。

一位是知礼的母亲,一位是不知礼的国君,相映成趣。

公父文伯之母论内朝与外朝

【解题】

本篇记叙公父文伯之母到季康子家里去,在外朝与内朝都不与季康子答话,直到内室,才回答季康子的问题。赞美公父文伯之母知礼、守礼。

公父文伯之母如季氏①,康子在其朝②,与之言,弗应,从之及寝门③,弗应而入。康子辞于朝而入见④,曰:"肥也不得闻命,无乃罪乎⑤?"曰:"子弗闻乎?天子及诸侯合民事于外朝⑥,合神事于内朝⑦;自卿以下,合官职于外朝,合家事于内朝;寝门之内,妇人治其业焉⑧。上下同之。夫外朝,子将业君之官职焉;内朝,子将庀季氏之政焉⑨,皆非吾所敢言也。"

【今译】

公父文伯的母亲到季康子家里去,季康子正在厅堂里,对她说话,她没有应声,季康子一直跟着她到内室门外,她还是没有应声就进入内室去了。季康子赶紧离开厅堂到内室拜见她,说:"我不能听到您的教导,莫不是有罪了吧?"敬姜回答说:"您没有听说过吗?天子及诸侯在外朝处理民众的事情,在内朝处理祭祀神灵的事情;从卿以下的官员,在外朝承办国家的公务,在内朝处理家族的事务;寝门以内,则由妇女管理内部事务。君臣上下都是一样的。至于你的外厅,是你承办国君公务的地方;内厅,是你治理季氏家政的地方,都不是我敢说话的地方。"

【注释】

①如:至、到。 ②朝:卿大夫的厅堂。分两部分,外厅叫外朝,内厅叫内朝。 ③寝门:内室的门,进入寝门就是家属居住的内室。 ④辞:离开。 ⑤无乃:莫不是。 ⑥合:考核、处理。 ⑦神事:指祭祀神灵祖先之类的事。 ⑧业:事务。 ⑨庀(pǐ匹):治理。

【评析】

本文敬姜论述西周、春秋时期外朝与内朝及其功能,使我们了解朝会之制。周制,天子有四朝,一曰外朝,秋官朝士掌之,在皋门内,为决罪听讼之朝。朝有疑狱,王集而听之。二曰中朝,夏官司士正其位,辨其贵贱之等。在路门外,为朝夕视政之朝,也称治朝。三曰内朝,太仆掌之,在路门之内,国君既从正朝视事毕,适路寝听政,群公之下常日于此朝见君王,也称路寝之朝或燕朝。四曰询事之朝,小司寇掌其政,在雉门外,致万人而询国政。一曰询国危,二曰询国迁,三曰询立君。以其非常朝,故不与三朝同。这是周朝天子朝会的格局。

本文敬姜所论之外朝与内朝,实际是卿大夫的外厅与内厅。卿大夫与天子、诸侯一样,在外厅处理君主交办的政务,在内厅处理家族的事务,有严格的区别。寝门之内的内室,才是内眷居住的地方。内眷在外厅、内厅连说话的资格都没有。由此,我们也可以知道早在周朝,我国男尊女卑、男女有别的观念已形成制度。要提高女权,实行男女平等,不是一句话就能做到的。

公父文伯之母论劳逸

【解题】

本篇记叙敬姜以"劳"教育公父文伯，防止其居官骄纵，腐化变质。她认为："民劳则思，思则善心生；逸则淫，淫则忘善，忘善则恶心生。"列举圣王勤劳而有天下、卿大夫勤劳而安其家、士庶勤劳而生计足、妇女勤劳而家室和的事例，并以绩麻织布、躬自劳作的身教，充分说明勤劳足以兴邦、逸乐足以亡身的道理。因而受到孔子的赞扬。

公父文伯退朝①，朝其母②，其母方绩③。文伯曰："以歜之家而主犹绩，惧忓季孙之怒也④，其以歜为不能事主乎！"

其母叹曰："鲁其亡乎！使僮子备官而未之闻耶⑤？居⑥，吾语女⑦。昔圣王之处民也⑧，择瘠土而处之，劳其民而用之，故长王天下。夫民劳则思，思则善心生；逸则淫⑨，淫则忘善，忘善则恶心生。沃土之民不材，逸也；瘠土之民莫不向义⑩，劳也。是故天子大采朝日⑪，与三公、九卿祖识地德⑫；日中考政，与百官之政事，师尹维旅、牧、相宣序民事⑬；少采夕月⑭，与太史、司载纠虔天刑⑮；日入监九御⑯，使洁奉禘、郊之粢盛⑰，而后即安。诸侯朝修天子之业命⑱，昼考其国职⑲，夕省其典刑⑳，夜儆百工㉑，使无慆淫㉒，而后即安。卿大夫朝考其职，昼讲其庶政㉓，夕序其业，夜庀其家事㉔，而后即安。士朝受业㉕，昼而讲贯㉖，夕而习复，夜而计过无憾㉗，而后即安。自庶人以下，明而动㉘，晦而休㉙，无日以怠。

"王后亲织玄紞㉚，公侯之夫人加之以纮、綖㉛，卿之内子为大带㉜，命妇成祭服㉝，列士之妻加之以朝服㉞，自庶士以下㉟，皆衣其夫。社而赋事㊱，蒸而献功㊲，男女效绩㊳，愆则有辟㊴，古之制也。君子劳心，小人劳力，先王之训也。自上以下，谁敢淫心舍力？今我，寡也，尔又在下位㊵，朝夕处事，犹恐忘先人之业。况有怠惰，其何以避辟！吾冀而朝夕修我曰㊶：'必无废先人㊷。'尔今曰：'胡不自安㊸。'以是承君之官，余惧穆伯之绝嗣也㊹。"

仲尼闻之曰㊺："弟子志之㊻，季氏之妇不淫矣。"

【今译】

公父文伯退朝回家，向母亲请安，他的母亲正在绩麻。公父文伯说："像我们这样的家庭，主母还要绩麻，我怕会触犯季孙氏的怒气，他以为我不能很好地奉侍母亲呢！"

他的母亲叹息说："鲁国恐怕要灭亡了！让你这样不懂事的孩子做官，而你没有听说过做官的道理吗？坐下来，我告诉你。从前圣王安置人民，总是选择瘠薄的土地让他们居住，让他们辛勤劳动然后使用他们，所以能长久地统治天下。人民经受劳苦就会想到节俭，想到节俭就会产生善心；安逸了就会放荡，放荡不羁就会忘记良善，忘记良善就会产生坏心。生活在肥沃土地上的人民不会成材，就是因为安逸的缘故；生活在瘠薄土地上的人民没有一个不向往仁义，就是因为劳苦的缘故。所以天子在每年春分这一天穿上五彩的衮冕朝拜日神，与三公、九卿一起学习和了解土地上五谷的生长情况；中午考查朝政的得失，以及了解百官的日常政务，了解大夫官、众士、州牧、国相等赞助天子按次序治理、教化人民的事务；每年秋分这一天天子穿上三彩的黼衣祭祀月神,和太史、司载恭敬虔诚地观察上天显示的吉凶征兆;日落以后监督内宫九嫔,让他们把禘祭和郊祭的供品洗干净,盛在祭器内以备祭祀,然后才能安歇。诸侯每天早上要承办和执行天子下达的任务和命令,白天考察自己封国的政务,晚上检查法令的执行情况,夜间还要告诫百官,使他们不敢怠惰放荡,然后才能安歇。卿大夫早上要履行其本职工作,白天处理各种大大小小的政务,晚上按次检查自己经办的事务,夜里处理家中的私事,然后才能安歇。士人早上接受朝廷任务,白天讲习政务,晚上复习检查,夜里反省自己一天中有无过失,感到没有遗憾,然后才能安歇。从庶人以下,日出而作,日没而歇,没有一天可以怠惰的。

"王后要亲自织玄紞;公侯的夫人除了织玄紞外,还要织纮和綖,卿的妻子织大带;大夫的妻子做祭服;列士的妻子除做祭服外,还要做朝服;从下士以下人的妻子,要替丈夫做衣服。春分祭祀土神时,要从事农桑等生产任务;冬至祭祀祖先时,要奉献五谷、布帛等劳动成果。男男女女各尽其力,有过失就要受到惩罚,这是古代就规定的制度。君子用心力操劳,小人用体力操劳,这是先王留下来的训诫。从上到下,谁敢产生放纵思想,怠惰而不出力气?现在,我是一个寡妇,你又只是处在下大夫的职位上,从早到晚兢兢业业地办事,还恐怕丢弃先人的功业。何况已经产生了怠惰思想,又怎么来逃避罪责呢!我希望你每天早晚都提醒我说:'一定不要败坏先人的成业。'而你刚才却说:'为什么不自求安逸。'用这种怠惰的思想来充当国家的官员,我害怕穆伯的祭祀要断绝了。"

孔子听到敬姜这番话,说:"学生们牢牢记住她的话吧,季氏的媳妇是一个不贪图安逸的人啊!"

【注释】

① 朝:朝堂。　② 朝其母:朝见他的母亲。古礼,晚辈外出归来,要向长辈请安。　③ 绩:绩麻。将麻皮纵向撕开、接长,用以织布。　④ 忓(gān 甘):触犯。季孙:指鲁国执政季康子,又为季氏之

大宗。　⑤僮子:不懂事的孩子。备官:居官、做官。未之闻:指未闻为官之道。　⑥居:坐。　⑦女:通"汝",你。　⑧处:安置。　⑨逸:安逸、逸乐。淫:过分、放纵。　⑩向义:向往仁义。　⑪大采:五彩的礼服,即衮冕之服。朝日:朝拜日神。周礼定规,天子春分日举行祭日典礼,朝拜日神,开始春耕。　⑫祖识:学习、了解。地德:指土地上生长五谷的情况。　⑬师尹:大夫官。维:和、与。旅:众士。牧:牧伯、州牧,指地方官。相:国相。宣:遍、普遍。序:次、次第。　⑭少采:指三彩礼服,即黼衣。衣上绘绣斧形,用黑、白丝线刺绣,较衮冕低一等。夕月:祭祀月神。周礼规定,天子秋分夜祭祀月神。　⑮太史:主管天文历法、史事的官员。司载:主管天文、观察星象凶吉的官员。纠虔:恭敬虔诚。天刑:天象中预示的吉凶的征兆。⑯九御:九嫔,即宫中女官,主管祭品、祭服等。　⑰粢(zī资)盛:放在祭器内供祭祀的谷物。⑱业:事。命:令。　⑲国职:封国内的政务。　⑳典刑:常法。㉑百工:百官。　㉒慆(tāo涛)淫:怠慢放纵。　㉓庶政:一般的日常公务。　㉔庀(pǐ匹):治理。　㉕受业:指受事于朝。　㉖讲贯:讲习。　㉗计过:省察过失。　㉘明:白天。　㉙晦:黑夜。　㉚玄统(dǎn胆):王冠两旁悬挂玉瑱的黑色丝带。　㉛纮(hóng洪):系冠冕的丝带。綖(yán延):覆盖在冠冕上的黑布。　㉜大带:束在祭服上的丝织黑带。　㉝命妇:大夫的妻,受过天子或诸侯的任命。　㉞列士:这里指上士。周代士分上士、中士、下士三等,上士亦称列士。　㉟庶士:这里指下士。　㊱社:春分日祭祀土神。赋事:安排农业生产。　㊲烝:冬祭。献功:献上五谷布帛等劳动成果。　㊳效绩:尽力做出成绩。　㊴愆(qiān千):过失、错误。辟:罪过、罪行。　㊵下位:指下大夫,职位低。　㊶而:同"尔",你。修:警戒、警告。　㊷先人:指公父穆伯,敬姜的丈夫,公父文伯之父。　㊸胡:何、为什么。　㊹绝嗣:断绝后代,这里指断绝祭祀。　㊺仲尼:孔子,名丘,字仲尼。　㊻志:记住。

【评析】

　　本篇记叙鲁国敬姜教育其子公父文伯保持勤劳美德，防止骄淫腐化的议论。观点鲜明，结构严谨，文章在交代发表议论的背景以后，提出"劳生善，逸生恶"的论点，并略作表述。文章认为："民劳则思，思则善心生；逸则淫，淫则忘善，忘善则恶心生。"若要防止淫逸怠惰，必须坚持劳作。然后分两个层次，列举实例，加以申述。首叙男事之劳，依次叙述天子之劳、诸侯之劳、卿大夫之劳、士之劳、庶人之劳，侧重于教育公父文伯。次叙女事之劳，依次叙述王后之劳、诸侯夫人之劳、卿妻之劳、大夫妻之劳、列士妻之劳、庶人妻之劳，侧重于敬姜自勉。得出"君子劳心，小人劳力"的结论，勉励公父文伯勤劳处事，敬姜自勉勤劳治家，防止怠惰而获罪。最后引用孔子赞语，使首尾相应，归结到一个"劳"字上。可见通篇是以"劳"字为纲，自天子至诸侯，自卿大夫至士庶人，自王后至夫人，自内子、士妻至庶人妻，无一人不劳，无一日不劳，无一时不劳。劳能兴国兴家，逸则丧邦亡身，道理尽在其中了。

　　阅读本文，可以给人三点启示：

　　第一，敬姜立论高远。当其子提出"以歜之家"不当劳作时，敬姜马上察觉到其子已萌生骄纵怠惰之心，立即联系到"鲁其亡乎"的国家之亡。国家让这些骄纵怠惰、脱离劳动、脱离劳动人民的人居官处事，不亡何待？子言家，母却叹国，可见敬姜目光之远大、立论之高远。

　　第二，勤劳足以兴邦，逸乐足以亡身，这是一个不争的历史事实。孟子曾说过："天将降大任于是人也，必先苦其心志，劳其筋骨，饿其体肤，空乏其身，行拂乱其所为，所以动心忍性，曾益其所不能。"（《孟子·告子下》）说明只有经风雨，见世面，经过艰苦的磨炼，才能取得事业的成功。但也有一些人经不起五光十色的物质诱惑，由勤劳滑向奢侈，结果将事业付诸东流。唐玄宗早期是个有为的君主，曾有过辉煌的开元之治，杜甫在《忆昔》一诗中写道："忆昔开元全盛日，小邑犹藏万家室。稻米流脂粟米白，公私仓廪俱丰实。"可是唐玄宗后来不愿过问政事，只图安逸享乐，骄纵腐化起来，终于导致安史之乱，唐王朝从顶峰跌落下去，一蹶不振。唐玄宗自身也就大权旁落，成为名存实亡的太上皇。

第三，关于劳心和劳力。从文意看，敬姜提出的"劳"，似乎偏重于体力劳动。她也曾以此教育过季康子："君子能劳，后世有继。"所以韦昭《注》说："能自卑劳，贵而不骄也。"她又认为："君子劳心，小人劳力，先王之训也。"说明她是引述先王的训诫。先王是谁，难以详考，但在敬姜以前就形成了这一观点，这是无疑的。所以孟子关于"劳心"、"劳力"的论述，并不是他的首创，而是有所继承的。孟子说："或劳心，或劳力。劳心者治人，劳力者治于人。治于人者食人，治人者食于人，天下之通义也。"（《孟子·滕文公上》）由此可见，孟子的观点，是在敬姜之前形成的"君子劳心，小人劳力"的思想基础上，有所发挥而已。

公父文伯之母别于男女之礼

【解题】

本文记叙敬姜与晚辈交谈时、参加祭祀活动时，严格遵守男女有别的礼法，受到孔子的赞扬。

公父文伯之母，季康子之从祖叔母也[1]。康子往焉，阖门与之言[2]，皆不逾阈[3]。祭悼子[4]，康子与焉，酢不受[5]，彻俎不宴[6]，宗不具不绎[7]，绎不尽饫则退[8]。仲尼闻之，以为别于男女之礼矣。

【今译】

公父文伯的母亲,是季康子的堂叔祖母。季康子到她家去看她,她打开寝门与他讲话,两人都不越过门槛。祭祀悼子的时候,季康子参加祭典,他向主人献上祭肉时,她不亲手接受。祭祀完毕撤下礼器后,她不与季康子一起宴饮。次日再祭时,主持祭祀宗臣不到齐,她就不参加再祭。祭祀完毕行站着饮酒礼,众人未散,她就先退席。孔子听到了这些事后,认为敬姜是遵守男女有别的礼制的。

【注释】

① 从祖叔母:祖父兄弟的妻子,即堂叔祖母。 ② 闱(wěi 伟):开、打开。门:指寝门,即内室之门。 ③ 阈(yù 玉):门槛。 ④ 悼子:季悼子,敬姜的公公,季康子的曾祖,公父文伯的祖父。 ⑤ 酢(zuò 坐):祭肉。 ⑥ 彻俎:祭祀完毕,撤下礼器。彻,通"撤"。 ⑦ 宗:宗臣,主持祭祀之礼者。绎:正祭后次日又祭叫绎。韦昭《国语注》云:"天子、诸侯曰绎,以祭之明日。卿大夫曰宾尸,与祭同日。" ⑧ 饫(yù 欲):宴享名,立着饮宴为饫。

【评析】

在我国古代宗法社会里,男女之间有大防,授受不亲,接受东西必须通过第三者转递,更不要说男女之间见面直接交谈了。男女有别被视为一项重大的礼制,其实质自然是男尊女卑,妇女被剥夺社会活动权利的结果。敬姜是贵族妇女,深明礼法,恪守礼制。她在接见侄孙季康子时,也遵循男女有别原则,彼此只能在内室门口隔着门槛交谈,谁也不能逾越这条门槛。祭祀悼子时,季康子前来参加,因为悼子是康子的曾祖父。按季氏的世系,如果从悼子开始计算,悼子生平子、穆子。平子生桓子,桓子生康子。敬姜是穆子夫人,他们生公父文伯。由于穆子是小宗,康子继平子之后是大宗,以宗主地位参加对曾祖父的祭祀,完全合于礼制。祭毕分胙肉,敬姜不亲自接受,宴享时不参加。第二天再祭,宗主未到,便不开祭。祭毕,也不等饫礼结束,就先告退。敬姜的行动都是遵守男女有别之礼的,所以受到孔子赞扬。

关于如何对待男女授受不亲,《孟子·离娄上》记载了一则淳于髡与孟子的对话。"淳于髡问:'男女授受不亲,这是礼制吗?'孟子答道:'是礼制。'淳于髡问:'那么,如果嫂嫂溺在水里,就用手去拉他吗?'孟子答道:'嫂嫂溺在水里,不去拉她,这简直是豺狼了。男女之间授受不亲,这是正常的礼制;嫂嫂溺在水里,用手去拉她,这是一种变通的办法。'"孟子用正和权来处理不同情况下的男女授受不亲,无疑是正确的。

公父文伯之母欲室文伯

【解题】

本篇记叙敬姜为其子成亲,完全遵守士婚礼原则,因而受到乐师亥的赞扬。

公父文伯之母欲室文伯①,飨其宗老②,而为赋《绿衣》之三章③。老请守龟卜室之族④。师亥闻之曰⑤:"善哉!男女之飨,不及宗臣⑥;宗室之谋,不过宗人⑦。谋而不犯⑧,微而昭矣⑨。诗所以合意,歌所以咏诗也。今诗以合室⑩,歌以咏之,度于法矣。"

【今译】

公父文伯的母亲准备给文伯娶妻,宴请主持礼乐的家臣,并朗诵了《诗经·绿衣》第三章。家臣请占卜者占卜了女方家族的情况。乐师亥听到这件事后说:"好啊!为男女婚娶的事举行宴会,不必请宗臣参加;家族里商量婚娶的事,只要请主管礼乐的家臣承办就可以了。家族里谋划婚娶之事而不违背礼教,朗诵诗句委婉地表明对婚娶的态度。诗是用来表明如何正家室之道,正合乎商量婚事主旨,歌是用来咏唱诗的。现在用朗诵诗来促成婚事,用歌来咏唱,是合于礼法的啊。"

【注释】

① 室:妻、娶妻成家之意。　② 宗老:宗族中主管礼乐的家臣,这里指家臣。　③《绿衣》:《诗经·邶风》的篇名,这是一首卫庄姜失位,妒嬖妾而伤自己之作。其第三章为"绿兮丝矣,女所治兮。我思古人,俾无訧矣!"以女奴治丝为绿衣,比喻妻妾得宠而无罪恶。　④ 守龟:占卜者。族:姓。　⑤ 师亥:鲁国乐师,名亥。　⑥ 宗臣:与君主同宗的臣子。　⑦ 宗人:官名。古代诸侯、大夫皆有宗人,主管家礼之事。　⑧ 犯:违犯礼教。　⑨ 微:委婉。　⑩ 合室:成就婚事。

【评析】

本篇记叙敬姜为其子娶亲,既简化手续,又符合礼制。在我国古代,非常重视婚礼,把它看作是整个礼制的基础。《礼记·昏义》说:"礼之大体,而所以成男女之别,而立夫妇之义也。男女有别,而后夫妇有义;夫妇有义,而后父子有亲;父子有亲,而后君臣有正。故曰:昏礼者,礼之本也。"所以就士婚礼看,繁文缛节很多,大致有六项内容,也叫作六礼。第一,纳采。即男家请媒人向女家提亲,经女家同意,男家备礼至女家求婚。第二,问名。即男家请媒人问清女子名字,回来后卜其凶吉。第三,纳吉。即男家卜得吉兆,可以成婚,备礼告知女家,确定婚姻关系。第四,纳征。征是成的意思。即男家在纳吉之后,送聘礼于女家以成婚礼。第五,请期。即男家卜得迎娶吉日,备礼告知女家,征得女家同意。第六,亲迎。即至婚期,丈夫亲到女家迎娶新妇回家成婚,婚姻始成。而早在春秋时期的敬姜,为儿子娶亲时进行了婚礼改革,仅让家臣承办,并不兴师动众、铺张浪费,省去一切繁琐仪节,用赋诗表明婚姻正室之本意,既文雅得体,又符合礼度,确是难能可贵的。

公父文伯卒,其母戒其妾

【解题】

本篇记叙公父文伯夭卒,其母敬姜为了宣扬儿子的美德,防止外人议论其死于女色,告诫其侍妾临丧遵礼而不过于哀戚。受到孔子的赞扬,称其具有丈夫的智慧。

公父文伯卒,其母戒其妾曰①:"吾闻之:好内②,女死之;好外③,士死之。今吾子夭死,吾恶其以好内闻也④。二三妇之辱共先祀者⑤,请无瘠色⑥,无洵涕⑦,无搯膺⑧,无忧容⑨,有降服⑨,无加服⑩。从礼而静,是昭吾子也⑪。"仲尼闻之曰:"女知莫若妇,男知莫若夫⑫。公父氏之妇智也夫!欲明其子之令德⑬。"

【今译】

公父文伯逝世,他的母亲告诫他的侍妾说:"我听说:喜爱女色,是为女子而死;热衷国事,是大丈夫之死。现在我的儿子不幸夭亡,我不愿意他有喜爱女色的恶名流传在外面。你们几个人在祭祀亡灵的仪式上要委屈一下,请不要过度悲伤而毁瘠容貌,不要无声而流泪,不要捶胸号啕,不要有忧戚的面容,丧服要比礼法规定降一等,不要比礼法规定的丧服更加重。遵从丧礼安静地完成祭祀,这样做就是昭明我儿子的美德。"仲尼听到这件事后说:"童女的智慧不及妇人,童男的智慧不及丈夫。公父家的妇人真明智啊！她的目的是彰明她儿子的美德。"

【注释】

① 妾：封建社会里一夫多妻，正妻以外的小妻称妾，俗称姨太太。　② 好内：指喜爱女色。　③ 外：指国家大事。　④ 恶：厌恶。　⑤ 二三妇：指公父文伯的几个小妾。辱：屈辱、委曲。共：同"供"。先祀：指祭祀死去的丈夫之亡灵。　⑥ 瘠色：损毁容貌。瘠，瘦削。　⑦ 洵涕：无声而默默地流泪。　⑧ 搯（tāo 涛）膺：拍胸、捶胸。　⑨ 降服：降低一等丧服。古代丧礼规定，为死者服丧，按关系的亲疏，分为斩衰、齐衰、大功、小功、缌麻五等。服丧的年月分别为三年、一年、九月、七月、五月、三月。　⑩ 加服：提升一等的丧服。　⑪ 昭：彰明、宣扬。　⑫ 女、男：指童女、童男。　⑬ 令德：美德。

【评析】

公父文伯死，其母敬姜告诫文伯的侍妾们，在祭祀亡夫之灵时，要克制自己感情，不要显得过于悲伤；要减轻丧服，不要服重丧。让前来吊祭的人们看到侍妾们临丧不哀，对公父文伯感情淡薄。从而证明公父文伯不宠爱侍妾，非为贪恋女色而死，传扬开去，为公父文伯争得了美名。作为从政的大夫，"非无贿之患，而无令名之难"，"夫令名，德之舆也；德，国家之基也"（《左传·襄公二十四年》）。令名、令德，是他们追求的最高荣誉。敬姜为自己已死的儿子争取令名、令德，用心可谓良苦了。

敬姜在文中告诫公父文伯的妾，是否也包括其妻呢？不然。在我国古代，妻与妾在地位、名分上有严格区别。妻对于亡夫，应临丧而哀，遵礼成服，而妾则不然。否则就会嫡庶不分，正偏不辨，乖违礼制。

公父文伯之母朝暮之哭

【解题】

本篇记叙公父文伯之母,恪守礼制,朝哭夫而夜哭子,受到孔子的赞许。

公父文伯之母朝哭穆伯①,而暮哭文伯。仲尼闻之曰:"季氏之妇可谓知礼矣。爱而无私②,上下有章③。"

【今译】

公父文伯的母亲早上哭亡夫穆伯,晚上哭亡子文伯。仲尼听到这件事后说:"季氏家族的妇人可以说是懂得礼法了。爱死去的丈夫、儿子,但没有私情。早哭夫,晚哭子,合乎上下尊卑的礼法。"

【注释】

① 朝:早、早晨。穆伯:公父文伯之父,敬姜之夫。 ② 无私:指无私情。 ③ 章:章法、法度。

【评析】

敬姜是一位明于礼法的贵族妇女,一切循礼而行。即使是表达哀思的哭泣,她也遵照《礼记·坊记》"寡妇不夜哭"的规定。在早上哭亡夫,表明远离情欲。晚上哭亡子,表明上下尊卑次序。因而受到孔子的赞许,说她是一位遵礼法、明上下、辨尊卑、知礼仪的妇人。

孔丘论大骨

【解题】

本篇记叙孔子和吴国使者关于大骨的问答。吴使有备而来，孔子无备而答，问得巧妙，答得翔实，充分显示了孔子是一位通晓古今、学识渊博的大学问家。

吴伐越①，堕会稽②，获骨焉，节专车③。吴子使来好聘④，且问之仲尼，曰："无以吾命。"宾发币于大夫⑤，及仲尼，仲尼爵之⑥。既彻俎而宴⑦，客执骨而问曰⑧："敢问骨何为大⑨？"仲尼曰："丘闻之：昔禹致群神于会稽之山⑩，防风氏后至⑪，禹杀而戮之⑫，其骨节专车，此为大矣。"客曰："敢问谁守为神？"仲尼曰："山川之灵，足以纪纲天下者⑬，其守为神；社稷之守者，为公侯。皆属于王者。"客曰："防风何守也？"仲尼曰："汪芒氏之君也，守封、嵎之山者也⑭，为漆姓。在虞、夏、商为汪芒氏，于周为长狄⑮，今为大人⑯。"客曰："人长之极几何？"仲尼曰："僬侥氏长三尺⑰，短之至也。长者不过十之，数之极也。"

【今译】

吴国讨伐越国，堕毁了会稽山上越王句践（一作"勾践"）的营垒，得到尸骨，一节就装满一车。吴王夫差派使者来鲁国进行友好访问，顺便向孔子询问大骨的事，交代说："不要用我的命令。"吴国使臣赠送礼物给鲁国大夫，送到孔子面前，孔子举爵回敬来宾一杯酒。当撤去祭祀礼器开始宴饮时，吴国使臣拿起一块骨头问孔子说："我大胆请问什么骨头最大？"孔子回答说："我听说，从前大禹召集群神在会稽山集会,防风氏迟到,大禹杀了他陈尸示众,他的骨头一节就装满一车,这可算是最大的骨头了。"吴国使臣又说:"我大胆请问掌管什么才算得上神?"孔子回答说:"山川的精灵,能兴云致雨以利天下的,它的守护者可以称为神。守护社稷的,可以称为公侯。他们都统属于王。"吴国使臣又问:"防风氏是掌管什么的?"孔子回答说:"防风氏是古代汪芒氏的国君,守护封山和嵎山,姓漆。他在虞舜、夏禹、商汤时叫汪芒氏,到了周朝初年改称长狄,现在就是人们所称的大人国。"吴国使臣又问:"人的长度的极限是多少呢?"孔子回答说:"僬侥氏的人身高三尺,是最矮的人。个子高的人不超矮人的十倍,因为十是数的最高极限。"

【注释】

① 吴:国名,姬姓,始祖为周太王之子泰伯、虞仲,建都于吴(今江苏苏州),占有今江苏、安徽、浙江一带地方。越:国名,姒姓,相传始祖为夏代少康的庶子无余,建都于会稽(今浙江绍兴),占有今浙江北部及江苏、安徽、江西一带地方。　② 堕:毁坏。会稽:山名,在今浙江绍兴东南。公元前494年,吴王夫差击败越王句践,句践退保会稽山,派大夫文种向吴求和,吴许和后退兵。　③ 节:指一节尸骨。专车:装满一车。专、擅、占。　④ 吴子:吴王夫差,公元前495年至前473年在位。吴国国君自称为王,但诸夷不承认,故贬称为子。好聘:重修旧好的聘问。　⑤ 发币:致送礼物。　⑥ 爵之:举爵中酒回敬来宾。　⑦ 彻俎:祭祀完毕,撤去礼器。　⑧ 骨:指蒸宴席上的肉骨头。　⑨ 敢问:谦词,含有大胆请教之意。　⑩ 群神:指主管山川的神,此即指传说中禹大会诸侯于会稽之事。　⑪ 防风氏:相传为古代汪芒国的国君。　⑫ 戮:陈尸示众为戮。　⑬ 纪纲:治理。　⑭ 封、嵎(yú愚):山名,在今浙江德清东。　⑮ 长狄:汪芒氏在周朝初年北迁,改称长狄。　⑯ 大人:春秋时长狄改称大人,即传说中的大人国,其国人身材最高大。　⑰ 僬侥(jiāo yáo 交尧)氏:古代传说中的矮人国,后用来指西南少数民族。

【评析】

公元前494年,吴王夫差败越于夫椒,越王句践以甲兵五千栖于会稽。吴军摧毁句践构筑在会稽山上的营垒,获得一节大的尸骨,竟满满地装了一车,不知此为何人之骨,竟如此之大。于是在遣使聘问鲁国的时候,吴王夫差嘱咐使者顺便询问博闻广识的孔子,遂有本文孔子与吴国使者关于大骨的答问。

本文行文流畅,叙事明快。在委婉曲折中,展示了问者的心态。吴王夫差不知大骨底细,让使者前去问孔子,但又叮嘱"无以吾命",暴露了他骄矜尊大、放不下君王架子的心理状态。使者心领神会,巧妙地在肴蒸席上举肉骨头借题发问:"敢问骨何为大?"让人们觉得是不经意的即兴发问,掩盖了事先备问的痕迹,也掩盖了自己知识浅薄又不愿露馅的心态。经过一连串的提问,终于问清了大骨的来龙去脉,达到解决问题的目的。

而孔子对于突然袭击的提问,毫无思想准备,但他有问必答,侃侃而谈。首先指出大骨为防风氏之尸骨,再阐明尸骨何以留在会稽山,因他参加大禹会稽之会时迟到而被"杀而戮之"。其次指出防风氏为汪芒氏之国君,封、嵎山之神,姓漆,以及其族在虞、夏、商、周、春秋时的变迁,其人最长。最后指出僬侥氏人长三尺,最短;大人国人最长,不超过三十尺。有根有据,言之凿凿。充分展示了孔子贯通古今、知识渊博的大学问家形象。

孔丘论楛矢

【解题】

本篇记叙孔子议论东北少数民族肃慎氏进贡楛矢,以及周天子将贡物赏赐给异姓诸侯,歌颂了孔子的博学多识。

仲尼在陈,有隼集于陈侯之庭而死①,楛矢贯之②,石砮③,其长尺有咫④。陈惠公使人以隼如仲尼之馆问之。仲尼曰:"隼之来也远矣!此肃慎氏之矢也⑤。昔武王克商,通道于九夷⑥、百蛮⑦,使各以其方贿来贡⑧,使无忘职业⑨。于是肃慎氏贡楛矢、石砮,其长尺有咫。先王欲昭其令德之致远也⑩,以示后人,使永监焉⑪,故铭其栝曰'肃慎氏之贡矢'⑫,以分大姬⑬,配虞胡公而封诸陈⑭。古者,分同姓以珍玉,展亲也⑮;分异姓以远方之职贡,使无忘服也⑯。故分陈以肃慎氏之贡。君若使有司求诸故府⑰,其可得也。"使求,得之金椟⑱,如之。

【今译】
　　孔子在陈国时,有一只猛鹰落在陈侯的庭院里死去,一支楛木做的箭射穿了它的身体,石头做的箭头,箭长一尺八寸。陈惠公派人拿着这只猛鹰到孔子住的馆舍里去询问这件事。孔子说:"这只猛鹰来的地方可远啦!这是肃慎氏所造的箭啊。从前周武王战胜了商纣王,打通了到东方九夷、南方百蛮的道路,让他们各自带着本地的土特产前来进贡,使他们不忘记自己向天子朝贡的职责。所以肃慎氏进贡楛木为杆的箭、石制的箭头,它的长度为一尺八寸。先王想彰明天子的美德使远方民族归服,用以昭示后人,使他们永远看到天子的威德,所以在箭尾和弦的地方刻上铭文'肃慎氏之贡矢',把它分给大姬,大姬嫁给虞胡公而将肃慎之矢带到所封的陈国。古时候,天子将珍宝珠玉分赐给同姓诸侯,使亲者更亲;将远方进贡的方物分赐给异姓诸侯,使他们不忘记奉侍天子的职责。所以将肃慎氏进贡的箭分赐给陈国。君王如果派主管官员到旧的府库里去寻找,大概还可能得到。"陈惠公派人去找寻,果然在一只金饰的木椟中找到了楛矢,像孔子所说的一样。

【注释】

①隼(sǔn笋):一种凶猛而善飞的鸟,即鹰,属猛禽类,隼科。集:停留,引申为落、坠落。陈侯:陈惠公,陈国国君,名吴,公元前533年至前506年在位。 ②楛(hù户)矢:用楛木做杆的箭。贯:穿。 ③石砮(nǔ努):石制的箭镞。 ④咫(zhǐ旨):周时八寸为咫。 ⑤肃慎氏:古代北方部落名,一作息慎、稷慎,商、周时居东北地区,以狩猎为主,为女真族祖先。 ⑥九夷:泛指居于东方的少数民族。 ⑦百蛮:泛指居于南方的少数民族。 ⑧方贿:各地的土特产。 ⑨职业:指供奉天子之事。 ⑩致远:招致远方民族归服。 ⑪监:视。 ⑫铭:刻。栝(guā瓜):箭尾扣弦的地方。 ⑬大姬:周武王的长女,嫁给虞胡公。 ⑭虞胡公:虞舜的后代,封于陈。 ⑮展:重、更。 ⑯服:指应负的职责。 ⑰故府:旧的府库。 ⑱金椟:金饰的木盒。

【评析】

一只鹰隼被肃慎之矢射穿,仍能从东北白山黑水之间,振翅飞越千里之遥,坠死在陈国首都河南淮阳陈惠公的宫廷里,可见其雄健而强劲,堪称国宝。陈惠公使人问孔子,孔子见了楛矢,就知道是肃慎所产,此鹰隼来自远方。

肃慎,古代属东夷族,居于东北长白山北,东滨大海,北至黑龙江中下游地区。秦汉时挹娄、勿吉,隋唐时靺鞨,五代、宋时女真,都和肃慎有渊源关系。《三国志·魏书·挹娄传》载:"其人形似夫余,言语不与夫余、句丽同……处山林之间,常穴居,大家(贵族)深九梯(用梯子从穴口进入洞内),以多为好(地穴越深越贵)……其俗好养猪,食其肉,衣其皮。冬以猪膏涂身,厚数分,以御风寒。夏则裸袒,以尺布隐其前后,以蔽形体……其弓长四尺,力如弩,矢用楛,长尺八寸,青石为镞。善射,射人皆入目。矢施毒,人中皆死。"

楛矢,是肃慎特产,长白山顶及黑松林盛产楛木,质坚而直,不受燥湿影响,是制作箭杆的优质材料。制成箭杆后,装上青石制成的箭镞。箭长合周尺一尺八寸，合市尺为一尺一寸五分强。

在本文中，孔子告诉我们肃慎之矢的由来、形制及其意义。武王克商后，开辟了到达九夷、百蛮的通道，远方蛮、夷之国纷纷归附。按西周贡赋制度，蛮夷荒服，只要求他们表示臣服，进贡土特产。于是肃慎就向周天子进贡楛矢、石砮，箭长一尺八寸。周天子为了昭示后人，使人们永远看到周朝的威德，便在肃慎之矢的箭羽之间刻上"肃慎氏之贡矢"铭文。

在本文中，孔子还叙说了西周的赏赐制度，和楛矢何以在陈国旧府库中的原因。原来周天子赏赐诸侯的物品是有区别的，赏赐同姓诸侯用珍宝珠玉，表示亲者更亲；赏赐异姓诸侯用远方进贡方物，让他们不忘记奉侍周天子的职责。又由于周武王曾将肃慎之矢赐给长女大姬，后来大姬嫁给虞舜后代胡公满为妻，胡公受武王之封于陈，大姬便将肃慎之矢带到了陈国。陈惠公按孔子的指示，终于在旧府库中找到了刻有"肃慎氏之贡矢"铭文的楛矢。孔子博学多识于此可见。

闵马父笑子服景伯

【解题】

本篇记叙闵马父嘲笑子服景伯"陷而入于恭"的错误观点，指出其根源是自满自大。并引经据典对什么是恭作了正面的阐释，说明中华民族自古以来就具有谦恭的美德。

齐闾丘来盟^①，子服景伯戒宰人曰^②："陷而入于恭^③。"闵马父笑^④，景伯问之，对曰："笑吾子之大也^⑤。昔正考父校商之名颂十二篇于周太师⑥,以《那》为首⑦,其辑之乱曰⑧:'自古在昔⑨,先民有作⑩。温恭朝夕,执事有恪⑪。'先圣王之传恭,犹不敢专,称曰'自古',古曰'在昔',昔曰'先民'。今吾子之戒吏人曰'陷而入于恭',其满之甚也。周恭王能庇昭、穆之阙而为'恭'⑫,楚恭王能知其过而为'恭'⑬。今吾子之教官僚曰'陷而后恭'⑭,道将何为⑮?"

【今译】

齐国大夫闾丘明来和鲁国缔结盟约,子服景伯告诫他的属官说:"如果在接待工作上有失误,就表现得恭敬一些。"闵马父听到后笑了。景伯问他为什么发笑。回答说:"我笑您自满自大啊!从前宋国的正考父在周王室太师那里得到《商颂》十二篇,经过校辑,他把《那》列为首篇,《那》的结尾一章说:'从古代到远古,先民们举行祭祀仪式,朝晚都保持着温和而恭敬的仪态,主持典礼的人更加恭敬勤恪。'从前圣王言传身教诲人恭敬有礼,还不敢说恭敬是自己的首创,声称接受于'自古',古人又谦称接受于'在昔',昔人又谦称接受于'先民'。现在您告诫下属官员说'如果有失误,就表现得恭敬一些',恐怕自满得有些过分了。周恭王能庇护他祖父昭王、父亲穆王的过失,所以得到'恭'的谥号;楚恭王能知道自己的过失,所以也得到'恭'的谥号。现在您教导下属官员说'有失误才表现恭敬',那么没有失误的恭敬又是怎样呢?"

【注释】

① 闾丘:姓,指齐国大夫闾丘明。盟:结盟。齐、鲁此盟在鲁哀公八年(前487)。 ② 子服景伯:名何,鲁国大夫,子服惠伯之孙,昭伯之子。宰人:官名,冢宰的属官,后泛指官员。 ③ 陷:过失、失误。 ④ 闵马父:鲁大夫。 ⑤ 大:指骄满。 ⑥ 正考父:宋国大夫,孔子的先人。《左传·昭公七年》说:"正考父佐戴、武、宣,三命兹益共(恭)。"校:校辑、校理。商之名颂:指《商颂》中的美好篇章。十二篇:正考父从周太师处所得的《商颂》篇章数。《毛诗序》说:"微子至于戴

公,其间礼乐废坏。有正考父者,得《商颂》十二篇于周之大师,以《那》为首。"至孔子删诗正乐时,又亡失其中七篇,故现在《商颂》仅存五篇。太师:乐官之长。 ⑦《那》:《诗经·商颂》的首篇。 ⑧ 辑:成。乱:乐曲结尾总结全篇要旨的一节。 ⑨ 自古在昔:指先圣人行此恭敬之道甚久,但不敢言自己首创,而是受之于先古。 ⑩ 作:指祭祀之礼。 ⑪ 恪(kè克):恭敬。 ⑫ 周恭王:名繄扈,周昭王之孙,穆王之子。庇:庇护、掩盖。昭、穆之阙:指周昭王南征溺死于汉水,周穆王征犬戎,均为失德之事。 ⑬ 楚恭王:名审,楚庄王之子,公元前590年至前560年在位。知其过:指楚恭王临终前"有疾,召大夫曰:'不穀不德,失先君之业,覆楚国之师……请为灵若厉(谥'灵'或'厉')。'"知道他自己的过失。令尹子囊曰:"君实恭,可不谓恭乎?"请谥楚恭王为"恭"。 ⑭ 官僚:这里指下属官员,非指同僚。 ⑮ 道:指恭敬。

【评析】

鲁哀公八年(前487),齐悼公派闾丘明前来鲁国结盟。原来在鲁哀公五年(前490),齐景公卒,他所宠爱的孺子荼即位,庶子阳生出奔鲁。鲁哀公六年(前489),阳生在鲍子的帮助下,杀孺子荼回国即位,是谓齐悼公。齐悼公在鲁时,娶季康子之妹季姬。即位后,前来迎娶。而季姬与季康子叔父季魴侯私通,季姬向季康子透露了这一私情,季康子不敢把她送到齐国去。悼公大怒,于鲁哀公八年夏五月,派齐大夫鲍牧率师讨伐鲁国,夺取鲁国讙、阐二城。是年秋,齐、鲁讲和。于是齐大夫闾丘明来鲁国结盟,迎季姬归齐,并归还鲁国讙、阐二城。这就是这次结盟的历史背景。

鲁大夫子服景伯主持这次会盟,他告诫属下工作人员小心谨慎,如果在操持会盟时有失误之处,态度应表现得恭敬一些,不要强词申辩,对贵宾不敬。但大夫闵马父却嘲笑他,并引经据典,指出他"陷而入于恭"的话是自满自大,"其满之甚也"。

闵马父的话有正确的一面,也有牵强附会的一面。正确的是他诠释了古人对"恭"字的理解,不敢自称是恭敬的首创者,也阐明了中华民族很早就具有谦逊的美德,形成了优良的传统。牵强的是指责"陷而入于恭"的说法是自满自大,硬把掠古人之美、争恭敬首创权的罪名栽在子服景伯头上,这是不能不辨清楚的。

孔丘非难季康子以田赋

【解题】

本篇记叙鲁正卿季康子想修改田税法,按田亩增收田税,派冉有询问孔子意见。孔子不满季康子改变周公的籍田法,加重人民负担,不予回答。反映了孔子维护周礼的态度。

季康子欲以田赋①,使冉有访诸仲尼②。仲尼不对,私于冉有曰:"求来!女不闻乎?先王制土③,籍田以力④,而砥其远迩⑤;赋里以入⑥,而量其有无⑦;任力以夫⑧,而议其老幼⑨。于是乎有鳏、寡、孤、疾,有军旅之出则征之⑩,无则已。其岁⑪,收田一井⑫,出稯禾⑬、秉刍⑭、缶米⑮,不是过也。先王以为足。若子季孙欲其法也,则有周公之籍矣⑯;若欲犯法,则苟而赋⑰,又何访焉!"

【今译】

　　季康子想按田亩增收田赋,派冉有向孔子征求意见。孔子不予回答,私下对冉有说:"冉求,你过来!你没有听说过吗?先王制定土地制度,按土地的肥瘠以为等差,按劳动力的强弱征收田赋,而且还要考虑到土地的远近调整田赋的多少;征收商贾的赋税要按照其利润的多少,并估量其财产的多少来决定;摊派徭役要按照各家丁男的数目,并考虑免除老年、幼童的力役负担。就这样还要照顾丧偶的鳏夫、丧夫的寡妇、无父母的孤儿、丧失劳力的残疾人的负担。国家有战事就征召他们,没有战事就免除。有战事的年岁,每一井九百亩田,要出六百四十斛小米、一百六十斗牲畜饲料、十六斗大米,不能超过这个数字。先王认为这样就足够国家的用途了。如果季孙氏想按法行事,那么有周公制定的籍田法放在那里;如果季孙氏准备违背周公制定的法规行事,那就让他随意征收田赋好了,又何必来征求意见!"

【注释】

① 田赋:按田亩征收亩税和军赋。 ② 冉有:名求,孔子的学生,当时为季康子家臣。 ③ 制土:制定土地制度。 ④ 籍田:借民力耕田,这里指收税。籍,税。 ⑤ 砥:平、平衡,引申为调整。迩:近。 ⑥ 赋:指税。里:商贾所居的地方。 ⑦ 有无:指商贾财产的多少。 ⑧ 任力:负担徭役。夫:夫家,指一家丁男数目。 ⑨ 议其老幼:讨论免除老年和幼童的劳役。据《汉书·食货志》,古代劳役,老自七十以上,幼自十岁以下,免除力役。 ⑩ 征:召。 ⑪ 其岁:指有军事行动的年岁。 ⑫ 一井:古代实行井田制,一夫受田百亩。《周礼·地官·小司徒》:"九夫为井。"故九百亩为一井。 ⑬ 稯(zōng宗):计量单位,古制以六百四十斛为一稯。禾:粟,即小米。 ⑭ 秉:计量单位,古制以一百六十斗为一秉。刍:牲口饲料。 ⑮ 缶(fǒu否):容量单位,古制十六斗为一缶。 ⑯ 籍:指周公制定的籍田法,即田赋法。 ⑰ 苟:苟且。

【评析】

这是一则弥足珍贵的研究我国西周、春秋时期土地制度、赋税制度及其变化的史料,以孔子教育冉有的谈话形式保留下来。

就土地制度来说,孔子认为西周实行井田制。他虽然没有描绘出井田制的情形,但从他告诉冉有在战争年岁一井所出的实物中可以知道。至于井田制的情况,《周礼·地官·小司徒》说:"九夫为井。"一夫受田百亩计,则九百亩为一井。孟子对此有一些叙述,他在《孟子·滕文公上》中说:"方里而井,井九百亩,其中为公田。八家皆私百亩,同养公田。公事毕,然后敢治私事。"到底具体情况如何,由于史料缺乏,难以尽知。故对于井田制的存在及其形式,历代聚讼纷纭,莫衷一是,但从孔子的话中可知,西周实行井田制则是无疑的。

就赋税制度来说,孔子在文中把赋税分为田赋之征、商税之征、力役之征三类。田赋之征,古代亩税和军赋是统一的,不分开征收。国家按土地的肥瘠分配。《汉书·食货志》说:"三十者受田百亩,二十者五十亩,六十还田。"再按劳动力的强弱征收田赋,还要根据田地的远近平衡负担。《周礼·地官·载师》说:"近郊十一,远郊二十而三,甸、稍、县、都皆无过十二。"即收税最高限额不超过收成的十分之二。至于收取多少田赋,一般认为西周实行彻法,收十一之税。

商税之征,是按商人利润收入多少并估量其财产的多少来征收。孔子只讲了征收方法,至于商税征收多少,他没有说。《周礼·地官·载师》:"园廛二十而一……漆林之征二十而五。"或可作参考。

力役之征,是按各家的丁男数征调。但要照顾老人和小孩,免除他们的劳役。对于鳏、寡、孤、疾之人,也要给予照顾。除了有军事行动要征调他们外,没有军事行动就不征召。据《汉书·食货志》,古时徭役,老自七十岁以上,幼自十岁以下免除力役。

以上就是孔子所说的、周公所制定的西周时期土地制度、赋税制度的简单概况。

鲁哀公十一、十二年(前483、前482)鲁正卿季康子实行按亩征收田赋的田税法,这是鲁国继鲁宣公十五年(前594)实行初税亩、鲁成公元年(前590)作丘赋以后的又一项深化改革的措施,进一步承认土地私有制,使生产关系适应生产力的发展,是有进步意义的。当冉有代表季康子征求孔子意见时,孔子不予回答,用沉默表示反对。而对学生冉有则私下进行教育,这也反映了孔子维护周礼的态度。

卷六 齐语

桓公捐仇用管仲

【解题】

本篇记叙齐桓公即位以后，欲任鲍叔为宰，鲍叔以才不如管仲，竭诚推荐管仲为相。齐桓公捐弃射钩之仇，设计向鲁国骗回管仲，优礼相待，加以重用，终于在管仲的辅佐下以成霸业。

桓公自莒反于齐①，使鲍叔为宰②，辞曰："臣，君之庸臣也③。君加惠于臣④，使不冻馁，则是君之赐也。若必治国家者，则非臣之所能也。若必治国家者，则其管夷吾乎⑤。臣之所不若夷吾者五：宽惠柔民⑥，弗若也；治国家不失其柄⑦，弗若也；忠信可结于百姓⑧，弗若也；制礼义可法于四方，弗若也；执枹鼓立于军门⑨，使百姓皆加勇焉⑩，弗若也。"桓公曰："夫管夷吾射寡人中钩⑪，是以滨于死⑫。"鲍叔对曰："夫为其君动也⑬。君若宥而反之⑭，夫犹是也。"桓公曰："若何？"鲍子对曰："请诸鲁。"桓公曰："施伯⑮，鲁君之谋臣也，夫知吾将用之，必不予我矣。若之何？"鲍子对曰："使人请诸鲁，曰：'寡君有不令之臣在君之国⑯，欲以戮之于群臣，故请之。'则予我矣。"桓公使请诸鲁，如鲍叔之言。

庄公以问施伯⑰，施伯对曰："此非欲戮之也，欲用其政也。夫管子，天下之才也，所在之国，则必得志于天下。令彼在齐，则必长为鲁国忧矣⑱。"庄公曰："若何？"施伯对曰："杀而以其尸授之。"庄公将杀管仲，齐使者请曰："寡君欲亲以为戮，若不生得以戮于群臣，犹未得请也⑲。请生之。"

于是庄公使束缚以予齐使[20],齐使受之而退[21]。

【今译】

　　齐桓公从莒国返回齐国即位,任命鲍叔为宰,鲍叔辞让说:"我,只是君王的一个平庸的臣子。君王赐给我恩惠,使我不挨冻受饿,就是君王莫大的恩赐了。如果一定要治理国家的人,就不是我所能胜任的了。如果一定要治理国家的人才,那就只有管夷吾了。我有五个方面不及管夷吾:宽厚慈惠,安抚民众,我不及他;治理国家,不失根本,我不及他;忠实诚信,取信于民,团结民众,我不及他;制定礼义规范,使天下人民效法,我不及他;站在军门前击鼓指挥作战,使百姓勇气倍增,我不及他。"桓公说:"这个管夷吾,曾经射中我的衣带钩,险些使我死于非命。"鲍叔回答说:"那是替他的主子效力啊!君王如果能赦宥他让他回到齐国,他也会像忠于公子纠那样忠于您的。"桓公说:"怎样才能让他回来呢?"鲍叔回答说:"向鲁国请求让他回来。"桓公说:"施伯,是鲁君的谋臣,他知道我们将重用管夷吾,一定不会放还给我们的。这怎么办呢?"鲍叔回答说:"派使者向鲁国请求说:'我们的国君有一个不遵守命令的罪臣在贵国,想押回去在群臣面前处死他,所以请求你们把他交给我们。'这样鲁国就会把他交给我们了。"于是桓公派使者到鲁国请求交还管夷吾,完全照鲍叔说的提出要求。

　　鲁庄公问施伯如何看待这件事,施伯说:"这决不是想杀掉管夷吾,而是想用他为政。管子是天下的大才,他所在的国家,一定会称霸于天下。如果让他回到齐国,就一定长久地成为鲁国的忧患。"庄公说:"那怎么办呢?"施伯说:"杀了他,把他的尸体交给齐国使者。"庄公将要杀死管仲,齐国使者向庄公请求说:"我国国君想亲手杀死他,以解射钩之恨。如果不将活的管仲带回去,在群臣面前施刑以儆不忠之臣,那么还是没有达到我们的请求。请求将活的管夷吾交给我们。"于是鲁庄公派人把管仲五花大绑交给齐国的使者,齐国的使者接收了管仲就离开鲁国回齐。

【注释】

① 桓公：齐桓公，名小白，僖公之子，襄公之弟。襄公时，政令无常。鲍叔牙说，齐将发生变乱，奉公子小白出奔莒国。公孙无知杀襄公自立为齐君。管仲、召忽奉公子纠奔鲁。公元前685年，齐人杀公孙无知，迎公子纠于鲁，鲁庄公不立即遣公子纠回齐。齐人又迎小白于莒。庄公伐齐，送公子纠回国，派管仲截击小白，管仲射中小白带钩。小白机智诈死，欺骗公子纠，先自暗暗疾速入齐即位为君，是为齐桓公。公元前685年至前643年在位，春秋五霸之一。莒（jǔ举）：国名，西周分封诸侯国，己姓，建都计斤（今山东胶州西南），春秋初年迁于莒（今山东莒县），公元前431年被楚所灭。反：通"返"。 ② 鲍叔：鲍叔牙，齐国大夫，姒姓，鲍敬叔之子，以知人著称于世。宰：官名，辅佐国君治理国政官员。 ③ 庸：平庸。 ④ 惠：恩惠。 ⑤ 管夷吾：名夷吾，字仲，又称管敬仲，春秋时期著名政治家。由鲍叔牙举荐，齐桓公任命他为相，以成霸业，尊称仲父。 ⑥ 柔：安抚、怀柔。 ⑦ 柄：《管子·小匡》作"秉"，国柄。韦昭《国语注》作根本解。 ⑧ 结：要结、团结。 ⑨ 枹（fú扶）：鼓槌。军门：营门。 ⑩ 加：更、益。 ⑪ 钩：衣带钩。 ⑫ 滨：通"濒"，近、临近。 ⑬ 君：指管仲当初奉事的公子纠。劢：汪远孙《国语校注本三种》引洪颐煊说："'劢'当为'勤'字之误也。"较为合理，作勤力、效力讲。 ⑭ 宥（yòu又）：赦宥、赦免。 ⑮ 施伯：鲁大夫，鲁惠公之孙，施父之子。 ⑯ 不令之臣：指不服从命令的臣子，即罪臣。 ⑰ 庄公：鲁庄公姬同，鲁桓公之子，公元前693年至前662年在位。 ⑱ 长：长久、永远。 ⑲ 犹未得请：指还未达到所请的要求。 ⑳ 束缚：指绑起来。 ㉑ 退：回去。

【评析】

本篇录自《管子·小匡》而略有删节。记叙齐桓公接受鲍叔牙推荐，设计从鲁国骗回管仲，为管仲相桓公霸诸侯创造了前提条件。故事情节生动，人物性格鲜明。

公元前697年至前686年,齐襄公统治时期,政令无常,大臣怨怒。鲍叔牙说:"君使民慢,乱将作矣。"(《左传·庄公八年》)奉公子小白出奔莒。公元前686年,公孙无知杀齐襄公自立。管仲、召忽奉公子纠奔鲁。前685年春,齐雍廪杀公孙无知。齐人迎公子纠,鲁庄公不即刻遣公子纠回国,而与齐人盟于暨以要挟齐人。齐大夫又迎小白于莒。于是小白在莒人的护送下,公子纠在鲁人的护送下,争回齐国。两军在路上相遇,管仲弯弓搭箭射小白,中带钩。小白情急智生,咬碎舌尖,口吐鲜血,僵卧车中。管仲以为小白已死,让公子纠放慢速度,安心回国即位。而鲍叔牙替小白赶车,疾驱入齐,抢先即位为君,是谓齐桓公,抗拒公子纠入齐。鲁庄公便出兵伐齐,送公子纠回国,在乾时(今山东临淄西南)与齐军会战,大败而归。当时齐强鲁弱,齐桓公要求鲁庄公杀公子纠,拘捕召忽、管仲。鲁人杀公子纠,召忽殉主自杀。原来管仲、召忽、鲍叔牙三人是要好的朋友,他们想合力安定齐国,认为公子纠一定能成为国君。召忽说:"我们三人在齐国,好比鼎的三只脚,去掉一只脚,就不成其为鼎了。公子小白一定不会被立为国君的,我们三人不妨一起去奉事公子纠吧!"管仲说:"不可,齐人厌恶公子纠的母亲连及到公子纠。公子小白没有母亲,而齐人爱他,立谁为君,事未可定,不如由一人去奉事公子小白。能为齐国国君的,大概就是公子小白吧?"所以叫鲍叔牙为公子小白师傅,管仲、召忽则辅佐公子纠。于是他们各为其主效力,竟至兵戎相见。桓公即位后,鲍叔牙知管仲之才,治国非管仲不可,便向齐桓公竭诚推荐管仲。桓公有容人之量,捐弃射钩之仇,重用管仲,遂有派鲍叔牙为使者,到鲁国请求放回管仲之事。

在这篇文章中,出现了五个人物,性格鲜明,各有特点:

鲍叔牙,一位以国家大局为重,谦虚诚实,知人善举的贤者。当桓公任命他为宰时,他谦称自己是庸臣而逊辞,力荐管仲有治国之才,自认为在治国、治民、治军、制礼、使民五方面不及管仲,言真意切,出自肺腑。并设计自任使者到鲁国骗回管仲。《管子·小匡》记载,当鲁庄公将管仲捆绑关在囚车里交给他时,他假惺惺地哭着接受管仲,"三举其声,伪哀其将死也"。用心可谓良苦,是一位为国家不遗余力举荐贤才的人。

齐桓公,一位操生杀予夺之权的国君,虽好内而无大才,但有容人之量,敢于捐弃前仇而任管仲为相,终于成为霸主。他也有知人之明,能预知鲁国施伯必不放管仲回来。

施伯,鲁国的谋臣,目光敏锐,一眼就看出齐国索要管仲"非欲戮之也,欲用其政也"。他深切了解管仲之才,"管仲者,天下之贤人也,大器也。在楚,则楚得意于天下;在晋,则晋得意于天下;在狄,则狄得意于天下。今齐求而得之,则必长为鲁国忧"(《管子·小匡》),于是建议鲁庄公"杀而以其尸授之"。这是非常厉害的一手,不为我所用,也不甘为人所用,管仲的命几乎丧在他手中。幸而齐强鲁弱,鲍叔牙措词得当,蒙蔽了鲁庄公,使管仲得以生还。当鲍叔牙伪装哀哭管仲将死时,施伯又一眼看出鲍叔牙的伪装,"从而笑之",在后面窃笑。其察人之明,不同一般;策谋之计,非同寻常。

鲁庄公,一位憨厚而少决断的国君。当齐国索要管仲时,他拿不定主意而问施伯。当施伯叫他杀掉管仲而将尸首交还齐使时,他又听信了齐使之言,以为齐桓公真要报射钩之仇,亲杀管仲以戒群臣,将管仲捆缚起来交给齐国。憨厚之态既可怜又可爱。

管仲,全文虽围绕他而展开,但他以被动者的面貌出现,只从鲍叔牙口中、施伯口中,侧面渲染、烘托了他的才能。他深知鲍叔牙来取他,是不会杀戮他的;鲍叔牙的做作,他看在眼里。他迫切希望脱离险境,回到齐国。据《吕氏春秋·顺说》,鲁国将管仲捆绑着装在囚车上,让车夫推着送他回齐国,他怕鲁国察觉齐国之谋,派人追赶上来杀他,便对车夫说:"我为汝唱,汝为我和。"他唱歌,鼓动车夫快走,车夫边唱边奔,不觉疲劳,很快离开鲁国边境,到了齐国。

管仲对桓公以霸术

【解题】

本篇承上篇,记叙管仲从鲁国回齐后,齐桓公虚心向他求教振兴齐国的方略。管仲不负所望,高瞻远瞩,从实际出发,以伟大的政治家的胆识和才干,提出"参其国而伍其鄙,定民之居"的治国方略和"作内政而寄军令"、寓兵于民的治军方略。桓公遵而行之,终成霸业。

比至①,三衅②、三浴之。桓公亲逆之于郊③,而与之坐而问焉,曰:"昔吾先君襄公筑台以为高位④,田⑤、狩⑥、罼⑦、弋⑧,不听国政,卑圣侮士,而唯女是崇。九妃、六嫔,陈妾数百,食必粱肉⑨,衣必文绣⑩。戎士冻馁⑪,戎车待游车之裂⑫,戎士待陈妾之余。优笑在前⑬,贤材在后。是以国家不日引⑭,不月长。恐宗庙之不扫除,社稷之不血食⑮,敢问为此若何?"管子对曰:"昔吾昭王⑯、穆王⑰,世法文、武远绩以成名,合群叟,比校民之有道者,设象以为民纪⑱,式权以相应⑲,比缀以度⑳,㪍本肇末㉑,劝之以赏赐,纠之以刑罚,班序颠毛㉒,以为民纪统。"桓公曰:"为之若何?"管子对曰:"昔者,圣王之治天下也,参其国而伍其鄙㉓,定民之居,成民之事,陵为之终㉔,而慎用其六柄焉㉕。"

桓公曰:"成民之事若何?"管子对曰:"四民者㉖,勿使杂处,杂处则其言哤㉗,其事易㉘。"公曰:"处士、农、工、商若何?"管子对曰:"昔圣王之处士也,使就闲燕㉙;处工,就官府;处商,就市井㉚;处农,就田野。

"令夫士,群萃而州处㉛,闲燕则父与父言义,子与子言孝,其事君者言敬,其幼者言弟。少而习焉,其心安焉,不见异物而迁焉。是故其父兄之教不肃而成㉜,其子弟之学不劳而能。夫是,故士之子恒为士。

"令夫工,群萃而州处,审其四时㉝,辨其功苦㉞,权节其用㉟,论比协材㊱,旦暮从事,施于四方㊲,以饬其子弟㊳,相语以事,相示以巧,相陈以功。少而习焉,其心安焉,不见异物而迁焉。是故其父兄之教不肃而成,其子弟之学不劳而能。夫是,故工之子恒为工。

"令夫商,群萃而州处,察其四时,而监其乡之资㊴,以知其市之贾㊵,负、任、担、荷㊶,服牛㊷、轺马㊸,以周四方,以其所有,易其所无,市贱鬻贵㊹,旦暮从事于此,以饬其子弟,相语以利,相示以赖㊺,相陈以知贾。少而习焉,其心安焉,不见异物而迁焉。是故其父兄之教不肃而成,其子弟之学不劳而能。夫是,故商之子恒为商。

"令夫农,群萃而州处,察其四时,权节其用,耒、耜、枷、芟㊻,及寒㊼,击菒除田㊽,以待时耕;及耕,深耕而疾耰之㊾,以待时雨;时雨既至,挟其枪、刈、耨、镈㊿,以旦暮从事于田野。脱衣就功,首戴茅蒲[51],身衣袯襫[52],霑体涂足[53],暴其发肤,尽其四支之敏,以从事于田野。少而习焉,其心安焉,不见异物而迁焉。是故其父兄之教不肃而成,其子弟之学不劳而能。夫是,故农之子恒为农,野处而不暱[54]。其秀民之能为士者,必足赖也。有司见而不以告,其罪五[55]。有司已于事而竣。"

桓公曰:"定民之居若何?"管子对曰:"制国以为二十

一乡㊽。"桓公曰:"善。"管子于是制国以为二十一乡:工商之乡六㊾;士乡十五㊿,公帅五乡焉,国子帅五乡焉,高子帅五乡焉㉟。参国起案㊱,以为三官㊲,臣立三宰㊳,工立三族㊴,市立三乡㊵,泽立三虞㊶,山立三衡㊷。

桓公曰:"吾欲从事于诸侯㊸,其可乎?"管子对曰:"未可。国未安。"桓公曰:"安国若何?"管子对曰:"修旧法,择其善者而业用之;遂滋民㊹,与无财㊺,而敬百姓,则国安矣。"桓公曰:"诺。"遂修旧法,择其善者而业用之;遂滋民,与无财,而敬百姓。国既安矣,桓公曰:"国安矣,其可乎?"管子对曰:"未可。君若正卒伍,修甲兵,则大国亦将正卒伍,修甲兵,则难以速得志矣㊻。君有攻伐之器,小国诸侯有守御之备,则难以速得志矣。君若欲速得志于天下诸侯,则事可以隐令㊼,可以寄政㊽。"桓公曰:"为之若何?"管子对曰:"作内政而寄军令焉。"桓公曰:"善。"

管子于是制国:"五家为轨,轨为之长;十轨为里,里有司;四里为连,连为之长;十连为乡,乡有良人焉㊾。以为军令:五家为轨,故五人为伍,轨长帅之;十轨为里,故五十人为小戎㊿,里有司帅之;四里为连,故二百人为卒,连长帅之;十连为乡,故二千人为旅,乡良人帅之;五乡一帅,故万人为一军,五乡之帅帅之。三军,故有中军之鼓㉟,有国子之鼓,有高子之鼓。春以蒐振旅㊱,秋以狝治兵㊲。是故卒伍整于里,军旅整于郊。内教既成,令勿使迁徙。伍之人祭祀同福㊳,死丧同恤㊴,祸灾共之。人与人相畴㊵,家与家相畴,世同居,少同游。故夜战声相闻,足以不乖㊶;昼战目相见,足以相识。其欢欣足以相死。居同乐,行同和,死同哀。是故守则同固,战则同强。君有此士也三万人,以方行于天下⑳,以诛无道,以屏周室㉘,天下大国之君莫之能御。"

【今译】

　　管仲刚到齐国,鲍叔牙替他三次熏香、沐浴。齐桓公亲自到郊外迎接他,与他一起坐车回城,询问他说:"从前我们的先君襄公修筑高台以示尊崇,田猎、围捕、捉兔、射鸟,整天游乐,不理国政,蔑视圣人,侮辱士子,但只喜爱女色。有九妃、六嫔、姬妾数百人,吃的一定要精米鱼肉,穿的一定要彩衣绣服。战士们受冻挨饿,游车破损后才充作战车,姬妾的剩余衣食供战士们吃穿。亲近倡优,怠慢贤才。所以国家不能日有所进,月有所长。这样下去我恐怕宗庙将无人清扫,社稷也不能享受祭祀。我大胆请问对这些问题该怎样处理才好?"管子回答说:"从前我们的先王昭王、穆王,世代都效法文王、武王的功绩而成就高名。应召集年高德劭的人,比较、考察选拔出民众中有道德的人,制定法令作为民众行为的准则,处理政事,使用民力,一定要做到均平适当,按九比之法将民众组织起来,先正其根本,再齐其末节,用赏赐来激励善行,用刑罚来纠正恶行,按年龄少长制定伦常次序,作为治理民众的纲纪。"桓公说:"那应该怎样去进行呢?"管子回答说:"从前,圣王治理天下时,把国都划分为三个部分,把郊野划分为五个部分,确定民众居住的区域,以便成就他们各自的事业;设置墓地,作为他们终老的地方;并且要谨慎地使用生、杀、贫、富、贵、贱六种权力。"

　　桓公说:"怎样成就民众的事业呢?"管子回答说:"士、农、工、商四种不同职业的人,不要让他们混杂居住。混杂居住就会言论纷乱,互相干扰,不安心于本业,见异思迁。"桓公说:"怎样来安排士、农、工、商的住处呢?"管子回答说:"从前圣王安排士时,使他们居住在清静安闲的地方;安排工匠时,使他们居住在官府的作坊里;安排商人时,使他们居住在靠近市场的地方;安排农民时,使他们居住在靠近田野的地方。

"让那些士人,聚集在一起居住,平时空闲时父辈之间谈论礼义,子弟之间谈论孝道,他们之中侍奉国君的谈论恭敬尽职,年幼的谈论对兄长的尊敬。他们从小耳濡目染熟习于士子的生活,他们安心于士子的职业,不会被外物所诱而见异思迁。所以他们的父兄对子弟的教育不必严厉督促就能完成,他们子弟的学业不费多少气力就能掌握。正因为这样,士人的子弟常为士人。

"让那些工匠,聚集在一起居住,审察四季用品的不同需要,辨别物品质量的优美粗劣,权衡物品的用度,选择比较材料的好坏,早晚加工制造,把产品运销到全国各地。用这些来教诲他们的子弟,平时互相谈论的是加工产品的事,互相传观的是精巧的技艺,互相展示的是自己的成品。他们从小耳濡目染熟习于工匠的生活,他们安心于工匠的职业,不会被外物所诱而见异思迁。所以他们的父兄对子弟的教育不必严厉督促就能完成,他们子弟学习技艺不费多少气力就能掌握。正因为这样,工匠的子弟常为工匠。

"让那些商人,聚集在一起居住,审察四季货物的不同需要,了解本地的货源,掌握市场的价格,然后背负、肩挑、怀抱、手提,或用牛车、马车装载,把货物贩运到全国各地,用他乡所有的货物交换本乡所无的货物,贱价买进,高价卖出。从早到晚做这个事情,用这些来教育他们的子弟,平时互相谈论的是追逐利润,互相显示的是盈利多少,互相展示的是商品的价格。他们从小耳濡目染熟习于商人的生活,他们安心于商人的职业,不会被外物所诱而见异思迁。所以他们的父兄对子弟的教育不必严厉督促就能完成,他们子弟学习经商不费多少气力就能掌握。正因为这样,商人的子弟常为商人。

"让那些农民,聚集在一起居住,审察不同季节的农事,准备好不同的农具,如耒、耜、枷、镰等。到了大寒以后,要除掉枯草,平整田地,等待立春后翻耕;到了春耕时节,土地深耕以后,立即播种平土,等待春雨滋润;春雨下过以后,就带着枪、镰刀、大小锄头,从早到晚在田野里培育、管理庄稼。脱去上衣干活,下雨时头上戴着笠帽,身上披着蓑衣,身体被雨水淋湿,双脚沾满泥巴;天晴时,头顶烈日,身披骄阳,使出全身的力气,在田野里劳动。他们从小耳濡目染熟习于农民的生活,他们安心于农民的职业,不会被外物所诱而见异思迁。所以他们的父兄对子弟的教育不必严厉督促就能完成,他们子弟学习务农不费多少气力就能掌握。正因为这样,农民的子弟常为农民,他们居住在郊野而不接近都城。他们中的优秀人才能充当士子的,一定是足以信赖的。有关部门见到这样的人才而不举荐,要受到五刑的处罚。有关部门只有完成了举荐人才的任务,才能算是称职。"

桓公说:"怎样来划定民众的居住之处呢?"管子回答说:"把国都划分为二十一个乡。"桓公说:"好。"管仲于是把国都划分为二十一个乡:其中工、商六乡;士十五乡,桓公统率五乡,国子统率五乡,高子统率五乡。分国事为三个部分,设立农、工、商三官。设立三卿管理群臣,设立三族管理工匠,设立三乡管理商人,设立三虞管理川泽,设立三衡管理山林。

桓公说:"我想征伐不义的诸侯以成霸业,可以这样做吗?"管子回答说:"还不可以。国家还没有安定。"桓公问:"怎样来安定国家呢?"管子回答说:"研习整理古代旧有法令,选择其中好的、适用的加以创新施行;增殖繁衍人口,救济贫困百姓,使百官恭谨尽职,那么国家就安定了。"桓公说:"好的。"于是就研习整理古代旧有法令,选择其中好的、适用的加以创新施行;增殖繁衍人口,救济贫困百姓,使百官恭谨尽职。国家已经安定了,桓公说:"国家已经安定了,大概可以从事讨伐不义诸侯以成霸业了吧?"管子回答说:"还不可以。您如果整顿军队,修造铠甲兵器,那么其他大国亦将会整顿军队,修造铠甲兵器,我们就难以很快地实现称霸诸侯的愿望了。您有进攻的武器,小国诸侯也有守卫防御的准备,我们就难以很快地实现称霸诸侯的愿望了。您如果想迅速地在天下诸侯中实现称霸的愿望,就应当把扩军备战的事隐蔽起来,把备战之事寄寓于政令之中。"桓公说:"怎样去做呢?"管子回答说:"在处理内政时寄寓着军政。"桓公说:"好。"

管仲于是制定国家的政令:"五家为一轨,设一轨长;十轨为一里,里设有司;四里为一连,连设连长;十连为一乡,乡设良人。寄寓在居民组织中的军事制度是:五家为一轨,所以五人编制为伍,由轨长统率;十轨为一里,所以五十人编制为小戎,由里有司统率;四里为一连,所以二百人编制为卒,由连长统率;十连为一乡,所以二千人编制为旅,由乡良人统率;五乡为一帅,所以一万人编制为军,由统领五乡的卿统率。全国编为三军,所以有国君亲自统率中军的旗鼓,有国子统率左军的旗鼓,有高子统率右军的旗鼓。春天利用春猎的名义训练士兵,秋天利用秋猎的名义来训练士兵。所以,卒、伍一级的小部队在里中就已组成,军、旅一级的大部队在郊野中加以整编、训练。内政中寄寓着军事编制,命令民众不得迁徙。一个伍的人祭祀时共同享用祭肉,死亡丧葬时共同忧伤,天灾人祸时共同承担。人与人之间关系密切,家与家之间紧密相连,世世代代居住在一起,从小在一起游玩。所以夜战时彼此声音熟悉,不至于发生误会;白天作战时大家互相看得见,互相都认识,从小缔结的欢欣感情,使他们拼死互相救助。他们家居时共同欢乐,行军时感情融洽,战死时共同哀伤。所以,防守时就牢固,作战时就顽强。您有这样的三万战士,就可以横行于天下,用他们来讨伐无道的诸侯,用他们去保卫周王室,天下大国的君主没有谁能抵御。"

【注释】

①比:及、等到。 ②衅:或作"熏",以香涂身。 ③逆:迎、迎接。 ④襄公:齐襄公,名诸儿,僖公之子,桓公之兄,公元前697年至前686年在位。 ⑤田:打猎。 ⑥狩:冬天用围守方法捕捉禽兽。 ⑦毕(bì 毕):捕捉雉鸡、野兔的网。 ⑧弋(yì 亦):用带丝绳的箭射猎。 ⑨梁肉:指精美食物。 ⑩文绣:彩衣绣服。 ⑪戎士:战士。 ⑫裹:当为"裂"之误,公序本作"裂",《考异》卷二引《太平御览》作"裂"。破裂、残破。 ⑬优:优倡,古时以乐舞为业的艺人。 ⑭引:拉长,引申为进步、发展。 ⑮血食:接受祭祀。古时祭祀要杀牲取血,故称血食。 ⑯昭王:周昭王,姓姬名瑕,西周时期统治者。 ⑰穆王:周穆王,姓姬名满,西周时期统治者。 ⑱象:象

魏。宫廷外之阙门,古代将颁布的法令悬挂在象魏上,让民众遵守,故"象"引申为法令。 ⑲ 式:使用。权:平均。 ⑳ 比缀:指比较均衡人口的多寡,组织连接户口。缀,连接。 ㉑ 耑(zhuǎn 转):等、均等。肇:正、端正。 ㉒ 班序颠毛:按头上毛发的黑白排列长幼的次序。颠,顶。毛,发。 ㉓ 参:三。国:国都。鄙:郊外。 ㉔ 陵:陵墓。秦汉前平民坟墓也称陵。 ㉕ 六柄:指生、杀、贫、富、贵、贱六种根本的治民措施。柄,本。 ㉖ 四民:指士、农、工、商。 ㉗ 咙(máng 芒):纷乱、杂乱。 ㉘ 易:变易,指见异思迁。 ㉙ 闲燕:清净。 ㉚ 市井:古时做买卖的地方。 ㉛ 萃:集、止。州:聚、聚居。 ㉜ 不肃:不严厉,引申为不花费多少气力。 ㉝ 审:审察。 ㉞ 功苦:好坏,指物品质量的优劣。 ㉟ 权节:权衡、平衡。 ㊱ 论比:选择比较。 ㊲ 施:运销。 ㊳ 饬(chì 赤):教导。 ㊴ 监:视。 ㊵ 贾:同"价",价格。 ㊶ 负、任、担、荷:肩背、怀抱、肩挑、肩扛。 ㊷ 服:牛车。 ㊸ 轺(yáo 尧):小马车。 ㊹ 市:买进。鬻(yù 育):卖出。 ㊺ 赖:赢利。 ㊻ 耒耜(lěi sì 磊四):古时翻土的农具,耒是柄,耜为铲。枷(jiā 加):连枷,脱粒的农具,芟(shān 山):镰刀。 ㊼ 寒:指二十四节气之一的大寒。 ㊽ 击槁(gǎo 搞):割枯草。菒,同"藁",枯草。 ㊾ 耰(yōu 优):古时碎土整田的农具,这里指撒上种子用土耙平。 ㊿ 枪:长柄掘土除草农具。刈(yì 艺):镰刀。耨(nòu 獳):小手锄。镈(bó 搏):除草的农具。 ㉛ 茅蒲:笠帽。 ㉜ 袯襫(bó shì 博市):蓑衣。 ㉝ 霑:"沾"的异体字,浸湿。涂:泥。 ㉞ 昵(nì 溺):"昵"的异体字,近、亲近。 ㉟ 罪五:指触犯五刑之罪。五刑为墨、劓、刖、宫、大辟。 ㊱ 制国:划分国都。乡:地域单位名称。管仲定二千家为一乡,二十一乡共四万二千家。此制非周法。 ㊲ 工商之乡六:工、商各三乡。他们不服兵役。 ㊳ 士乡十五:韦昭《国语注》云:"此士,军士也。十五乡合三万人,是为三军。"士有从戎义务。 ㊴ 国子、高子:周天子任命的世代均为齐国上卿的国氏、高氏,他们各自领导五个乡,作战时统率左、右军,与国君统率的中军合为三军。 ㊵ 参国起案:分国事为三个部分。参,同"三"。案:界。 ㊶ 三官:指管理农、工、商三官,即田师、器师、市师。 ⑫ 三宰:三卿,统率群臣。 ⑬ 三族:分为三部分,各设属官。族,属。 ⑭ 三乡:分为三处市井,各设属官。 ⑮ 虞:官名,掌川泽的官。 ⑯ 衡:官名,掌山林的官。 ⑰ 从事于诸侯:指欲行霸道讨不义。 ⑱ 遂:生育。滋:长、繁殖。 ⑲ 与无财:救助贫穷的人,使他们富裕起来。 ⑳ 志:指称霸于诸侯的理想。 ㉑ 事:军事。隐令:隐匿军令,指把军事行动隐蔽起来。 ㉒ 寄政:指把军令寄托于政事之中,不使外人察觉。 ㉓ 良人:乡大夫。 ㉔ 小戎:兵车。为里有司所乘,故称小戎。春秋以前戎车一乘,有步卒七十二人。现管仲改为五十人。 ㉕ 鼓:旗鼓。古代击鼓以传达号令。 ㉖ 蒐:春天打猎。振旅:整顿、训练军队。 ㉗ 狝(xiǎn 显):秋天打猎。 ㉘ 同福:一同享用祭神的酒肉。 ㉙ 恤:忧伤。 ㉚ 畴:通"俦",同伴,引申为关系密切。 ㉛ 乖:乖误。 ㉜ 方行:横行。方,横。 ㉝ 屏:屏藩、保卫。

【评析】

本篇承上篇,录自《管子·小匡》而略有删节调整。记叙管仲从鲁国回到齐国,齐桓公亲自到郊外迎接,礼遇甚厚,迫不及待地向他请教振兴齐国、称霸诸侯的办法。管仲从富国强兵的目的出发,高瞻远瞩地提出了治国、治军方略。从行文看,既有管仲施政方略的叙述,类似诸葛亮的《隆中对》;但又有实践操作的记录,并非全是理论分析。可见本篇是后人总结管仲改革经验的追叙之词。

在本文中,管仲首先明确提出"修旧法,择其善者而业用之;遂滋民,与无财,而敬百姓"的治国原则。政策、制度是有继承性、连续性的,但必须适应形势的变化而变化。管仲要求在整饬旧制的基础上,对各项制度加以改进创新。在我国古代,鉴别国力是否强盛,在于人口的多少和土地的广狭。所以管仲要求把增殖人口放在施政的重要位置上。在我国古代,主张藏富于民,"百姓足,君孰与不足?百姓不足,君孰与足?"(《论语·颜渊》)所以管仲要求救济贫困人民,帮助他们尽快地富裕起来。官吏是国家政策的宣传者、执行者,是人民的组织者,所以管仲要求整肃百官,使他们尽忠尽职。做好这四方面的工作,就国安而民治了。

其次,在政区的划分、对人民的管理上,管仲基本上执行"国"、"野"分治的制度,"参其国而伍其鄙",达到"定民之居,成民之事"的目的。在"国"中设置二十一乡,其中工乡三,商乡三,士乡十五,把服兵役的士乡十五又分为三个部分。这就叫作"参其国"。五乡为一军,共三军,由国君与国、高二卿分别统率一军。在"野"(鄙)设置五属,以处农民。春秋时,兵、农已分,农民种田,供应国家田税、兵赋。这就叫作"伍其鄙"。

在国、野设置各级官员加以治理,严格实行士、农、工、商分区定居制,不许杂处、迁徙。士居"闲燕",工居官府,商居市井,农居田野,使各行各业各有所务,以利于老传少习,收事半功倍之效。安心本职,无见异思迁之心。造成"世同居,少同游"、"行同和,死同哀"的安定和洽的社会环境。

其三,在军事上,管仲实施"作内政而寄军令"的政军合一、寓兵于民的制度。就居民组织来看,实行轨、里、连、乡编制:五家为轨,设轨长;十轨为里,设里有司;四里为连,设连长;十连为乡,设乡良人(乡大夫)。就军事组织来看,实行伍、小戎、卒、旅、军编制:五家为轨,每家出一人为兵,故五人为一伍,由轨长统率;十轨为里,故五十人为小戎,由里有司统率;四里为连,故二百人为卒,由连长统率;十连为乡,故二千人为旅,由乡良人统率;五乡为一帅,故万人为一军,由五乡之帅国君、国氏、高氏分别统率。这样把军队组织建立在居民组织之中,平时为民,战时为军,寓兵于民,将军令隐括在内政之中,政军合一,既可以掩蔽整军备战之实,又可以加强对军队的控制和训练。"春以蒐振旅,秋以狝治兵",使"卒伍整于里,军旅整于郊",在人们不知不觉之中,训练成一支"莫之能御"的军队,达到称霸诸侯的目的。

管仲佐桓公为政

【解题】

本篇记叙齐桓公重视任贤使能,惩恶罚不肖,建立三选制度,亲自考察选拔优秀人才。鼓励官员尽忠尽职,了解下情,为国举善黜恶;鼓励民众黾勉为善,建终身功业。营造一个人人为善的社会环境。记叙管仲辅佐桓公建立郊野居民区域编制,实行"相地而衰征"等保护农民利益的经济政策,终使齐国国富兵强,成就霸业。

正月之朝①,乡长复事②。君亲问焉,曰:"于子之乡,有居处好学③、慈孝于父母、聪慧质仁④、发闻于乡里者,有则以告。有而不以告,谓之蔽明,其罪五⑤。"有司已于事而竣⑥。桓公又问焉,曰:"于子之乡,有拳勇股肱之力秀出于众者⑦,有则以告。有而不以告,谓之蔽贤,其罪五。"有司已于事而竣。桓公又问焉,曰:"于子之乡,有不慈孝于父母、不长悌于乡里、骄躁淫暴、不用上令者⑧,有则以告。有而不以告,谓之下比⑨,其罪五。"有司已于事而竣。是故乡长退而修德进贤,桓公亲见之,遂使役官⑩。

桓公令官长期而书伐⑪,以告且选,选其官之贤者而复用之⑫,曰:"有人居我官,有功休德⑬,惟慎端悫以待时⑭,使民以劝,绥谤言⑮,足以补官之不善政。"桓公召而与之语,訾相其质⑯,足以比成事⑰,试可立而授之。设之以国家之患而不疚⑱,退问之其乡,以观其所能而无大厉⑲,升以为上卿之赞⑳。谓之三选㉑。国子、高子退而修乡,乡退而修连,连退而修里,里退而修轨,轨退而修伍,伍退而修家。是故匹夫有善,可得而举也㉒;匹夫有不善,可得而诛也。政既成,乡不越长㉓,朝不越爵㉔,罢士无伍㉕,罢女无家㉖。夫是,故民皆勉为善。与其为善于乡也,不如为善于里;与其为善于里也,不如为善于家。是故士莫敢言一朝之便,皆有终岁之计;莫敢以终岁之议,皆有终身之功。

桓公曰:"伍鄙若何㉗?"管子对曰:"相地而衰征㉘,则民不移;政不旅旧㉙,则民不偷㉚;山泽各致其时,则民不苟;陆、阜、陵、墐、井、田、畴均㉛,则民不憾㉜;无夺民时,则百姓富;牺牲不略㉝,则牛羊遂㉞。"

桓公曰:"定民之居若何?"管子对曰:"制鄙㉟。三十家为邑,邑有司;十邑为卒,卒有卒帅;十卒为乡,乡有乡帅;三乡为县,县有县帅;十县为属,属有大夫。五属,故立五大夫,各使治一属焉;立五正㊱,各使听一属焉。是故正之政听属,牧政听县㊲,下政听乡㊳。"桓公曰:"各保治尔所,无或淫怠而不听治者㊴!"

【今译】

　　正月初一的朝会,乡大夫向朝廷述职。齐桓公亲自问他们,说:"在你们乡里,有没有平时勤奋好学、对父母孝顺、聪明智慧而本性仁厚、在乡里比较有名的人,有这样的人就一定要向朝廷报告。有这样的人而不报告,这就叫作埋没人才,将受五刑之罪罚。"主管官员必须办完推荐人才的事后方可以退下。齐桓公又问他们,说:"在你们乡里,有没有勇敢强悍、臂力强劲、优秀出众的力士,有这样的人就一定要向朝廷报告。有这样的人而不报告,这就叫作埋没贤才,将受五刑之罪罚。"主管官员必须办完推荐贤才的事后方可以退下。齐桓公又问他们,说:"在你们乡里,有没有对父母不孝顺、对乡亲父老不尊重、骄横暴戾、不服从君长命令的人,有这样的人就一定要向朝廷报告。有这样的人而不报告,这就叫作包庇坏人,将受五刑之罪罚。"主管官员必须办完举报坏人的事后方可以退下。所以,乡大夫回到乡里后修养仁德,推荐贤才。齐桓公亲自接见被推荐的人,便任命他们担任各种官职。

齐桓公命令长官每年记录有功人员,以便向朝廷报告,供朝廷选拔。选拔自己属下贤能的人并向朝廷推荐时,说:"这个人在我属下担任某官,有功劳,有美德,严谨正派,处事不失时机,能用劝勉方法使民众为善,制止诽谤性的言论,这个人足以替补不称职的官员。"桓公便亲自召见被荐举人并与他面谈,衡量视察他的素质,认为足以辅助他的长官完成政务的、确实可以提拔为大官的,就授以高官,委以重任。桓公还假设国家可能出现的困难询问他对策,他也能令人满意地作出回答,难不倒他。再退而询问乡里的问题,观察其实际才能,如果没有大恶,就提升他做上卿的助手。以上乡长的推荐、官长选拔、国君亲自面试,就叫作三选。国子、高子退朝后就治理乡政,乡长回去后就治理连政,连长回去后就治理里政,里长回去后就治理轨政,轨长回去后就治理伍政,伍长回去后就治理家政。所以平民百姓中有善行的,都可能得到推举;平民百姓中有恶行的,都可能受到惩罚。政令已定,乡里不逾越长幼的次序,朝廷不逾越贤不肖爵位的等级。无行无德的男子没有人与他为伍,无行无德的女子嫁不到丈夫。这样,所有百姓都互相勉励为善。与其在乡里做好事,不如在里里做好事;与其在里里做好事,不如在家里做好事。所以士不敢只图一时的眼前利益,都有一年的计划;不敢满足于一年的计划,都有终身建功立业的打算。

齐桓公说:"伍鄙怎样编制、治理?"管子回答说:"考察土地的肥瘠美恶,分级征收赋税,那么百姓就不会任意迁移;为政不遗弃先君的故旧,那么百姓就不会苟且偷安;山林川泽按照时令开放或封禁,那么百姓就不敢随意砍伐捞捕;平地、高地、山地、沟上的路、水井、种稻的田、种麻的地分配平均,那么百姓就不会怨恨;不占用百姓农事季节,那么百姓就会富足;不过度杀戮祭祀用的牲畜,那么牛、羊就能很快繁殖。"

齐桓公问："怎样划定百姓的住处？"管子回答说："划定鄙野的政区。三十家为邑，邑设有司；十邑为卒，设卒帅；十卒为乡，设乡帅；三乡为县，设县帅；十县为属，设属大夫。全国鄙野有五属，所以设置五个大夫，让他们分别治理一属；再设置五长，让他们各自监察一属的政事。所以五长的职责就是监察五属大夫的治理情况，五属大夫的职责就是监察县帅的治理情况，县帅的职责就是监察乡帅的治理情况。"桓公说："让他们各自治理好管辖的地方，不要有放纵懈怠而不服从治理的！"

【注释】

① 朝：朝会。　② 乡长：乡大夫。复：白、禀告。《周礼》规定，每年正月初一，乡大夫须向朝廷述职，受教法于司徒，退而颁行于乡。　③ 居：平居、平时。据《管子·小匡》，"好学"前脱"为义"二字。　④ 质：性、本性。　⑤ 罪五：指墨、劓、刖、宫、大辟五种罪罚。　⑥ 竣：退、回去。　⑦ 拳勇：武勇。拳，大勇为拳。　⑧ 上：指君主或朝廷。　⑨ 下比：在下面互相勾结。比，阿党。　⑩ 役：为、担任。　⑪ 期(jī基)：一年。伐：功劳。　⑫ 用：衍文。《管子·小匡》："选官之贤者而复之。"　⑬ 休：美。　⑭ 悫(què却)：诚信、朴实。　⑮ 绥(suí随)：止、制止。　⑯ 訾(zī咨)：衡量。相：视、视察。　⑰ 比：辅、辅佐。　⑱ 设：假设。患：困难、祸患。疚：病，引申为"为难"。　⑲ 大厉：大的过错。厉，恶。　⑳ 赞：佐、佐助。　㉑ 三选：三个层次的选拔。这是春秋时的一种选官制度，即乡长推荐，长官选拔，国君面试，然后决定是否录用。　㉒ 得：能。　㉓ 乡不越长：乡里按年龄长幼顺序，不相逾越，用以安定社会秩序。　㉔ 朝不越爵：朝廷里按才能高下任职，不使不肖者居上位，贤能者居下位。　㉕ 罢(pí疲)：通"疲"，病，指无德无行。无伍：没有人愿与他为伍。　㉖ 家：丈夫。　㉗ 伍鄙：即前篇的"伍其鄙"。把郊野之地划分为五部分，设官治理。　㉘ 衰(cuī催)：依照一定的标准递减。　㉙ 旅旧：遗弃先君的故旧。　㉚ 偷：苟且。　㉛ 陆：高平的土地。阜：土山。陵：大土山。墐(jìn尽)：井田间水沟上道路。井：水井。田：种谷物的土地。畴：种麻的

地。　㉜憾:恨、怨恨。　㉝略:夺取。　㉞遂:长,生长。　㉟制鄙:划定郊野的民居区域。　㊱正:长。五正,即五长。　㊲牧:指五属大夫。　㊳下:指县帅。　㊴淫怠:放纵懈怠。

【评析】

本篇记叙了两件事:一是记叙齐桓公重视人才和选拔人才;一是记叙管仲辅佐齐桓公区划鄙野的民居组织,制定发展农业生产的经济政策。

人才是国家兴旺发达、强大昌盛的重要保证,得人才者得天下,所以历代都注重人才的选拔。"舜有天下,选于众,举皋陶,不仁者远矣。汤有天下,选于众,举伊尹,不仁者远矣。"(《论语·颜渊》)舜有臣五人而天下治,武王有治乱之臣十人。姜太公钓于渭滨,周文王得之,载与俱归,立为师。他佐助文王、武王,以成王业。齐桓公继承选拔任用贤才的传统,捐弃射钩之仇,任用管仲为相,终成霸业。总体来看,齐桓公时选拔人才,已形成制度。

首先,把举贤惩恶建立在基层,作为基层官员乡大夫的主要任务。齐桓公认为人才的遗佚,咎在基层官员的蔽贤,故立法以论其罪。这个制度值得注意的一点是不举贤者要获罪,而不告不贤者也要受罚。把举贤罚不肖看成是一个问题的两个方面,相辅相成,有利于调动积极性,使人为善去恶,对于净化社会风气、安定社会秩序是有积极意义的。

第二,实行三选制度,慎重选拔人才。即通过乡长推荐、长官选拔、国君面试三道程序确定是否录用。特别是国君当面考察,设问辩难,亲自把关,以便把确有真才实学的贤能之士选拔出来。有的甚至可以破格录用,直接任命为上卿的助手,委以重任。

第三,修德行善形成社会风气。就官员来说,举荐贤才作为他们的自觉行动,上至国君及上卿国子、高子,下至轨长、伍长,都以举贤诛恶为务。就平民百姓来说,皆劝勉为善,为国家立终身之功。

农业是国民经济的基础,是安国家、定民心的物质保证。管仲佐助桓公区划鄙野的民居组织,分邑、卒、乡、县、属五级编制,任命各级官员加以管理,使"农之子恒为农","各保治尔所"。管仲采用均平土地的土地政策;"相地而衰征",按土地肥瘠征收赋税的政策;按时令开放或封禁山林川泽,保护自然资源的政策;保证农民按时耕作,不夺民时的政策;节省祭祀牺牲,发展畜牧业的政策。以保证齐国农业生产的发展,经济力量的长足增长。管仲确是一位目光远大、雄才大略的政治家。

桓公为政既成

【解题】

本篇承上篇,记叙桓公从严要求都鄙的五属大夫,批评成绩小者,惩罚怠惰失职者。同对乡大夫一样,严格要求他们举荐贤才,举报坏人,教育他们恪尽职守,完成政事。

正月之朝,五属大夫复事①。桓公择是寡功者而谪之②,曰:"制地③、分民如一,何故独寡功?教不善则政不治④,一再则宥⑤,三则不赦。"桓公又亲问焉,曰:"于子之属,有居处为义好学、慈孝于父母、聪慧质仁、发闻于乡里者,有则以告。有而不以告,谓之蔽明,其罪五。"有司已于事而竣。桓公又问焉,曰:"于子之属,有拳勇股肱之力秀出于众者,有则以告。有而不以告,谓之蔽贤,其罪五。"有司已于事而竣。桓公又问焉,曰:"于子之属,有不慈孝于父母、不长悌于乡里、骄躁淫暴、不用上令者,有则以告。有而不以告,谓之下比,其罪五。"有司已于事而竣。五属大夫于是退而修属,属退而修县,县退而修乡,乡退而修卒,卒退而修邑,邑退而修家。是故匹夫有善,可得而举也;匹夫有不善,可得而诛也。政既成矣,以守则固⑥,以征则强。

【今译】

　　正月初一的朝会,五属大夫向朝廷述职。齐桓公挑出他们中政绩小的加以谴责,说:"划定的土地、分管的百姓都是一样的,为什么唯独你的政绩差?教化不善,那么政事就治理不好。一次两次还可以宽宥,第三次还是老样子就不能宽赦了。"齐桓公又亲自问他们,说:"在你们属里,有没有平时行义好学、对父母孝顺、聪明智慧而本性仁厚、在乡里比较有名的人,有这样的人一定要向朝廷报告。有这样的人而不报告,这就叫作埋没人才,将受五刑的罪罚。"主管官员必须办完推荐人才的事方可以退下。齐桓公又问他们,说:"在你们属里,有没有勇敢强悍、臂力强劲、优秀出众的力士,有这样的人就一定要向朝廷报告。有这样的人而不报告,这就叫作埋没贤才,将受五刑的罪罚。"主管官员必须办完推荐贤才的事后方可以退下。齐桓公又问他们,说:"在你们属里,有没有对父母不孝顺、对乡亲父老不恭敬、骄横暴戾、不服从君长命令的人,有这样的人就一定要向朝廷报告。有这样的人而不报告,这就叫作包庇坏人,将受五刑的罪罚。"主管官员必须办完举报坏人的事后方可以退下。五属大夫于是回来后就治理属政,属大夫回来后就治理县,县帅回来后就治理乡,乡帅回来后就治理卒,卒帅回来后就治理邑,邑有司回来后就治理所属的三十家。所以平民百姓中有善行的,都可能得到推举;平民百姓中有恶行的,都可能受到惩罚。政事已经成功了,用来防守就固若金汤,用来征伐就无坚不摧、强大无比。

【注释】

　　① 五属大夫:齐国将鄙野划分为五个部分,其建制称属,相应设

置五位地方首长,是谓五属大夫。　②寡:少。谪(zhé哲):谴责,古代也指贬官。　③制地:划分土地。　④教:教化、教育。政:指治理鄙野的政事。　⑤宥(yòu右):宽恕、宽宥。　⑥固:巩固、牢固。

【评析】

本篇紧接上篇,记叙齐桓公同要求国都的地方长官乡大夫一样,严格要求鄙野的地方长官五属大夫,教育他们勤于政事,举荐贤才。

在这篇文章中,有两个值得注意的地方:

一是政令如一、要求如一。齐国采取"参其国而伍其鄙"的区域建制,将国都划分为二十一乡,安置士、工、商。士乡十五,由国君、国氏、高氏分别统领,直接管理。将鄙野划分为五属,安置农民,设置五属大夫,统领管理。一般地说,鄙野远离国君,天高皇帝远,官员们容易懈怠失职,为所欲为。而齐桓公统治国、野,始终保持政令如一、要求如一,他并不因鄙野僻远而放松要求,相反同对乡大夫一样,对五属大夫也严格要求,凡是教化、为政、举贤、惩不肖,国都官吏做到的,鄙野官员也都要做到,不能走样。这样,自上而下保持政令统一,国君领导国、野,犹如身之使臂,臂之使指,政令畅通于全国。

二是从严治吏。政治方策决定以后,官吏起着主要的作用。官吏的好坏直接影响到政治的清明与腐败,国家的兴盛和衰弱。所以齐桓公对官吏要求很严,告诫他们如果教不善而政不治,"一再则宥,三则不赦"。一次两次,姑念初犯,还可宽宥;到了第三次就决不姑息手软,从严惩处,批评、处罚乃至降职、撤职,绳之以法。从严治吏,还包含着对官吏的教育。齐桓公则采取抓典型的方法,用个别教育一般。他在五属大夫中选择成绩小的加以批评,责问他:"制地、分民如一,何故独寡功?"划定的土地、分配的民众都是一样,何以只有你没有做出好成绩?使被谴责者心服口服,对其他官员也有启发。但事情并不就此了结,还会指出其少功的原因,在于"教不善则政不治"。教化不善,政事就不能成功,说明要把教育化民放在为政致治的首位,为他们指明了努力的方向。桓公在对官吏的从严要求中,蕴含着深厚的爱护。所以官员们都能修德、修政,使齐国国富民强。

管仲教桓公亲邻国

【解题】

本篇记叙管仲辅佐桓公制定亲善邻邦、友好共处的外交方针。他建议桓公退还诸侯侵地,增派使者到各国聘问,接纳四方贤士,加强与各国的贸易联系。然后选择淫乱国家发兵征讨,以实现称霸诸侯的目的。

桓公曰:"吾欲从事于诸侯,其可乎?"管子对曰:"未可。邻国未吾亲也①。君欲从事于天下诸侯,则亲邻国。"桓公曰:"若何?"管子对曰:"审吾疆场②,而反其侵地③;正其封疆④,无受其资⑤;而重为之皮币⑥,以骤聘眺于诸侯⑦,以安四邻,则四邻之国亲我矣。为游士八十人⑧,奉之以车马、衣裘,多其资币,使周游于四方,以号召天下之贤士。皮币玩好,使民鬻之四方⑨,以监其上下之所好⑩,择其淫乱者而先征之。"

【今译】

齐桓公说:"我想在诸侯中建立霸业,大概可以了吧?"管子回答说:"还不可以。邻国还不亲近我们。您想在天下诸侯之间建立霸业,首先就要和邻国亲善。"桓公说:"怎么才能亲善邻国呢?"管子回答说:

"审定我国的疆界,归还从邻国掠夺来的土地;正视邻国的疆界,不侵占邻国的资源、财富;准备裘皮、缯帛等丰厚礼物,频繁地到诸侯国聘问。以此来安定四邻之心,那么四邻的诸侯国就与我国亲善友好了。选派游说之士八十人,给他们配备车马、衣裘,多带上财礼,让他们周游天下,去招纳天下贤能之士。裘皮、缯帛及玩赏之物,让商人到天下各国去贩卖,用以观察各国君臣上下的喜爱和追求,然后选择骄奢淫逸的国家首先征伐。"

【注释】

① 亲:亲近、亲善。　② 审:审定。疆埸(yì 亦):疆界、国界。③ 侵地:指过去被齐国侵占的邻国国土。　④ 正:正视,含有尊重、承认之意。封疆:封国的疆界,泛指国界。　⑤ 资:资源、资财。⑥ 皮币:裘皮和缯帛。这是古代诸侯之间交往时互相馈赠的贵重礼物。　⑦ 骤:多次,指超过旧制规定的聘问次数。眺:通"觌",诸侯聘问相见之礼。人数少的叫聘,人数多的叫觌。　⑧ 游士:善于辞令的游说之士。八十人:据《尔雅·释地》,古代中国分为冀、豫、雍、扬、兖、徐、幽、营、荆九州,齐处营州,故除齐以外,每州派十名游士。　⑨ 鬻(yù 育):卖。　⑩ 监:观、观察。上下:指君臣。

【评析】

本篇录自《管子·小匡》,上下内容略有移动。记叙管仲为桓公制定亲善邻邦的外交方针,以及实施这一方针的措施。

齐桓公在完成内政的基础上,打算在诸侯之间建立霸业。管仲审时度势,为桓公制定了一条亲善邻邦,友好共处的外交方针。"亲仁善邻,国之宝也。"(《左传·隐公六年》)欲成霸业者,必须首先与邻国亲善,取得邻国的信任和拥护。邻国亲,足以为援,不然事事掣肘,留有后顾之忧,难以出师远征,那就谈不上霸业了。

那么,如何实施这一方针呢?管仲提出了三项措施。一是审定齐国的国界,归还被齐国侵占的四邻诸侯国的土地,这是一条深得诸侯国人心的有力措施。据《史记·齐太公世家》记载,齐国曾三次打败鲁国,夺取了鲁国不少土地。鲁国与齐国在柯地会盟时,鲁国曹沫用匕首在盟坛上劫持桓公,要桓公"反鲁之侵地"。桓公答应了。曹沫掷掉匕首,北面就臣位。桓公后悔,想不归还鲁国侵地而杀曹沫。管仲劝阻说:"夫劫许之而倍信杀之,愈一小快耳,而弃信于诸侯,失天下之援,不可。"于是将侵占鲁国的土地全部归还。取得了"诸侯闻之,皆信齐而欲附焉"的积极效果。二是尊重邻国的边疆,不侵占邻国的资源和财物。三是扩大对四邻各国的友好聘问,馈赠厚礼,增进相互了解,固结其心。从而达到亲善邻邦、互相信任的目的。

在亲善邻邦的基础上,管仲还扩大对天下诸侯各国的外交活动。他派遣游士八十人,前往诸侯各国游说,宣扬国威,招纳贤士,扩大齐国在诸侯各国的影响,树立齐国在诸侯各国的仁义形象。他让商人加强与诸侯国之间的贸易关系。在贸易活动中,暗暗观察诸侯各国的社会风气,以知其君臣上下的奢俭。然后选择奢侈淫乱之国出兵讨伐,在高扬讨不义的大旗中,实现称霸诸侯的愿望。

管仲教桓公足甲兵

【解题】

本篇记叙管仲采用"轻过而移诸甲兵"的政策,即让罪犯用交纳兵甲的办法赎罪,佐助齐桓公解决武器装备不足的问题。体现了管仲卓越的治国、治军才能。

桓公问曰:"夫军令则寄诸内政矣,齐国寡甲兵[①],为之若何?"管子对曰:"轻过而移诸甲兵②。"桓公曰:"为之若何?"管子对曰:"制重罪赎以犀甲一戟③,轻罪赎以鞼盾一戟④,小罪谪以金分⑤,宥间罪⑥。索讼者三禁而不可上下⑦,坐成以束矢⑧。美金以铸剑戟⑨,试诸狗马;恶金以铸钼、夷、斤、欘⑩,试诸壤土。"甲兵大足。

【今译】

齐桓公问道:"军令已寄寓在内政中实施了,但齐国还缺少铠甲兵器,用什么办法解决呢?"管子回答说:"减轻对罪犯的惩罚,让他们改用铠甲和武器来赎罪。"桓公说:"怎么实施呢?"管子回答说:"判死刑的罪犯可以让他用犀皮甲和车戟一副赎罪,犯轻罪的可以让他用鞼盾和车戟一副赎罪,犯一般小罪的可以罚他交纳不等的金钱赎罪,嫌疑犯则加以赦免。提出诉讼的人要禁闭三天,让他将讼词考虑周密,讼词确定后不能再改变,要交一束箭才给予审理。质量好的金属用来铸造剑、戟,在狗、马身上试验它的锋利;质量差的金属用来铸造钼、夷、斤、欘等农具,在田地里试验它是否适用。"这样一来,齐国的铠甲和兵器就非常充足了。

【注释】

① 甲兵:铠甲、兵器。　② 轻过:轻罚罪过。　③ 制:判、判定。重罪:指死刑。犀甲:犀牛皮制成的铠甲。戟:车戟。在前驱的兵车上,建有连木柄共长一丈六尺的戟,此兵器合戈、矛为一体,可以直刺或横击。　④ 轻罪:指五刑中劓、刖等刑罚。鞼(guì贵)盾:饰有革制花纹的盾牌。　⑤ 小罪:不入五刑的罪。以金分:用不同数量的金钱赎不同的罪。金分,金钱。　⑥ 间罪:嫌疑罪犯。　⑦ 索讼者:提出诉讼的人。三禁:关禁闭三天。不可上下:指讼词已定不可更改。⑧ 坐成:指同意审理。束矢:十二支箭为一束。　⑨ 美金:指青铜。⑩ 恶金:指铁。钼(chú锄):锄。夷:锄头一类削草平地农具。斤:形似锄而小的农具。欘(zhú竹):大锄。

【评析】

本篇记叙管仲让罪犯输纳兵甲、金钱的办法来解决齐国武器装备不足的问题。

用金钱赎罪的办法不是管仲首创。据史书记载,我国用金钱赎刑起源很早。舜时就有用金钱赎刑之法。《尚书·舜典》说:"金作罚刑。"就是说犯了罪的人,可以出金钱赎罪。但具体如何执行,没有详说。作于西周穆王时的《尚书·吕刑》,对于用金赎刑有较为详细的记载,说:"墨辟疑赦,其罚百锾,阅实其罪。劓辟疑赦,其罚惟倍,阅实其罪。剕辟疑赦,其罚倍差,阅实其罪。宫辟疑赦,其罚六百锾,阅实其罪。大辟疑赦,其罚千锾,阅实其罪。"就是说,处以墨刑感到有疑问而可以赦免的,罚以黄铜百锾(按:锾,古时重量单位,重六两,一说重六两又大半两。如按六两计,百锾为六百两。余类推),核实后赦免他的罪行。处以割鼻之刑感到有疑问而可以赦免的,罚以黄铜二百锾,核实后赦免他的罪行。处以断足之刑感到有疑问而可以赦免的,罚以黄铜五百锾,核实后赦免他的罪行。处以宫刑感到有疑问而可以赦免的,罚以黄铜六百锾,核实后赦免他的罪行。处以死刑感到有疑问而可以赦免的,罚以黄铜千锾,核实后赦免他的罪行。用不等量的金钱赎轻重不同的罪,此法为后代所继承。《汉书》中多有用金赎罪的记载。司马迁因李陵之祸受宫刑,本可以用金钱赎罪,奈何"家贫,货赂不足以自赎"(《汉书·司马迁传》),只好受腐刑之辱,遗千古之恨。

管仲继承前代用金钱赎刑的做法,将它引用到征集铠甲、兵器上,他制定赎不同罪行交纳甲兵的数额,形成法制加以执行,使齐国"甲兵大足"。这确是管仲匠心独运的新创造。

桓公帅诸侯朝天子

【解题】

本篇记叙管仲辅佐齐桓公在"反侵地,正封疆"、四邻大亲的基础上,高举征讨不义大旗,东伐西讨,南征北战,诸侯莫敢不来服。于是"隐武事,行文道",帅诸侯而朝周天子,终成霸主之业。

桓公曰:"吾欲南伐,何主①?"管子对曰:"以鲁为主。反其侵地棠、潜②,使海于有蔽③,渠弭于有渚④,环山于有牢⑤。"桓公曰:"吾欲西伐,何主?"管子对曰:"以卫为主。反其侵地台、原、姑与漆里⑥,使海于有蔽,渠弭于有渚,环山于有牢。"桓公曰:"吾欲北伐,何主?"管子对曰:"以燕为主。反其侵地柴夫、吠狗⑦,使海于有蔽,渠弭于有渚,环山于有牢。"四邻大亲。既反侵地,正封疆,地南至于岱阴⑧,西至于济⑨,北至于河⑩,东至于纪酅⑪,有革车八百乘⑫。择天下之甚淫乱者而先征之。

即位数年,东南多有淫乱者,莱、莒、徐夷、吴、越⑬,一战帅服三十一国。遂南征伐楚,济汝⑭,逾方城⑮,望汶山⑯,使贡丝于周而反。荆州诸侯莫敢不来服。遂北伐山戎⑰,刜令支⑱、斩孤竹而南归⑲。海滨诸侯莫敢不来服。与诸侯饰牲为载⑳,以约誓于上下庶神㉑,与诸侯戮力同心㉒。西征攘白狄之地㉓,至于西河㉔,方舟设泭㉕,乘桴济河㉖,至于石枕㉗。悬车束马㉘,逾太行与辟耳之谿拘夏,西服流沙㉙、西吴㉚。南城于周㉛,反胙于绛㉜。岳滨诸侯莫敢不来服㉝,而大朝诸侯于阳谷㉞。兵车之属六㉟,乘车之会三㊱,诸侯甲不解累㊲,兵不解翳㊳,弢无弓㊴,服无矢㊵。隐武事,行文道㊶,帅诸侯而朝天子。

【今译】

　　齐桓公说:"我想征伐南方,选择哪个国家作为供应我们军用的东道主?"管子回答说:"用鲁国作为东道主。归还它被我国侵占的棠邑、潜邑,使我军在海边有依托、隐蔽的地方,沿小海湾有岛屿可以作屏障,在环山地区有牛、羊、豕可供给养。"齐桓公说:"我想征伐西方,选择哪个国家作为供应我们军用的东道主?"管子回答说:"用卫国作为东道主。归还它被我国侵占的台、原、姑、漆里四邑,使我军在海边有依托、隐蔽的地方,沿小海湾有岛屿可以作屏障,在环山地区有牛、羊、豕可供给养。"齐桓公说:"我想征伐北方,选择哪个国家作为供应我们军用的东道主?"管子回答说:"用燕国作为东道主。归还它被我国侵占的柴夫邑、吠狗邑,使我军在海边有依托、隐蔽的地方,沿小海湾有岛屿可以作屏障,在环山地区有牛、羊、豕可供给养。"这样四邻国家都大大地亲近齐国。既归还了侵占邻国的土地,又重新厘正了齐国的国界,齐国的国土南面到陶阴,西面到济水,北面到黄河,东面到纪国的酅邑,拥有兵车八百乘。然后选择天下诸侯中最荒淫昏乱的先发兵征讨。

　　齐桓公即位后数年,东南地区多有荒淫昏乱的国家,如莱、莒、徐夷、吴、越等,齐国一次出兵作战就征服了三十一个国家。于是率诸侯之师向南征伐楚国,渡过汝水,越过方城山,已经望见了汶山,迫使楚国向周王室进贡丝帛后才班师回国。荆州地区的诸侯国没有一个敢不来臣服的。于是又向北征伐山戎,击败山戎的属国令支,征服了孤竹国后才班师南归。海滨一带的诸侯国没有一个敢不来臣服的。于是齐国与诸侯陈列牺牲,签订盟书,将盟书放在牺牲之上,不再歃血,以此向天地之间大小神祇宣誓,永远与诸侯合力同心。又向西征伐,占领了白狄的土地,到达西河,置备了船只和木筏,乘坐着渡过黄河,一直到达晋国的石枕。齐国的军队抬起战车,束紧马肚带,越过险峻的太行山和深深的辟耳山的拘夏峡谷,征服了西面的流沙、西吴。南面征调诸侯的军队替周王室戍守和修筑王城东门,平定晋乱,帮助晋惠公回到绛城恢复君位。北岳恒山一带的诸侯没有一个敢不来臣服的,齐桓公在阳谷大规模地会盟诸侯。在齐桓公执政期间,举行阅兵式会盟六次,乘车式会盟三次,这就是历史上所说的桓公"九合诸侯"。诸侯们的铠甲不用从甲盒中取出,武器不用从武库中取出,弓袋里的弓、箭袋里的箭都没有动用。真正做到了消灭诸侯之间的战争,推行文治教化,率领各国诸侯朝见周天子。

【注释】

① 主:东道主,供应齐国军队的军需物资。 ② 棠:鲁邑名,在今山东鱼台北。潜:鲁邑名,约在今山东济宁西南。 ③ 海:指海滨。蔽:依托、隐蔽。 ④ 渠弭:小海。渚:水中的小块陆地,即小岛。 ⑤ 牢:指牛、羊、豕,引申为供军队的给养。 ⑥ 台:卫邑名,在今山东费县南。原:卫邑名,约在今山东莱芜东北。姑:卫邑名。漆里:卫邑名。姑、漆里两地今所在地不详。 ⑦ 柴夫:燕邑名。吠狗:燕邑名。柴夫、吠狗两地今所在地不详。 ⑧ 鲷(táo陶)阴:齐地名。《管子·小匡》作"岱阴",约在泰山北面。 ⑨ 济:济水。 ⑩ 河:黄河。 ⑪ 纪酅(xī西):纪国的酅邑,在今山东寿光东南,早已归为齐地。 ⑫ 革车:重兵车。 ⑬ 莱:古莱子国,在今山东莱州境内。莒:古国名,在今山东莒县境内。徐夷:居住在徐州的夷人,在今江苏邳州境内。 ⑭ 济:渡。汝:汝水。 ⑮ 方城:山名,在楚国北部边境,在今河南叶县南。 ⑯ 汶山:山名,岷山之别称,在今四川茂县以北。桓公未亲至,遥望而祭之。 ⑰ 山戎:古代居于北方的少数民族,也称北戎、无终,春秋时与燕、齐、郑等国国境相连。汉魏时称鲜卑。 ⑱ 刜(fú扶):击、攻击。令支:也作"离枝",古国名,山戎属国,在今河北滦州、迁安一带,公元前664年为齐桓公所灭。 ⑲ 孤竹:古国名,后为山戎属国,今河北卢龙一带。 ⑳ 饰牲:陈列祭祀神祇的牺牲。载:载书,即盟誓、盟书。韦昭《国语注》:"为载书而于牲上而已,不歃血。"

㉑ 庶神:众多的神祇。　㉒ 戮力:合力、并力。　㉓ 攘(rǎng 壤):侵夺。白狄:居于我国西北地区的少数民族狄族的一支,另有赤狄和长狄。　㉔ 西河:古称黄河上游南北流向的一段叫西河。　㉕ 方舟:将两条船并在一起,这里指船。泭(fú 浮):木筏。编木叫泭,小泭叫桴。　㉖ 桴(fú 浮):小木筏。　㉗ 石枕:古地名,在晋国境内。　㉘ 悬车束马:由于太行山、辟耳山的拘夏峡谷山险谷深,齐国军队只好抬着战车,束紧马肚带艰难登越。　㉙ 流沙:古地名,在今甘肃境内。　㉚ 西吴:古地名,在今甘肃境内。《管子·小匡》以"西吴"为国名,不知何所据。　㉛ 城:王城。周襄王庶弟子带作乱,勾结戎人攻打襄王,焚毁王城东门。公元前 647 年,桓公派大夫仲孙湫征集诸侯守卫周室,并修筑王城。　㉜ 反胙(zuò 坐)于绛:公元前 651 年,晋献公卒,大夫里克杀奚齐、卓子,齐桓公率诸侯平定晋国内乱,使大夫隰朋会合秦军立晋公子夷吾为君,是谓晋惠公,重返国都绛城。反,恢复。胙,胙土,借指君位。绛,晋国都,在今山西翼城。　㉝ 岳:指北岳恒山。　㉞ 大朝:本为天子大会诸侯、群臣,这里指齐桓公以霸主身份大会诸侯。阳谷:齐邑名,在今山东阳谷北。　㉟ 兵车之属六:举行过带着兵车的集会六次。属,会。公元前 681 年诸侯会盟于齐地北杏,公元前 680 年会盟于卫地鄄城,公元前 679 年又会盟于卫地鄄城,公元前 659 年会盟于宋地柽邑,公元前 647 年会盟于卫地咸邑,公元前 644 年会盟于晋地淮邑。都是在征讨中会盟,检阅兵车,故称兵车之会。　㊱ 乘车之会三:不带兵车,诸侯各穿命服参加会盟。指公元前 657 年阳谷之会,公元前 655 年卫地首止之会,公元前 651 年葵丘之会。　㊲ 累:盛甲的盒子。　㊳ 翳(yì 亦):指装兵器的器具或武库。　㊴ 弢(tāo 韬):弓袋。　㊵ 服:箭袋。　㊶ 文道:指文治教化之道。

【评析】

本篇采自《管子·小匡》,略有调整。记叙管仲辅佐桓公九合诸侯,一匡天下,高扬"尊王攘夷"大旗而成霸业的史实。全文分两个段落记叙了互有联系的两件事。

首先，记叙管仲辅佐桓公选择出兵征伐时供给军需的东道主，并且以"反侵地，正封疆"的策略，取信于东道国，与他们建立起睦邻友好关系，做好征讨不义诸侯的外交准备和物质准备。管仲为什么南伐选择鲁国，西伐选择卫国，北伐选择燕国为东道主呢？固然这三国处在齐师南征、西讨、北伐的通道上，但更主要的是齐、鲁、卫、燕都是周武王、成王时初封的诸侯国，其首封之君齐国太公望、鲁国周公旦（留佐武王，不就封）、卫国姬康叔、燕国召公奭，都是夹辅武王、成王的重臣，他们同朝议政，在消灭殷纣、建立周朝、巩固周朝政权中建立卓越功勋，关系非常密切。由祖先而至于他们的子孙之间，更平添了一份亲密感情，容易建立友好关系。其次，鲁、卫、燕三国在春秋初期还比较强大，虽比不上齐、晋、楚、秦，但还算是二等诸侯国，有力量可以供给军用物资。所以管仲选择鲁、卫、燕为东道国是具有战略眼光的。

然后，记叙了齐桓公十二战功，以及九合诸侯、一匡天下的霸业。关于十二战功，据《管子·小匡》记载，从东救徐州开始；分吴地之半；存鲁蔡陵；割越地；南据宋、郑；伐楚，使贡丝于周室；救晋公，擒狄王；败胡貉，破屠何；伐山戎，制令支；斩孤竹；西征服流沙、西虞；秦国归附。而在本文中则按东征、南征、北征、西征序列叙述，说明兵一出而成大功十二，东夷、西戎、南蛮、北狄中的诸侯国莫不宾服。关于九合诸侯，公元前 681 年与诸侯会盟于齐地北杏，公元前 680 年会盟于卫地鄄城，公元前 679 年又会盟于鄄城，公元前 659 年会盟于宋地柽邑，公元前 647 年会盟于卫地咸邑，公元前 644 年会盟于晋地淮邑。这六次会盟都是为了征讨之事，故称兵车之会。公元前 657 年会盟于齐地阳谷；公元前 655 年诸侯在卫地首止会周惠王世子郑；公元前 651 年会盟于宋地葵丘，周襄王派宰孔赐齐桓公祭肉，齐桓公的霸业至此而达到顶峰，一匡天下而成春秋首霸之业。这三次会盟诸侯不带兵车，穿命服会盟，故称乘车之会。

关于本文的写作手法有两点可资借鉴。一是运用排比复叠句式，如三次使用"使海于有蔽，渠弭于有渚，环山于有牢"，显得铿锵而有气势,严整而不感重复,传达出三国对于齐国军事行动的重要性。也运用成段排比,如南征、北伐、西征三段,文辞错落有致,三用"莫敢不来服"作结,成段排比,显示出齐军东征、西讨、南征、北战威武进军、节节胜利的场面。二是有详有略,详略得当,如详写十二战功,略写九合诸侯,只以"兵车之属六,乘车之会三"一笔带过,即使简略,还点出会盟形式的区别。

葵丘之会天子致胙于桓公

【解题】

本篇记叙齐桓公在葵丘之会上,接受天子赐给胙肉时,不执行"无下拜"的王命,仍遵礼下拜,敬事天子。齐桓公守臣子之礼,居臣子之位,表现了谦虚谨慎、居功不骄的高贵品德,因而受到诸侯的赞颂。

葵丘之会①,天子使宰孔致胙于桓公②,曰:"余一人之命有事于文、武③,使孔致胙。"且有后命曰:"以尔自卑劳,实谓尔伯舅④,无下拜。"桓公召管子而谋,管子对曰:"为君不君,为臣不臣,乱之本也⑤。"桓公惧,出见客曰:"天威不违颜咫尺⑥,小白余敢承天子之命曰'尔无下拜',恐陨越于下⑦,以为天子羞。"遂下拜,升受命。赏服大辂⑧,龙旗九旒⑨,渠门赤旂⑩。诸侯称顺焉。

【今译】

在宋国葵丘的诸侯盟会上,周天子派太宰孔赐祭肉给齐桓公,说:

"我祭祀了文王、武王,让宰孔送祭肉给你享用。"紧接着又宣布王命说:"因为你恭谨劳苦,实际上我应称你为伯舅,可以不必下堂拜赐。"桓公召管仲商量,管子回答说:"做君主的不像做君主,做臣子的不像做臣子,这是产生祸乱的本源。"桓公心里很惶恐,出来接见太宰孔说:"天子的威严常在我颜面之前,我小白怎敢承受天子'不必下拜'的命令,恐怕会失礼而摔跟斗,给天子带来羞辱。"于是下阶再拜稽首,登堂,接受胙肉。周襄王赏赐桓公车服、缀有九条流苏的龙旗、两面相交接作为军门的赤色大旗。诸侯都称赞齐桓公的行动顺乎礼仪。

【注释】

① 葵丘:宋国地名,在今河南兰考境内。齐桓公于公元前651年在此举行诸侯盟会。 ② 天子:周襄王,名郑,公元前651年至前619年在位。宰:太宰。孔:太宰之名。他食邑于周地,故又称"宰周公"。胙(zuò坐):胙肉,祭祀后的肉。《周礼》有"脤膰之礼",将祭肉分送给亲兄弟之国。异姓诸侯,除了夏、商之后,不赐祭肉。襄王赐祭肉给桓公,尊重他比于夏、商二王。 ③ 余一人:天子自称。有事:指举行祭祀的事。文、武:周文王、周武王。 ④ 伯舅:周天子对异姓诸侯的称呼。因周天子与异姓诸侯用婚姻关系加以维系。 ⑤ 本:根本、根源。 ⑥ 违:离。颜:颜面。咫尺:指距离很近。咫,八寸为咫。 ⑦ 陨越:颠坠。 ⑧ 大辂(lù路):天子所乘之车。《礼记·乐记》:"所谓大辂者,天子之车也。"周天子赏桓公乘大辂之车。服:服饰。乘坐大辂,要穿相应的服饰。故赏车的同时要赏服,车服连称。 ⑨ 龙旗九旒(liú流):旗名。天子之旗,上面绘绣龙形,缀以九条流苏。 ⑩ 渠门:两旗相接,作为军门。赤旆(qí旗):赤色大旗。上画龙形,竿头系铃。

【评析】

公元前651年夏天,齐桓公在葵丘会盟诸侯,正是他的霸业达到顶峰的时候,周襄王也派宰孔送来胙肉。按《周礼》规定,天子的祭肉只分送给同姓诸侯,异姓诸侯除夏、商二王之后外,其他是不送的。周襄王把祭肉送给齐桓公,显然是尊齐桓公等同于夏、商二王。更令人意外的是竟然宣布桓公受祭肉时无须下拜,这是违背周礼的大事,关系到天子的尊严。周襄王为何做出如此决定?从积极方面看,是尊重齐桓公;从消极方面看,是周室衰微,名为天子,实同诸侯,是不得已之举,传达出"无可奈何花落去"的心情。

齐桓公是怎样对待"无下拜"之事呢?据《管子·小匡》记载,桓公说:"余乘车之会三,兵车之会六,九合诸侯,一匡天下。北至于孤竹、山戎、秽貉、拘秦夏;西至流沙、西虞;南至吴、越、巴、牂柯、㶧、不庾、雕题、黑齿,荆夷之国,莫违寡人之命,而中国卑我。昔三代之受命者,其异于此乎?"俨然以霸主自居,没有把周天子放在眼里,大有取而代之之心,无下拜之意。但经过管仲的劝导、告诫,知道不下拜将会丢掉"尊王攘夷"的大旗,诸侯离心,动摇霸主地位,才惧而收敛了骄矜之色,换成恭谨态度,下拜受赐,受到诸侯的赞赏。

桓公霸诸侯

【解题】

本篇记叙齐桓公用"文事"成就霸业。他对诸侯各国施仁义,结恩信,效忠诚,谋财利,示武力,因而文教大成,致使"大国惭愧,小国附协",形成霸业。究其成就霸业原因,在于"明君在上,察相在下",任用贤才,"假其群臣之谋以益其智也"。

桓公忧天下诸侯。鲁有夫人①、庆父之乱②,二君弑死③,国绝无嗣。桓公闻之,使高子存之④。

狄人攻邢⑤,桓公筑夷仪以封之⑥,男女不淫⑦,牛马选具⑧。狄人攻卫⑨,卫人出庐于曹⑩,桓公城楚丘以封之⑪。其畜散而无育⑫,桓公与之系马三百⑬。天下诸侯称仁焉。于是天下诸侯知桓公之非为己动也,是故诸侯归之⑭。

桓公知诸侯之归己也,故使轻其币而重其礼⑮。故天下诸侯罢马以为币⑯,缕綦以为奉⑰,鹿皮四分⑱;诸侯之使垂橐而入⑲,稛载而归⑳。故拘之以利㉑,结之以信㉒,示之以武,故天下小国诸侯既许桓公㉓,莫之敢背,就其利而信其仁,畏其武。桓公知天下诸侯多与己也㉔,故又大施忠焉。可为动者为之动,可为谋者为之谋,军谭㉕、遂而不有也㉖,诸侯称宽焉。通齐国之鱼盐于东莱㉗,使关市几而不征㉘,以为诸侯利,诸侯称广焉。筑葵兹、晏、负夏、领釜丘㉙,以御戎、狄之地,所以禁暴于诸侯也;筑五鹿、中牟、盖与、牡丘㉚,以卫诸夏之地,所以示权于中国也㉛。教大成㉜,定三革㉝,隐五刃㉞,朝服以济河而无怵惕焉㉟,文事胜矣㊱。是故大国惭愧,小国附协。唯能用管夷吾、宁戚、隰朋、宾胥无、鲍叔牙之属而伯功立㊲。

【今译】

　　齐桓公为天下诸侯忧心。鲁国有哀姜、庆父私通造成的祸乱,庄公之子般与闵公都被庆父杀死,国家没有继位的君主。桓公听到这种情况后,派上卿高傒去鲁国立僖公,使鲁国得以保存下来。

　　北方的狄人进攻邢国,桓公率诸侯修筑夷仪城,让邢国迁到那里,使邢国的百姓不再遭受狄人奸淫掳掠,牛马如数得以保存。狄人进攻卫国,卫国百姓被迫离家到曹邑寄居,桓公率诸侯建造楚丘城,让卫国迁都到那里。卫国的牲畜在战乱中散亡,无法繁殖,桓公便送给他们驯养的三百匹良种马。天下诸侯称道齐桓公具有仁人之心。于是天下诸侯知道齐桓公的这些行动都不是为了自己谋私利,所以诸侯都归附他。

齐桓公知道天下诸侯都归附自己,所以减轻诸侯们赘见聘礼,加重酬宾之礼时的厚赠。所以天下诸侯可以用劣马作为礼物,可以用麻织的赤色带子垫玉器奉献给齐君,可以将一张鹿皮分为四份分送给卿大夫;诸侯的使节空着口袋而来,却满载礼物而归。由于齐国用利益来笼络他们,用诚信来要结他们,用武力来威慑他们,所以小国的诸侯已经与桓公缔结盟约,没有一个敢违背。这是因为得到齐桓公的利益,相信他的仁义,害怕他的武力。齐桓公知道天下诸侯大多听从自己,所以又大大地施行忠信之事。只要对诸侯有利,可以付诸行动的就立即行动,可以替他们出谋划策的就出谋划策。派军队灭亡了谭国和遂国,但自己不去占有,而把土地分给诸侯们,诸侯们称颂他宽怀仁厚。他在东莱开放齐国鱼、盐的贸易,命令关市对过往鱼盐只检查而不征税,让诸侯们得到利益,诸侯们称颂他广施恩惠。他修筑葵兹、晏、负夏、领釜丘四座关隘,用来防御戎人、狄人对诸侯国的侵凌掠夺;修筑五鹿、中牟、盖与、牡丘四座关隘,用来保卫中原各诸侯国的领土,用这些来向中原诸侯国显示盟主的权威。桓公为了霸业所施行的教化终于成功,因此不用甲、胄、盾三革防身,收藏刀、剑、矛、戟、矢五类武器。穿着礼服渡过黄河,不用兵革而安定晋国,缔结盟约,百姓不受困扰,这是文治的胜利。所以,大国都自愧勿如,小国都乐意归附。究其原因,是齐桓公能重用管夷吾、宁戚、隰朋、宾胥无、鲍叔牙这些贤臣,才建立了霸主的功业。

【注释】

① 夫人:指鲁庄公夫人哀姜。　② 庆父:鲁庄公之弟。他与哀姜私通,哀姜欲立庆父为君。公元前 662 年鲁庄公卒,庆父杀太子般,次年又杀鲁闵公,内乱不止。故有"庆父不死,鲁难未已"的成语。

③ 二君:指庄公的太子般和鲁闵公。　④ 高子:齐国上卿高傒。存之:指立鲁僖公而安定鲁国。　⑤ 邢:诸侯国名,在今河北邢台境内。周公之子封邢侯,都此。公元前661年狄人攻邢。　⑥ 夷仪:邢国城邑,在今山东聊城境内。迁邢都于此。封:封土建国。古时天子封建诸侯,必分给土地,划定疆界,聚土为堆作标志,故建国叫封国。⑦ 淫:指奸淫掳掠。　⑧ 选:数。　⑨ 卫:诸侯国,周武王之弟康叔封国。公元前660年,狄人攻破卫都朝歌,杀卫懿公。　⑩ 庐:寄居。曹:卫古邑名,在今河南滑县旧县东。　⑪ 楚丘:卫邑名,在今河南滑县东南。　⑫ 畜:指六畜。散:散亡。　⑬ 系马:关在马厩里驯养的良种马。　⑭ "归之"下公序本有"譬若市人"四字。　⑮ 币:聘问的礼物。礼:酬宾的馈赠。　⑯ 罢马:劣马,不堪使用之马。　⑰ 缕綦(qí其):用麻编织的赤色带子,用以作玉器的垫板,取其俭而易。奉:藉。　⑱ 鹿皮四分:原本作"鹿皮四个",式训堂本及《管子·小匡》均作"鹿皮四分"。意更贴切,故从之。　⑲ 垂橐(tuó驼):空袋。　⑳ 稇(kǔn 捆)载:满载。稇,用绳子捆扎。　㉑ 拘:拘系,引申为笼络。㉒ 结:要结。　㉓ 许:指答应结盟。　㉔ 与:从、服从。　㉕ 军:指以军队征伐并灭亡,名词作动词用。谭:古国名,在今山东宁阳西北,公元前684年为齐所灭。　㉖ 遂:古国名,在今山东宁阳西,公元前681年为齐所灭。　㉗ 通:开放。东莱:春秋初为莱子国,因在齐以东,称东莱,也称东夷。后为齐所灭,为齐属地。　㉘ 关市几而不征:关卡对货物只检查不收税。几,识别,引申为检查、盘查。　㉙ 葵兹、晏、负夏、领釜丘:均为地名。为与戎、狄等少数民族接壤的边境要塞,今地不详。　㉚ 五鹿、中牟、盖与、牡丘:均为要塞关隘之地。五鹿在今河南濮阳,中牟在今河南中牟,盖与在今山西和顺,牡丘在今山东茌平。　㉛ 权:权威。　㉜ 教:教化。　㉝ 定:放置。三革:指甲、胄、盾三种用皮革制成的防御装备。　㉞ 隐:藏。五刃:指刀、剑、矛、戟、矢五种进攻武器。　㉟ 朝服:礼服。济河:渡过黄河以平晋乱。怵惕(chù tì 触替):恐惧、戒惧。　㊱ 胜:举、成功。　㊲ 管夷吾、宁戚、隰(xí习)朋、宾胥无、鲍叔牙:均是齐国的卿大夫,著名的贤士。

【评析】

本篇采自《管子·小匡》,略有调整。可以看成是对齐桓公建立霸业的历史总结,但偏重于对"文事"和原因的探讨。从本篇可知:

桓公能建立霸业,在于有强大的武力做后盾。这一点在前面几篇中已经述及,但在本篇中仍提及对诸侯"示之以武",使诸侯"畏其武"。从"以武止武"中透露出文治是建立在武功的基础之上的。

桓公能建立霸业,在于实施文治。这是本篇的重点,占极大篇幅。他平定了哀姜、庆父之乱,安定鲁国的社稷。他在"尊王攘夷"的口号下,联合燕国打败山戎。又联合宋、曹等国,制止狄人对卫国的侵扰。"存邢救卫",为邢、卫两国筑了新的都邑,保证了两国的安定和经济发展。他广施恩义,以利要结天下诸侯之心,诸侯来朝,"轻其币而重其礼"。为诸侯而动,为诸侯而谋。通齐国鱼盐之利于东莱,过往货物只检查而不征税。总结一句话,他公于诸侯之事,为诸侯谋利益,图生存,在诸侯"称广"、"称宽"的拥戴声中而文教大成,称霸诸侯。

桓公能建立霸业,在于能任用贤臣。这是本篇的灵魂,行文的点睛之笔。孟尝君曾问白圭:"魏文侯的名声超过齐桓公,为什么他的功业不及五伯?"白圭认为原因在于齐桓公能任用管仲为相,任用贤才。这是说到了点子上。齐桓公能任用贤才,管仲自不必说,置射钩之仇于不顾而用之为相。至于宁戚,本是卫国穷困的知识分子,据《吕氏春秋·举难》载,宁戚想向齐桓公讨官做,但穷得无法去齐国,只好搭商人便车,帮做喂牛的杂事上路。傍晚停车住宿在齐国城郊。刚好齐桓公出城迎接客人,夜里打开城门,推出准备载客的车子,火把通明,拥簇着不少从者。宁戚正在车下喂牛,望见桓公出来,心中悲愤迸发,敲击着牛角唱起歌来。至于唱的是什么歌,前人有不同说法,《吕氏春秋注》说是《诗经·硕鼠》。齐桓公听到了说:"奇怪,唱歌的不是平常的人啊!"于是命后车载宁戚回宫。从者问桓公怎样安置宁戚,桓公便赐给他衣冠,并亲自接见。宁戚见桓公,大谈如何治理国内政务。第二天,齐桓公再次接见他,宁戚大谈如何治理天下。桓公大为高兴,将要任命他为官。群臣争相进言说:"宁戚是卫国人,卫国离齐国不远,您不如先派人到卫国去调查了解,如果确是贤能之人,再任命他为官也不迟。"桓公回答说:"不对,如果去调查,恐怕会发现他的小过失。以人的小过失掩盖其大美德,这是国君失去天下贤士的原因,凡是信任他就不必怀疑。既然信任他就不必再调查了,这是符合信任人的原则的。而且人不是十全十美的,主要是用其所长。应当任命他为官。"可见桓公能本着用人不疑、用其所长的原则。

的确,桓公所用的管仲、宁戚、隰朋、宾胥无、鲍叔牙等人都是各有所长的。《吕氏春秋·勿躬》:"管子复于桓公曰:'垦田大邑,辟土艺粟,尽地力之利,臣不若宁戚,请置以为大田。登降辞让,进退闲习,臣不若隰朋,请置以为大行。蚤入晏出,犯君颜色,进谏必忠,不辟死亡,不重富贵,臣不若东郭牙,请置以为大谏臣。平原广城,车不结轨,士不旋踵,鼓之,三军之士视死如归,臣不若王子城父,请置以为大司马。决狱折中,不杀不辜,不诬无罪,臣不若弦章(宾胥无),请置以为大理。君若欲治国强兵,则五子者足矣。君欲霸王,则夷吾在此。'"桓公均信而用之,"令五子皆任其事,以受令于管子。十年,九合诸侯,一匡天下,皆夷吾与五子之能也"。有一次,"齐桓公、管仲、鲍叔、宁戚相与饮,酒酣,桓公谓鲍叔曰:'何不起为寿?'鲍叔奉杯而进曰:'使公毋忘出奔在于莒也,使管仲毋忘束缚而在于鲁也,使宁戚毋忘其饭牛而居于车下。'桓公避席再拜曰:'寡人与大夫能皆毋忘夫子之言,则齐国之社稷幸于不殆矣。'"(《吕氏春秋·直谏》)齐桓公能任用贤人,尊重贤人,接受直谏,不忘创业之艰难,君臣同心,所以能成就大业,称霸于天下。

卷七 晋语一

武公伐翼,止栾共子无死

【解题】

本篇记叙晋公室争夺君位,晋哀侯的大夫栾共子拒绝晋武公高官厚禄的引诱,拒战而死,为哀侯殉难。歌颂了栾共子富贵不淫、忠贞守节的高贵品德。

武公伐翼①,杀哀侯②,止栾共子曰③:"苟无死,吾以子见天子,令子为上卿,制晋国之政④。"辞曰⑤:"成闻之:'民生于三⑥,事之如一⑦。'父生之,师教之,君食之⑧。非父不生,非食不长,非教不知生之族也⑨,故壹事之。唯其所在⑩,则致死焉⑪。报生以死,报赐以力⑫,人之道也⑬。臣敢以私利废人之道,君何以训矣?且君知成之从也,未知其待于曲沃也⑭。从君而贰⑮,君焉用之?"遂斗而死。

【今译】

晋武公讨伐晋国都翼城,杀死了晋哀侯。劝阻晋哀侯的大夫栾共子不要从死,说:"假使你不为哀侯而死,我将带你去朝见周天子,让他任命你为上卿,主持晋国的国政。"栾共子拒绝说:"我听说过:'一个人靠父母、师长、君主才能生长立足于社会,所以奉事他们要始终如一,至死不变。'父亲生我,师长教我,君主养我。没有父亲世界上就不会有我的存在,没有君主的食禄我就不可能在社会上生活,没有师长的教诲我就不知道家族的历史。所以要始终如一地奉事他们。只要他们需要,就应为他们献出生命。用死来报答父母生养之恩,用力来报答君主给赐之惠,这是做人的常理。我怎么敢以一己的私利废弃做人的常理,而您又用什么去教训臣下忠于君主呢?况且您只知道劝我不要为哀侯效忠而从死,却不知道我苟且免死到曲沃去奉事您就成了贰臣。随从国君而怀有二心的人,对您又有什么用处呢?"于是就与武公力战而死。

【注释】

① 武公:晋武公,名称,曲沃桓叔之孙,严伯之子,公元前716年至前677年在位。翼:晋国国都,在今山西翼城东。　② 哀侯:晋国国君,名光,公元前717年至前710年在位。　③ 栾共子:共叔成,晋哀侯的大夫,名成,栾宾之子。　④ 制:掌管、主持。　⑤ 辞:辞谢,引申为拒绝。　⑥ 三:指君主、父母、师长三者。　⑦ 如一:指服事至死不变。　⑧ 食:指爵禄。　⑨ 族:类,指家族的历史。　⑩ 在:指在君为君、在父为父、在师为师。　⑪ 致:到、达到。　⑫ 赐:惠、恩惠。力:尽力。　⑬ 道:道理、常理。　⑭ 曲沃:晋武公的封地,在今山西闻喜县东北。　⑮ 贰:二心。

【评析】

这是一篇栾共子的明志文,表明其富贵不能淫、威武不能屈、坚守臣节、不为贰臣的高尚气节。

晋武公与晋哀侯,均是周武王之子、成王之弟叔虞的后代。成王削桐叶为圭,封弟叔虞于唐。其子燮父迁都于翼,以南有晋水,改国号为晋。晋昭侯元年(前745)封文侯弟成师于曲沃,号为桓叔。曲沃都城大于翼城,桓叔有德,民众归附,势力渐大,威胁晋侯地位。于是翼城晋侯与曲沃武公之间展开了君权之争。晋哀侯二年(前716),曲沃庄伯卒,子称立,是为曲沃武公。晋哀侯九年(前709),曲沃武公伐晋都翼城,虏哀侯,实际上控制了晋国的权力,但仍立哀侯之子小子为君。至曲沃武公三十八年(前678),将灭晋侯缗所得的宝器赂献于周釐王,周釐王才正式任命曲沃武公为晋君,更号晋武公,列为诸侯。晋国君权从翼城文侯系统转移到曲沃桓叔系统。

晋哀侯九年,曲沃武公讨伐翼城,俘虏哀侯。由于栾共子之父栾宾曾为桓叔师傅,有了这层关系,故武公欲招栾共子归附自己。而栾共子既为哀侯大夫,坚守臣节,宁死不为贰臣,拒绝曲沃武公高官厚禄的诱降,遂有这番掷地有声的话。全文以"民生于三,事之如一"立论,认为在君为君,在父为父,在师为师,应事之如一,生死以之。表达了忠臣不事二主的中心思想。而又言副其行,不屈战死。他的言行对后世产生深远影响。我国士林非常珍重名节,热爱祖国。宋文天祥被元军俘虏以后,押到大都,元世祖忽必烈虚丞相之位以待文天祥。但文天祥不屈而死,浩然正气,千古流芳。明朝洪承畴任兵部尚书,但在与清军松山之战中被俘归附,为清军灭亡明朝、镇压三藩立下了赫赫战功,官至五省经略、晋爵太傅,但终为贰臣,为士林所不齿,遗臭万年。

献公卜伐骊戎,胜而不吉

【解题】

本篇记叙晋献公在伐骊戎前进行占卜,史苏占兆为"胜而不吉"。献公不听,伐骊戎而胜,并获骊姬而归,立为夫人。"胜"已应验,于是围绕"不吉"进行议论。献公认为"吉孰大焉";史苏认为不吉,国家"亡无日矣";郭偃认为不吉而无害,"可以小戒,而不能丧国"。卦象虽同,众人议论见仁见智,并不一致。

献公卜伐骊戎①,史苏占之②,曰:"胜而不吉。"公曰:"何谓也?"对曰:"遇兆③,挟以衔骨④,齿牙为猾⑤,戎、夏交捽⑥。交捽,是交胜也,臣故云。且惧有口⑦,携民⑧,国移心焉。"公曰:"何口之有!口在寡人,寡人弗受,谁敢兴之?"对曰:"苟可以携,其入也必甘受,逞而不知⑨,胡可壅也⑩?"公弗听,遂伐骊戎,克之。获骊姬以归⑪,有宠,立以为夫人。公饮大夫酒,令司正实爵与史苏⑫,曰:"饮而无肴⑬。夫骊戎之役,女曰'胜而不吉',故赏女以爵,罚女以无肴。克国得妃,其有吉孰大焉⑭!"史苏卒爵⑮,再拜稽首曰:"兆有之,臣不敢蔽。蔽兆之纪⑯,失臣之官⑰,有二罪焉,何以事君?大罚将及,不唯无肴。抑君亦乐其吉而备其凶,凶之无有,备之何害?若有其凶,备之为瘳⑱。臣之不信⑲,国之福也,何敢惮罚!"

饮酒出,史苏告大夫曰:"有男戎必有女戎⑳。若晋以男戎胜戎,而戎亦必以女戎胜晋,其若之何!"里克曰㉑:'何如?"史苏曰:"昔夏桀伐有施㉒,有施人以妹喜女焉㉓,妹喜有宠,于是乎与伊尹比而亡夏㉔。殷辛伐有苏㉕,有苏氏以妲己女焉㉖,妲己有宠,于是乎与胶鬲比而亡殷㉗。周幽王伐有褒㉘,褒人以褒姒女焉㉙,褒姒有宠,生伯服,于是乎与虢石甫比㉚,逐太子宜臼而立伯服㉛。太子出奔申㉜,申人、鄫人召西戎以伐周㉝,周于是乎亡。今晋寡德而安俘女,又增其宠,虽当三季之王㉞,不亦可乎?且其兆云:'挟以衔骨,齿牙为猾。'我卜伐骊,龟往离散以应我。夫若是,贼之兆也㉟,非吾宅也㊱,离则有之。不跨其国,可谓挟乎?不得其君,能衔骨乎?若跨其国而得其君,虽逢齿牙,以猾其中,谁云不从?诸夏从戎㊲,非败而何?从政者不可以不戒,亡无日矣!"

郭偃曰㊳:"夫三季王之亡也宜。民之主也,纵惑不疚㊴,肆佚不违㊵,流志而行㊶,无所不疚,是以及亡而不获追鉴。今晋国之方㊷,偏侯也㊸。其土又小,大国在侧㊹,虽欲纵惑，未获专也。大家、邻国将师保之㊺，多而骤立，不其集亡㊻。虽骤立，不过五矣。且夫口，三五之门也㊼。是以谗口之乱，不过三五。且夫挟，小鲠也㊽。可以小戕㊾，而不能丧国。当之者戕焉，于晋何害？虽谓之挟，而猾以齿牙，口弗堪也，其与几何？晋国惧则甚矣，亡犹未也。商之衰也，其铭有之曰㊿：'嗛嗛之德㊼，不足就也，不可以矜㊽，而只取忧也。嗛嗛之食㊾，不足狃也㊿，不能为膏㊸，而只罹咎也㊹。'虽骊之乱，其罹咎而已，其何能服？吾闻以乱得聚者，非谋不卒时㊺，非人不免难㊻，非礼不终年㊼，非义不尽齿㊽，非德不及世，非天不离数㊹。今不据其安，不可谓能谋；行之以齿牙，不可谓得人；废国而向己，不可谓礼；不度而迂求㊾，不可谓义；以宠贾怨，不可谓德；少族而多敌㊿，不可谓天。德义不行，礼义不则，弃人失谋，天亦不赞。吾观君夫人也㊸，若为乱，其犹隶农也㊹。虽获沃田而勤易之㊺，将不克飨，为人而已。"

士𫷷曰㊻："诚莫如豫，豫而后给㊼。夫子诚之㊽，抑二大夫之言㊾，其皆有焉。"

既，骊姬不克，晋正于秦㊿，五立而后平㊸。

【今译】

晋献公占卜讨伐骊戎的凶吉，太史苏占卜后，说："能战胜骊戎，但不吉利。"献公问："为什么这样说？"太史苏回答说："从占卜的兆象看，在交会的地方衔着一根骨头，在牙齿之间播弄，象征骊戎和晋国互相冲突。互相冲突，就意味着交替取胜，所以我才说胜而不吉。况且兆象最怕遇到'口'，谗口为害，导致民众离心，国家政局动荡。"献公说："有什么谗口为害！口由我掌握，我不接受，谁敢播弄是非？"太史苏回答说:"假使播弄是非可以离间人的话,说得委婉动听、声声入耳,一定会心甘情愿地接受,心快意畅还来不及,哪里能辨识这蜜糖包裹的砒礵,怎么能防止得了呢?"晋献公不听,于是就出兵讨伐骊戎,战胜了它。获得了骊君的女儿骊姬而回到晋国,非常宠爱她,将她立为夫人。献公设宴请众大夫饮酒,令司正官斟满一爵酒赏给太史苏,说:"只饮酒而不许吃肉。征讨骊戎的战役时,你说:'能战胜骊戎,但不吉利。'所以赏赐你一爵酒,处罚你不许吃肉。我打败了骊戎国,得到了爱妃,还有什么比这更大的吉利呢?"太史苏喝完酒,拜了两次叩头至地说:"兆象上有的,我不敢隐瞒。隐瞒兆象的内容,就是我失守官之职。有这两大罪过,我用什么来奉事君主呢?大的惩罚将要降临到我的头上,不仅仅是没有肉吃了。再说君王也是喜欢吉兆而愿意防备凶兆的,即使凶兆没有发生,防备它又有什么害处呢?如果真的出现凶兆,有了防备也可以减祸。我的占卜不准确,正是国家的幸福,我哪里敢害怕惩罚呢?"

喝完酒出来,太史苏告诉大夫们说:"有男人之兵一定有女人之兵。如果晋国用男人之兵战胜骊戎,那么骊戎也一定会用女人之兵战胜晋国。将怎么办呢!"里克说:"这是什么意思呢?"太史苏说:"从前夏桀征伐有施氏,有施氏把妹喜进献给桀,妹喜得到了宠爱,于是同伊尹一样地建功,灭亡了夏朝。商纣征伐有苏氏,有苏氏把妲己进献给纣,妲己得到了宠爱,于是同胶鬲一样地建功,灭亡了殷朝。周幽王征伐有褒氏,有褒氏把褒姒进献给幽王,褒姒得到了宠爱,生了伯服,于是与佞臣虢石甫勾结,驱逐了太子宜臼而立伯服。太子宜臼逃到母家申国,申国人、鄫国人召引西戎人一起讨伐周朝,西周就这样灭亡了。现在晋君德行不高而沉迷于被俘的女人,还增加对她的宠幸,把晋君比作夏、商、西周三朝的末代的君主,不也是可以的吗?况且那兆象上说:'在交会的地方衔着一根骨头,在牙齿之间播弄。'我占卜讨伐骊戎的凶吉,而龟甲却用晋国的离散征兆回答我。如果这样,是晋国败亡的征兆啊!非但我们不能安居乐业,国家也有分裂的危险。没有外敌入据晋国,可以说是内外交会吗?没有得到君主的宠爱,能够说是衔骨在口吗?如果有人入据晋国而且得到君主的宠爱,即使做出在牙齿间播弄是非的事情,谁敢不服从呢?晋国服从骊戎的女人,不是失败又是什么呢?参与国政的大夫们不可以不警惕,晋国的灭亡没有几天了!"

郭偃说:"夏、商、西周三个末代君王的灭亡是合理的。作为民众的主宰者,放纵惑乱而不以为祸,肆意奢侈而毫不顾忌,放纵自己的心意随心所欲去行动,导致国家百蔽丛生。所以一直到亡国而不去吸取前朝灭亡的教训。现在晋国的地位,不过是处在偏远地方的一个小侯国,它的土地又狭小,又有大国在旁边,即使国君想放纵惑乱,也没有那个专擅的条件。国内执政的上卿、邻国的诸侯都将会阻止他、教育他。虽多次骤立新君替代荒淫的旧君,也还不至于亡国。即使骤立新君,也不会超过五个。况且'口',在星象上是纪日、月、星三辰和宣金、木、水、火、土五行的。所以,由谗口而引起的祸乱,少则三君,多则五君而已。况且交会在一处的地方只鲠阻着一根小骨头,可能造成小小的伤害,但还不足以亡国。当事者会受到伤害,对晋国来说有什么大害呢?虽然说是交会,只在牙齿之间播弄,口就忍受不了,这种情况能持续多久呢?晋国的惧怕是很严重了,但亡国还不会的。商朝的衰亡原因,在钟鼎铭文上有这样的记载:'小小的德行,不足以称有所成就,更不可以自夸自骄,这样只能招致忧患。小小的食禄,不足以使人去贪图,不能只养肥自己,这样只会遭受灾祸。'虽然骊姬会挑起祸乱,但只会使她自己遭到灭顶之灾而已,何以能服人呢?我听说过依靠祸乱聚敛财富、攫取权势的人,没有好的谋划,不出三个月就会失败;没有民众的支持,就不能自免于难;不合于礼法,不出十年就会灭亡;不履行仁义,就不能尽其年寿;没有德惠施人,就传不到下一代;没有天命的呵护,就不能历世久远。现在骊姬不居安而处危,不能说有好的谋划;用谗言挑拨以害人,不能说会得到民众的支持;废黜国家的继承人而为了自己,不能说符合于礼法;不估计利害关系而以邪侵正,不能说合于道义;依恃国君的宠爱而招致国人的怨恨,不能说具有仁德;同盟少而政敌多,不能说得到天助。不行德义,不循礼法,背弃民众,缺少谋略,所以天也不会赞助她的。我看国君夫人骊姬,如果挑起祸乱,就像隶农一样,虽然得到肥沃的良田而辛勤耕种,自己将得不到享受,替他人白辛苦罢了。"

士蒍说:"与其告诫不如早作防备,有了准备一旦遇上祸乱可以从容应付。不论是郭先生告诫的话,还是两位大夫的言论,都是有道理的。"

后来,骊姬终于没有得到晋国,晋国在秦国的帮助下平定了内乱,虽然先后立了五个国君,最终还是安定了。

【注释】

① 献公:晋献公,名诡诸,晋武公之子,公元前676年至前651年在位。伐骊戎在即位之第五年(前672)。卜:用龟甲卜卦以观凶吉。骊戎:古代居住在今陕西临潼一带的少数民族,因在骊山一带游牧,属戎族的一种,故称骊戎。 ② 史苏:晋国太史,名苏,主管占卜和记事。占:视,指观察卦象,进行分析。 ③ 遇兆:见到占卜显示的兆象。遇,见。 ④ 挟:会、交会。衔骨:指烧灼龟骨裂开的两条交会纹中有一纵纹,好像口中衔着骨头。 ⑤ 齿牙:指龟兆灼裂的两纹左右曲折呈牙齿状。猾:弄、播弄。 ⑥ 交捽(zuó昨):交对、相互冲突。 ⑦ 口:指谗口为害。因齿牙、衔骨皆在口。 ⑧ 携:离、离弃。 ⑨ 逞:快、快意。 ⑩ 壅:防止。 ⑪ 骊姬:骊戎君的女儿。 ⑫ 司正:官名,在宴会上主持宾主礼仪之事。实爵:在爵中斟满酒。 ⑬ 肴:肉。《经典释文》:"熟肉有骨曰肴。" ⑭ 孰:谁、哪一个。 ⑮ 卒爵:喝完酒。 ⑯ 纪:经卦,实指兆象的内容。 ⑰ 失官:指失职。 ⑱ 瘳(chōu抽):差、减轻。 ⑲ 不信:指占辞不准确。 ⑳ 女戎:女兵,指由女色造成祸乱。 ㉑ 里克:晋国大夫,又名里季子、里季。 ㉒ 夏桀:夏朝末代君主,名癸,荒淫暴虐,被商汤放逐于南巢。有施:古国名,喜姓。 ㉓ 妹喜:有施国君之女,姓喜,故称妹喜,形貌佚丽。女:以女献人。 ㉔ 伊尹:商汤的开国功臣,名挚,被尊为阿衡,即宰相。比:比附、匹敌。指伊尹欲亡夏,妹喜在内部作祸,其灭夏之功与伊尹相匹敌。 ㉕ 殷辛:殷纣王,商朝的末代君主,荒淫无道,被周武

王击败,自焚于鹿台。有苏:古国名。己姓。 ㉖ 妲(dá 达)己:有苏国君之女,姓己,故称妲己。 ㉗ 胶鬲(gé 隔):殷贤臣,离殷事周,辅佐周武王灭亡殷朝。 ㉘ 周幽王:名宫涅,周宣王之子,公元前 781 年至前 771 年在位,昏庸无道被犬戎所杀。有褒:古国名,姒姓。 ㉙ 褒姒(sì 四):有褒国君之女,姓姒,故称褒姒。 ㉚ 虢石甫:虢国国君,名石甫,周幽王用为卿士,其人谗谄巧佞而好利。 ㉛ 宜臼:周幽王太子,名宜臼,申后所生,幽王被杀后,诸侯拥戴他为天子,迁都洛邑,是为周平王,公元前 770 年至前 720 年在位。 ㉜ 申:古国名,姜姓,周平王母家,在今河南南阳北。 ㉝ 鄫(zēng 增):古国名,姒姓,在今河南方城。鄫及西戎素与申有婚姻关系,故申侯联合鄫侯、西戎攻打周幽王。 ㉞ 三季之王:三个末代帝王,即指夏桀、商纣、周幽王。 ㉟ 贼:戕害而败亡。 ㊱ 宅:居、安居。 ㊲ 诸夏从戎:指晋国服从骊戎的女人。 ㊳ 郭偃:晋大夫,掌占卜,故又称卜偃。 ㊴ 惑:淫惑。不疚:不以为祸害。疚,病。 ㊵ 肆侈:极其奢侈。违:避、顾忌。 ㊶ 流志:放纵自己的心志。 ㊷ 方:指地域面积。 ㊸ 偏侯:偏远的小侯国。 ㊹ 大国:指秦、齐等国。 ㊺ 大家:指上卿。师保:指教导保护。 ㊻ 集:至。 ㊼ 三:指日、月、星三辰。五:指金、木、水、火、土五行。口所以纪三辰、宣五行,故称三五之门。 ㊽ 鲠(gěng 耿):骨头卡在喉咙里。 ㊾ 戕(qiāng 枪):伤害,害在内为戕。 ㊿ 铭:铭文,刻在钟鼎金石等器物上的文字。 (51) 嗛嗛(qiǎn qiǎn 浅浅):小小。 (52) 矜:矜持骄大。 (53) 食:禄、食禄。 (54) 狃(niǔ 纽):贪图。 (55) 膏:肥。 (56) 罹(lí 离)咎:遭受灾祸。 (57) 时:三个月为一时。 (58) 免难:自免于难。 (59) 终年:指十年。韦昭《国语注》引贾逵、虞翻云:"十年而数终。" (60) 齿:天年、年寿。 (61) 离数:历年久远。离,历。 (62) 迂:邪。 (63) 族:族类、同盟者。 (64) 君夫人:指骊姬。 (65) 隶农:春秋时从事农业的奴隶。 (66) 易:治、管理。 (67) 士蒍(wěi 委):晋大夫,字子舆。 (68) 给:及,指应付、应对。 (69) 夫子:指郭偃。 (70) 二大夫:指郭偃和史苏。 (71) 秦:诸侯国名,嬴姓,伯爵。正:指晋国的内乱在秦国的帮助下安定。 (72) 五立:指晋献公卒后,晋先后立了奚齐、卓子、惠公、怀公、文公五个国君。

【评析】

公元前672年,晋献公将征讨骊戎,事先命史苏占卜以问凶吉。古人迷信,在祭祀、征伐、田猎、丧葬等事之前都要进行占卜,以问凶吉祸福。所谓占卜,就是用火烧灼龟甲,使龟甲上灼出裂纹,这裂纹叫作兆象,然后根据兆象来分析判断行事的凶吉。兆象相同,各人理解不同,见仁见智,也会出现不同的结论。这在先秦典籍中有较多记载。

史苏占卜后,根据兆象呈"挟以衔骨,齿牙为猾"情状,便认为讨伐骊戎"胜而不吉",将有谗口之害。献公不听,遂兴师伐戎,不但打败了骊戎,而且获得了美女骊姬及其妹妹。归而立骊姬为夫人,十分宠爱。于是设宴招待群臣。"胜"已应验,于是就"不吉"问题开展议论,本篇记叙了议论的情况。

晋献公认为这次征伐骊戎,"克国得妃,其有吉孰大焉",真是上上大吉,没有比这更吉利的了。由于史苏判断"胜而不吉",只对了一半,于是赏以酒而罚以不准吃肉。展示了晋献公踌躇满志、得意忘形、昏庸好色的形象。

史苏是持女祸亡国论者,认为伐骊戎后果不吉之甚,与晋献公观点尖锐对立。他从夏桀、商纣、周幽王三个末代帝王都曾战胜别国、接受美女、贪恋女色而亡国的历史教训出发,认为骊姬一定会谗口生事,制造祸乱,"戎亦必以女戎胜晋",导致晋国"亡无日矣"的悲剧。要求国君和诸大夫提高警惕,预为之备。展示了他忠于职守、直言无隐、忠君爱国的形象。

郭偃持虽有不吉,但无大碍观点。他从晋献公不同于夏、商、周三个末代帝王地位、权力出发,认为晋国"虽欲纵惑,未惑专也"。并乐观地指出骊姬虽能构成晋国的祸乱,但只是一根鲠在咽喉间的小骨头,于大局无碍,不致亡国,而骊姬却会得到可耻的下场。展示了他目光敏锐、善于分析、豁达乐观的形象。

士芳则主张有备无患,肯定郭偃和史苏合理的分析和建议。展示了他身为晋卿,位高权重、持重审慎的形象。

史苏论骊姬必乱晋

【解题】

本篇承前篇,记叙史苏从献公立骊姬为夫人,生子奚齐,并怂恿献公让太子申生、公子重耳、夷吾出居外地,奚齐留守国都的一系列人事变动中,断定骊姬必乱晋国,为乱晋之源,提请诸大夫警惕。以后晋国发展的历史,证明其论断的正确。

献公伐骊戎,克之,灭骊子①,获骊姬以归,立以为夫人,生奚齐。其娣生卓子②。骊姬请使申生主曲沃以速懸③,重耳处蒲城④,夷吾处屈⑤,奚齐处绛⑥,以儆无辱之故⑦。公许之。

史苏朝,告大夫曰:"二三大夫其戒之乎,乱本生矣!日⑧,君以骊姬为夫人,民之疾心固皆至矣。昔者之伐也⑨,兴百姓以为百姓也,是以民能欣之⑩,故莫不尽忠极劳以致死也。今君起百姓以自封也⑪,民外不得其利,而内恶其贪,则上下既有判矣⑫。然而又生男,其天道也?天殛其毒⑬,民疾其态,其乱生哉!吾闻君之好好而恶恶,乐乐而安安,是以能有常。伐木不自其本,必复生;塞水不自其源,必复流;灭祸不自其基⑭,必复乱。今君灭其父而畜其子,祸之基也。畜其子，又从其欲⑮，子思报父之耻而信其欲⑯，虽好色，必恶心，不可谓好。好其色，必授之情⑰。彼得其情以厚其欲，从其恶心，必败国且深乱。乱必自女戎，三代皆然⑱。"

骊姬果作难⑲，杀太子而逐二公子⑳。君子曰："知难本矣。"

【今译】

　　晋献公讨伐骊戎，打败了它，杀了骊国的君主。俘获骊姬回国，将她立为夫人，生了儿子奚齐，她的妹妹生了卓子。骊姬请求献公让太子申生驻守宗邑曲沃，可以迅速地前来解救国家的危难，让公子重耳驻守蒲城，让公子夷吾驻守屈地，让奚齐留守国都绛城，这样可以戒备秦国、戎狄侵犯，不使晋国受到耻辱。献公答应了她的请求。

　　史苏上朝时告诫大夫们说："你们可要提高警惕呀，晋国祸乱的根苗已经长出来了！当初，国君立骊姬为夫人，民众怨恨君主的思想本来就很深了。古代贤明的君主讨伐无道之国，是动员百姓替百姓自己除害，所以民众能欢欣鼓舞地拥戴他，就无不尽忠竭力甚至不惜一死。现在我们的国君起用百姓是为了自己富厚，民众对外作战得不到利益，而在国内又憎恶君主的贪心，这样君臣上下就已经离心了。而且骊姬又生了儿子，难道这是天意吗？上天加重了晋国的灾祸，百姓痛恨这种状况，祸乱就要发生了！我听说君主应该喜欢好的、厌恨坏的，快乐时高兴，安定时放心，这样才能长治久安。砍树木不从树根开始，一定会重新发芽生长；堵塞流水不从源头开始，就会重新横流；消灭灾祸不从根本着手，就会重起祸乱。而今我们的国君杀了骊姬的父亲却养着他的女儿，这正是祸乱的始基啊！养着他的女儿，又放纵她的贪欲，她想报杀父之仇就会扩张野心。她虽然外貌美丽，而内心一定是险恶的，不能说这女人是美好的。国君喜欢她的美色，一定会答应她立子为君。她得到国君的宠爱，一定会加强她政治上的贪欲，来达到她颠覆晋国的险恶用心。这样一定会使晋国败亡而且造成深重的祸乱。祸乱一定从这个女骊戎开始,历史上夏、商、周三代都是由女人而亡国的。"

后来骊姬果然作乱,杀了太子申生,并赶走了重耳、夷吾二公子。君子说:"史苏洞察祸乱的根源啊!"

【注释】

① 灭:杀。骊子:骊国国君,子爵。　② 娣:妹妹。　③ 申生:晋献公的太子,为齐姜所生。曲沃:晋国宗邑,在今山西闻喜东北。速悬:迅速解救晋国的危难。悬,悬挂,比喻处境危险。　④ 重耳:申生的异母弟。蒲城:晋城邑,在今山西隰县西北。　⑤ 夷吾:申生的异母弟。屈:晋城邑,此处为北屈,在今山西乡宁北。　⑥ 绛:晋国国都,在今山西翼城东。晋穆侯时从曲沃迁都于此,晋献公增筑为都城。　⑦ 以儆无辱之故:指曲沃为晋别都,宗庙所在,蒲城邻近秦国,屈地邻近北狄,由申生、重耳、夷吾出镇,可预防秦人、戎人侵晋,免遭耻辱。　⑧ 日:当初,昔日。　⑨ 昔者:指古代贤明君主。　⑩ 欣:欢欣鼓舞。　⑪ 封:富厚。　⑫ 判:别、离。　⑬ 彊:通"强",加强、加重。　⑭ 基:始。　⑮ 从:通"纵",放纵。　⑯ 信:通"申",伸张、扩张。　⑰ 情:指爱子之情,立己子为君之情。　⑱ 三代:指夏、商、西周末代之君,均为女色而亡国。　⑲ 作难:发动祸乱。　⑳ 二公子:指重耳和夷吾。

【评析】

春秋时期晋国的骊姬之乱,是历史上统治阶级内部君权之争的著名内乱。如果从公元前672年晋献公纳骊姬开始算起的话,持续到前636年晋文公即位为止,长达三十六年之久,涉及奚齐、卓子、惠公、怀公、文公五个国君,范围之广、历时之久、斗争之尖锐,是历史上少见的。

史苏是女祸亡国论者,他从占卜伐骊戎开始,就认为"胜而不吉"。在晋献公立骊姬为夫人,生子奚齐,排斥太子申生、公子重耳、夷吾的宫廷人事变动中,他毫不含糊地明确认定骊姬是晋国祸乱之源。大声疾呼卿大夫们提高警惕，正本清源，防患于未然。本文就是他围绕骊姬为晋国祸乱之源的论点，从四方面加以阐述：

第一，史苏认为从晋献公使用武力讨伐骊戎，俘获骊姬，贪恋美色，立为夫人之日起，就导致百姓"外不得其利，而内恶其贪"的离心倾向，使上下对立，种下了祸乱之根。

第二，史苏认为骊姬生了儿子，加快了叛乱的步伐。在阶级社会里，母以子贵，有了儿子就有了争夺君权的资本，争权固位，成为君夫人们的唯一追求目标。历史上鲜血淋漓的宫妃争宠，太子争立，都是从这里开始的。骊姬当然不会例外，必然要采取种种卑鄙手段，杀害太子申生，让自己的儿子取而代之。史苏清楚地看到这种危险性，一定会循着这条道路发展。但儿子已生，不容改变，所以只能哀叹"其天道也"。

第三，史苏认为骊姬对晋怀有杀父之仇，报仇之心不死，一旦得逞，一定会野心勃勃地颠覆晋国，以泄心头之愤。

第四，史苏认为最重要的是晋献公贪恋女色，被骊姬迷惑。骊姬想颠覆晋国，能否实现，还取决于决策人晋献公的态度。只有取得晋献公的同意，骊姬的目标才能实现。而现实是晋献公被骊姬迷惑得神魂颠倒，信谗言为真理，视砒礵为蜜糖，失去辨别是非好恶标准，"从其欲"，"授之情"，为骊姬乱晋起了决定性的作用。所以晋国之乱，源于骊姬，成于献公。通篇贯穿着史苏女祸亡国的思想。

献公将黜太子申生而立奚齐

【解题】

本篇记叙晋献公受骊姬蛊惑，将废太子申生而立奚齐。这在卿大夫中引起强烈反响,但他们在议论中态度各异。荀息主张曲从君命,而立奚齐;丕郑主张维护正义,不废太子;里克模棱两可,静观事态发展。而太子申生本人,秉性忠厚,又受孝、敬、忠、贞伦理道德的束缚,采取不违父命的态度。

骊姬生奚齐,其娣生卓子。公将黜太子申生而立奚齐①。里克、丕郑、荀息相见②,里克曰:"夫史苏之言将及矣③!其若之何?"荀息曰:"吾闻事君者,竭力以役事④,不闻违命。君立臣从,何贰之有⑤?"丕郑曰:"吾闻事君者,从其义,不阿其惑⑥。惑则误民,民误失德,是弃民也。民之有君,以治义也。义以生利,利以丰民,若之何其民之与处而弃之也?必立太子。"里克曰:"我不佞⑦,虽不识义,亦不阿惑,吾其静也⑧。"三大夫乃别。

烝于武公⑨,公称疾不与,使奚齐莅事⑩。猛足乃言于太子曰⑪:"伯氏不出⑫,奚齐在庙,子盍图乎⑬?"太子曰:"吾闻之羊舌大夫曰⑭:'事君以敬,事父以孝。'受命不迁为敬,敬顺所安为孝。弃命不敬,作令不孝,又何图焉?且夫间父之爱而嘉其贶⑮,有不忠焉;废人以自成,有不贞焉。孝、敬、忠、贞,君父之所安也⑯。弃安而图,远于孝矣,吾其止也。"

【今译】

骊姬生儿子奚齐,她的妹妹生儿子卓子。晋献公将要废黜太子申生而立奚齐为太子。晋大夫里克、丕郑、荀息会面,里克说:"史苏的预言将要应验了!这事该怎么办啊?"荀息说:"我听说奉事国君的人,应该竭尽全力替国君办事,没有听说过可以违抗君命的。国君立谁为太子,臣子就得听从,怎么可以有二心呢?"丕郑说:"我听说奉事君主的人,服从他符合正义的事,不阿附他错误的决策。阿附他的错误就会贻误百姓,贻误百姓就是丧失道德,就是抛弃百姓。百姓之所以要有君主,就是要他用礼义来治理国家。用道义产生财利,用财利丰富百姓生活。怎么可以将与百姓好好相处的太子申生废弃呢?我们一定要拥立申生为太子。"里克说:"我没有才能,虽然不懂得道义,但也不阿附错误的决策,我还是静观事态的发展吧。"三位大夫于是就分别了。

冬季祭祀武公祖庙,献公推说有病不去主祭,派奚齐为代表主持祭祀。猛足就将这件事对太子申生说:"不让长子去主祭,却让奚齐在祖庙主持,您何不考虑如何安固自己的地位呢?"太子申生说:"我从羊舌大夫那里听说过:'要用恭敬奉事君主,要用孝顺奉事父亲。'接受国君的命令不改变心意叫作恭敬,恭敬地顺从父亲的意愿使他安心叫作孝顺。违抗君命就是不敬,擅自行动就是不孝。我又有什么可图谋呢?而且离间父亲所爱的人,而又享受他的赏赐,那就是不忠了;废黜别人而成全自己,那就是不贞了。孝、敬、忠、贞是君父所喜爱的品德。抛弃君父所善的品德而为自己打算,是远远离开了孝道,我还是静静地守候在这里待命吧。"

【注释】

　　① 黜(chù 触):废黜、废免。　② 里克、丕郑、荀息:均为晋国大夫。　③ 及:到,引申为应验。　④ 役事:服役办事。　⑤ 贰:二心。　⑥ 阿:阿附、迎合。惑:迷惑,引申为错误。　⑦ 不佞:没有才能。　⑧ 静:指静观事态发展。　⑨ 烝:冬季的祭祀叫烝。武公:即武宫,指晋武公的祀庙,在曲沃。　⑩ 莅事:到庙主持祭祀。　⑪ 猛足:太子申生的家臣。　⑫ 伯氏:指晋献公的长子太子申生。长子排行称伯。　⑬ 盍:何。图:指图谋固位自安之计。　⑭ 羊舌大夫:姓羊舌,名突,羊舌职之父。　⑮ 贶(kuàng 况):赐。　⑯ 安:善,引申为喜欢、喜爱。

【评析】

晋献公受骊姬蛊惑，欲废太子申生而立奚齐。本篇则记叙这件事在卿大夫中的不同反响，以及将被废黜的当事人申生的态度。展示了不同人物的不同性格。

就卿大夫来说，荀息主张"君立臣从，何贰之有"，唯君主之命是听，不能怀有二心，持坚决拥护的态度。果然，晋献公死后，遗命他辅立奚齐为国君。当奚齐被里克所杀，他又立卓子；当卓子又被里克杀死，他就自杀从死，以死服从君命。丕郑主张"从其义，不阿其惑"，唯正义是从，而反对阿附君命。果然，献公死后，丕郑欲拥立重耳为君，不从乱命，而选贤能。里克"虽不识义，亦不阿惑"，主张"吾其静也"，静观事态的发展变化，比较圆滑。实际上静观是表象，他在暗中是支持太子申生的。献公死后，立奚齐，他毅然杀之；立卓子，又杀之。使人迎重耳于翟，重耳不来，更迎夷吾于梁，立为晋君，是为惠公。由此可见，在同一事件面前，由于各人的地位不同，教养不同，信念不同，气质不同，生活方式不同，观察问题和处理问题的方式也就不同，由此而反映出不同的性格特征。

就太子申生来说，他将被废黜，是直接受害者。冬季祭祖庙时，献公故意称病，而让奚齐主祭，分明是向申生挑战。面对这样的情况，居曲沃，掌下军，得到部分卿大夫拥护和支持，在诸侯中享有威望的申生，完全有力量巩固自己的地位。但他恪守孝、敬、忠、贞的伦理道德，维护君父之爱，尽人子之孝，宁愿自杀而死，临死前还殷殷劝说狐突出山，辅佐年老的献公。就是这样一个忠厚仁慈的孝子，却在残酷的夺权斗争中成为牺牲品。无独有偶，秦始皇的长子扶苏，忠厚仁慈、明礼知义，他劝秦始皇行仁政，不要滥杀无辜，而被派到建造长城的蒙恬军中做监军。秦始皇死后，赵高伪造诏旨，赐扶苏死。他不顾蒙恬辨明真伪再死的劝说，服从君父之命而自杀。

献公伐翟柤

【解题】

本篇记叙晋献公讨伐翟柤国的原因、经过和结果。歌颂了大夫郤叔虎知己知彼、明察敌国国情的军事才能和不居功、不惮劳、身先士卒的高尚品德。

献公田①,见翟柤之氛②,归寝不寐。郤叔虎朝③,公语之。对曰:"床笫之不安邪④?抑骊姬之不存侧邪?"公辞焉⑤。出,遇士䓻⑥,曰:"今夕君寝不寐,必为翟柤也。夫翟柤之君,好专利而不忌,其臣竞谄以求媚,其进者壅塞,其退者拒违⑦。其上贪以忍⑧,其下偷以幸⑨,有纵君而无谏臣,有冒上而无忠下⑩。君臣上下各餍其私⑪,以纵其回⑫,民各有心而无所据依。以是处国,不亦难乎!君若伐之,可克也。吾不言,子必言之。"士䓻以告,公悦,乃伐翟柤。郤叔虎将乘城⑬,其徒曰⑭:"弃政而役⑮,非其任也。"郤叔虎曰:"既无老谋⑯,而又无壮事⑰,何以事君?"被羽先升⑱,遂克之。

【今译】

晋献公外出打猎,望见翟柤国上空弥漫着凶气,回来后睡不着觉。郤叔虎上朝时,晋献公告诉他这件事。郤叔虎回答说:"是床铺不舒适呢?还是骊姬不在您身边呢?"献公辞谢了他的说法。郤叔虎告辞出来,遇见士䓻,就说:"今晚君主睡不好觉,一定为了翟柤国的事。翟柤国的国君喜欢独占财利而且毫不顾忌。他的臣子竞相拍马来讨好他,苟进的佞臣壅塞言路,使王不闻过恶;黜退的忠臣远离朝廷,使王不闻善教。国君贪婪而忍为不义,臣下苟且而侥幸,有放纵的君主而无直言敢谏的臣子,有贪冒的高官而无忠诚的部属。君臣上下各自满足一己之私,放纵他们的奸邪淫僻,民众各有自己的想法而无所依靠。像这样来治理国家,想没有祸难不也是很困难吗?国君如果征伐它,准能取得胜利。这些话我不说,您一定要对国君去说。"士芮把郤叔虎的话禀告了晋献公,献公很高兴,于是就出兵讨伐翟柤国。郤叔虎身先士卒准备攀登城墙,他的部下劝阻说:"您放下政务前去参战,这不是您的职责啊。"郤叔虎回答说:"我既没有深远的谋略,又没有征战的功劳,用什么来奉事君主呢?"于是就披着鸟羽为旌旗,率先登城,打败了翟柤国。

【注释】

① 田:田猎,打猎。 ② 翟柤(zū租):古国名,约在今山西临汾南。氛:云气。古人认为阴阳二气相侵形成云气,凶气称"氛",吉气称"祥"。这里指献公望见翟柤国上空笼罩凶气,可以出兵讨伐。 ③ 郤叔虎:名豹,晋国大夫,郤芮之父。 ④ 第(zǐ紫):床上的席子。 ⑤ 辞:辞谢,含不接受之意。 ⑥ 士芮:晋国大夫。已由大夫升卿,为大司空。 ⑦ 拒违:远离。 ⑧ 忍:忍心为不义之事。 ⑨ 偷:苟且。 ⑩ 冒:贪、贪婪。 ⑪ 餍:足、满。 ⑫ 回:邪。 ⑬ 乘:升、登。 ⑭ 徒:部下。 ⑮ 役:指参战。 ⑯ 老谋:深远的谋略。 ⑰ 壮事:力役,指征伐作战之功。 ⑱ 被羽:披羽,即背插鸟羽为标志。

【评析】

本篇记叙了晋献公讨伐翟柤的前前后后,中心是歌颂郤叔虎大夫的卓越才能和崇高品质。

首先,赞扬郤叔虎善于调查研究,了解敌情、知己知彼,克敌致胜的军政才能。对翟柤国,他洞察其君贪臣谄、奸佞当道、贤臣被黜、民无所依、上下离心的动乱政局,国家已从内部腐败,不可救药。对晋国,他深知有克敌致胜力量,只要决策出兵,攻打翟柤,似秋风扫落叶,必胜无疑。

其次,赞扬郤叔虎恭敬明礼、谦虚逊让的崇高品质。当晋献公将夜不安寐的情况告诉他时,他明知晋献公为是否能出兵讨伐翟柤国事操心,但他故意用床铺不舒适、骊姬不在身边的话回答。因为他深知事君当敬,臣下不能点破国君所思、所想来显示自己才能,不能越职、越权直接向国君议政、议军。当遇见士芳时,他才吐露了献公所想和敌国情况,并让士芳将自己的想法禀告献公。因为士芳是晋卿,居大司空之位,官职高于郤叔虎,他才有资格向国君进言,议论国家大事。当部下劝阻郤叔虎亲冒矢石时,他又谦虚地说自己没有深远的谋略,没有攻城越野的战功。

其三,赞扬郤叔虎身先士卒、亲冒矢石、英勇作战的精神。郤叔虎是将领,按例他只要安坐营寨指挥士兵作战,而无须冲锋陷阵。所以当他率先攀登敌国城墙时,部下指责他"弃政而役,非其任也"。但他还是"被羽先升",冲锋在前为国争光。宋朝大将岳飞也是一样,每逢战斗,总是身先士卒,奋勇杀敌,不像张俊、刘光世那样,离敌远远地遥控指挥。因而岳飞深得士兵的拥护。

至于本文提到的"氛",则是古代阴阳家望云气之说,无科学根据的,阅读时应予以注意。

优施教骊姬远太子

【解题】

本篇记叙晋献公的倡优施替骊姬出谋划策,教她以太子申生为打击重点,施展内吹枕边风,外结宠幸臣的手段,内外夹攻,将太子申生、公子重耳、夷吾排挤到曲沃、蒲地、屈地去守城，为其子奚齐篡位夺权扫除障碍。文章短小精悍，语言简洁明快，在对话中展示了申生的性格弱点，暴露了优施狡诈阴险、凶狠毒辣的鬼蜮伎俩。

公之优曰施①，通于骊姬②。骊姬问焉，曰："吾欲作大事③，而难三公子之徒④，如何？"对曰："早处之⑤，使知其极⑥。夫人知极，鲜有慢心⑦；虽其慢，乃易残也⑧。"骊姬曰："吾欲为难⑨，安始而可？"优施曰："必于申生。其为人也，小心精洁，而大志重⑩，又不忍人⑪。精洁易辱，重偾可疾⑫，不忍人，必自忍也。辱之近行。"骊姬曰："重，无乃难迁乎⑬？"优施曰："知辱可辱，可辱迁重；若不知辱，亦必不知固秉常矣⑭。今子内固而外宠，且善否莫不信。若外殚善而内辱之⑮，无不迁矣。且吾闻之：甚精必愚。精为易辱，愚不知避难。虽欲无迁，其得之乎？"是故先施谗于申生。

骊姬赂二五⑯，使言于公曰："夫曲沃⑰，君之宗也⑱；蒲与二屈，君之疆也⑲，不可以无主⑳。宗邑无主，则民不威㉑；疆场无主㉒，则启戎心㉓。戎之生心，民慢其政，国之患也。若使太子主曲沃，则二公子主蒲与屈，乃可以威民而惧戎，且旌君伐㉔。"使俱曰："狄之广莫，于晋为都。晋之启土㉕，不亦宜乎？"公说，乃城曲沃，太子处焉；又城蒲，公子重耳处焉；又城二屈，公子夷吾处焉。骊姬既远太子㉖，乃生之言㉗，太子由是得罪。

【今译】

晋献公的优伶名字叫施，与骊姬私通。骊姬问他，说："我想做一件废嫡立庶的大事,却担心三位公子的党徒与我为难,你看该怎么办呢?"优施回答说:"早点确定他们的名位,使他们知道自己的地位已经到顶了。对于一个人来说,知道自己的地位已经到顶,很少再产生违慢觊觎之心;即使产生违慢之心,因其有职位在身就容易残害他。"骊姬说:"我想要发难,先从谁下手为好?"优施说:"一定要先从太子申生下手。申生的为人,小心谨慎精诚纯洁,因年长而矜持自重,又不忍心加害于人。精诚纯洁的人就容易被羞辱,矜持自重、守节不易的人就可以被置之死地,不忍心加害于人的人就一定会忍心自杀。可以对他目前的行动用不义的名义侮辱他。"骊姬说:"申生矜持自重,恐怕难以改变他的意志吧?"优施说:"知道耻辱的人才可以羞辱他,可以羞辱就可以改变他的矜持自重;如果不知道羞辱,也就一定不知道固守常规而容易动摇了。现在您内得君心而外受宠爱,而且不论好话坏话,国君没有不相信的。如果您表面上尽量做出对申生好的样子,而暗地里用不义的名义污蔑他,他矜持自重的意志没有不被动摇的。而且我听说过:非常精诚纯洁的人一定近于愚蠢。所以精诚纯洁的人容易受侮辱,就会愚蠢得不知躲避灾祸。即使想不改变矜持自重的意志,哪里能办得到呢?"所以骊姬先对太子申生施加谗言。

  骊姬又贿赂献公的宠臣梁五和关东五,让他们向献公进言说:"曲沃,是国君的宗庙所在地;蒲城与南屈、北屈,是国君的边疆要塞,不可以没有重臣主管。宗庙所在地没有人主管,民众就不畏惧;边疆要塞没有人主管,就会开启戎狄侵略野心。戎狄产生侵略之心,民众轻慢政令,这是国家的祸患啊!假若派太子去主管曲沃,让公子重耳与夷吾主管蒲城与南、北二屈,就可以使民众畏服,使戎狄害怕,而且还可以彰明您国君的功绩。"骊姬又指使他们同声进言说:"狄人的广阔沙漠,让它成为晋国的城邑。开拓了晋国的疆土,不也是很适宜的吗?"献公听了很高兴,于是就增筑曲沃城,让太子申生住在那里;又在蒲筑城,让公子重耳住在那里;又在南屈、北屈筑城,让公子夷吾住在那里。骊姬既让献公疏远了太子,就开始编造谗言诬陷太子,使太子申生因此而蒙罪。

【注释】

① 优:优伶,以乐舞戏谑为业的艺人。施:优人的名字。 ② 通:私通、通奸。 ③ 大事:指废太子申生,立己子奚齐之事。 ④ 三公子:指申生、重耳、夷吾。徒:众、党徒。据王引之《经义述闻》,"之徒"二字为衍文。 ⑤ 处:定、确定。 ⑥ 极:顶点,指政治地位已到顶点。 ⑦ 慢:违慢。 ⑧ 残:残害、毁谤。 ⑨ 为难:发难。 ⑩ 大:指年长。重:指矜持自重。 ⑪ 不忍人:不忍心加害于人。 ⑫ 偾(fèn愤):僵化。 ⑬ 迁:移、改变。 ⑭ 固秉常:固执常规。秉,执。 ⑮ 外:表面。殚:尽、竭力。 ⑯ 二五:指献公的嬖臣梁五和关东五两人。 ⑰ 曲沃:晋武公的封地,在今山西闻喜境内。 ⑱ 宗:宗邑,宗庙所在地。 ⑲ 疆:边境要塞之地。 ⑳ 主:主管者。 ㉑ 威:畏、畏服。 ㉒ 疆埸(yì邑):国界、边界。 ㉓ 启:开。 ㉔ 旌:表彰、表扬。伐:功、功绩。 ㉕ 启土:开拓疆土。 ㉖ 远:疏远。 ㉗ 言:谗言。

【评析】

骊姬想废嫡立庶,篡国夺权,问计于优施。优施是晋献公之嬖臣,又是骊姬的姘夫,便为她出谋划策。形成一个完整的阴谋,由三个部分组成。

首先,要定申生、重耳、夷吾三公子的地位,使他们知道自己的地位是卿而不是君位的继承人,不致产生非分之想。即使有觊觎之心,也因有官位而容易加害他们。

其次,选择太子申生为打击重点。申生为人"小心精洁,而大志重,又不忍人"。"小心精洁",就多畏忌而不能忍受耻辱;"而大志重",年长而矜持自重,就会守节不移到固执的地步而被置之死地;"不忍人",不忍心加害于人,就一定会忍心自杀。针对申生的性格上的弱点,只要用不义的谗言污蔑他,向他泼脏水加害他,就会将他逼上死路。

第三,勾结外臣,用冠冕堂皇的理由,将三公子调离国都,到曲沃、蒲城、二屈去任职,让献公疏远他们,孤立于外。

实现这个阴谋的手段则是谗言杀人。利用骊姬"内固而外宠,且善否莫不信"的有利地位,采用外尽善意待太子,内以不义的谗言加辱的两面派手法,在献公面前散布谗言,制造舆论,颠倒是非,混淆黑白,无中生有,让太子申生蒙受不白之冤而死,达到其排除太子申生、立己子奚齐为太子的目的。骊姬遵而行之,果然如愿以偿,但从此开启了晋国长期的内乱。

本文短小精悍,语言精练。在对话中如见其人,如闻其声,充分暴露了优施善于窥测动向、揣摩人们心理、狡诈阴险、心狠手辣的教唆者嘴脸。

献公作二军以伐霍

【解题】

本篇记叙晋献公自恃强大,将军队扩编为上、下二军,自领上军,命太子申生领下军,并让他率军去攻打霍国。违反太子不领兵、不分土的古制,寄寓着加罪于太子的阴谋。大夫士蒍洞察其谋,极言劝谏,献公不听;又力劝太子申生效法吴太伯走避,以免于难。太子虽知其忠于自己,但囿于忠君、孝父,不肯遵行,终于在攻克霍国以后,谗言蜂起。

十六年①,公作二军②,公将上军,太子申生将下军以伐霍③。师未出,士蒍言于诸大夫曰:"夫太子,君之贰也④。恭以俟嗣⑤,何官之有?今君分之土而官之,是左之也⑥。吾将谏以观之。"乃言于公曰:"夫太子,君之贰也,而帅下军,无乃不可乎?"公曰:"下军,上军之贰也。寡人在上,申生在下,不亦可乎?"士芴对曰:"下不可以贰上。"公曰:"何故?"对曰:"贰若体焉⑦,上下左右,以相心目⑧,用而不倦,身之利也。上贰代举⑨,下贰代履⑩,周旋变动,以役心目,故能治事,以制百物⑪。若下摄上⑫,与上摄下,周旋不动,以违心目,其反为物用也,何事能治?故古之为军也,军有左右,阙从补之⑬,成而不知⑭,是以寡败。若以下贰上,阙而不变,败弗能补也。变非声章⑮,弗能移也。声章过数则有衅⑯,有衅则敌入,敌入而凶⑰,救败不暇,谁能退敌?敌之如志⑱,国之忧也。可以陵小⑲,难以征国⑳。君其图之!"公曰:"寡人有子而制焉㉑,非子之忧也。"对曰:"太子,国之栋也。栋成乃制之,不亦危乎!"公曰:"轻其所任,虽危何害?"

士芴出语人曰:"太子不得立矣。改其制而不患其难,轻其任而不忧其危,君有异心,又焉得立?行之克也,将以害之;若其不克,其因以罪之。虽克与否,无以避罪。与其勤而不入㉒,不如逃之。君得其欲,太子远死㉓,且有令名㉔,为吴太伯㉕,不亦可乎?"太子闻之,曰:"子舆之为我谋㉖,忠矣。然吾闻之:为人子者,患不从,不患无名;为人臣者,患不勤,不患无禄。今我不才而得勤与从㉗,又何求焉?焉能及吴太伯乎?"太子遂行,克霍而反,谗言弥兴㉘。

【今译】

晋献公十六年,晋国扩编为上、下二军,献公统率上军,太子申生统率下军去征伐霍国。军队尚未出发,士芴对大夫们说:"太子,是国君的副职,恭谨地等待着继承君位,何必有官位呢?现在国君分封给他土地,又安排他卿的官位,这是把他当作外臣看待。我将向国君进谏,从而观察他对太子的态度。"于是就对献公说:"太子,是国君的副职,您让他去统率下军,恐怕不妥当吧?"献公说:"下军,是上军的副职。我统率上军,申生统率下军,不也是可以的吗?"士䓊回答说:"下军不可以作为上军的副职。"献公问:"这是什么缘故?"士䓊回答说:"上、下军各有正副,就好比人的四肢,手足有上下左右之分,用来辅助心和眼,所以才能经久使用而不疲劳,给身体带来好处。上肢的左右手交替举物,下肢的左右脚交替行步,运转变动,用来为心和眼服务,所以人才能处理事情,运用各种器物。假如下肢摄控上肢,或者上肢摄控下肢,那人就不能正常地运转变动,违背了心和眼对四肢的制约,反而被万物牵制,还能做什么事情呢?所以古代建立军队,有左军有右军,缺了哪部分就能补上,列成阵势后敌人不知道有缺失,所以很少打败仗。如果把下军作为上军的副职,一旦出现缺失也无法变动,失败了也不能补救。因为军队变动非要由金鼓、旌旗指挥,否则是不能变动的。金鼓、旌旗不符合规定的数目队形就会出现空隙,有了空隙敌人就会乘虚而入。敌人气势汹汹地突入,我军内心恐惧,挽救失败已来不及,谁还有力量击退敌军呢?敌人一旦得逞,这是国家的忧患啊!所以用下军作为上军的副职,只可以侵凌小国,是难以征服大国的。请国君再好好考虑吧!"献公说:"我有儿子替他编制了下军,不必让您担忧。"士䓊回答说:"太子,是国家的栋梁。栋梁的位置已定而建制下军让他统率,不也是很危险吗?"献公说:"减轻他的责任,虽然有危险,但又有什么害处呢?"

士䓊告辞出来告诉别人说:"太子不能被立为国君了。君王改变了他的职位,却不考虑他的困难,减轻了他的责任,却又不担心他的危险。国君已经有了异心,太子怎么能被立为国君呢?这次出兵伐霍如果能取得胜利,将因他能得民心而陷害他;如果没有取得胜利,他将因此而被定罪。不论是胜利还是失败,都无法逃避罪责。与其辛勤劳苦而得不到君父满意,不如出奔为好。这样君主能满足自己的心愿,太子也远离了死地,而且还会获得美名,做吴太伯,不也是可以的吗?"太子听到士𫇭的话后,说:"士舆替我谋划,是忠诚于我的。但我听说过:作为儿子,担心不服从父亲的命令,不担心没有好名声;作为臣子,担心不勤于职守奉侍君主,不担心没有俸禄。现在没有才能的我能遵从父命、勤于国事,又有什么要求呢?我又怎么能比得上吴太伯呢?"太子申生就率军出征,战胜了霍国回来,诽谤他的谗言更多了。

【注释】

① 十六年:晋献公十六年,即公元前661年。　② 作二军:建立上军、下军两支部队。周制,一军为一万两千五百人。初,周天子命晋武公以一军为晋侯,至此,晋兵力扩大了一倍。　③ 霍:古国名,周武王弟叔武的封国,在今山西霍州西南。　④ 贰:副贰,副职、副手。　⑤ 嗣:指继承君位。　⑥ 左:外,指视为外臣。　⑦ 体:指四肢。　⑧ 相:辅佐、帮助。　⑨ 上:指双手。代:交替、轮换。　⑩ 下:指双脚。履:行步,名词用如动词。　⑪ 制:裁、使用、运用。　⑫ 摄:摄控、摄持。　⑬ 阙:同"缺"。　⑭ 成:通"阵",列阵。　⑮ 声章:金鼓和旌旗,用以发号施令,指挥战斗。　⑯ 衅:隙、空隙。　⑰ 凶:指气势汹汹。　⑱ 如志:达到目的、实现愿望。　⑲ 陵:侵陵。　⑳ 国:指大国。　㉑ 制:指编制下军。　㉒ 勤:勤于国事。入:指不遂君意。　㉓ 远死:远离死亡之地。　㉔ 令名:美名。　㉕ 吴太伯:周文王的伯父,本为太子。为了让位给弟弟季历,让文王即位,故逃奔吴地。后武王追封他为吴伯,因他是长子,也称吴太伯。　㉖ 子舆:士𫇭的字。　㉗ 得:能。　㉘ 弥:更、益。

【评析】

公元前661年,晋献公自恃强大,将晋国常备军一万二千五百人扩大为二万五千人,由一个军的建制扩编为两个军的建制,分上、下二军。献公亲自统率上军,让太子申生统率下军,并命他去攻打霍国。这是违反太子居储君之位,不领兵,不封土的古制的。南宋高宗绍兴三十一年(1161),金主亮南侵,宋高宗下诏亲征,而朝臣多陈退避之计,身为太子的宋孝宗,不胜其愤,请求率军为先锋拒敌。这个打算被告假在家养病的太子直讲史浩知道了,便立即进东宫对孝宗说:"太子不宜将兵。"并替孝宗草拟奏章:"请卫从天子,以尽人子之职。"(《宋史·孝宗纪一》)可见,太子领兵是犯忌讳的。晋献公为什么要太子领兵,并封他主守曲沃呢?因为他受骊姬蛊惑,正在执行着废太子而立奚齐的预谋。晋卿士䓥就此事直言谏阻,献公已存异心,故执意不听。

在本文士䓥劝谏献公的对话中,展示了三个性格鲜明的人物形象:

一个是士䓥,他是晋国的卿,居大司空之位。当献公让太子任下军统帅时,便敏锐感觉到太子的地位岌岌可危。"今君分之土而官之,是左之也。"这是把太子当作外臣,寓有废太子之意。但这仅是自己的主观判断,尚未能证实献公是否有废立思想。所以就"吾将谏以观之"。谏是手段,观是目的,通过劝谏来观察了解献公的内心思想。经过对话,多方设譬、劝说,但均为献公所拒绝,才完全弄清楚这是献公的有意安排,废太子已箭在弦上。所以当告辞出来后,便有把握地明确宣布"太子不得立矣"。他秉性忠直,同情太子无辜蒙冤,便替太子设计了一条效法吴太伯逃亡之路。这样可以"君得其欲,太子远死,且有令名"。由此可见,这是一位忠诚耿直,具有敏锐政治洞察力和注意工作方法的高级官员。

一个是晋献公,他受骊姬蛊惑,早就有了废嫡立庶的异心。所以听不进士䓥谏阻,一意孤行。在无法说服士䓥时只好凭权势,耍无赖手段,"寡人有子而制焉,非子之忧也",干脆叫士䓥不要多管闲事瞎操心。由此可见,这是一个昏庸愚蠢,溺于女色而不能自拔的昏君。

一个是太子申生。他听了士䓥的话,清楚地知道士䓥是忠于自己的,为自己指明既可免死又能得到让弟美名。但他固守臣道、子道,达到呆板固执、食古不化的地步,明知祸患及身而不知避。由此可见,这是一位愚守忠孝之道、仁慈而忠厚的太子。

优施教骊姬谮申生

【解题】

本篇记叙优施教骊姬用谗言迫害太子申生,着眼点则在一个"权"字。全文分两个层次:一是骊姬夜半而泣,在枕边施放毒箭,抓住献公怕失权的思想,用貌似忧国忧君的语言陈述利害,实则以退为进,步步进逼,让献公陷进其构筑好的陷阱,萌生杀害申生之心;二是骊姬教唆献公,让太子申生去征讨东山皋落狄,采用胜也诛、败也诛的策略,必欲杀之而后快。

优施教骊姬夜半而泣谓公曰①:"吾闻申生甚好仁而强②,甚宽惠而慈于民,皆有所行之③。今谓君惑于我,必乱国,无乃以国故而行强于君④。君未终命而不殁⑤,君其若之何?盍杀我,无以一妾乱百姓⑥。"公曰:"夫岂惠其民而不惠于其父乎?"骊姬曰:"妾亦惧矣。吾闻之外人之言曰:为仁与为国不同。为仁者,爱亲之谓仁;为国者,利国之谓仁。故长民者无亲⑦,众以为亲。苟利众而百姓和,岂能惮君?以众故不敢爱亲,众况厚之⑧,彼将恶始而美终⑨,以晚盖者也⑩。凡民利是生,杀君而厚利众,众孰沮之⑪?杀亲无恶于人,人孰去之?苟交利而得宠⑫,志行而众悦⑬,欲其甚矣,孰不惑焉?虽欲爱君,惑不释也⑭。今夫以君为纣,若纣有良子,而先丧纣⑮,无章其恶而厚其败⑯。钧之死也⑰,无必假手于武王⑱,而其世不废,祀至于今,吾岂知纣之善否哉?君欲勿恤⑲,其可乎?若大难至而恤之,其何及矣!"公惧曰:"若何而可?"骊姬曰:"君盍老而授之政⑳。彼得政而行其欲,得其所索,乃其释君。且君其图之,自桓叔以来㉑,孰能爱亲?唯无亲,故能兼翼㉒。"公曰:"不可与政。我以武与威,是以临诸侯㉓。未殁而亡政,不可谓武;有子而弗胜,不可谓威。我授之政,诸侯必绝;能绝于我,必能害我。失政而害国,不可忍也。尔勿忧,吾将图之。"

骊姬曰:"以皋落狄之朝夕苟我边鄙㉔,使无日以牧田野,君之仓廪固不实,又恐削封疆。君盍使之伐狄,以观其果于众也㉕,与众之信辑睦焉㉖。若不胜狄,虽济其罪㉗,可也;若胜狄,则善用众矣,求必益广,乃可厚图也。且夫胜狄,诸侯惊惧,吾边鄙不儆㉘,仓廪盈,四邻服,封疆信㉙,君得其赖㉚,又知可否,其利多矣。君其图之!"公说。是故使申生伐东山㉛,衣之偏裻之衣㉜,佩之以金玦㉝。仆人赞闻之㉞,曰:"太子殆哉㉟!君赐之奇,奇生怪,怪生无常㊱,无常不立。使之出征,先以观之,故告之以离心,而示之以坚忍之权㊲,则必恶其心而害其身矣。恶其心,必内险之;害其身,必外危之。危自中起,难哉!且是衣也,狂夫阻之衣也㊳。其言曰:'尽敌而反。'虽尽敌,其若内谗何!"申生胜狄而反,谗言作于中㊴。君子曰:"知微㊵。"

【今译】

　　优施教骊姬半夜时在枕边啼泣而对献公说:"我听说申生非常喜爱仁德而且势力强大,非常宽厚仁惠而且爱护百姓,这些都是别有用心的政治权术。现在他说国君被我迷惑,一定会祸乱晋国,恐怕他会以我祸乱国家为借口而对国君施加暴力。国君还健在仍是一国之主,您将对他怎么办呢?何不杀死我,不要因为我一个小妾而使百姓遭受祸乱。"献公说："申生岂会惠爱百姓而不惠爱自己的父亲呢？"骊姬说："我也害怕这一点啊！我听外边人这样说：施行仁德与治理国家不同。施行仁德的人，热爱亲人叫作仁；治理国家的人，有利于安国家、安百姓叫作仁。所以，掌管百姓的人是没有私亲的，把百姓作为自己的亲人。假使他认为有利于百姓而能团结百官的话，岂会害怕承受弑君的罪名？因为有利于百姓的缘故所以不敢爱私亲，弑君而除民害，百姓会更加拥戴他。他将从蒙受弑君的恶名开始，而最终得到救国救民的美名，以后善掩盖前恶啊！百姓总是追求财利的，杀了国君而让百姓得到厚利，百姓中有谁还会败坏他？杀了父亲对别人没有坏处，人们谁会离开他呢？假如他和百姓都得到利益而受到宠信，他的志向实现了而百姓又非常满意，这样他的欲望更大了，谁能不被他的假象所迷惑？他虽然想爱自己的君父，却解脱不了这种当君主的诱惑啊。现在姑且把国君比作纣王，如果纣王有个好儿子，知纣王之恶而先将他杀掉，这样就不会把纣王的罪恶张扬出去，而招致周武王的讨伐。同样是死，就不必借武王之手来杀他了。而且这样做，商朝的国运不会废灭，祖宗的祭祀一直延续到今天，我们这些人怎么能知道纣王的罪恶呢？君王想不担心，能行吗？如果大祸临头才忧虑，恐怕就来不及了！"献公害怕地说："怎么办才好啊！"骊姬说："国君何不告老而把政权交给申生，他得到了政权而做他想做的事，得到他想索取的东西，他就会放过您的。君王再好好想想吧，晋国自从您的曾祖桓叔以来，谁能热爱亲人？正因为不爱亲人，所以才能兼并翼城同宗而为诸侯。"献公说："不能把政权交给他。我凭借武力与威望，才得以临御诸侯。没有死就丢失政权，不能说有武力；有儿子而不能控制，不能说有威望。我将政权交给他，诸侯一定与我断绝关系；能与我断绝关系，一定能杀害我。失去政权而损害国家，这是不能容忍的。你不要担忧，我将想办法对付他。"

骊姬说："东山皋落氏的狄人从早到晚都在侵扰我国边境，使那里的百姓没有一天可以到田野放牧，国君的仓库本来就不充实，又恐怕会削减国家的领土。国君何不命申生去讨伐狄人，用以考察他是否能果断地用兵,与民众的关系是否真的和协辑睦。如果他不能战胜敌人,就构成了败军之罪,可以杀掉他;如果他战胜了狄人,就说明他善于用兵,他的贪求一定会更大,那我们就要进一步想办法对付他。况且战胜了狄人,诸侯将会吃惊害怕,我国的边境将不必戒备,国家的仓库充实,四邻的诸侯畏服,边疆的国界确定。国君您又能得到他战胜狄人的利益,又能观察到他是否与民众和协辑睦,好处实在太多了。君王好好地考虑吧!"献公听了很高兴,于是就命令申生去讨伐东山皋落氏,出师时,献公让他穿着左右颜色不同的衣服,佩戴着金玦。太子申生的仆人赞听到这件事后说:"太子危险了!国君赐给他奇异的东西,奇生怪,怪就产生反常现象,反常现象就预示着太子不能成为国君的继承人。派他出征,先观察他与民众的关系,所以用偏衣预告对他离心,用金玦暗示对他冷淡,这一定是国君从内心深处厌恨他而想消灭他的肉体了。厌恨他的心,就一定从内部谋划使他陷入危险的境地;伤害他的身体,就一定借助外部力量使他面临危难。危险从内部产生,要摆脱就非常困难了!而且这件左右两色的偏衣,是狂夫诅咒后才能穿的。狂夫诅咒之言说:'消灭了敌人再返回。'虽然消灭了敌人,申生对内部的谗言又能怎么样呢?"申生战胜狄人回来,谗言从宫中散布出来。君子说:"赞这个人深知精微之理。"

【注释】

① 泣:无声而出泪地哭。　② 强:强御,指势力强大。　③ 有所:指有所为,即有一定目的。　④ 行强:施行强暴。　⑤ 终命:终结王命,指不当国君。命,指天子赐给诸侯的封国爵位。殁:终、死。　⑥ 妾:小妻,此为妇人自谦词。　⑦ 长民者:统治、掌管百姓的人。　⑧ 厚:指归附、拥戴。　⑨ 恶始:开始有弑君的恶名。　⑩ 盖:掩盖。　⑪ 沮:败、败坏。　⑫ 交:俱、都。　⑬ 志行:达到目的。　⑭ 释:解、解脱。　⑮ 先丧纣:先将纣王杀死。　⑯ 章:通"彰",张扬、显露。　⑰ 钧:同"均",等。　⑱ 假:借。　⑲ 恤:担忧、忧虑。　⑳ 老:告老、称老。　㉑ 桓叔:晋献公的曾祖。　㉒ 兼翼:兼并翼城。翼,原为晋

国国都。晋昭侯封其叔父桓叔于曲沃,后桓叔强盛起来,就攻打翼城,杀昭侯。桓叔子庄伯,又伐翼,杀昭侯子孝侯。庄伯子武公,又伐翼,杀哀侯,又杀哀侯子小子侯,杀哀侯弟晋侯缗,兼并了翼城。献公即位,灭桓叔、庄伯之群公子。他们为了夺取政权,杀的都是亲人。　㉓ 临:临御。　㉔ 皋落狄:又称东山皋落狄,赤狄的别种,居住于今山西垣曲县皋落乡一带。苟:侵扰。　㉕ 果:果断、果决。　㉖ 信:诚信。辑睦:和睦。　㉗ 济:渡,引申为构成。　㉘ 儆:戒备。　㉙ 信:审、定。　㉚ 赖:利、利益。　㉛ 东山:指皋落狄人。　㉜ 偏裻(dū都)之衣:背缝在中,左右异色的衣服。裻,衣服后面的中缝。　㉝ 金玦(jué决):用金属制作的玦。玦,古代佩身之物,似环而有缺口。　㉞ 仆人赞:太子的仆人,名字叫赞。　㉟ 殆:危、危险。　㊱ 无常:不是人之常情而是一种反常现象。　㊲ 坚忍:指金玦。因金寒玦离,暗示离心。　㊳ 狂夫:古代掌驱役和墓葬时驱鬼的官属,又叫方相氏。《周礼》:"方相氏……黄金四目,玄衣朱裳,执戈扬盾……以索室驱疫。"阻:通"诅",诅咒。古礼穿偏衣时要请方相氏诅咒。　㊴ 中:指宫中。　㊵ 微:精微、微妙。

【评析】

本篇记叙骊姬施放谗言,教唆晋献公萌生杀太子申生之心,为奚齐继位扫清道路。全文分两段,表达必杀申生这一主题。第一段写"内险",骊姬鼓动如簧之舌,从内部用谗言杀申生。第二段写"外危",借东山皋落狄,用外部力量杀申生。

骊姬以施放谗言,制造晋国内乱而闻名于世。她进谗言是很讲究策略的。紧紧抓住献公年老而害怕失权的心理状态,选择半夜在枕边啼泣,婉转哀怨,不由年老的献公不动心而听其诉说。而其诉说之词又是以退为进,处处为国、为君着想,娓娓动听,其实是糖衣裹着砒霜而售其奸。当说到申生将"以国故而行强于君"时,摆出一副保护君主和百姓的高姿态,"盍杀我,无以一妾乱百姓"。当献公提出申生既能惠爱人民,为何不能惠爱其父的疑问时,她抓住"为仁与为国不同"立论,申述"长民者无亲"、"以众故不敢爱亲"的道理,似乎申生必欲杀父夺政,制造声势,绷紧献公唯恐失权的心弦。献公只好无奈反问:"若何而可?"她又施展欲擒故纵手段,建议"君盍老而授之政",这样可以"乃其释君"。击中献公害怕失权的要害,使之不寒而栗。然而她话锋一转,运用晋国从桓叔开始为了政权而残杀亲人的历史事实和晋献公亲手消灭桓叔、庄伯的群公子的亲身经历,说明"长民者无亲"、"唯无亲,故能兼翼"的道理。一步一步,将晋献公逼进她掘好的陷阱,下定"不可与政"、"尔勿忧,吾将图之"的杀申生决心。

骊姬在内部中伤申生之后,又运用外部条件来杀害申生。让他去讨伐皋落族,采用败也诛、胜也诛的策略对付申生。并赐偏裻之衣和金玦,暗示国君对其冷淡,产生离弃之心,足见谗言之可畏。

老夫少妻,听谗言而欲废长子的事历史上屡见不鲜。三国时刘表听信后妻蔡氏的谗言,爱少子刘琮而不爱长子刘琦。刘琦内不自安,向诸葛亮谋求自安之术,诸葛亮加以拒绝。有一天,刘琦邀诸葛亮游园,登上高楼,饮宴之间,刘琦命人撤去梯子,对诸葛亮说:"今日上不至天,下不至地,言出子口,入于吾耳,可以言未?"诸葛亮回答说:"君不见申生在内而危,重耳在外而安乎?"刘琦受到指点而感悟,寻求外出。正好黄祖死,刘琦请求出为江夏太守,不致遭谗而死。(《三国志·诸葛亮传》)而申生不愿远离君父出奔,酿成被谗而死的悲剧。

申生伐东山

【解题】

本篇记叙晋献公命太子申生讨伐东山皋落狄的过程。战前,里克谏献公不应让太子领兵出征,献公不听。出发时,先友勉励申生奋力作战。狐突劝告申生不战而出奔避祸,申生不听,率兵与狄人决战。战后,大胜狄人,但谗言更加猖獗。从而刻画了里克、先友、狐突、申生等几个人物不同的鲜明性格。

十七年冬①,公使太子伐东山。里克谏曰:"臣闻皋落氏将战,君其释申生也②!"公曰:"行也!"里克对曰:"非故也③。君行,太子居,以监国也④;君行,太子从,以抚军也。今君居,太子行,未有此也。"公曰:"非子之所知也。寡人闻之,立太子道三:身钧以年⑤,年同以爱,爱疑决之以卜、筮⑥。子无谋吾父子之间,吾以此观之。"公不悦。里克退,见太子。太子曰:"君赐我以偏衣、金玦,何也?"里克曰:"孺子惧乎? 衣躬之偏⑦,而握金玦,令不偷矣⑧。孺子何惧⑨! 夫为人子者,惧不孝,不惧不得⑩,且吾闻之曰:'敬贤于请⑪。'孺子勉之乎!"君子曰:"善处父子之间矣。"

太子遂行,狐突御戎⑫,先友为右⑬,衣偏衣而佩金玦。出而告先友曰⑭:"君与我此,何也?"先友曰:"中分而金玦之权⑮,在此行也。孺子勉之乎!"狐突叹曰:"以尨衣纯⑯,而玦之以金铣者⑰,寒之甚矣,胡可恃也? 虽勉之,狄可尽乎?"先友曰:"衣躬之偏,握兵之要,在此行也,勉之而已矣。偏躬无慝⑱,兵要远灾⑲,亲以无灾,又何患焉?"至于稷桑⑳,狄人出逆㉑,申生欲战。狐突谏曰:"不可。突闻之:国君好艾㉒,大夫殆;好内㉓,适子殆㉔,社稷危。若惠于父而远于死㉕,惠于众而利社稷,其可以图之乎? 况其危身于狄以起谗于内也?"申生曰:"不可。君之使我,非欢也,抑欲测吾心也㉖。是故赐我奇服,而告我权。又有甘言焉。言之大甘,其中必苦。憯在中矣㉗,君故生心,虽蝎憯㉘,焉避之? 不若战也。不战而反,我罪滋厚;我战死,犹有令名焉㉙。"果败狄于稷桑而反。谗言益起,狐突杜门不出㉚。君子曰:"善深谋也。"

【今译】

　　晋献公十七年冬天,献公派太子申生讨伐东山皋落狄。里克进谏说:"我听说皋落氏将与申生决一死战,君王还是不要派申生出征吧!"献公说:"让他去吧!"里克回答说:"这在过去是没有成例的。国君出行,太子留守,用以监护国家;国君出行,太子随从,用以慰抚军队。现在国君留守,太子出行,历史上是没有这种先例的。"献公说:"这不是你所知道的。我听说过,册立太子的原则有三条:德行相同就选择年长的,年龄相同就选择所爱的,所爱相同就用龟卜、占筮来决定。你不要在我们父子之间挑拨离间,我正要通过这次出征来考察他的能力。"献公不高兴。里克出来后,拜见太子。太子对他说:"君父将偏衣、金玦赐给我,这是什么缘故呢?"里克说:"年轻人害怕了吗? 国君让你身穿偏衣,手握象征兵权的金玦,对你的期望不薄啊! 年轻人有什么可害怕的? 做儿子的,害怕不能尽孝道,不害怕不能继承君位。而且我听说过:'恭敬胜于请求。'年轻人努力孝敬君父吧!"君子说:"里克是善于处理父子之间关系的。"

　　太子于是率军出征,狐突替他驾战车,先友担任车右。太子穿着偏衣,佩着金玦。离开国都后,太子告诉先友说:"君父赐给我偏衣、金玦,这是为什么?"先友说:"这意味着国君分给你一半君权,手握金玦,掌握军权,成功在此一举。年轻人奋力自勉吧!"狐突叹了一口气说:"拿杂色的衣服让纯德的太子穿,而且赐给他闪着寒光的金玦,冷酷到极点了,还有什么可依恃的? 虽然努力作战,狄人能杀得尽吗?"先友说:"身上穿着偏衣,手中握着军权,在这次作战中,奋力杀敌就是了。国君赐给偏衣并无恶意,掌握兵权可以远离灾祸,既有偏衣之亲,又无灾祸,还有什么可担心的呢?"军队到达稷桑,狄人出兵迎战,申生准备出战。狐突劝谏说:"不可以出战。我听说:国君在外喜欢嬖臣,大夫们就有危险;国君在内喜欢女色,嫡子就有危险,国家就会遭难。如果您顺从父亲的心愿让奚齐为太子,就可以远离死亡,顺从民众的心愿不作战而避免伤亡,就可以有利于国家,请您好好考虑不出战而出奔吧!况且你在狄人的土地上冒战争的危险,而朝内却逸言蜂起,多么可怕啊!"申生说:"不可以这样做。君父派我出征,并不是喜欢我,大概是想窥测我的心意。所以赐给我奇异的衣服,交给我代表兵权的金玦。临行之前还用好言慰抚我。说的话太甜,其内涵一定更苦。逸言已经在官中流散,君父已经对我产生疑心。逸言像木蠹蛀树一样,我哪里能躲避得了呢?不如决一死战为好。不出战而回去,我的罪名更大了;我作战而死,还可以得到一个好名声。"结果,在稷桑打败狄人后回国。对申生的逸言就更加多了,狐突闭门不出。君子说:"狐突善于深谋远虑啊。"

【注释】

① 十七年:晋献公十七年,公元前660年。　② 释:舍。　③ 故:故事,指过去的成例。　④ 监国:临时监护国家。　⑤ 身钧:指德行相同。钧,通"均"。　⑥ 爱疑:指所爱相同。　⑦ 躬:亲身、自身。　⑧ 偷:薄。　⑨ 孺子:小孩子,此指年轻人。　⑩ 不得:指不得立为国君。　⑪ 敬贤于请:恭敬胜于请求。贤,愈、更。于,比、胜过。　⑫ 狐突:晋国大夫,字伯行,狐偃之父,晋文公的外祖父。御戎:驾战车。　⑬ 先友:晋国大夫,先丹木之族。右:车右、戎右,站在车右保卫主帅的卫士。　⑭ 出:指离开国都。　⑮ 中分:中分君主一半之衣,借指国君分给一半君权。金玦之权:指挥军队的权力。　⑯ 尨(máng忙):杂色。纯:纯德,指太子申生。　⑰ 铣(xiǎn显):通"洒",寒光闪闪的样子。　⑱ 慝(tè特):恶、恶意。　⑲ 兵要:兵权。　⑳ 稷桑:地名,在皋落狄人的境内。　㉑ 逆:迎战。　㉒ 艾:韦昭《国语注》:"艾,当为外,声相似误也。"外,指外朝嬖臣。　㉓ 好内:喜欢

女色。　㉔ 适(dí 敌)子:正妻所生之子。适,通"嫡"。　㉕ 惠:顺从。　㉖ 测:窥测、探测。　㉗ 谮:进谗言诬陷他人。　㉘ 蝎(hé 荷)谮:比喻起于内部的谗言。蝎,蛀蚀树木的蠹虫。　㉙ 令名:美名、好名声。　㉚ 杜门:闭门,原意为用土自封其门。

【评析】

公元前660年,晋献公听信骊姬的谗言,派太子申生征伐东山皋落狄,想借狄人之手杀害申生。本篇即是记叙申生伐东山前前后后的史实。《左传·闵公二年》对此事也有比较详细的记载。值得注意的是,全文从对话中展示了不同人物的性格。

第一个是里克。他是晋国的大夫,正直而富有同情心。当晋献公派太子申生领军出征时,他以太子典兵没有先例为由,进谏献公。但遭到献公的严辞拒绝,并警告他"子无谋吾父子之间",叫他不要挑拨他们父子之间的关系。他见献公杀申生的决心已定,只好退了出来,去拜见太子。里克并没有告诉太子献公对他的态度,而是勉励太子不要害怕,尽人子之孝,努力作战,争取胜利,以改善父子关系。用心可谓良苦,所以君子称赞他善于处理父子之间的关系。

第二个是先友。他也是晋国的大夫,出征时当申生的车右。他良善而又圆滑,老于世故。他明知献公对太子离心,但故意说穿偏衣是分国君一半之衣,赐金玦是付给兵权,并无恶意,解除太子的顾虑,让他放胆领兵作战。这样的话冠冕堂皇,于献公,于太子,两不得罪。

第三个是狐突。他也是晋国的大夫,出征时为申生驾战车。他耿直而有远谋,目光深邃,敢讲真话。他看出献公早对太子离心离德,绝父子之情,必欲废之而后快,赐偏衣、金玦,预示着离弃、冷淡之心,太子的前途布满冰雪严霜。所以他直截了当地指出:"寒之甚矣。"因而力劝太子不战而出奔,既遂父意而免于死,又顺民心而利于国。所以君子称赞他善于深思远虑。

第四个是太子申生。他是一位聪明而仁慈的储君。当献公赐给他偏衣、金玦时,便预感到不幸的事即将发生,胆战心惊,所以见里克、见先友、见狐突屡屡询问"何也"。里克以国君待之不薄回答他,先友以国君对他没有恶意回答他,只有狐突直言相告:"以尨衣纯,而玦之以金铣者,寒之甚矣。"在偏衣、金玦背后,刀光剑影,隐藏着杀机。狐突为他出谋画策,劝他不作战而逃亡,远离是非之地。而申生资质聪明,岂不知深浅?他明知献公听了骊姬谗言,已生害己之心,前途危机四伏,但心存忠君孝亲思想,拒绝狐突不战逃亡主张,表明"虽蝎谮,焉避之"的态度,想以战死博美名。确是一个被礼教吞噬的悲剧人物。

卷八 晋语二

骊姬谮杀太子申生

【解题】

本篇记叙骊姬最后谗杀太子申生的经过。第一步,继续向献公进谗,得到献公明确答复诛杀申生。第二步,指使优施要挟执掌实权的里克,逼使他表态严守中立,排除阻力。第三步,设计让申生进献祭酒、祭肉,置毒药于酒肉中,横加申生谋害国君之罪。第四步,逼使申生自杀。第五步,派人刺公子重耳、夷吾,尽逐群公子。最后,排除政敌,立奚齐为太子。全文结构严谨,层次清楚,人物众多,各具特性。

反自稷桑①,处五年②,骊姬谓公曰:"吾闻申生之谋愈深。日③,吾固告君曰得众,众不利,焉能胜狄?今矜狄之善④,其志益广。狐突不顺,故不出。吾闻之,申生甚好信而强⑤,又失言于众矣,虽欲有退⑥,众将责焉。言不可食,众不可弭⑦,是以深谋。君若不图,难将至矣!"公曰:"吾不忘也,抑未有以致罪焉⑧。"

骊姬告优施曰:"君既许我杀太子而立奚齐矣,吾难里克⑨,奈何!"优施曰:"吾来里克⑩,一日而已。子为我具特羊之飨⑪,吾以从之饮酒。我优也,言无邮⑫。"骊姬许诺,乃具⑬,使优施饮里克酒。中饮⑭,优施起舞,谓里克妻曰:"主孟啖我⑮,我教兹暇豫事君⑯。"乃歌曰:"暇豫之吾吾⑰,不如鸟乌⑱。人皆集于苑⑲,己独集于枯。"里克笑曰:"何谓苑?何谓枯?"优施曰:"其母为夫人,其子为君,可不谓苑乎?其母既死,其子又有谤,可不谓枯乎?枯且有伤⑳。"

优施出,里克辟奠㉑,不飧而寝㉒。夜半,召优施,曰:

"曩而言戏乎㉓？抑有所闻之乎？"曰："然。君既许骊姬杀太子而立奚齐，谋既成矣。"里克曰："吾秉君以杀太子㉔，吾不忍。通复故交㉕，吾不敢。中立，其免乎？"优施曰："免。"

且而里克见丕郑㉖，曰："夫史苏之言将及矣！优施告我，君谋成矣，将立奚齐。"丕郑曰："子谓何？"曰："吾对以中立。"丕郑曰："惜也㉗！不如曰不信以疏之，亦固太子以携之㉘，多为之故㉙，以变其志，志少疏，乃可间也。今子曰中立，况固其谋也㉚，彼有成矣，难以得间。"里克曰："往言不可及也，且人中心唯无忌之㉛，何可败也！子将何如？"丕郑曰："我无心。是故事君者，君为我心㉜，制不在我。"里克曰："弑君以为廉㉝，长廉以骄心，因骄以制人家，吾不敢。抑挠志以从君㉞，为废人以自利也㉟，利方以求成人㊱，吾不能。将伏也㊲！"明日，称疾不朝。三旬，难乃成。

骊姬以君命命申生曰："今夕君梦齐姜㊳，必速祠而归福㊴。"申生许诺，乃祭于曲沃㊵，归福于绛㊶。公田㊷，骊姬受福，乃置鸩于酒㊸，置堇于肉㊹。公至，召申生献，公祭之地㊺，地坟㊻。申生恐而出。骊姬与犬肉，犬毙；饮小臣酒㊼，亦毙。公命杀杜原款㊽。申生奔新城㊾。

杜原款将死，使小臣圉告于申生㊿，曰："款也不才，寡智不敏，不能教导，以至于死。不能深知君之心度[51]，弃宠求广土而窜伏焉[52]；小心狷介[53]，不敢行也。是以言至而无所讼之也[54]，故陷于大难，乃逮于谗。然款也不敢爱死[55]，唯与谗人钧是恶也[56]。吾闻君子不去情[57]，不反谗[58]，谗行身死可也，犹有令名焉。死不迁情，强也。守情说父[59]，孝也。杀身以成志，仁也。死不忘君，敬也。孺子勉之！死必遗爱[60],死民之思,不亦可乎?”申生许诺。

人谓申生曰:“非子之罪,何不去乎?”申生曰:“不可。去而罪释[61],必归于君,是怨君也。章父之恶[62],取笑诸侯,吾谁乡而入[63]?内困于父母,外困于诸侯,是重困也[64]。弃君去罪,是逃死也。吾闻之:‘仁不怨君,智不重困,勇不逃死。’若罪不释,去而必重。去而罪重,不智。逃死而怨君,不仁。有罪不死,无勇。去而厚怨,恶不可重,死不可避,吾将伏以俟命[65]。”

骊姬见申生而哭之,曰:“有父忍之[66],况国人乎?忍父而求好人,人孰好之?杀父以求利人,人孰利之?皆民之所恶也,难以长生!”骊姬退,申生乃雉经于新城之庙[67]。将死,乃使猛足言于狐突曰[68]:“申生有罪,不听伯氏[69],以至于死。申生不敢爱其死,虽然,吾君老矣,国家多难,伯氏不出,奈吾君何?伯氏苟出而图吾君[70],申生受赐以至于死,虽死何悔!”是以谥为共君[71]。

骊姬既杀太子申生,又谮二公子曰:“重耳、夷吾与知共君之事。”公令阉楚刺重耳[72],重耳逃于狄[73];令贾华刺夷吾[74],夷吾逃于梁[75]。尽逐群公子[76],乃立奚齐焉。始为令[77],国无公族焉[78]。

【今译】

太子申生从稷桑战胜皋落狄后回来,过了五年,骊姬对晋献公说:“我听说申生想谋害您的阴谋更加险恶了。往日,我曾经告诉过君王说申生很得人心,如果他不给民众好处,又怎么能战胜狄人?现在他夸耀攻打狄人时善于用兵,他的野心越来越大了。狐突因为太子不顺从君王,所以闭门不出。我听说,申生非常讲究信用而且争强好胜,又向民众泄漏了弑君篡权的图谋，即使有所追悔，众人也要责备他。说过的话不能自食，民众的愿望不能制止，所以他会考虑得更加周密细致。国君如果不采取有效对策，大难就要来临了。"献公说："你对我说过的话，我没有忘记，但还找不到加给他适当的罪名。"

骊姬告诉优施说："国君已经允许我杀死太子而立奚齐了，但我感到里克很难对付，怎么办呢？"优施说："我转变里克的思想，一天的时间就可以完成了。您替我准备一桌全羊的宴席，我用来陪他喝酒。我是个优伶，说错了话也没有什么关系。"骊姬答应了，就准备了宴席，让优施请里克喝酒。酒喝到高兴时，优施就离席舞蹈，对里克的妻子说："夫人您请我喝酒，我会教这位大夫安闲快乐地奉事君主。"接着就唱起歌来："安闲逸乐等待他呀，却不敢主动亲近。他的智慧呀，还不及鸟雀和乌鸦。众人都栖息在花木丰茂的林苑中，只有他还独自蜷缩在衰朽的枯枝上。"里克笑着问："什么叫花木丰茂的林苑？什么叫衰朽的枯枝？"优施说："他的母亲是国君的夫人，她的儿子将来要当国君，能不说是花木丰茂的林苑吗？他的母亲已经死了，她的儿子又遭到诽谤，能不说是衰朽的枯枝吗？不仅是枯枝，而且还要砍斫它。"

优施走后，里克撤去酒菜，饭也不吃躺在床上。到了半夜，他召来优施，说："你刚才说的话是开玩笑呢，还是听到什么风声了？"优施说："的确听到一些风声了。国君已经允许骊姬杀死太子而立奚齐，计划已经决定了。"里克说："让我秉承君主的意志去杀太子，我不忍心这样做。但像往常一样和太子交往，我也不敢这样做。我保持中立，大概可以免祸了吧？"优施说："可以免祸了。"

第二天早晨，里克去见丕郑，说："史苏的预言将要应验了！优施告诉我，国君的计划已经打定，将要立奚齐为太子。"丕郑说："您对优施怎么说呢？"里克回答说："我回答优施保持中立。"丕郑说："真可惜啊！您不如说不相信有这等事发生，用以瓦解骊姬的阴谋，也可以加强太子的地位而分化骊姬的党羽。再多用些计谋，迫使他们改变计划，只要他们的思想有所疏懈，就可以离间他们了。现在您对他说保持中立，更加强了他们夺位的阴谋。他们准备就绪以后，就难以设法离间他们了。"里克说:"我说过的话追不回来了,而且骊姬的心中已肆无忌惮,执之已固,怎么能够挫败他们呢?您将怎么办?"丕郑说:"我没有自己的主张。因为奉事君主的人,君主的意见就是我的意见,决定权不在我。"里克说:"因太子的缘故杀掉国君看作是正直,夸大这种正直就会增长骄傲情绪,凭这种骄傲情绪去制裁人家的父子关系,我不敢这么做。但是让我违心地阿附君主,废掉太子而给自己带来私利,或者寻求对自己有利的手段来成全奚齐当太子,我也不愿这么做。我准备隐退了。"第二天,里克假说有病不上朝。过了三十天,骊姬就发动了杀申生、逐二公子的政变。

骊姬用国君的命令命申生说:"昨天晚上国君梦见你母亲齐姜,你要赶快去祭祀她,并且把祭祀后的酒肉送来。"申生答应了,就到曲沃祖庙去祭祀,祭毕,把祭酒、祭肉送到国都绛城。晋献公正外出打猎,骊姬接受了祭酒、祭肉,就把鸩毒放进酒里,把乌头毒拌在肉里。献公打猎回来后,召申生献上祭酒、祭肉。献公按礼洒酒祭地,地上突起一个土坟。申生惊恐地跑出宫去。骊姬把肉给狗吃,狗立即死了;把酒给近侍喝,小臣也立即死了。献公下令杀申生的师傅杜原款。申生逃到曲沃。

杜原款临死前,派小臣围转告申生说:"我没有才能,缺少智谋又不聪明,不能很好地教导您,以至于被君王杀死。我不能深切地了解国君的心意,让您及早抛弃太子的地位投奔他国隐伏下来。又由于我平生谨慎而守本分,不敢与您一起逃亡。所以谗言兴起时我没有为您辨白,使您陷于大难,遭到骊姬谗言的暗害。我杜原款并不怕死,遗憾的只是与造谗言的骊姬共同分担这个恶名了。我听说君子不抛弃忠君爱父之情,不对谗言加以申辩,蒙受谗言而死是可以的,这样还可以留下忠君孝父的美名。即使至死也不改变忠君爱父之情,这是坚强的表现;恪守忠君爱父之情使君父喜悦,这是孝顺的表现;牺牲生命来实现自己的志向,这是仁义的表现;临死还不忘记爱护国君,这是恭敬的表现。年轻人,努力吧!死后一定要遗爱于民,为人民所思念,不也是值得的吗?"申生答应了师傅的嘱咐。

有人对申生说:"不是您的罪过,为什么不离开晋国呢?"申生说:"不可以这样做。离开了晋国固然可以解脱我的罪过,但人们一定会归罪于国君,这是让国君蒙受恶名。彰扬君父的过恶,被诸侯耻笑,我还能投奔到哪个诸侯国去呢?在国内不容于父母,在国外不容于诸侯,这是双重的困窘啊!背弃君父解脱罪责,这是逃避死亡。我听说过:'仁者不怨恨君父,智者不受双重困厄,勇者不逃避死亡。'如果罪名不能解脱,离开了晋国必然会受到双重困厄。离开了反而加重罪名,这是不明智;逃避死亡而让国君蒙受恶名,这是不仁义;有罪恶而不愿去死,这是不勇敢。离开晋国而加重罪恶,罪恶已经不能再加重了,既然死亡不可避免,我将留在这里静候君父的命令。"

骊姬到曲沃去见申生,哭着说:"忍心谋害父亲的人,还能去爱国人吗?忍心谋害父亲还想充当好人,国人谁会喜欢你呢?杀害父亲来追求私利的人,国人谁会为你谋利益呢?你的所作所为都是民众所憎恶的,这样的人是难以活得长久的!"骊姬走后,申生就在曲沃的宗庙里上吊自杀了。临死前,就派猛足对狐突说:"我有罪,不听您的劝告,以致落到死的地步。申生不敢吝惜自己的生命,即使这样,我们的国君年纪老了,国家又多灾多难,您不出来辅佐他,我们的国君怎么办呢?您如果肯出来为国君出谋划策,我申生一直到死都受着您的恩赐。即使死了,又有什么可追悔的呢?"所以申生死后,后人给他的谥号为共君。

骊姬用谗言逼死太子申生以后,又诬陷二位公子,对献公说:"重耳、夷吾都参与太子申生谋害您的阴谋。"晋献公便派阉人伯楚去刺杀重耳,重耳逃奔到北翟;又派大夫贾华去刺杀夷吾,夷吾逃到梁国。又将其他公子全部驱赶出境,然后就立奚齐为太子,开始制定法令,晋国不准公族留在国内。

【注释】

① 反:通"返",返回。　② 处五年:过了五年,即公元前656年。　③ 日:往日、过去。　④ 矜:矜夸、夸大。　⑤ 强:强御、逞强。

⑥ 退:追悔。 ⑦ 弭:止息、消弭。 ⑧ 致罪:加给他罪名。 ⑨ 里克:晋卿,掌晋国政,又作里季。 ⑩ 吾来里克:指优施能转变里克思想,来归附奚齐。 ⑪ 特羊之飧:一只全羊的宴席。特,一只牲口。⑫ 邮:通"尤",过错。 ⑬ 具:指准备好全羊宴席。 ⑭ 中饮:饮酒至半酣。 ⑮ 主:古代大夫称主,其妻从夫也可称主。孟:里克妻之字。啗(dàn 淡):"啖"的异体字,吃。 ⑯ 兹:此,指里克。暇豫:闲逸快乐。 ⑰ 吾吾(yú yú 鱼鱼):不敢主动亲近的样子。 ⑱ 乌乌:鸟雀和乌鸦。 ⑲ 集:栖止、栖歇。苑:通"菀",树木丰茂的样子。⑳ 伤:病,指人为砍伐。 ㉑ 辟奠:撤去酒菜。 ㉒ 飧(sūn 孙):熟食。 ㉓ 曩(nǎng 攮):先前,此指刚才。而:同"尔",你。 ㉔ 秉:秉承、秉执。 ㉕ 故交:指像过去一样与太子交往。 ㉖ 丕郑:晋国大夫。 ㉗ 惜:指惜里克失言。 ㉘ 固:加强、巩固。携:离、离间。㉙ 故:计谋。 ㉚ 况:更、益。 ㉛ 人:指骊姬及其党羽。中心:心中。 ㉜ 君为我心:君主的思想就是我的思想。 ㉝ 廉:直、正直。㉞ 挠志:屈志,即违心。 ㉟ 废人:废去太子申生。 ㊱ 方:道,引申为方法、手段。成人:成全奚齐。 ㊲ 伏:隐。 ㊳ 齐姜:申生之母,齐桓公之女,早死。 ㊴ 祠:祭祀。古代梦先人,都要用酒食祭祀。归福:将祭祀后的酒肉馈献给活着的人食用。归,通"馈"。福,胙肉,即祭祀后的酒肉。 ㊵ 曲沃:晋国祖庙所在地。 ㊶ 绛:晋国国都。㊷ 田:田猎、打猎。 ㊸ 鸩(zhèn 振):毒鸟。雄名运日,雌名阴谐。形似鹰,大如鹗,毛黑,以羽毛浸酒中,饮之立死。 ㊹ 堇(jǐn 紧):一种根、茎、叶都有毒的草,名乌头。 ㊺ 祭之地:古代将饮福酒,必先浇洒于地,以示不忘先人。 ㊻ 坟(fèn 愤):隆起、突起。 ㊼ 小臣:宫中近侍。 ㊽ 杜原款:申生的师傅。 ㊾ 新城:曲沃。献公新命士芳增筑,故称新城。 ㊿ 小臣圉(yǔ 雨):太子申生的近侍,名圉。(51) 心度:心意。 (52) 求广土:指逃往异地。 (53) 狷(juàn 倦)介:安分守己而不变通。 (54) 言:指谗言。讼:申诉、申辩。 (55) 爱死:吝惜生命。 (56) 钧:同"均",分担。 (57) 不去情:不抛弃忠君爱父的感情。(58) 不反谗:不对谗言进行申辩。 (59) 说:通"悦",喜悦。 (60) 遗爱:

遗留惠爱给后人。　㉿ 释:解脱、解除。　㊷ 章:通"彰",彰显、显扬。　㊸ 谁乡而入:奔向何处。乡,通"向"。　㊹ 重困:双重困厄。　㊺ 俟命:等待君命。　㊻ 忍之:忍心杀他。　㊼ 雉经:自缢。《释名》:"屈颈闭气曰雉经。"　㊽ 猛足:申生的家臣。狐突:晋国大夫。　㊾ 伯氏:狐突之字。不听伯氏:指稷桑之战前,不听狐突不战而逃亡之言。　㊿ 图:图谋,出谋划策。　㋀ 谥:古代帝王、贵族、大臣死后按其生前事迹给予适当评价的语词。帝王之谥,由礼官议上;臣下之谥,由礼官议上,朝廷批准赐予。共君:按谥法,有过能改为共。共,通"恭"。　㋁ 阉楚:阉人名叫楚,即寺人披,字伯楚,又作"勃鞮"。　㋂ 狄:北翟、北狄。重耳之母为狄之狐氏女,故奔外祖家。　㋃ 贾华:晋国大夫。　㋄ 梁:嬴姓之国,伯爵,在今陕西韩城南,公元前641年为秦所灭。　㋅ 群公子:指献公的其他儿子。《左传·僖公二十四年》:"献公之子九人。"　㋆ 令:法令。　㋇ 公族:诸侯之子称公子,孙称公孙。公子、公孙均称公族,也称公姓。

【评析】

公元前656年,骊姬见谗杀太子申生的时机已经成熟,便加紧施展鬼蜮伎俩,步步进逼,迫使太子自缢而死。接着又追杀公子重耳、夷吾,尽逐诸公子,立奚齐为太子,实现蓄谋已久的废嫡立庶阴谋。这一史实,在《左传》、《史记·晋世家》、《穀梁传》、《礼记·檀弓》等史书中均有记载,但详略和文辞稍有不同。

本文主要运用对话形式,叙写骊姬谗杀申生的完整史事,展示了众多不同性格的人物,无不栩栩如生,入木三分。

骊姬是本文着力刻画的主要的反面人物。她恃献公宠爱,心狠手辣,紧紧抓住晋献公怕失权的思想,有步骤、有预谋地必欲达到杀申生、立己子奚齐为太子的目的。时时处处,有机可乘就向献公进谗,诬陷申生欲弑君篡位。她警告献公:"君若不图,难将至矣!"当献公明确表态杀申生、立奚齐之后,她又担心执政的晋卿里克反对,便派优施陈说利害,拉拢里克。当得悉里克保持中立时,便公然假传献公命令,命申生祭齐姜后进献酒肉。置毒于中,制造假案,横加申生欲毒害国君罪名。当申生逃回曲沃时,她赶到曲沃,又哭又闹,施展泼妇骂街手段,指责申生杀君父之罪,用"杀父以求利人"、"难以长生"等话羞辱申生,逼令申生自己上吊自杀。对重耳、夷吾也不放过,编造谎言,教唆献公派亲信追杀。又驱逐群公子。终于立奚齐为太子。从她一系列阴谋活动中,一个貌丽心丑、口蜜腹剑、狡猾而阴险的丑恶形象,凸现在人们面前。

优施是一个与骊姬狼狈为奸的反面人物。他为骊姬出谋划策,利用俳优的特殊身份,似真非真、似假非假地在嬉笑滑稽中暗喻里克弃太子而投靠奚齐,减少骊姬杀太子时的阻力。一副阴险的帮凶嘴脸暴露无遗。

里克是一个中间人物,是晋国执政的卿,握有实权。他本来比较正直,支持申生。曾以太子不典兵为理由,谏阻献公不要让申生统军征皋落狄,但讨了个没趣。献公告诉他:"寡人有子,未知其谁立焉。"只好不对而退。但仍鼓励太子,不要惧怕,存忠君孝父之心,努力作战,来改善父子关系。(《左传·闵公二年》)但他私心比较严重,患得患失。当听到优施暗示献公欲废太子而立奚齐时,他坐卧不安。既不忍附和君意杀太子,又不敢与太子继续保持联系,首鼠两端,不敢坚持正义,只好"称疾不朝",采取中立态度。客观上打击了太子,加速了骊姬阴谋的实施。在骊姬杀害太子中扮演了不光彩的角色。

申生是骊姬的对立面,是本文中一个主要的被迫害的正面人物。他忠诚而良善,存忠君爱父之心。明知骊姬将毒药置放在酒肉中诬陷他,但他"不反谮",不彰父之恶而不为自己蒙谮申辩;明知献公听信骊姬谮言迫害他,但他"不去情",以尽臣之忠、子之孝。他说:"君非姬氏,居不安,食不饱。我辞,姬必有罪。君老矣,吾又不乐。"(《左传·僖公四年》)有人劝他逃走,但他怕归恶于君而不走。他恪守"仁不怨君,智不重困,勇不逃死"的信条,宁可"伏以俟命"。直至被迫自杀前,还念念不忘君父,敦请狐突出山,辅佐献公。确是一个被礼教吞噬的典型人物。原因何在呢？这是他长期身受"死不迁情"、"守情说父"、"杀身以成志"、"死不忘君"的强、孝、仁、敬教育的结果。

此外，晋献公、丕郑、杜原款等人物，在文中虽着墨不多，但都揭示了他们鲜明的个性特征，细细体味，含意深长。

公子重耳、夷吾出奔

【解题】

本篇记叙骊姬谗杀太子申生以后，又派人追杀公子重耳、夷吾，他们只好先后出逃。重耳在狐偃的谋划下奔狄，夷吾在冀芮的谋划下奔梁。为以后回国即位创造有利条件。

二十二年①，公子重耳出亡②，及柏谷③，卜适齐、楚④。狐偃曰⑤："无卜焉。夫齐、楚道远而望大⑥，不可以困往⑦。道远难通⑧，望大难走⑨，困往多悔。困且多悔，不可以走望⑩。若以偃之虑，其狄乎！夫狄近晋而不通⑪，愚陋而多怨⑫，走之易达。不通可以窜恶⑬，多怨可与共忧⑭。今若休忧于狄⑮，以观晋国，且以监诸侯之为，其无不成。"乃遂之狄。

处一年⑯，公子夷吾亦出奔，曰："盍从吾兄窜于狄乎⑰？"冀芮曰⑱："不可。后出同走⑲，不免于罪。且夫偕出偕入难⑳，聚居异情恶㉑，不若走梁㉒。梁近于秦，秦亲吾君㉓。吾君老矣，子往，骊姬惧，必援于秦。以吾存也，且必告悔，是吾免也。"乃遂至梁。居二年，骊姬使奄楚以环释言㉔。四年㉕,复为君。

【今译】

　　晋献公二十二年,公子重耳被迫逃出蒲城,到达柏谷,占卜到齐国好还是到楚国好。狐偃说:"不必占卜了。齐、楚两国离我们道路既远,而且欲望很大,处在困境的我们不可以投奔它。路程遥远难以走到,投奔欲望很大,只盼诸侯朝贡的大国就难以离开,处于困境的我们去投奔它肯定会怨悔。处于困境而且多怨悔的国家,不可能指望它出力送我们回国。假使按照我的打算,还不如到狄国去吧!狄国离晋国近,但与晋国没有交往,狄国愚昧落后,邻国多怨恨它,投奔它很快就可以到达。狄国和晋国没有交往我们正可以利用这一点隐蔽下来,邻国多怨恨狄国我们正可以利用这一点与它同忧患。现在如果我们能与狄人休戚与共,用以静观晋国政局的变化,并且监视诸侯国的动向,那么没有不成功的。"于是就投奔狄国。

　　过了一年,公子夷吾也被迫出奔,说:"何不跟从我的哥哥逃奔到狄国去呢?"冀芮说:"不可以这样做。您出逃在重耳之后,却与他逃到同一个国家,难免要引来同谋之罪。况且兄弟同进为君同出避祸比较困难,你们兄弟同住在一起,性格不同容易互相憎恶,不如逃奔到梁国去吧。梁国与秦国邻近,秦国亲近我们的国君。我们的国君已经老了,您到了梁国,骊姬害怕,必定会向秦国求援。因为我们在梁国依靠秦国,她一定会告诉秦国自己追悔之意,这样我们就可以免罪了。"于是就投奔梁国。在梁国住了两年,骊姬派奄楚送来玉环并加以解释,表示愿意让夷吾回国。过了四年,再回国当了国君。

【注释】

　　① 二十二年:晋献公二十二年,即公元前 655 年。　② 亡:逃亡、逃走。　③ 柏谷:晋国地名,在今河南灵宝西南。　④ 卜:占卜,以问吉凶。　⑤ 狐偃:字子犯,狐突之子,重耳之舅,随重耳出亡十九年,多立功勋。　⑥ 望大:欲望很大。望诸侯朝贡,称霸诸侯。

⑦ 困往:在窘困时去投靠它。　⑧ 通:至、到。　⑨ 难走:指以后难以离开回国。　⑩ 走望:指回国时指望它出力。走,回归。　⑪ 不通:不相交往。　⑫ 多怨:指邻国多怨恨狄国。　⑬ 窜:隐、隐匿。　⑭ 共忧:共忧患。　⑮ 休忧:喜与忧。　⑯ 处:居。　⑰ 窜:逃窜、逃奔。　⑱ 冀芮(ruì 锐):晋国大夫,即郤芮,冀缺之父,公子夷吾师傅。冀,为其食邑,故称冀芮。　⑲ 后出:指夷吾比重耳后出逃。同走:指同在一国。　⑳ 偕入:指以后都想回国为君。　㉑ 异情:性格不同。　㉒ 梁:诸侯国,嬴姓,在今陕西韩城南。　㉓ 秦亲吾君:指秦穆公夫人伯姬为晋献公之女,献公与穆公有翁婿之亲。　㉔ 奄楚:人名,即前文阉楚。环:玉环,谐音"还",表示让其回国。《荀子·大略》:"绝人以玦,反绝以环。"释言:指用语言解释往事。　㉕ 四年:居梁四年,为晋献公二十六年,即公元前651年。

【评析】

骊姬谮杀太子申生之后,于公元前655年派阉人伯楚(寺人披)伐蒲,欲杀重耳。蒲人欲拒战。重耳说:"君父之命不校。"(《左传·僖公五年》)君父的命令不能抵抗,不许蒲人出战。伯楚赶到,重耳赶紧越墙而逃,被伯楚砍掉一只袖口。他与随从人员逃到柏谷后,占卜是逃到齐国好,还是逃到楚国好。谋士狐偃认为不必占卜,齐、楚是大国,"道远而望大,不可以困往",而"狄近晋而不通,愚陋而多怨,走之易达"。狐偃的分析是正确的。齐、楚是大国,欲望大,眼界高,对于落魄的人是不屑一顾的。投靠它们是靠不住的,弄得不好还会引渡到本国去,危险性很大。如果一旦能回国,它们又会多方要挟、索要贿赂,不放回去。而狄国虽然是落后荒僻的小国,但它与晋国没有交往,邻国又都怨恨它。到了那里只要与它休戚与共,一定会得到它的支持而隐蔽下来,伺机而动。实践证明,逃奔狄国是对的。狄国不但热情接待了重耳,狄君还把自己的女儿季隗嫁给重耳。

过了一年,即公元前654年,骊姬又派右行大夫贾华伐屈,欲杀夷吾。夷吾不能守,与屈人结盟后出逃。夷吾打算逃到狄国去,与哥哥重耳在一起。而谋士冀芮认为:"后出同走,不免于罪。且夫偕出偕入难,聚居异情恶,不若走梁。"可以就近依靠秦国而得到它的帮助。冀芮的分析也是正确的。兄弟同逃到一个地方去,难免有同谋之嫌。而且兄弟住在一起,性格不同,难免发生龃龉。特别是都想回国为君,难免产生矛盾。逃到梁国,可以就近得到秦国的帮助而使骊姬害怕。实践证明逃奔梁国是正确的。四年后,夷吾终于得到秦穆公的帮助而回国为君。

狐偃和冀芮目光远大,老谋深算,不仅选择了有利的投奔之国,更重要的是谋划了回国为君之道。由此看来,谋士是非常重要的,他们是智囊团。正确的决策,会使事业成功。刘备征战半生,无寸尺之地。得到诸葛亮后,经过他的策划辅佐,与曹操、孙权鼎足而三,在蜀中称王。曹操有一个谋士群,替他出谋划策。他接受谋士枣祗"挟天子以令诸侯"和屯田的建议,在政治上、经济上取得优势,奠定割据中原的基础。明建文帝听信庸士齐泰、黄子澄削藩之谋,致使大好江山落入明成祖之手。

虢将亡,舟之侨以其族适晋

【解题】

本篇记叙虢国大夫舟之侨,从虢公不听直言占梦的史嚚而将他囚禁,而让国人贺梦的昏庸愚妄表现中,预见虢国即将灭亡,于是带领族人逃到晋国。

虢公梦在庙①,有神人面白毛虎爪,执钺立于西阿②,公惧而走③。神曰："无走！帝命曰④：'使晋袭于尔门⑤。'"公拜稽首⑥。觉，召史嚚占之⑦，对曰："如君之言，则蓐收也⑧。天之刑神也⑨。天事官成⑩。"公使囚之，且使国人贺梦。舟之侨告诸其族曰⑪："众谓虢亡不久，吾乃今知之。君不度而贺大国之袭，于己也何瘳⑫？吾闻之曰：'大国道⑬，小国袭焉曰服⑭。小国傲，大国袭焉曰诛。'民疾君之侈也⑮，是以遂于逆命⑯。今嘉其梦，侈必展，是天夺之鉴而益其疾也⑰。民疾其态，天又诳之⑱；大国来诛，出令而逆⑲；宗国既卑⑳，诸侯远己。内外无亲，其谁云救之㉑？吾不忍俟也！"将行，以其族适晋。六年㉒，虢乃亡。

【今译】

　　虢公做了一个梦，自己在宗庙里，遇见一位人的面孔、生着白毛、长着老虎爪子的神，手里拿着大斧，站在西边飞檐上。虢公害怕而逃。神说："别跑！上天命令说：'让晋国人进入你的国门。'"虢公下拜磕头。醒来后，召史嚚前来占梦。史嚚回答说："像君王所说那样，这个神就是西方之神蓐收了。他是上天主管刑杀的神。上天命令的事情都是由这些神来完成的。"虢公派人将史嚚囚禁起来，而且让国人来庆贺他这个吉利的梦。大夫舟之侨知道这件事后告诉他的族人说："大家都说虢国不久就将灭亡，我到今天才知道这个道理。国君不考虑神的意志，而让国人去祝贺晋国的入侵，这对于自己的灾祸能减损什么呢？我听说过：'大国有道义，小国进入大国叫服从。小国傲慢，大国进入小国叫诛伐。'民众疾恨君王的奢侈荒唐，所以才抗拒君命。现在他认为这个梦吉祥，奢侈荒唐之心一定会更加扩展，这是上天夺去他用来检查自己的镜子而加深他的罪恶啊！民众怨恨他的倒行逆施，上天又来迷惑他；大国来诛讨，反而发布命令让国人欢迎；虢国公室已经卑微了，诸侯又疏远自己。内外都没有亲近的人，还有谁来拯救虢国呢？我不忍心坐等国家的灭亡！"将要离开虢国，他带领他的族人一起到了晋国。过了六年,虢国就灭亡了。

【注释】

① 虢公:虢国的国君,周文王之弟虢仲之后,姓姬名丑。庙:宗庙。　② 钺:兵器的一种,即大斧。西阿(ē 婀):房屋西边的飞檐。③ 走:逃、跑。　④ 帝:天帝。　⑤ 袭:入、进入。　⑥ 拜稽首:拱手跪拜,叩头至地,这是一种最恭敬的礼节。　⑦ 史嚚(yín 银):虢国的太史,名嚚。占:占梦,即解释梦意的凶吉。　⑧ 蓐(rù 入)收:西方之神名,司秋,相传为少昊氏之子,名该。　⑨ 刑神:掌管刑法之神,指蓐收。因五行西方为金,主刑杀,故称。　⑩ 天事官成:指上天要降给人类的祸福,都是由五方的主管神来完成的。　⑪ 舟之侨:虢国大夫,后为晋国大夫。　⑫ 瘳(chōu 抽):减损、减少。　⑬ 道:道义。⑭ 服:服从。　⑮ 侈:奢侈、荒唐。　⑯ 逆命:拒违君命。　⑰ 鉴:镜,用以自己省察形貌。　⑱ 诳:惑。　⑲ 逆:指令国人贺梦之事。⑳ 宗国:公族、公室。　㉑ 云:语助词,无义。　㉒ 六年:指舟之侨到晋国后六年,为公元前 655 年。

【评析】

公元前 660 年,虢公姬丑做了一个梦,梦见神人警告他:天帝将命晋国灭亡虢国。醒来后,他便召史嚚占梦。史嚚根据梦境,告以虢国将有刑杀之祸。虢公不悦,因禁了史嚚,并下令让国人祝贺他得了个吉梦。大夫舟之侨从虢公愚顽行动中,预见虢国即将灭亡,便率领族人逃到晋国。过了六年,公元前 655 年,虢国果然被晋国灭亡了。

在这篇短文中,刻画了两个人物:虢公和舟之侨。

虢公是虢国的国君,昏庸愚顽,凭借国君的权威倒行逆施。史嚚根据梦境,讲了实话,不合他的心意,便加以囚禁;反而荒唐地强迫国人祝贺他得了吉梦。一个喜听阿谀之词竟然达到自欺欺人地步的庸君形象,不着多少笔墨便跃然纸上。让这样庸劣的国君来统治国家,自然弄得民怨沸腾,矛盾重重,不亡何待?

舟之侨是虢国大夫。他从虢公让国人贺梦的愚蠢行动中，看到"民疾君之侈也，是以遂于逆命"。虢公奢侈，上下矛盾重重，民众反抗情绪日益高涨，舟之侨预感到虢即将灭亡。他不忍坐视国家灭亡，便率领族人逃到晋国去了。关于舟之侨出奔原因，《国语》的记载与《左传》不同。《左传·闵公二年》："二年春，虢公败犬戎于渭汭。舟之侨曰：'无德而禄，殃也。殃将至矣。'遂奔晋。"认为虢国掠夺了犬戎的财富，是不义之财，无德而享有财富，将会灭亡。与《战国策》的记载也不同。《战国策·秦策》载："夫晋献公欲伐郭（虢），而惮舟之侨存。荀息曰：《周书》有言：'美女破舌。'乃遗之女乐，以乱其政。舟之侨谏而不听，遂去。"不管哪种原因促使舟之侨奔晋，都可以看出他目光敏锐，灵活变通。他不像比干，以死谏诤纣王；也不像里克保持中立。他可谏则谏，可止则止；谏而不听，则扬长而去。既得贤臣之名，又无罹祸之危，是一位老于世故的官员。

此外，这篇文章包容梦境、占梦、神灵等用天意来附会人事的内容，这是时代的局限。但拨开这层云遮雾障，还是可以看出，国家的存亡是人事在起作用这个历史的真实。

宫之奇知虞将亡

【解题】

本篇记叙晋国假道于虞以伐虢，宫之奇曾以虞虢乃唇齿之邦，虢灭虞必从之加以谏阻，但虞公不听。于是他以忠、信立论，对其子说了这番话。指出虞国既无忠信，又留外寇，自拔根本，即将灭亡。他率领妻儿到西山避祸。表现了宫之奇的政治远见。

伐虢之役①,师出于虞②。宫之奇谏而不听③,出,谓其子曰:"虞将亡矣! 唯忠信者能留外寇而不害④。除暗以应外谓之忠⑤,定身以行事谓之信⑥。今君施其所恶于人⑦,暗不除矣;以贿灭亲⑧,身不定矣。夫国非忠不立,非信不固。既不忠信,而留外寇,寇知其衅而归图焉⑨。已自拔其本矣⑩,何以能久? 吾不去,惧及焉。"以其孥适西山⑪。三月,虞乃亡。

【今译】

晋国讨伐虢国的战役,军队是向虞国借道出发的。宫之奇劝阻虞公不要借道,但虞公不听。宫之奇出来后,对他的儿子说:"虞国即将灭亡了! 只有凭忠信立国的人,才能留驻外国军队而不受其损害。除去自身的愚昧用以应付外敌叫作忠,安定自身的立场来处理事务叫作信。现在国君把自己所厌恶的事施加给虢国,这是没有除掉愚昧的表现;贪恋晋国的贿赂而去灭亡亲密的邻邦,这是自身立场不稳定的表现。国家没有忠就不能自立,没有信就不能巩固。现在虞国既不讲忠信,又借道给外国军队,外国军队知道有机可乘就会在回师时顺势灭亡我国。虞国自己已经拔掉了立国的根本,怎么能长久呢? 我不离开虞国,害怕要涉及灾祸了。"就带着他的妻儿到西山避难。过了三个月,虞国就灭亡了。

【注释】

① 虢:国名,虢仲所封之国,在今陕西宝鸡。 ② 虞:国名,周古公亶父之子虞仲所封之国,在今山西平陆,处于晋、虢两国之间。 ③ 宫之奇:虞国大夫,有贤名。 ④ 外寇:指晋国军队。 ⑤ 除暗:除去自己暗昧之心。 ⑥ 定身:安定自身的立场。 ⑦ 恶:指假道灭虢之事。 ⑧ 以贿灭亲:贪图贿赂而去灭亡同宗的友邦。指虞国接受晋国屈产之乘、垂棘之璧而借道于晋,不顾虞、虢乃同宗之亲、兄

弟之国。　⑨ 衅:间隙,指有机可乘。　⑩ 本:根本,指忠信。　⑪ 孥(nú 奴):妻和儿女。西山:虞国西边的国界处。

【评析】

晋国假道于虞以伐虢共有两次。第一次是在公元前 658 年,晋国用大夫荀息之谋,将屈地所产名马和垂棘所产玉璧贿赂虞公,请求借道。虞公贪恋名马、玉璧的厚赂,不听宫之奇谏阻,便答应了,还与晋国联合出兵,灭下阳(今山西平陆)。第二次在公元前 655 年,晋国再次向虞国借道伐虢。宫之奇用"辅车相依,唇亡齿寒"的比喻来申述虞、虢关系,说明虢亡虞必从之的道理。愚昧而利欲熏心的虞公听不进宫之奇的忠谏,仍旧借道给晋国。本文所记的是晋国第二次向虞国借道,虞公不听规谏后宫之奇说了这番话。这番话以忠信立论,宫之奇认为国家"非忠不立,非信不固",这是立国的根本。今虞国无忠无信,而让晋国军队留驻境内,为其顺手牵羊一举消灭虞、虢两国大开方便之门。自拔根本,虞国的灭亡已不可免了。他回天乏术,又惧及祸,遂率领妻子儿女到西山避难。果不出宫之奇所料,三个月后,晋军在灭亡虢国后,回师途中,顺手将虞国灭掉,俘虏了虞公,牵回名马,捧回玉璧。

献公问卜偃攻虢何月

【解题】

本篇记叙晋献公问卜偃攻打虢国以何时为吉利。卜偃根据童谣,告以九月末、十月初出师为佳,可以一举吞并虢国。

献公问于卜偃曰①:"攻虢何月也②?"对曰:"童谣有之曰:'丙之晨③,龙尾伏辰④,均服振振⑤,取虢之旂⑥。鹑之贲贲⑦,天策焞焞⑧,火中成军⑨,虢公其奔!'火中而旦⑩,其九月十月之交乎?⑪"

【今译】
　　晋献公向卜偃问道:"攻打虢国以哪个月最吉利?"卜偃回答说:"童谣中有这样的话:'丙子日的早晨,日月交会在龙尾星座,使龙尾隐伏不明。士兵的军服威武而整齐,去夺取虢国的旌旗。鹑火星像是一只飞翔的大鸟,天策星接近日月顿失光耀;鹑火星下发动进攻,虢公只好仓皇出奔!'鹑火星在南方出现,大概是在九月末、十月初之间吧!"

【注释】
　　① 卜偃:晋大夫,姓郭名偃,掌占卜,故称卜偃。 ② 何月:指在哪一个月为吉利。 ③ 丙之晨:丙子这一天的早晨。 ④ 龙尾:星宿名,属二十八宿中的尾宿。辰:中国古代天文学的一个专用名词,指月朔时太阳所在的位置,古称日月交会的地方。 ⑤ 均服:即袀服,戎服。古代君臣的戎服是相同的。振振:威武的样子。 ⑥ 旂(qí旗):军中的旌旗。 ⑦ 鹑(chún纯):星宿名,即鹑火星,属二十八宿中的柳宿。贲贲:形容鹑火星的形象似一只大鸟。 ⑧ 天策:星名,又称傅说星,属尾宿中的一颗。焞焞(tūn tūn吞吞):暗淡不明的样子。 ⑨ 火中:指鹑火星出现在南方。中,指某星宿出现在南方。成军:指出师有功。 ⑩ 旦:早晨。 ⑪ 九月十月之交:指夏历九月末、十月初。交,指晦朔交会。

【评析】
　　古人迷信,遇事要占卜凶吉。本篇记叙晋献公问卜偃定在何时进攻虢国为宜。卜偃根据童谣"火中成军,虢公其奔"等话,认为进攻虢国的时间宜在九月、十月之交,即九月晦与十月朔之交。《左传·僖公五年》载:"冬十二月丙子朔,晋灭虢,虢公丑奔京师。"说明晋献公听取了卜偃的意见,选择在夏历九月晦、十月朔,即周历十一月晦、十二月朔,晦朔交会之日出兵灭虢。

至于童谣中的"取虢之旂"一句,有两种解释。唐孔颖达认为:"旂者,晋军旂也。而往取虢,故云'取虢之旂'。"而清董增龄说:"取虢之旂,言败虢而获其旗,犹李陵所谓'斩将搴旗'也。"均之二说,以董增龄所说较为合理。全副武装、威武雄壮的晋军势如破竹,夺取的自然是虢国的军旗。

阅读本文,还可以帮助我们获得一些古代天文学中的星象知识。

宰周公论齐侯好示

【解题】

本篇记叙宰周公劝阻晋献公不必赴齐桓公召开的葵丘之会。借此否定了齐桓公靠施小恩小惠笼络人心,而不修德行,妄图称霸诸侯的作法;揭示了齐桓公好表现自己的内心世界。一针见血,鞭辟入里,是一篇短小精悍而富含哲理的论说文。

葵丘之会①,献公将如会②,遇宰周公③,曰:"君可无会也。夫齐侯好示④,务施与力而不务德⑤,故轻致诸侯而重遣之⑥,使至者劝而叛者慕⑦。怀之以典言⑧,薄其要结而厚德之⑨,以示之信。三属诸侯⑩,存亡国三⑪,以示之施。是以北伐山戎⑫,南伐楚,西为此会也。譬之如室,既镇其甍矣⑬,又何加焉?吾闻之,惠难遍也,施难报也。不遍不报,卒于怨仇。夫齐侯将施惠如出责⑭,是之不果奉⑮,而暇晋是皇⑯,虽后之会,将在东矣。君无惧矣,其有勤也⑰!公乃还。

【今译】
　　齐桓公召集各国诸侯在葵丘会盟,晋献公将前去参加。路上遇到周天子卿士宰孔从葵丘回来,宰孔对他说:"您可以不必前去参加会盟。齐桓公喜欢表现自己,施小恩小惠于诸侯,夸耀武功,不修德政。故诸侯空囊而来却满载而归,使来的人受到鼓励而背叛他的人心怀羡慕。重申过去典册记载的话来安定诸侯,简化会盟的繁琐仪式,却多给诸侯以德惠,用来表现他对诸侯的诚信。他三次主持诸侯会盟,挽救了三个将要灭亡的国家,用来表现他对诸侯的恩惠。所以他北面讨伐山戎,南面讨伐楚国,西面召集这次葵丘会盟。譬如建造房子,已经上了栋梁,盖好了屋顶,还要增加什么呢?我听说过,施恩惠难以普遍,受恩惠难以报答。不普遍不报答,最终会结成怨仇。齐桓公施恩惠像放债一样,希望得到报偿,这是得不到好结果的。他哪有空闲来理会晋国,即使以后有会盟,也将在东面举行了。您不必害怕,将来有您勤劳王事的地方呢!"晋献公于是就回国了。

【注释】
　　① 葵丘之会:公元前651年齐桓公在葵丘举行的一次诸侯会盟。葵丘,地名,在当时宋国境内,今河南兰考东。　② 如会:到会。　③ 宰周公:名孔,周天子卿士,居太宰之职,食邑于周,故称。　④ 好示:喜欢表现自己。　⑤ 务施:致力于施小恩小惠。与力:致力于武功。　⑥ 轻:指诸侯空手而来,所献礼物微薄。重:指赠以厚礼,诸侯满载而归。　⑦ 劝:劝勉、鼓励。慕:羡慕。　⑧ 怀:安、安定。典言:记载在典册上的话。　⑨ 薄其要结:指减少会盟时的繁琐仪式,如诸侯饰牲载书而不歃血等。　⑩ 属:会盟。　⑪ 国三:三个国家,指鲁、卫、邢。　⑫ 山戎:古族名,又称北戎,分布在今河北省北部,公元

前663年齐桓公曾讨伐它。　⑬ 甍（méng 萌）：栋梁，此指屋脊。
⑭ 责：通"债"。　⑮ 果：克。奉：承行。　⑯ 暇：闲暇。皇：通"匡"，
匡正。　⑰ 有勤：指勤劳于王室之事。

【评析】

本文记叙周王室太宰孔劝阻晋献公不必前去参加葵丘之会所说的话。以"齐侯好示，务施与力而不务德"立论，揭示了齐桓公好表现自己的内心世界，夸耀武功而不修德政，企图用小恩小惠拉拢诸侯，成就霸业。这就像放债一样，施惠于诸侯，希望得到丰厚的回报。这样的霸业既不能持久，也不会有好的结果。实质上是否定了齐桓公建立霸业的手段。特别是"惠难遍也，施难报也。不遍不报，卒于怨仇"的话，富含哲理。施恩惠者难以普遍及于大家，受恩惠者也难以报偿于施恩惠者。因此，受恩惠者将会怨施恩惠者不普遍、不公平，施恩惠者将会怨受恩惠者不感恩、不图报。如果不以德义为准则，光以利益相维系，最终将会反目成仇。

宰周公论晋侯将死

【解题】

本篇记叙宰周公评论晋献公国土辽阔而不修德政，丧失民心；不分析天下诸侯形势而放弃关隘之守；轻率地赴葵丘之会。指出这是将死的征兆。果然这一年（公元前651年）晋献公死了。

宰孔谓其御曰①："晋侯将死矣！景霍以为城②，而汾、河、涑、浍以为渠③，戎、狄之民实环之④。汪是土也⑤，苟违

其违⑥,谁能惧之!今晋侯不量齐德之丰否⑦,不度诸侯之势⑧,择其闭修⑨,而轻于行道,失其心矣⑩。君子失心,鲜不夭昏⑪。"是岁也⑫,献公卒。八年⑬,为淮之会⑭。九年,桓公在殡⑮,宋人伐之⑯。

【今译】
　　宰孔对他的驾车人说:"晋侯将要死了!晋国用高大的霍山作城墙,用汾水、黄河、涑水、浍水作护城河,戎、狄的民众紧紧地环卫它。如此广阔无垠的土地,如果能去掉违背道义的行为,谁能威胁它呢?但是现在晋献公不衡量齐国的德行厚薄,不估计诸侯势力的强弱,放弃关隘之守和治理内政,而且轻率地上路赶去参加葵丘之会,这简直是失去常人的心态了。君子失去正常的心态,很少有不得狂疾而早死的。"这一年,晋献公死了。葵丘之会后八年,齐桓公又召集诸侯在淮地会盟。齐桓公死了,棺木还没有下葬,宋襄公就讨伐齐国作乱的诸公子。

【注释】
　　① 宰孔:宰孔周公。御:驾驭车马的人。　② 景:大。霍:霍山,又名霍太山,位于今山西省中部,霍州东南,为晋国天然屏障。　③ 汾:汾水。河:黄河。涑(sù速):涑水。浍(kuài快):浍水。渠:护城河。　④ 实:紧紧地。环:环卫,环绕。　⑤ 汪:广阔无垠的样子。　⑥ 苟违其违:假使去掉违背道义的行为。前一"违"字作去掉讲,后一"违"字作违背道义讲。　⑦ 量:衡量。丰否:丰厚与瘠薄。　⑧ 势:指强弱之势。　⑨ 闭修:指闭守关隘和治理内政。　⑩ 失其心:指失去常人的心态。　⑪ 夭:夭折。昏:狂荒之疾。　⑫ 是岁:指公元前651年。　⑬ 八年:指葵丘之会后八年,即公元前644年。　⑭ 淮之会:齐桓公召集的又一次诸侯会盟。淮,地名,在今江苏盱眙。　⑮ 殡(bìn摈):停棺未葬。　⑯ 宋人伐之:公元前643年十月,齐桓公病死,五子争立,太子昭奔宋。次年(前642)春,宋襄公会合诸侯伐齐,送太子昭回国。齐人杀公子无亏,立太子昭为君,是为齐孝公。

【评析】

本文主要记叙宰孔对晋献公的评论,也附带记叙晋献公之死和淮之会,齐桓公之死及宋人伐齐立齐孝公。

文章开门见山地指出:"晋侯将死矣!"然后分三个层次评述晋侯将死的原因。首先,指出晋国疆域辽阔,形势险要,具备成为大国的条件。晋献公若能去掉自己违背道义的行为,为政以德,强大的晋国将无所畏惧地立足于诸侯之林。而晋献公却宠骊姬,贪女色,信佞臣,听谗言,杀太子,逐群公子,不修内政,尽干违背道义之事。他的倒行逆施,导致他必将死亡。说明"天时不如地利,地利不如人和",暗寓治国"在德不在险"的道理。

其次,指出晋献公闭目塞听,不估量霸主齐国的德行厚薄,不估量诸侯势力强弱,不了解天下大势,放弃雄关之守,不修己身之德,背弃民心,一意孤行,失去常人心态,导致他必将死亡。说明"得道多助,失道寡助",暗寓治国必须明形势、识大局、布德义、得民心的道理。

其三,指出失去常人之心、患狂妄之疾的人必将死亡。晋献公已失常人之心,导致他必将死亡。说明"应之以治则吉,应之以乱则凶",暗寓治国必须应顺自然规律而动的思想。

以上三个层次,又紧紧围绕治国以修德为先、无德则亡这个中心思想,逻辑严密,说理透辟,寓意深刻,确是一篇短小精悍的论说文。

里克杀奚齐而秦立惠公

【解题】

本篇记叙晋献公死后,大夫里克杀骊姬、奚齐、卓子,晋国面临立谁为国君的问题。在晋国大夫之间,重耳、夷吾君臣与秦国使者之间,秦国君臣之间,围绕立晋君为中心展开了一系列政治权术和讨价还价的活动,刻画了丑、美、善、恶众多人物的形象。最终以夷吾重赂秦穆公及晋国诸大夫,使秦穆公选择夷吾为晋君。

二十六年①,献公卒。里克将杀奚齐,先告荀息曰②:"三公子之徒将杀孺子③,子将如何?"荀息曰:"死吾君而杀其孤,吾有死而已,吾蔑从之矣④!"里克曰:"子死,孺子立,不亦可乎？子死,孺子废,焉用死?"荀息曰:"昔君问臣事君于我,我对以忠贞。君曰:'何谓也?'我对曰:'可以利公室,力有所能,无不为,忠也。葬死者,养生者,死人复生不悔⑤,生人不愧,贞也。'吾言既往矣⑥,岂能欲行吾言而又爱吾身乎？虽死,焉避之?"

里克告丕郑曰:"三公子之徒将杀孺子,子将何如?"丕郑曰:"荀息谓何?"对曰:"荀息曰'死之'。"丕郑曰:"子勉之。夫二国士之所图⑦,无不遂也⑧。我为子行之⑨。子帅七舆大夫以待我⑩。我使狄以动之,援秦以摇之。立其薄者可以得重赂,厚者可使无入。国,谁之国也⑪!"里克曰:"不可。克闻之:夫义者,利之足也⑫;贪者,怨之本也。废义则利不立,厚贪则怨生。夫孺子岂获罪于民？将以骊姬之惑蛊君而诬国人⑬,逸群公子而夺之利,使君迷乱,信而亡之,杀无罪以为诸侯笑,使百姓莫不有藏恶于其心中⑭,恐其如壅大川,溃而不可救御也。是故将杀奚齐而立公子之在外者,以定民弭忧,于诸侯且为援,庶几曰诸侯义而抚之,百姓欣而奉之,国可以固。今杀君而赖其富⑮,贪且反义。贪则民怨,反义则富不为赖。赖富而民怨,乱国而身殆,惧为诸侯载⑯,不可常也。"丕郑许诺。于是杀奚齐、卓子及骊姬,而请君于秦。

既杀奚齐,荀息将死之。人曰:"不如立其弟而辅之。"荀息立卓子。里克又杀卓子,荀息死之。君子曰:"不食其言矣。"

既杀奚齐、卓子,里克及丕郑使屠岸夷告公子重耳于狄⑰,曰:"国乱民扰,得国在乱,治民在扰,子盍入乎?吾请为子鈇⑱。"重耳告舅犯曰:"里克欲纳我。"舅犯曰:"不可。夫坚树在始⑲,始不固本,终必槁落。夫长国者⑳,唯知哀乐喜怒之节,是以导民。不哀丧而求国,难;因乱以入,殆。以丧得国,则必乐丧,乐丧必哀生。因乱以入,则必喜乱,喜乱必怠德。是哀乐喜怒之节易也㉑,何以导民?民不我导,谁长?"重耳曰:"非丧谁代?非乱谁纳我?"舅犯曰:"偃也闻之㉒,丧乱有小大。夫丧大乱之剡也㉓,不可犯也。父母死为大丧,谗在兄弟为大乱。今适当之,是故难。"公子重耳出见使者,曰:"子惠顾亡人重耳,父生不得供备洒扫之臣,死又不敢莅丧以重其罪,且辱大夫,敢辞。夫固国者,在亲众而善邻,在因民而顺之。苟众所利,邻国所立,大夫其从之。重耳不敢违。"

吕甥及郤称亦使蒲城午告公子夷吾于梁㉔,曰:"子厚赂秦人以求入,吾主子㉕。"夷吾告冀芮曰㉖:"吕甥欲纳我。"冀芮曰:"子勉之,国乱民扰,大夫无常,不可失也。非乱何入?非危何安?幸苟君之子,唯其索之也。方乱以扰,孰适御我㉗?大夫无常,苟众所置,孰能勿从?子盍尽国以赂外内㉘,无爱虚以求入㉙,既入而后图聚。"公子夷吾出见使者,再拜稽首许诺。

吕甥出告大夫曰："君死自立则不敢,久则恐诸侯之谋,径召君于外也,则民各有心,恐厚乱,盍请君于秦乎?"大夫许诺。乃使梁由靡告于秦穆公曰㉚:"天降祸于晋国,谗言繁兴,延及寡君之绍续昆裔㉛,隐悼播越㉜,托在草莽㉝,未有所依。又重之以寡君之不禄㉞,丧乱并臻㉟。以君之灵,鬼神降衷㊱,罪人克服其辜㊲,群臣莫敢宁处,将待君命。君若惠顾社稷,不忘先君之好,辱收其逋迁裔胄而建立之㊳,以主其祭祀,且镇抚其国家及其民人,虽四邻诸侯之闻之也,其谁不儆惧于君之威,而欣喜于君之德?终君之重爱㊴,受君之重贶㊵,而群臣受其大德,晋国其谁非君之群隶臣也㊶?

秦穆公许诺。反使者,乃召大夫子明及公孙枝㊷,曰:"夫晋国之乱,吾谁使先,若夫二公子而立之?以为朝夕之急。"大夫子明曰:"君使絷也㊸。絷敏且知礼,敬以知微㊹。敏能窜谋㊺,知礼可使;敬不坠命㊻,微知可否。君其使之。"

乃使公子絷吊公子重耳于狄㊼,曰:"寡君使絷吊公子之忧,又重之以丧。寡人闻之,得国常于丧,失国常于丧。时不可失,丧不可久,公子其图之!"重耳告舅犯。舅犯曰:"不可。亡人无亲㊽,信仁以为亲,是故置之者不殆。父死在堂而求利,人孰仁我?人实有之㊾,我以侥幸,人孰信我?不仁不信,将何以长利㊿?"公子重耳出见使者,曰:"君惠吊亡臣,又重有命。重耳身亡,父死不得与于哭泣之位㊿¹,又何敢有他志以辱君父?"再拜不稽首㊿²,起而哭,退而不私㊿³。

公子絷退,吊公子夷吾于梁,如吊公子重耳之命。夷吾告冀芮曰:"秦人勤我矣㊿⁴!"冀芮曰:"公子勉之。亡人无狷洁㊿⁵,狷洁不行。重赂配德,公子尽之,无爱财!人实有之,我以侥幸,不亦可乎?"公子夷吾出见使者,再拜稽首㊶,起而不哭,退而私于公子絷曰:"中大夫里克与我矣,吾命之以汾阳之田百万㊷。丕郑与我矣,吾命之以负蔡之田七十万㊸。君苟辅我,蔑天命矣!亡人苟入扫宗庙,定社稷,亡人何国之与有?君实有郡县,且入河外列城五㊹。岂谓君无有?亦为君之东游津梁之上㊺,无有难急也。亡人之所怀挟缨纕㊻,以望君之尘垢者。黄金四十镒㊼,白玉之珩六双㊽,不敢当公子,请纳之左右。"

公子絷反,致命穆公。穆公曰:"吾与公子重耳,重耳仁。再拜不稽首,不没为后也㊾。起而哭,爱其父也。退而不私,不没于利也。"公子絷曰:"君之言过矣㊿。君若求置晋君而载之,置仁不亦可乎?君若求置晋君以成名于天下,则不如置不仁以猾其中㊿,且可以进退㊿。臣闻之曰:'仁有置,武有置。仁置德,武置服'。"是故先置公子夷吾,寔为惠公㊿。

【今译】

　　晋献公二十六年,献公去世。里克准备杀死奚齐,事先告诉奚齐的师傅荀息说:"申生、重耳、夷吾三位公子的党徒将要杀掉奚齐,您将怎么办?"荀息说:"我们的国君刚去世就杀掉他的孤儿,我只有一死罢了,我是不会听从他们的!"里克说:"您死了,奚齐被立为君主,不也是值得的吗?您死了,奚齐被废黜,那您又何必去死呢?"荀息说:"过去国君曾问过我臣子奉事君主的原则,我用'忠贞'两字回答他。国君问:'什么叫作忠贞呢?'我回答说:'可以对国家有利的事,只要力所能及,没有不去做的,这就是忠。埋葬死者,奉养生者,对死人复生也不感到追悔,对活着的人也不感到惭愧,这就是贞。'我的话已经说出去了,怎么能够既要实践自己的话又爱惜自己的生命呢?即使死而无益,我又怎么可以逃避呢?"

里克告诉丕郑说:"申生、重耳、夷吾三位公子的党徒将要杀掉奚齐,您将怎么办?"丕郑说:"荀息怎么说?"里克回答说:"荀息说'愿意为奚齐而死'。"丕郑说:"您努力去做吧。二位国士所谋划的事,是没有不成功的。我帮助您实行这件事。您率领七舆大夫等待着我的接应。我让狄国行动起来,并取得秦国的援助来动摇奚齐的势力。拥立对我们恩德薄一点的人为国君,我们可以从他那里获得高官厚禄,对我们恩德厚一点的人就别让他回国为君。我们专晋国国政,晋国还能是谁的国家!"里克说:"不可以这样做。我听说过:义,是利的基础;贪,是产生怨恨的根源。废弃道义就没有利可言,贪图厚利就会产生怨恨。奚齐难道得罪了人民吗?只不过是因为骊姬蛊惑国君而且欺骗了国人,她用谗言诬陷群公子,而且夺取了他们的权利,使国君迷惑昏乱,听信她的谗言而赶走了群公子,杀了无罪的太子申生贻笑于诸侯,使百姓没有一个不把这种憎恶埋藏在内心深处,恐怕会像壅塞大河一样,一旦溃决就无法挽救了。所以我们准备杀掉奚齐而拥立流亡在国外的公子为国君,目的是安定民心消弭忧患,对于诸侯将会得到他们的援助。这时我们差不多可以这样说,诸侯出于正义而抚存晋国,百姓从内心喜悦而拥戴新君,国家可以安定巩固。现在杀掉新君为了贪图他的财富,这是既贪利而又违背道义的。贪利就会招致民众怨恨,违反道义则财富再多也不为利。贪图财利而导致民众怨恨,搞乱了国家,自身也危险,恐怕这种事还会被诸侯记入史册引为历史教训,这样做是不合常理的。"丕郑答应了。于是杀掉了奚齐、卓子和骊姬,请求秦国帮助立新君。

里克杀了奚齐后,荀息将为奚齐而死。有人对他说:"不如立奚齐的弟弟为国君而辅佐他。"荀息就立卓子为国君。里克又杀了卓子,荀息殉君之难而自杀身亡。君子说:"不违背自己的诺言啊!"

已经杀了奚齐、卓子,里克和丕郑派屠岸夷到狄国去告诉公子重耳,说:"国家动乱,民众惊扰。动乱时容易得到国君之位,惊扰的民众容易治理,您何不乘机回国呢?我请求给您做前导。"重耳告诉舅舅子犯说:"里克想接纳我回国继承君位。"子犯说:"不可以这样做。坚固的树木在于根深,根基不深不固,最终必然枯槁凋落。掌握国家政权的国君,只有知道哀乐喜怒的礼节,并用以来训导民众。不哀悼君父之丧而想得国为君,这是难以成功的;乘着国家动乱而回国,这是很危险的。乘着君父之丧而得到君位,就一定以丧君父为乐,以君父之丧为乐必定会导致悲哀。乘着动乱而回国,就一定以动乱为喜,以动乱为喜必定会导致道德堕落。这是把哀乐喜怒的礼节颠倒了,还用什么来训导民众?民众不听从我的训导,还当什么国君?"重耳说:"如果不是君父之丧,谁有机会继承为君? 如果不是动乱,谁肯接纳我为君?"子犯说:"我也听说过,丧乱有大小,大丧大乱的锋芒,不可去冒犯它。父母死是大丧,在兄弟之间发生谗言是大乱。如今刚好处在这种情况下,所以要回国继位很难成功。"公子重耳出来会见使者,说:"承蒙您没有忘记流亡在外的我,远道前来探望。父亲在世时我不能在他身边侍奉他,父亲逝世后我不能回国参加丧礼,加重了我不孝之罪。而且辱承大夫来慰抚我,所以敢于辞谢您们的好意。安定国家的人,在于亲近民众,善待邻国,在于因民之利而顺从他们。如果民众认为有利,邻国愿意拥立,大夫们还是听命于那个人吧。我重耳也不敢违背。"

　　吕甥和郤称也派蒲城午到梁国去告诉公子夷吾,说:"您用丰厚的礼物贿赂秦国人,请他们帮助您回国为君,我们在国内拥立您。"夷吾告诉冀芮说:"吕甥打算接纳我为国君。"冀芮说:"您好好努力吧!国家动乱,民众惊扰,大夫们心中无主,这个机会不可错过。不是国家动乱我们怎么能回国? 不是国家危难何必要立新君安定民众? 幸而您是国君的儿子,他们只好来找您了。现在正好是国家动乱、民众惊扰之时,谁敢抵御我们? 大夫们心中无主,假如众人拥立您为国君,谁敢不服从您? 您何不竭尽晋国的财富来贿赂国外诸侯和国内有实力的大夫们,不要吝惜国库空虚,全力追求回国为君。回国当了国君后再来考虑聚敛财富。"公子夷吾出来会见使者,拜了两拜叩头至地答应回国。

　　吕甥出面告诉大夫们说:"国君逝世,我们不敢自作主张立新君,时间长了又恐怕诸侯会算计我们,直接从国外召回流亡的公子,就担心民众的意见不一,加深国家的祸乱。何不向秦国请求帮助我们拥立新君呢?"大夫们都同意他的建议。于是派梁由靡向秦穆公报告说:"上天降大祸于晋国,逸言很多,涉及先君的继承者们。他们忧伤害怕,流亡在远方,寄身在草野之间,没有依托之所。又加上先君逝世,国丧和动乱接踵而至。托您君王的威望和英明,鬼神降善给晋国,将罪人骊姬正法伏诛,但群臣尚不敢安宁地生活,恭谨地等待您的命令确立新君。您如能惠顾晋国,不忘先君献公与您的友好关系,请您屈辱地接纳一位他流亡在外的公子并帮助他继承君位,让他主持晋国的祭祀,而且镇抚国家和安定人民。即使四邻诸侯听到您这样做,哪一个敢不畏惧您的声威,欣喜您的德行呢?逝世的献公蒙受您的厚爱,接受您的厚赐,晋国群臣也蒙受您的大德,晋国哪一个不是国君您众多的隶臣呢?"

秦穆公答应了,打发使者梁由靡回晋国复命。于是召见大夫子明和公孙枝,说:"晋国发生动乱,我们应该先立谁为晋君,是不是在二位公子中选择一位立为国君?以解决晋国迫切的继承问题。"大夫子明说:"国君派公子絷去做使者吧。公子絷机敏而且知礼,恭敬而且预知精微的道理。机敏能够在细微处做出决策,知礼可以作为使者,恭敬不会违失君命,精微就可以知道立谁为晋君。国君还是派他做使者吧!"

于是秦穆公派公子絷为使者到狄国吊慰公子重耳,说:"寡君派絷来慰问您逃亡在外之忧,又加上亡父之丧。寡君听说过,得到国家常常在国丧的时候,失去国家也常常在国葬的时候。机会不可错过,国丧期限也不可太长久,公子好好地考虑吧!"重耳告诉舅舅子犯。子犯说:"不可以这样做。流亡在外的人没有亲人,只有依靠诚信、仁德才能得到人们的亲近,这样即位为君才不会发生危险。现在父亲刚死,棺材还停放在朝堂上,您就去追求私利,哪一个人以为我们有仁德?别的公子都有继承君位的权利,我们如果侥幸捷足先登,哪一个人以为我们有诚信?不仁、不信,将用什么来取得长远的利益?"公子重耳出来会见秦国使者,说:"承蒙您来吊慰我这流亡的人,又郑重地传达了帮助我回国的命令。我重耳流亡在外,父亲死了不能参加丧礼拜奠哭泣,又哪里敢有非分的妄想玷辱你们仁义的举动?"重耳拜了两拜而不磕头至地,起来后哀哀哭泣,退下去后也不再私下回访公子絷。

公子絷离开狄国,又到梁国去吊慰公子夷吾,像吊慰公子重耳一样向公子夷吾传达了秦君之命。夷吾告诉冀芮说:"秦国人愿意帮助我回国了。"冀芮说:"公子努力啊!流亡在外的人无所谓洁身自好,洁身自好就行不通。用厚重的贿赂去配合自己的德行,您尽力发挥这二者的作用吧,不要吝惜财富!别的公子都有继承君位的权利,我用侥幸的办法得到君位,不也是可以的吗?"公子夷吾便出来会见秦国使者,拜了两拜叩头至地,起来后不哭泣。退下来后私下回访公子絷,说:"中大夫里克赞同我为国君了,我命令把汾水北面的良田百万亩赏赐给他。丕郑也赞同我为国君,我命令把负蔡的良田七十万亩赏赐给他。秦君如果能辅助我回国即位,就不必由天命来决定了!流亡在外的人如果能回国祭扫宗庙,安定国家也就心满意足了。一个流亡在外的人计较什么有没有国土?贵国君主拥有众多的郡县,我愿意奉上黄河以西的五座城邑。这不是因为秦国没有这样的土地,只不过是为了贵国国君东游到黄河的桥梁之上时,不会有急难之事。流亡在外的人愿意为您执鞭牵马,侍从在您车尘之后。黄金四十镒,白玉制的玉珩六双,不敢说进献给公子,请赏赐您左右的侍从吧!"

公子絷回到秦国,向秦穆公复命。秦穆公说:"我赞同公子重耳为晋国国君,重耳有仁德。拜了两拜,不叩头至地,表明他没有贪心做晋君的继承人。起来后哀哀哭泣,表明他热爱自己的父亲。退下后不私下回访,表明他不追求私利。"公子絷说:"您的话错了。您如果寻求拥立晋君来成全晋国,那么立一位仁德的公子也是可以的。您如果寻求拥立晋君向天下诸侯显扬秦国的威名,还不如拥立一个不仁德的公子用以扰乱晋国,而且还可以有伸缩的余地。我听说过这样的话:'有为了仁德拥立别国国君的,有为了显示武力拥立别国国君的。为了实行仁德就要拥立有仁德的,为了显示武力就要拥立服从自己的。'"所以秦穆公先拥立公子夷吾为晋君,这就是晋惠公。

【注释】

① 二十六年:指晋献公二十六年,即公元前651年。 ② 荀息:晋国大夫,奚齐的师傅,晋献公曾托孤于他,命他辅佐奚齐。 ③ 三公子:指申生、重耳、夷吾三位公子。孺子:小孩子,指奚齐。 ④ 蔑:无、不。 ⑤ 死人复生不悔:指荀息不负献公所托,为奚齐尽忠而死。即使献公死而复生,见所托得人,不致追悔。 ⑥ 往:指言已出口。 ⑦ 二国士:指里克和丕郑。 ⑧ 遂:成功。 ⑨ 行之:指助其行事。 ⑩ 七舆大夫:晋国官名,这里指申生统率下军的大夫七人,左行共华、右行贾华、叔坚、骓歂、累虎、特宫、山祁。 ⑪ 谁之国也:是谁的国家。丕郑的意思是可以专晋国国政。 ⑫ 足:引申为基础、根基。 ⑬ 惑蛊:使人心意迷惑。 ⑭ 恶:指逆反之心。 ⑮ 赖:利。 ⑯ 载:指载于史册,以为反面教材。 ⑰ 屠岸夷:姓屠岸,名夷,晋国大夫。 ⑱ 钛(shù树):引导、前导。 ⑲ 始:根本。 ⑳ 长国者:掌握国家权力的人。 ㉑ 易:颠倒、相反。 ㉒ 偃:狐偃,子犯之名。 ㉓ 剡(yǎn眼):锋、锋芒。 ㉔ 吕甥:晋大夫,也作吕省、瑕甥、瑕吕饴甥、阴饴甥。郤称:晋大夫。蒲成午:晋大夫。 ㉕ 主子:指在国内拥戴夷吾为君。 ㉖ 冀芮:晋大夫,夷吾的师傅。 ㉗ 适:专主。 ㉘ 外内:外指秦国,内指晋国诸大夫。 ㉙ 爱虚:忧虑国库空虚。 ㉚ 梁由靡:晋大夫。秦穆公:秦国国君,名任好,公元前659年至前621年在位,春秋五霸之一。 ㉛ 绍续昆裔:继嗣的后裔。 ㉜ 隐悼播越:忧惧而逃亡。 ㉝ 草莽:指民间。 ㉞ 不禄:死亡的委婉说法,指不再享受禄位。 ㉟ 臻(zhēn真):至、到。 ㊱ 衷:善。 ㊲ 罪人:指骊姬。辜:罪。 ㊳ 逋迁:逃亡流徙。裔胄:后嗣。 ㊴ 终君:死去的君主,指晋献公。 ㊵ 贶(kuàng况):赐、赐与。 ㊶ 隶臣:服役的下臣。 ㊷ 子明:百里孟明视,字子明,秦国大夫。公孙枝:字子桑,秦国大夫。 ㊸ 絷(zhí直):秦公子,名絷,字子显。 ㊹ 知微:从事物苗子中预知精微奥妙的内涵。 ㊺ 窜:隐微。 ㊻ 坠

命:坠失君命。 ㊼ 吊:吊唁慰问。 ㊽ 亡人:流亡在外的人。 ㊾ 人实有之:指晋国诸公子都有权利嗣位为君,并不只有自己一人。 ㊿ 长利:长久地拥有身为国君之利。 (51) 与:参加。 (52) 再拜不稽首:古时居丧时拜客的一种礼节。下跪,拜,头至手,又称拜手,但叩头不至地。 (53) 私:指私下回访、交谈。 (54) 勤:助、帮助。 (55) 狷(juàn 眷)洁:洁身自好。 (56) 再拜稽首:古代居丧时继嗣人答拜客人之礼。这里夷吾以晋献公继嗣人自居。 (57) 汾阳:晋国地名,指汾水北面。 (58) 负蔡:晋国地名,在今山西万荣北。 (59) 河外:指属于晋国的黄河以西地区。列城五:相连的五座城邑。《左传·僖公十五年》:夷吾"赂秦伯以河外列城五,东尽虢略,南及华山,内及解梁城"。 (60) 津:渡口。梁:桥梁。 (61) 怀挟:挟持。缨:套马的皮带子。纕(xiāng 香):马腹带。借指执鞭牵马。 (62) 镒:古代重量单位。韦昭说二十两为一镒,贾逵说二十四两为一镒。 (63) 珩(héng 横):佩玉上的装饰玉,形似磬而小。 (64) 没:贪、贪恋。 (65) 过:错。 (66) 猾:扰乱。 (67) 进退:指有回旋余地。 (68) 寔:通"实",是。

【评析】

公元前651年夏正九月,晋献公卒,停柩待葬。十月,里克杀奚齐于丧次,荀息立卓子。十一月,里克又杀卓子,荀息殉君而死。"乃戮骊姬,鞭而杀之。"(《列女传·孽嬖传》)晋国出现了无君的空白状态,国乱民扰,动荡不宁。献公有九个儿子,围绕立谁为晋君的问题紧锣密鼓地展开了错综复杂的一系列活动,本文作了详细的记叙。《左传·僖公八年》、《史记·晋世家》对此虽有所记载,但不及本文详细。

本文有两个显著的特点:

第一,善于布局谋篇。这是《国语》中一篇篇幅较长的文章,约有二千五百字,头绪纷繁,人物众多。作者按时间顺序、地点转换,组织材料。第一部分,将晋献公死后,里克杀奚齐、卓子、骊姬,荀息自杀,导致国内无君的历史背景交代清楚。第二部分,以"既杀奚齐、卓子"

一句过渡,记叙大夫们分别派使者告知在狄国的重耳和在梁国的夷吾,敦促他们回国,以及他们对回国为君所持的不同态度。第三部分,记叙支持夷吾为君的吕甥提出建议,派使者请秦国帮助立君,取得诸侯的支援。顺利地将立君活动转移到秦国。第四部分,记叙秦穆公许诺以后,派公子絷分别到狄国和梁国以吊慰为名,试探重耳和夷吾对回国为君的态度。最后秦穆公听取公子絷的建议,改变赞同重耳为晋君的初衷,决策拥立夷吾为国君,解决了晋国立谁为君的矛盾。既有条不紊地将事件的发生、发展、解决过程叙述清楚;又围绕立君问题,将晋国大夫之间,重耳、夷吾与谋臣之间及其与秦国使臣之间,秦国君臣之间的紧张活动、矛盾斗争、内心思想、性格特征揭露无遗。足见作者匠心独运,善于布局谋篇,驾驭语言文字。

第二,善于刻画人物。本文人物较多,在对话中、在叙述中,寥寥数语,展示了不同人物的性格,将人写活。

写了三个国君:奚齐、卓子和秦穆公。奚齐和卓子是不懂事的孩子,他们是骊姬作恶的牺牲品。骊姬为了让奚齐为国君,采用挑拨离间、谗言中伤等卑鄙手法,杀害太子申生,逐走群公子。自以为得计,其实是"机关算尽太聪明,反误了卿卿性命"。献公一死,无根无基,不仅自己被里克杀死,捎带奚齐、卓子两个小孩也成为刀下之鬼。秦穆公是一位胸怀大志,心地正直,善于用人,希望创造霸业的君主。当他答应帮助晋国立君后,便召大夫子明和公孙枝商量使臣人选。当他听了公子絷吊慰重耳和夷吾情况的汇报后,表态:"吾与公子重耳,重耳仁。"可见他是一位正直而识人的君主,但他拥立晋君毕竟有自己的私利,为了控制晋国,扬名于诸侯,所以选择了能满足他私利的夷吾。这是他的局限性。

写了两个可以嗣位的公子:重耳和夷吾。重耳流亡在狄国,他是希望回国为君的。从他告诉舅犯"里克欲纳我"、"非丧谁代?非乱谁纳我"的话中,可以看出他想利用这个机会跃跃欲试。但他听了舅犯的劝告,才知道"不哀丧而求国,难;因乱以入,殆",自己根基不稳,不能去冒险。于是义正词严、落落大方地辞谢了屠岸夷请其回国的好意。特别是非常得体地辞谢了秦国使者公子絷的暗示,赢得了秦穆公的称赞:"重耳仁。"可见这是一位以仁义为准则、头脑清醒而有远谋的公子。夷吾则与重耳相反,他听了蒲城午的话,得到冀芮的怂恿后,非常高兴,立即再拜稽首许诺。特别是听了秦国使者公子絷的话后,不惜出卖国家利益,不惜掏空国库,贿赂内外以求入。他对公子絷"再拜稽首",俨然以嗣君自居;他"起而不哭",表现临丧不哀,无君父之心;"退而私于公子絷",表现他密谋回国条件,幕后做肮脏交易。一个卑鄙无耻、不择手段、追逐权利的小人嘴脸,被刻画得淋漓尽致。诚如《吕氏春秋·贵直论》所说:"惠公即位二年,淫色暴慢,身好玉女。秦人袭我,逊去绛七十。"让这样的人为国君,晋国岂能不乱?

　　写了重耳和夷吾的谋臣:子犯和冀芮。子犯劝重耳以仁义得国,表现了他公忠正直的高贵品质。重耳接受他的劝导而成为仁信的人。冀芮劝夷吾以利得国,"尽国以赂外内,无爱虚以求入,既入而后图聚",表现了卑鄙无耻、投机钻营、唯利是图的本性。夷吾受了他的蛊惑,成为贪利的小人。可见谋臣对于君主的决策和思想,起着举足轻重的作用。

　　写了晋国和秦国各具特性的众多大夫。里克光明正直,不以国谋私。他杀奚齐,先告荀息;他杀骊姬,为了消除"百姓莫不有藏恶于其心中",安定晋国;他批评丕郑立君谋私利的思想,令人敬佩。荀息不负献公托孤之重,言必信,行必果,忠贞报君,守节而死,赢得了君子"不食其言矣"的赞美而流芳青史。公子絷是一个善弄权谋、刁钻奸猾之徒,他对秦穆公"不如置不仁以猾其中"的话中的一个"猾"字,道出了他阴险的心声。"猾"是扰乱之意。立一个能扰乱晋国的国君,让秦国坐收渔利,这不是奸人之谋吗?

冀芮答秦穆公问

【解题】
本篇记叙秦穆公向冀芮了解夷吾的情况,冀芮为了让秦穆公帮助夷吾为君,有意从小处娓娓而谈,溢美夷吾,取悦于秦穆公。

穆公问冀芮曰:"公子谁恃于晋①?"对曰:"臣闻之,亡人无党②,有党必有仇。夷吾之少也,不好弄戏③,不过所复④,怒不及色⑤,及其长也弗改。故出亡无怨于国,而众安之。不然,夷吾不佞⑥,其谁能恃乎?"君子曰:"善以微劝也⑦。"

【今译】
秦穆公问冀芮说:"公子夷吾在晋国依靠谁?"冀芮回答说:"我听说,他逃亡在外没有党羽,有党羽必然会有仇人。夷吾年纪小的时候,不喜欢玩耍,不过分地报复别人,发怒时不流露在脸上,等到长大了也没有改变这种性格。所以流亡在外对于国人也没有怨恨,民众对他很安心。不然的话,夷吾没有才能,有谁能依靠呢?"君子说:"冀芮真善于从细微末节立论来劝谏人啊。"

【注释】
① 公子:指夷吾。恃:依恃、依靠。 ② 党:党羽。 ③ 弄戏:玩耍、游戏。 ④ 复:报复。 ⑤ 色:脸色。 ⑥ 佞(nìng 泞):才能。 ⑦ 微:微小。劝:劝勉、劝谏。

【评析】
秦穆公准备立夷吾为晋君,向他的师傅冀芮了解夷吾的为人。冀芮是一位老奸巨猾的政客，从秦穆公"公子在晋国依靠谁"的发问中，揣摩透秦穆公的心情。所以选择夷吾的几件小事回答秦穆公。一是说明夷吾没有党羽，也就没有仇人。二是说明夷吾从小就是一个温文尔雅、不爱玩耍、对人厚道的真诚君子，至今不变。三是说明夷吾无怨于国，民众拥护他。在国内无人可恃，言下之意只有依靠秦国了。从而坚定了秦穆公立夷吾为君的决心。

卷九 晋语三

惠公入而背外内之赂

【解题】

本篇记叙晋惠公回国即位后,背弃了曾答应给里克、丕郑和秦国的赂赂。作者借舆人之口,讥刺奸佞诡诈的人不会有好下场。指出只有"省众而动,监戒而谋,谋度而行",才能取得成功。

惠公入而背外内之赂①。舆人诵之曰②:"佞之见佞③,果丧其田④。诈之见诈⑤,果丧其赂。得国而狃⑥,终逢其咎⑦。丧田不惩⑧,祸乱其兴。"既里、丕死⑨,祸,公陨于韩⑩。郭偃曰⑪:"善哉⑫!夫众口祸福之门。是以君子省众而动⑬,监戒而谋⑭,谋度而行,故无不济⑮。内谋外度,考省不倦⑯,日考而习,戒备毕矣⑰。"

【今译】

晋惠公回国即位后,背弃了曾经许给国内外帮助他的人赂赂的承诺。众人讽诵说:"伪善的人被伪善的人欺骗,竟然没有得到良田。欺诈的人被欺诈的人欺诈,竟然没有得到赂赂。得国的贪心人,最终要遭到灾祸。丧失良田而不知警戒,灾祸就要临头。"不久,惠公杀了里克、丕郑;惠公贪心背赂遭到灾祸,在韩地兵败当了秦国的俘虏。郭偃说:"好啊!众人的嘴就是祸福的门。所以君子一定要体察民众意愿后才行动,一定要考察民众的舆论作为借鉴进行谋划,谋划经过反复推敲后才付诸行动,所以事情没有办不成的。内心谋划而到外部调查,不倦地省察考校众情,天天反复研究,警戒防备之道就尽于此了。"

【注释】

① 惠公:晋惠公,名夷吾,重耳之弟,公元前650年至前637年

在位。入:指回国。外:指秦国。内:指里克、丕郑。　②舆人:众人。诵:不歌而说为诵。　③佞:伪善者。前一"佞"指里克、丕郑,后一"佞"指晋惠公。见:被。　④果:竟、最终。　⑤诈:欺诈。前一"诈"指秦穆公,后一"诈"指晋惠公。　⑥狃(niǔ纽):贪。　⑦咎:祸、灾祸。　⑧惩:警戒。　⑨里、丕:指里克、丕郑。　⑩公陨于韩:指公元前645年秦晋韩原之战时晋军大败,晋惠公被秦国俘虏。陨,坠落,此指被俘。　⑪郭偃:晋大夫,主管占卜。　⑫善:好。　⑬省:省察、体察。　⑭监:察、省察。　⑮济:成功。　⑯考:考校。　⑰毕:尽。

【评析】

本篇借舆人之谣谚讥讽奸佞诡诈、背信弃义的人,"得国而狃,终逢其咎。丧田不惩,祸乱其兴",绝不会有好下场。这个奸佞之人就是晋惠公一伙。晋惠公靠行贿的手段,在国内,答应赐里克汾阳之田百万、丕郑负蔡之田七十万;在国外,答应割河西五城给秦国,所以得到他们的支持而回国即位。但他一登上国君宝座,便撕毁协议,背弃诺言,翻脸不认人。不但不给里克、丕郑良田,而且于第二年春天借故杀了里克,秋天又杀了丕郑。不但不给秦国河西五城,而且恩将仇报,在秦国饥荒时不卖粮食给秦国。晋惠公的倒行逆施,激怒了秦穆公。公元前645年,秦穆公发兵伐晋,秦晋在韩原大战,结果晋军大败,晋惠公被秦军俘获,受尽屈辱,几乎遭到杀身之祸。

惠公改葬共世子

【解题】

本篇记叙晋惠公即位后,为了收揽人心,用太子之礼改葬太子申生。但国人看穿了他伪善的面貌,用谣谚来发泄对他倒行逆施的憎恶,而怀念流亡在外的重耳,盼望他早日回国为君。

惠公即位,出共世子而改葬之①,臭达于外。国人诵之曰:"贞之无报也②。孰是人斯③,而有是臭也?贞为不听,信为不诚。国斯无刑④,偷居幸生⑤。不更厥贞⑥,大命其倾⑦。威兮怀兮⑧,各聚尔有⑨,以待所归兮。猗兮违兮⑩,心之哀兮。岁之二七⑪,其靡有微兮⑫。若狄公子,吾是之依兮。镇抚国家,为王妃矣⑬。"郭偃曰:"甚哉!善之难也⑭!君改葬共君以为荣也,而恶滋章⑮。夫人美于中,必播于外⑯,而越于民⑰,民实戴之。恶亦如之。故行不可不慎也。必或知之,十四年,君之冢嗣其替乎⑱?其数告于民矣⑲。公子重耳其入乎?其魄兆于民矣⑳。若入,必伯诸侯以见天子㉑,其光耿于民矣㉒。数,言之纪也㉓。魄,意之术也㉔。光,明之曜也㉕。纪言以叙之,述意以导之,明曜以昭之。不至何待?欲先导者行乎㉖,将至矣!"

【今译】
　　晋惠公即位后,按太子之礼改葬申生,尸体的臭气散布到外面。国人讽诵说:"想用正礼改葬太子却得不到吉利的报应啊!谁使这样贞洁的人,会散发这样的臭气呢?用正礼改葬太子,太子却不领情,想表达诚信,却不被人相信。国家没有这样的法度,让窃取君位的人侥幸地生存。不改变他的弊政,晋国的国运将会倾覆。畏惧啊!思念啊!各自汇集憎爱于心中,等待着所思念的人归来。可叹啊!想离开这个君主,却又故土难舍,心中悲哀。到十四年之后,他就没有继承人了。远远流亡在狄国的公子啊,才是我们有力的依靠。他将镇抚国家,辅佐天子安定诸侯。"郭偃说:"难啊!想做好事也很困难啊!国君改葬太子申生想借此引以为荣,谁知恶名更加昭著。一个人内心美好,一定会传播到外面去,传扬到民众中间,民众一定会欣然拥戴。反过来,内心丑恶也是一样。所以,行为不可以不谨慎啊!一定有人会知道,十四年后,国君的继承人就要灭绝了。十四年这个数字已经告诉给民众了。公子重耳将回国吗?民众已经看到这个迹象了。重耳如果回到晋国,一定会称霸于诸侯,率领诸侯朝见周天子。他的光辉已经照耀着民众了。数,是语言的记录。魄,是民意的先导。光,是英明的昭示。记录谣谚用来叙述他,表述民意用来开导他,闪亮的光辉用来照耀他。重耳不回来还等待什么呢?打算给重耳做先导的人可以行动了。他将要回来了。"

【注释】

① 共世子:太子申生,谥号为"共"。共,同"恭",故称共世子,也作恭世子。改葬:骊姬迫申生自杀,草草埋葬,惠公则用太子之礼改葬。　② 贞:同"正",指正当的太子之礼。　③ 斯:这,指代申生。　④ 刑:法、法度。　⑤ 居:指惠公居于君位。　⑥ 更:改变。厥:其。贞:通"正",指弊政。　⑦ 大命:国家的命运。倾:倾覆、倾倒。　⑧ 威:畏、畏惧。怀:怀念、思念。　⑨ 尔有:所有。　⑩ 猗(yī衣):感叹词。违:去、离开。　⑪ 二七:指十四。　⑫ 微:通"尾",指惠公之子公子圉。董增龄《国语正义》云:"人之有子,如鸟之有尾。故舆人以微指子圉也。"　⑬ 王妃:指周天子的辅佐。妃,配、配合、辅佐。　⑭ 善之难:为善的艰难。　⑮ 章:同"彰",昭明、显明。　⑯ 播:播扬。　⑰ 越:宣扬。　⑱ 冢嗣:嫡长子,指惠公的太子圉。替:废弃。　⑲ 数:运数、气数。　⑳ 魄:预兆、迹象。　㉑ 伯:通"霸",称霸于诸侯。　㉒ 耿:照。　㉓ 纪:同"记",记录。　㉔ 意:指民众的意愿。术:导。　㉕ 曜(yào耀):明亮、昭示。　㉖ 先导者:指为重耳回国做准备的先遣队员。

【评析】

公元前650年,晋惠公即位,以太子之礼改葬蒙冤而死的申生。

本来这是一件大快人心的好事,但从太子申生尸体散发出的臭气中,作者引用谣谚,扩散了惠公的丑恶行径,引发了人们对惠公的憎恨和对重耳的思念。在这篇短文中,充溢着爱憎分明的感情色彩,表现在以下几个方面:

第一,善于用暗喻的手法来表达爱憎分明的思想感情。太子申生之死,在公元前656年夏历十二月,晋惠公回国即位在公元前650年初,改葬共太子在是年夏历四月。距离申生之死已经五年,当时草草收殓,按常理推断尸体腐烂已尽,不至于会发臭了。其实这是作者用暗喻的方法,以申生尸体之臭,喻惠公道德之沦丧、行为之丑陋。以申生的高洁,反衬惠公的卑劣。韦昭《国语注》云:"惠公烝于献公夫人贾君,故申生臭达于外,不欲为无礼者所葬。"民间习俗也有这样的说法,品行高洁的人死后,拒绝道德败坏的人吊祭,也会发出臭气,以示抗议。所以作者正是用暗喻的手法来表达爱憎分明的感情。

第二,善于引用谣谚来表达爱憎分明的思想感情。作者引述的谣谚中包含着爱憎分明的感情色彩。对于惠公,讥笑他做了善事,人家却不领情;表示诚意,人家却不相信。指责他"偷居幸生",不更改弊政,将会导致晋国覆没。不仅希望他下台,而且诅咒他"其靡有微矣",断定他十四年后断子绝孙,咬牙切齿的憎恨无以复加。对于重耳,则怀着深深的思念之情,"吾是之依",看成是自己的主心骨,迫切地盼望他回国,"镇抚国家",辅佐周天子,称霸于诸侯。对重耳的热爱之情,发自内心,溢于言表。两两对比,爱憎益彰。

第三,善于用评论手法,表达爱憎分明的感情。作者借郭偃之口,用求荣反辱来揭示惠公的内心世界,表达对他的憎恨。用直抒胸臆的论述,热烈歌颂重耳的才能和光明的前景,迫切希望众望所归的他回国为君。

惠公悔杀里克

【解题】

本篇记叙晋惠公听信冀芮的话,杀死有功于他的里克,事后表示追悔。并引用郭偃的评论,愤怒指责冀芮不忠,惠公不祥,必然要得到应有的惩罚。

惠公既杀里克而悔之,曰:"芮也①,使寡人过杀我社稷之镇②。"郭偃闻之,曰:"不谋而谏者,冀芮也。不图而杀者③,君也。不谋而谏,不忠。不图而杀,不祥④。不忠,受君之罚。不祥,罹天之祸⑤。受君之罚,死戮⑥。罹天之祸,无后⑦。志道者勿忘⑧,将及矣!"及文公入⑨,秦人杀冀芮而施之⑩。

【今译】

晋惠公杀了里克后又表示后悔,说:"冀芮啊,是你让我错杀了国家的重臣。"郭偃听到这句话,说:"不替君主谋划而劝谏国君杀掉里克的,就是冀芮这个人。不经过思考而轻率杀掉里克的,就是国君这个人。不替君主谋划就进行劝谏,这是不忠。不经过思考而轻率杀人,这是不祥。不忠的人,要受到君主的惩罚。不祥的人,要遭到天降的灾祸。受到国君的惩罚,被杀死了还要蒙受耻辱。遭到天降的灾祸,就要断绝后嗣。通晓事理的人不要忘记这个规律,责罚和灾祸快要临头了!"等到晋文公回国后,秦国人杀了冀芮,并且陈尸示众。

【注释】

① 芮:冀芮,晋国大夫,惠公的师傅。　② 过:错误。镇:重。
③ 图:考虑、打算。　④ 不祥:不吉利。　⑤ 罹(lí 离):遭受、遭到。

⑥ 死戮:指被杀死了还要受到侮辱。戮,侮辱。 ⑦ 后:后嗣。 ⑧ 志道者:通晓规律的人。志,通"识",记识。道,事理、规律。 ⑨ 文公:晋文公重耳。公元前636年至前628年在位。 ⑩ 施:陈尸示众为施。

【评析】

本文根据晋惠公追悔错杀里克的一句话,通过郭偃的评论,直面指责冀芮不忠,将受君之罚;惠公不祥,将罹天之祸。虽不涉及里克,却在鞭挞冀芮、惠公时,歌颂了里克的公忠正直。

里克是晋国的重臣,他接纳晋惠公回国即位,立有大功。惠公为了邀取"讨恶"虚名,竟听信冀芮谗言,向里克下毒手。《左传·僖公十年》记载:"将杀里克,公使谓之曰:'微子,则不及此。虽然,子弑二君(奚齐、卓子)与一大夫(荀息)。为子君者,不亦难乎?'对曰:'不有废也,君何以兴?欲加之罪,其无辞乎?臣闻命矣。'伏剑而死。"记载得比较详细。惠公罗织的罪名,多么苍白无力。而里克的回答铿锵有力,无懈可击。伏剑而死,视死如归,显示其铮铮铁骨、刚直不阿的大丈夫气概。

与里克形成鲜明对照的是冀芮,这是一个投机钻营、反复无常、卑鄙无耻的家伙。据《左传·僖公二十四年》记载,冀芮既纳文公而悔,将焚公宫而杀之,文公知其阴谋,"潜会秦伯于王城。己丑晦,公宫火。瑕甥、郤芮不获公,乃如河上,秦伯诱而杀之"。并将他陈尸示众,落得应有的可耻下场。

惠公杀丕郑

【解题】

本篇记叙晋惠公杀丕郑、七舆大夫,以及丕豹奔秦鼓动秦穆公出兵伐晋，拥立公子重耳。体现了晋国统治阶级内部排除异己、互相倾轧的尖锐矛盾，以及共华重信义、不避死和秦穆公冷静决策的政治家风度。

惠公既即位，乃背秦赂①。使丕郑聘于秦，且谢之②。而杀里克，曰："子杀二君与一大夫③，为子君者，不亦难乎？"

丕郑如秦谢缓赂④，乃谓穆公曰："君厚问以召吕甥、郤称、冀芮而止之⑤，以师奉公子重耳⑥，臣之属内作⑦，晋君必出。"穆公使泠至报问⑧，且召三大夫⑨。郑也与客将行事，冀芮曰："郑之使薄而报厚⑩，其言我于秦也，必使诱我。弗杀，必作难⑪。"是故杀丕郑及七舆大夫：共华、贾华、叔坚、骓歂、累虎、特宫、山祁，皆里、丕之党也。丕豹出奔秦⑫。

丕郑之自秦反也，闻里克死，见共华曰："可以入乎⑬？"共华曰："二三子皆在而不及⑭，子使于秦，可哉！"丕郑入，君杀之。共赐谓共华曰⑮："子行乎⑯？其及也⑰！"共华曰："夫子之入，吾谋也，将待也。"赐曰："孰知之？"共华曰："不可。知而背之不信，谋而困人不智⑱，困而不死无勇。任大恶三⑲，行将安入？子其行矣，我姑待死。"

丕郑之子曰豹，出奔秦，谓秦穆公曰："晋君大失其众，背君赂，杀里克，而忌处者⑳，众固不说㉑。今又杀臣之父及七舆大夫，此其党半国矣。君若伐之，其君必出。"穆公曰："失众安能杀人？且夫祸唯无毙㉒，足者不处㉓，处者不足，胜败若化㉔。以祸为违，孰能出君？尔俟我！"

【今译】

晋惠公即位后，就背弃了割给秦国河西五城的诺言。派丕郑到秦国聘问，向秦国表示歉意。同时杀里克，并对他说："你杀了二位国君和一位大夫,做你的国君,不也是太难了吗?"

丕郑到秦国对不能如期割让河西五城表示歉意,并乘机对秦穆公说:"您派使者带着厚重的礼物到晋国回聘,召吕甥、郤称、冀芮到秦国来并且将他们扣留,然后派军队送公子重耳回国,我让部属在国内策应,这样晋惠公必定出奔。"秦穆公接受了丕郑的建议,派大夫泠至到晋国回聘,并且召请吕甥、郤称、冀芮三位大夫到秦国去。丕郑和泠至将要按原定计划行事,冀芮对晋惠公说:"丕郑出使秦国礼物菲薄,而秦国回聘礼物丰厚,一定是丕郑在秦穆公面前说了我们什么,所以派使者来诱骗我们。如果不杀丕郑,他一定会发难。"所以杀了丕郑和七舆大夫:共华、贾华、叔坚、骓歂、累虎、特宫、山祁,他们都是里克、丕郑的党羽。丕郑的儿子丕豹逃奔到秦国去了。

丕郑从秦国出使回来,听说里克被惠公杀死,他去见共华,问他说:"我可以入朝复命吗?"共华回答说:"里克被杀时我们这些人都在朝而没有被牵连,您是奉命出使到秦国去的,可以入朝复命。"丕郑入朝,晋惠公杀了他。共赐对共华说:"您还不逃走吗?将会牵连到您了。"共华说:"丕大夫入朝复命,是听了我的意见,我将等待灾祸的到来。"共赐说:"谁会知道您让丕大夫入朝的事呢?"共华说:"不可以这样做。明明知道而背弃他,这是不讲诚信;替人谋划却使他陷于绝境,这是没有智慧;害人陷于绝境而自己逃避死亡,这是不勇敢。我身上背着三大恶名,即使逃亡谁肯接纳我呢?您赶快走吧,我姑且在这里等待死亡。"

丕郑的儿子叫豹,逃亡到秦国,对秦穆公说:"晋国国君大大地丧失了民心,他背信弃义不给您河西五城,杀死里克,并且嫉恨留在国内的大夫们,大家本来就不拥护他。现在又杀了我的父亲和七舆大夫,他的党羽在国内恐怕只剩一半了。您如果讨伐他,晋国国君只有出奔这一条路可走。"秦穆公说:"晋惠公如果失去民众,怎么能杀人?而且他的罪恶还没有到死的地步,民众就不会作乱。罪恶足以被处死的人,就不会待在晋国;待在晋国的人,罪恶还不足以被处死。胜败祸福变化无常。有杀身之祸的人都离开了晋国,谁还能把晋君驱逐出国门呢?您还是等待我慢慢地想办法吧!"

【注释】

① 背:背约。　② 谢:表示歉意。　③ 二君:指奚齐、卓子。一大夫:指荀息。　④ 缓赂:缓期割让河西五城。　⑤ 问:聘问。聘问的礼品也叫问。止:扣留。　⑥ 奉:送、护送。　⑦ 属:部下,指七舆大夫等。　⑧ 泠(líng 灵)至:秦国大夫。报问:回报丕郑的聘问。　⑨ 三大夫:指吕甥、郤称、冀芮三人。　⑩ 薄:指礼币少。厚:指礼币多。　⑪ 作难:发难。　⑫ 丕豹:丕郑之子,后为秦国大夫。　⑬ 入:指入朝复命。　⑭ 二三子:指七舆大夫等人。不及:不受牵连。　⑮ 共赐:晋国大夫,共华的族人。　⑯ 行:逃亡。　⑰ 及:牵连。　⑱ 困人:使人陷于绝境。　⑲ 任:负、背。　⑳ 忌:嫉恨。处者:指国中的大夫们。　㉑ 固:本来、原来。说:通"悦",喜悦、满意。　㉒ 毙:死。　㉓ 足者:指罪足以被杀的人。　㉔ 化:变化、转化。

【评析】

本篇记叙晋惠公即位后,派丕郑出使秦国,为缓给五城的贿赂而致歉意,其实是背约不给。里克被杀时,丕郑尚在秦国,故未及于难。丕郑恐惧,便与秦穆公共谋,准备赶走晋惠公,接纳公子重耳回国为君。但这个计划被冀芮识破。丕郑回国,被晋惠公杀死,并牵连到七舆大夫等一大批人。丕郑之子丕豹逃到秦国,鼓动秦穆公出兵伐晋,秦穆公以时机尚未成熟,未曾允许。这段历史《左传·僖公十一年》及《史记·秦本纪》均有记载,但本文多插叙了一段共华重信义,为丕郑负责,不逃避死亡的故事。

在本文中,首先反映了晋惠公即位后,晋国统治阶级内部排除异己,互相残杀,存在着尖锐的矛盾斗争。晋惠公靠贿赂国外、国内而取得政权,但刚登上君位,便背外内之赂,排除异己,借口"子杀二君与一大夫,为子君者,不亦难乎"而杀里克,使刚平稳的政局又兴起波澜。丕郑欲借秦国之力,内应外合推翻晋惠公,但计划未能实现,晋惠公先下手杀丕郑及七舆大夫等,涉及朝中的一半官员。可见残杀之酷烈和矛盾的尖锐。

其次,在插叙中歌颂了共华的高贵品质。当丕郑使秦回国后,知里克被杀,便与共华商议是否可以入朝向晋惠公复命。共华告以可以入朝。不料丕郑一入朝,便被惠公杀死。共华内疚为丕郑设谋不中而陷之于死地,深感愧对友人,所以当共赐劝他逃亡时,他说:"知而背之不信,谋而困人不智,困而不死无勇。任大恶三……我姑待死。"准备以身殉友。表现了他重信义、对丕郑负责、不逃避死亡的精神。

其三,体现了秦穆公高瞻远瞩、洞察事理、冷静处事的政治家风度。秦穆公原是主张立重耳为晋君的,由于重耳逊辞,便派百里奚将兵送夷吾为国君。当夷吾倒行逆施,背外内之赂,排除异己,杀里克后,便同意丕郑的建议,准备里应外合,赶惠公下台,送重耳回国。但谋议被冀芮识破,未能实现,反对派被惠公杀戮殆尽,失去国内基础。所以当丕豹再次建议他出兵伐晋赶走惠公时,他敏锐地感到形势发生了变化。于是他说:"足者不处,处者不足,胜败若化。以祸为违,孰能出君?"一番富含哲理的话否定了丕豹的看法,足见他是一位富有远见、思虑深邃的政治家。

秦荐晋饥,晋不予秦籴

【解题】

本篇记叙公元前647年晋国连年粮食歉收,出现饥荒,秦国君臣以道义、民生为重,输粟于晋。而公元前646年,秦国发生饥荒,向晋国购买粮食时,晋国君臣背恩弃义,拒绝卖粮食给秦国。从对比中,体现了秦国君臣的仁义和晋国君臣的缺德。

晋饥①,乞籴于秦②。丕豹曰:"晋君无礼于君③,众莫不知。往年有难④,今又荐饥⑤。已失人,又失天,其有殃也多矣⑥。君其伐之,勿予籴!"公曰:"寡人其君是恶,其民何罪?天殃流行,国家代有⑦。补乏荐饥⑧,道也⑨,不可以废道于天下。"谓公孙枝曰⑩:"予之乎?"公孙枝曰:"君有施于晋君,晋君无施于其众。今旱而听于君⑪,其天道也。君若弗予,而天予之⑫。苟众不说其君之不报也,则有辞矣⑬。不若予之,以说其众。众说,必咎于其君⑭。其君不听,然后诛焉。虽欲御我,谁与?"是故泛舟于河⑮,归籴于晋。

秦饥,公令河上输之粟⑯。虢射曰⑰:"弗与赂地而予之籴,无损于怨而厚于寇⑱,不若勿予。"公曰:"然。"庆郑曰⑲:"不可。已赖其地⑳,而又爱其实㉑,忘善而背德,虽我必击之。弗予,必击我。"公曰:"非郑之所知也。"遂不予。

【今译】

　　晋国发生饥荒,向秦国请求购买粮食。丕豹对秦穆公说:"晋君对您不守信用,大家没有不知道的。往年晋国有祸难,今年又连续闹饥荒。已失人心,又失天意,晋国的灾难也真多啊!君王应该乘机讨伐晋国,不要卖粮食给他们!"秦穆公说:"我是憎恶晋君的,但晋国的民众有什么罪呢?天灾流行,各国都会交替发生。补救困乏,救济灾荒,这是正道。不可以在天下废弃正道。"秦穆公对公孙枝说:"给他们粮食吗?"公孙枝说:"您对晋君有恩惠,晋君对于他的民众却不施恩惠。现在因为天旱又来请求您的援助,大概是天意吧?您如果不给晋国粮食,而上天或许会援助晋国。这样,假使晋国的民众对其国君忘恩负义的行为曾表示过不满的话,我们如果不给他们粮食,晋君就找到托辞了。不如给他们粮食,使晋国的民众喜悦。民众喜悦,一定会把错误归咎到他们的国君身上。如果晋君不听我们的命令,我们就可以出兵讨伐。晋君虽然想抵御我们,民众谁会支持他?"所以,秦国就在黄河上摆开船队,将粮食运送到晋国。

第二年,秦国发生饥荒。晋惠公下令把河西五个城邑的粮食运往秦国。晋国大夫虢射说:"不给秦国河西五城之地而运粮食给秦国,不会减轻他们对我们的怨恨,反而会增强他们的力量,不如不给他们粮食。"晋惠公说:"对。"大夫庆郑说:"不可以这样做。已经赖掉了答应给秦国的土地,而现在又吝惜给他们粮食。忘记了秦国的好处并且背弃了对我们的恩德,即使我处在秦国的地位也一定会来攻打晋国的。如果不给秦国粮食,一定会来打击我国。"晋惠公说:"这不是你所能知道的。"于是就不给秦国粮食。

【注释】

① 饥:谷不熟叫饥。晋饥事在公元前 647 年。　② 籴(dí 敌):买粮。　③ 无礼:指晋惠公背约不给秦国河西五城之事。　④ 有难:指杀里克、丕郑及其党羽之事。　⑤ 荐饥:连年失收,发生饥荒。《尔雅·释言》:"荐,再也。"《释天》:"谷不熟为饥,仍饥为荐。"　⑥ 殃:灾祸。　⑦ 代有:灾荒更替发生。　⑧ 荐饥:救助饥荒。　⑨ 道:指正义的行为。　⑩ 公孙枝:秦国大夫,字子桑。　⑪ 听:指听命于秦君。　⑫ 天予之:指天给晋国好年成,使谷物丰收。　⑬ 辞:托辞。　⑭ 咎:过错、过失。　⑮ 泛舟:指摆开船队。　⑯ 公:指晋惠公。河上:指黄河以西,晋惠公允许割让给秦国的五座城邑。　⑰ 虢射:晋国大夫,惠公舅。　⑱ 寇:指秦国。　⑲ 庆郑:晋国大夫。　⑳ 赖:抵赖。　㉑ 爱:吝惜。实:指粮食。

【评析】

公元前 647 年,晋国闹饥荒,向秦国求援,秦国君臣以道义、民生为重,"输粟于晋,自雍及绛相继,命之曰'泛舟之役'"(《左传·僖公十三年》),大规模地运粮救助晋国,让晋国渡过难关。而与之相反,当公元前 646 年冬天,秦国粮食歉收而发生饥荒,向晋国购买粮食时,晋国君臣背恩弃义,幸灾乐祸,一口拒绝。这一史实,《左传·僖公十三年、十四年》《史记·秦本纪》均有记载，但略有不同。

秦向晋求籴时，据本文记载，"公令河上输之粟"，认为晋惠公曾下命令让靠近秦国的河西五城就近输粮食给秦国，后来听了虢射的话才拒绝借粮。而《左传·僖公十四年》载："秦饥，使乞籴于晋，晋人弗许。"晋惠公回绝得很干脆。《史记·秦本纪》载："虢射曰：'因其饥伐之，可有大功'。"还想乘人之危攻打人家，来满足自己的私欲。从晋惠公一贯倒行逆施的行为看，以《左传》的记载较为合理。

阅读本文使我们看到，在秦国和晋国，对于同一问题，存在着两种对立的意见，关键在于领导如何决策，将会引向正义或推向反动。在秦国借粮给晋国问题上，丕豹主张"君其伐之，勿予籴"，劝秦穆公不但不借粮食给晋国，反而乘人之危攻打它。但秦穆公认为"天殃流行，国家代有。补乏荐饥，道也"，决定借粮给晋国。公孙枝、百里奚也支持秦穆公意见，说："救灾恤邻，道也。"（《左传·僖公十三年》）终于否定了错误的意见，做出了正确的决策。体现了秦穆公胸怀广阔，是一位具有仁义之心的君主。在晋国借粮给秦国问题上，庆郑以国家利益为重，极力主张借粮给秦国。他谴责不借粮行为："背施无亲，幸灾不仁，贪爱不祥，怒邻不义。四德皆失，何以守国？"（《左传·僖公十四年》）而虢射则认为借粮给秦国"无损于怨而厚于寇，不若勿予"，还想趁火打劫。由于晋惠公不想借粮给秦国，还想乘人之危，最终决策不借粮食给秦国。体现了晋惠公心胸褊狭，是一个无仁无义的小人。

秦侵晋，止惠公于秦

【解题】

本篇记叙公元前 645 年十一月秦晋韩原之战的起因、经过和结果。秦胜晋败,晋惠公成为俘虏,被拘留在秦国。说明"得道者多助,失道者寡助"这一颠扑不破的真理。

六年①,秦岁定②,帅师侵晋,至于韩③。公谓庆郑曰:"秦寇深矣④,奈何?"庆郑曰:"君深其怨,能浅其寇乎?非郑之所知也,君其讯射也⑤。"公曰:"舅所病也⑥?"卜右⑦,庆郑吉。公曰:"郑也不逊⑧。"以家仆徒为右⑨,步扬御戎⑩;梁由靡御韩简⑪,虢射为右,以承公⑫。

公御秦师,令韩简视师⑬,曰:"师少于我,斗士众⑭。"公曰:"何故?"简曰:"以君之出也处己⑮,入也烦己,饥食其粢,三施而无报⑯,故来。今又击之,秦莫不慆⑰,晋莫不怠,斗士是故众。"公曰:"然。今我不击,归必狃⑱。一夫不可狃,而况国乎!"公令韩简挑战⑲,曰:"昔君之惠也,寡人未之敢忘。寡人有众,能合之弗能离也⑳。君若还,寡人之愿也。君若不还,寡人将无所避。"穆公衡雕戈出见使者㉑,曰:"昔君之未入,寡人之忧也。君入而列未成㉒,寡人未敢忘。今君既定而列成,君其整列㉓,寡人将亲见㉔。"

客还㉕,公孙枝进谏曰:"昔君之不纳公子重耳而纳晋君,是君之不置德而置服也。置而不遂,击而不胜,其若为诸侯笑何?君盍待之乎㉖?"穆公曰:"然。昔吾之不纳公子重耳而纳晋君,是吾不置德而置服也。然公子重耳实不肯,吾又奚言哉?杀其内主㉗,背其外赂㉘,彼塞我施㉙,若无天乎㉚?若有天,吾必胜之。"君揖大夫就车,君鼓而进之㉛。晋师溃,戎马泞而止㉜。公号庆郑曰㉝:"载我!"庆郑曰:"忘善而背德,又废吉卜,何我之载?郑之车不足以辱君避也㉞!"梁由靡御韩简,辂秦公㉟,将止之㊱,庆郑曰:"释来救君㊲!"亦不克救,遂止于秦。

穆公归,至于王城㊳,合大夫而谋曰:"杀晋君与逐出之,与以归之,与复之,孰利?"公子縶曰:"杀之利。逐之恐构诸侯㊴,以归则国家多慝㊵,复之则君臣合作,恐为君忧,不若杀之。"公孙枝曰:"不可。耻大国之士于中原㊶,又杀其君以重之,子思报父之仇,臣思报君之仇。虽微秦国㊷,天下孰弗患?"公子縶曰:"吾岂将徒杀之㊸?吾将以公子重耳代之。晋君之无道莫不闻,公子重耳之仁莫不知。战胜大国,武也。杀无道而立有道,仁也。胜无后害,智也。"公孙枝曰:"耻一国之士,又曰余纳有道以临女㊹,无乃不可乎?若不可,必为诸侯笑。战而取笑诸侯,不可谓武。杀其弟而立其兄,兄德我而忘其亲,不可谓仁。若弗忘,是再施不遂也,不可谓智。"君曰:"然则若何?"公孙枝曰:"不若以归,以要晋国之成㊺,复其君而质其适子㊻,使子代父处秦,国可以无害。"是故归惠公而质子圉㊼,秦始知河东之政㊽。

【今译】

晋惠公六年,秦国粮食丰收,人民安定,秦穆公统率军队入侵晋国,到达晋国的韩原。晋惠公对庆郑说:"秦国的军队已经深入国境了,怎么办呢?"庆郑说:"您加深了秦国的怨恨,能让秦军不深入吗?这不是我庆郑所知道的,您还是去问虢射吧!"惠公说:"这是虢射舅父所造成的祸害。"占卜晋惠公车右的人选,以庆郑为吉利。晋惠公说:"庆郑对我不恭顺。"改用大夫家仆徒为车右,大夫步扬替晋惠公驾驭兵车。大夫梁由靡替正卿韩简驾御兵车,以大夫虢射为车右,跟随在晋惠公的兵车后面,加强护卫。

晋惠公抗御秦国军队,派韩简侦察秦军。韩简回来复命,说:"秦国军队比我们少,但勇于作战的人却很多。"惠公问:"这是什么缘故?"韩简回答说:"因为您出亡时依靠秦国,回国继位时烦劳过秦国,晋国遇到饥荒时吃过秦国的粮食,秦国三次施恩于我却得不到报答,所以出兵前来讨伐。现在您又率军向他们进攻,所以秦军没有一个不义愤填膺。反观晋国的军队,没有一个不懈怠而无斗志。因此,秦国勇于作战的军士很多。"晋惠公说:"对。但我今天如果不主动出击,撤军回去,秦国一定会轻视我国。一个普通的人尚且不能受人轻侮,何况一个国家!"惠公命令韩简向秦军挑战,说:"过去秦君的恩惠,我不敢忘记。我有不少将士,只能让他们集合起来作战而不能让他们解散。秦君如果愿意退兵回去,这是我所希望的。秦君如果不愿意退兵,我将无所回避。"秦穆公横握着雕花的戈出来会见使者,说:"从前,您逃亡在外不能回国,我曾为您担忧。您回国后君位尚未巩固时,我不敢忘记对您的支持。现在您君位已定而且地位巩固,那就请您整顿好军阵,我将亲自来拜见。"

秦国送回晋国使者,公孙枝进谏穆公说:"从前您不送公子重耳回国而送晋君回国,这是您不立有德的人而立服从的人。立了服从您的人却不能如愿,攻打他如果不能取胜,岂不要遭到诸侯的讥笑?您何不待其乱而自行败亡呢?"秦穆公说:"是这样。从前我不送公子重耳回国而送晋君回国,是不立有德之人而立服从我的人。但是公子重耳坚持不肯回国,我又有什么可说呢?晋君回国后,在国内杀了主持他回国的里克、丕郑,在国外背约不给我们河西五城,他断情绝义而我却多次施恩,好像没有天理了。如果上天支持公道,我一定能战胜他。"穆公说完话,向大夫们拱手作揖,请他们登上兵车,穆公亲自击鼓指挥军队向晋军进攻。晋军大败,惠公兵车的战马陷在泥泞之中出不来。惠公呼喊庆郑说:"快用车来搭救我!"庆郑说:"您忘记善行,背弃恩德,又废弃吉利的占卜,何必要搭载我的战车呢?我庆郑的兵车不足以委屈您来避难啊!"梁由靡替韩简驾兵车,刚好迎上秦穆公,将要擒捉他,庆郑说:"快放掉他来救国君吧!"结果也没有救成功,晋惠公终于被秦军俘获了。

　　秦穆公得胜回国,到了王城,召集大夫们商量如何处置晋惠公。他说:"杀掉晋君,或者驱逐他离开晋国,或者将他放回去,或者恢复他君位,哪一个办法对我们有利?"公子縶说:"杀掉他对我们有利。驱逐他出晋国恐怕会与诸侯结怨,放他回去就会给国家增加祸害,恢复他为国君会使他们君臣合作,恐怕会造成您的忧患,不如杀掉他。"公孙枝说:"不可以这样做。我们在韩原战场上羞辱了晋国的将士,又杀了他们的国君,加重了这种耻辱。儿子想报父亲被杀之仇,臣下想报君主被杀之仇。这事即使不是秦国干的,天下诸侯对杀人君父的人谁不痛恨呢?"公子縶说:"我难道白白地将他杀死就算了吗?我们将用公子重耳代替他为国君。晋君的无道没有一个人不听说过,公子重耳的仁德没有一个人不知道。战胜强大的晋国,显示了威武。杀无道之君而立有道之君,显示了仁德。胜利了没有后患,显示了智慧。"公孙枝说:"羞辱了一国的将士,又说我拥立有道的明君来治理你们,恐怕不可以这样做吧?如果不可以这样做而做了,一定会被诸侯取笑。战胜了大国却被诸侯耻笑,不可以说是显示了威武。杀了他的弟弟,拥立了他的哥哥,哥哥感谢我们的恩德却忘记了自己的亲人,不可以说是显示了仁德。如果他不忘记杀弟之仇,就会是再次施加恩惠而不能成功,不可以说是显示了智慧。"秦穆公说:"那该怎么办呢?"公孙枝说:"不如放他回国,同他缔结秦晋和约,恢复他国君之位而让他的嫡长子到秦国做人质,使他的儿子代父亲留在秦国。这样国家就没有祸害了。"于是放晋惠公回国而留太子圉在秦国做人质。秦国开始管理河东五座城邑的政事。

【注释】

　　① 六年:晋惠公六年,即公元前645年。　② 岁:年岁、年成,即一年的收成。定:安定。　③ 韩:韩原,晋国领土。杨伯峻《春秋左传注》认为:"《方舆纪要》以为今山西省芮城县有韩亭,即秦、晋战处。"④ 寇:侵犯、侵入。　⑤ 射:虢射。　⑥ 舅:指虢射。病:祸害。

⑦卜右:占卜谁作惠公的车右。 ⑧不逊:不恭顺。逊,顺。 ⑨家仆徒:晋国大夫。 ⑩步扬:晋国大夫。 ⑪韩简:晋卿,韩万之孙。 ⑫承:次,包含跟随、护卫之意。 ⑬视师:视察、侦探对方兵力情况。 ⑭斗士:勇于出力战斗的将士。 ⑮己:指秦国。韩简以秦军战士角度来说,故用"己"。下句"己"同。 ⑯三施:再次施恩惠。 ⑰愠(yùn 运):恼怒。 ⑱狃(niǔ 纽):轻慢、轻侮。 ⑲挑战:约战,挑敌求战。 ⑳弗能离:不能解散,意谓众将士皆欲战斗。 ㉑衡:通"横",用两手横拿着。雕戈:雕刻着花纹的戈。戈,古代武器之一,青铜制,横刃,安装长柄和镦,拿着可以横击,勾援。 ㉒列:位,国君之位。列未成:指君位尚未巩固。 ㉓整列:整顿好部队,摆好阵列。 ㉔见:会见,这里指战斗。 ㉕客:指晋国使者。 ㉖待:待其乱而自行败亡。 ㉗内主:指在国内主持拥立他为君的人,如里克、丕郑等。 ㉘外:指秦国。 ㉙塞:堵塞,意指断恩绝义。 ㉚无天:没有天理。 ㉛鼓:击鼓。 ㉜泞:泥浆很深。止:停止。 ㉝号:大声呼喊。 ㉞避:避难。 ㉟辂(yà 亚):通"迓",迎,指迎战。 ㊱止:俘获。 ㊲释:舍弃、释放。 ㊳王城:秦国地名,在今陕西大荔县东。 ㊴构:交恶、结怨。 ㊵慝(tè 特):恶,引申为灾祸。 ㊶大国:指晋国。中原:指战场。 ㊷微:无、没有。 ㊸徒:空、白白地。 ㊹临女:统治你们。女:通"汝",指晋国。 ㊺要:缔结。成:讲和。 ㊻质:人质。适子:嫡长子。 ㊼子圉:晋惠公的儿子,名圉,惠公死后继位为怀公,公元前636年春被国人所杀。 ㊽知:管理、治理。河东:指晋国割让给秦国的黄河以西五座城邑。就秦国来说,为黄河之东。

【评析】

公元前645年十一月秦晋爆发了韩原之战,本文作了比较完整的记叙。在《左传·僖公十五年》、《史记·秦本纪、晋世家》均有记载,可以参照阅读。

韩原之战是秦国有三施之恩于晋,而晋惠公背信弃义引起的。本文首先用"六年,秦岁定"的简练语言,点明了秦国出兵伐晋的经济基础和思想基础。秦国早已对晋惠公的背信弃义不满,到了这时由于五谷丰登,生活安定,具备了出兵条件。因此秦穆公亲率大军进攻晋国,"三败及韩"(《左传·僖公十五年》),三战三败晋军而到达晋国韩原地方。

接着叙述晋惠公准备应战,穿插了几个小故事。当惠公问庆郑如何对付秦军时,遭到庆郑的调侃和报复。他把主张借粮给秦国时惠公指责他"非郑之所知也"这句话原封不动地还给了惠公,并叫他去问虢射,巧妙地进行了报复。当占卜庆郑为车右吉利时,惠公因"郑也不逊",改用家仆徒,与下文马陷泥淖,向庆郑求援,遭庆郑拒载相呼应。当选用马驾车时,惠公用了郑国进献的小驷,不接受庆郑用本国马驾车的建议,与下文"戎马泞而止"相呼应。处处写出晋惠公出师不利的先兆。

然后叙述两军在韩原相遇,惠公承认自己对秦国"三施而无报"和秦军斗志旺盛的现实,缺乏正义,已存畏敌之心。只是在"今我不击,归必狃",怕秦国轻视的情况下,为了顾及面子而派韩简向秦军挑战。而秦穆公"衡雕戈出见使者",威风凛凛,义正词严地答应作战。两两对照,在战前就预示着秦胜晋败的结果。

果不其然,在叙述战争经过时,只用"君揖大夫就车,君鼓而进之。晋师溃,戎马泞而止"数句,说明秦军上下团结,秦穆公亲自指挥,身先士卒,势不可当,而晋军一触即溃。然后转写惠公狼狈地向庆郑求救,而庆郑余怒未息,拒载惠公,有意出惠公洋相。当韩简将俘获秦穆公时,又是这个庆郑,让韩简放走穆公而救惠公,导致惠公成为秦军俘虏。据《史记·秦本纪》记载,秦军战胜晋军并不轻松,穆公受了伤,险些被晋军俘虏。"九月壬戌,与晋惠公夷吾合战于韩地,晋君弃其军,与秦争利,还而马騺。缪(穆)公与麾下驰追之,不能得晋君,反为晋军所围。晋击缪公,缪公伤。于是岐下食善马者三百人驰冒晋军,晋军解围,遂脱缪公而反生得晋君。"接着交代三百野人救穆公原因——过去穆公走失了善马，被岐山下三百野人逮住杀来吃掉，官府抓住了他们，准备依法治罪。"缪公曰：'君子不以畜产害人。吾闻食善马肉不饮酒，伤人。'乃皆赐酒而赦之。"三百人感穆公之恩，现在听说秦国攻打晋国，都要求从军，刚好秦穆公被晋军围困，于是冒死战斗，以报食马之德。所以不但救了穆公，而且俘虏了晋惠公。

最后记叙秦国君臣集议如何处置晋惠公的问题。公子絷与公孙枝各陈己见，一个要杀，一个要放，针锋相对。穆公听从公孙枝的意见，"归惠公而质子圉"，与晋国缔结和约，接受晋国割让的河西五城。全文结构严整，语言精练，体现了"得道者多助，失道者寡助"这个颠扑不破的真理。

吕甥逆惠公于秦

【解题】

本篇记叙晋国执政吕甥听说秦国欲与晋国签订和约，放还晋惠公，他便在国内制辕田，作州兵，大造舆论，讨好国人，为迎接惠公回国做准备。又亲自去秦国迎接惠公。吕甥借君子、小人之言，正反捭阖，表达对秦国的恩德，讨得秦穆公欢心。进而改善对晋惠公的礼遇，送其回国。展示了吕甥的政治和外交才能。

公在秦三月①，闻秦将成②，乃使郤乞告吕甥③。吕甥教之言，令国人于朝曰④："君使乞告二三子曰：'秦将归寡人，寡人不足以辱社稷，二三子其改置以代圉也⑤。'"且赏以悦众，众皆哭，焉作辕田⑥。

吕甥致众而告之曰:"吾君惭焉其亡之不恤⑦,而群臣是忧,不亦惠乎?君犹在外,若何?"众曰:"何为而可?"吕甥曰:"以韩之病⑧,兵甲尽矣。若征缮以辅孺子⑨,以为君援,虽四邻之闻之也,丧君有君,群臣辑睦⑩,兵甲益多,好我者劝,恶我者惧,庶有益乎?"众皆悦,焉作州兵⑪。

吕甥逆君于秦⑫,穆公讯之曰:"晋国和乎?"对曰:"不和。"公曰:"何故?"对曰:"其小人不念其君之罪,而悼其父兄子弟之死丧者,不惮征缮以立孺子,曰:'必报仇,吾宁事齐、楚,齐、楚又交辅之⑬。'其君子思其君,且知其罪,曰:'必事秦,有死无他。'故不和。比其和之而来⑭,故久。"公曰:"而无来⑮,吾固将归君。国谓君何?"对曰:"小人曰不免⑯,君子则否。"公曰:"何故?"对曰:"小人忌而不思⑰,愿从其君而与报秦⑱,是故云。其君子则否,曰:'吾君之入也,君之惠也。能纳之,能执之,则能释之。德莫厚焉,惠莫大焉。纳而不遂,废而不起,以德为怨,君其不然'。"秦君曰:"然。"乃改馆晋君⑲,馈七牢焉⑳。

【今译】

晋惠公被俘在秦国关了三个月,听到秦国将和晋国讲和,就派郤乞回国告诉吕甥。吕甥教郤乞一番话,让他对聚集在朝堂的国人说:"国君让我来告诉大家:'秦国将要放我回来,我不配再当君主来辱没国家,请大家改立一个国君来代替子圉'。"又代表惠公赏赐土地给大家让他们高兴。大家都感动得哭了。从此晋国就作辕田。

吕甥召集群臣而告诉他们说:"我们的国君惭愧得不为自己被俘流亡在外而忧虑,而只为广大的臣民担忧,不亦是很大的恩惠吗?国君还被囚禁在秦国,怎么办呢?"大家说:"我们该做些什么让国君回来呢?"吕甥说:"因为韩原之战的失败,我们的武器装备都损失殆尽了。

如果我们征收赋税，修缮武器装备辅立太子圉为国君，用来作为国君的后援，即使四邻诸侯听到了这件事，也知道我们失去君主又立了新君，群臣和睦团结，武器兵员更加充足。与我们友好的国家更加勉励我们，与我们敌对的国家更加害怕我们，这样差不多会对我们有好处的吧！"大家都悦服吕甥的意见，于是就作州兵。

吕甥到秦国去迎接晋惠公回国，秦穆公讯问他说："晋国和睦吗？"吕甥回答说："不和睦。"穆公问："是什么缘故？"吕甥回答说："那些小人不考虑国君的罪过，但只悲痛在韩原之战中死亡的父兄子弟。他们不怕增加赋税和修缮军备的劳苦，用来拥立太子圉为新君，说：'一定要报我们的仇恨，宁可去奉事齐国、楚国，让齐国和楚国共同来帮助我们。'那些君子思念自己的国君，而且知道国君的罪过，说：'我们一定要奉事秦国，即使死了也不存二心。'所以不和睦。等到大家的意见统一了我才来秦国，所以拖延了很多时间。"穆公说："你不来，我本来就要送还你们的国君。你们晋国人怎么看待你们的国君呢？"吕甥回答说："小人说国君不免被秦人杀害，君子却不这么认为。"穆公问："是什么缘故呢？"吕甥回答说："小人只知怨恨秦国，而不考虑自己国君的罪过，他们愿意拥护新君跟从他找秦国报仇。所以这样说。君子就不是这样，他们说：'我们国君当年能回国继位，是您的恩惠。您能送纳他，能擒获他，就一定会释放他。没有比这再深厚的仁德了，没有比这更广大的恩惠了。让他回国而不成全他，废掉他而不再起用他，把先前的仁德变成怨恨，您大概不会这样做吧'！"秦穆公说："是这样。"于是就改变了对晋惠公的待遇，让他住在国宾馆里，按诸侯之礼，用牛、羊、猪各七头款待他。

【注释】

①公：晋惠公。　②成：议和。　③郤乞：晋国大夫，随惠公在秦。吕甥：晋国大夫，当时为晋国执政正卿。　④国人：住在城邑中的民众。　⑤改置以代圉：指立其他公子为君，代替太子圉。这样父子皆避位，以感动群下。　⑥辕田：亦作"爰田"、"易田"、"趣田"。

众说纷纭。一般认为这是中国古代按休耕需要分配的土地。晋国作辕田是借口休耕赏赐群臣土地。由于公田不足，便允许开阡陌，增辟田土。　⑦ 亡：指被俘扣留在秦。恤：忧。　⑧ 病：败、失败。　⑨ 征缮：征收赋税，修整甲兵。孺子：指太子圉。　⑩ 辑睦：和睦。　⑪ 作州兵：改革兵制，开始建立地方武装。春秋时晋国兵制，二千五百家为一州，由州长自行组织武装，以备战争需要。　⑫ 逆：迎。　⑬ 交辅：夹辅、共同辅助。　⑭ 比：等、等到。　⑮ 而：你。　⑯ 不免：不免于难。　⑰ 忌：怨、怨恨。　⑱ 与：一同、一起。报：报复。　⑲ 改馆：更换宾馆。初，秦穆公囚押晋惠公在灵台。将放他回国，故让他住在宾馆里，以礼相待。　⑳ 馈：送。七牢：牛、羊、猪各七头。牢，又称太牢，古代指牛、羊、猪三牲具备的宴飨。牛、羊、猪各一头为一牢，七牢为宴飨诸侯之礼。

【评析】

公元前 645 年夏历九月至十一月，晋惠公被秦国拘留了三个月后释放回国。本文记叙了晋惠公被释放前的两方面内容：

一是当知道晋惠公即将被释回国时，执政吕甥便制辕田，借惠公之命将田地赏赐给臣下，广布恩信；作州兵，加强地方武装力量，为迎接晋惠公回国做好思想准备和物质准备，展示了吕甥的政治才能。

二是吕甥亲自去秦国迎接惠公。他在回答秦穆公"晋国和乎"的讯问时，竟答以"不和"，尽露其短处，使人惊骇。待说出小人"必报仇，吾宁事齐、楚"和君子"必事秦，有死无他"的不和之故时，始知他使用欲扬反抑手法，紧紧扣住秦穆公的心弦，正在炫耀自己之长。当回答秦穆公"国谓君何"或死、或归时，他仍从容不迫地答以"小人曰不免，君子则否"，指出存在两种对立的看法。其原因是小人识见短浅，不知事理，"忌而不思，愿从其君而与报秦"；而君子识大体，能以己之心度人之心，坚信有德的秦国必归其君，"能纳之，能执之，则能释之"。秦国一定不会"以德为怨，君其不然"，一正一反，以正否定反，直说到秦穆公的心里去，说得秦穆公连连称是。极写吕甥的外交才能，他借"小人"、"君子"之言,表达自己的意见。在不卑不亢、合情合理的言辞中,处处拥秦、尊秦,讨得秦穆公的欢心,终于改善了晋惠公的待遇,秦国以诸侯之礼接待他。

惠公斩庆郑

【解题】

本篇记叙晋惠公被释放回国,刚到绛城郊区即迫不及待地杀害在韩原之战中让他当俘虏的庆郑。展示了庆郑敢作敢为,勇于承担责任,视死如归,光明磊落的大丈夫气概。也揭露了晋惠公心胸褊狭、卑微自私的可憎面目。

惠公未至,蛾析谓庆郑曰①:"君之止②,子之罪也。今君将来,子何俟③?"庆郑曰:"郑也闻之曰:'军败,死之;将止,死之。'二者不行,又重之以误人④,而丧其君,有大罪三,将安适⑤?君若来,将待刑以快君志;君若不来,将独伐秦。不得君,必死之。此所以待也。臣得其志,而使君瞢⑥,是犯也。君行犯,犹失其国,而况臣乎?"

公至于绛郊,闻庆郑止⑦,使家仆徒召之,曰:"郑也有罪,犹在乎?"庆郑曰:"臣怨君始入而报德,不降⑧;降而听谏,不战;战而用良⑨,不败。既败而诛,又失有罪⑩,不可以封国⑪。臣是以待即刑⑫,以成君政。"君曰:"刑之!"庆郑曰:"下有直言,臣之行也⑬;上有直刑,君之明也。臣行君明,国之利也。君虽弗刑,必自杀也。"蛾析曰:"臣闻奔刑之臣[14],不若赦之以报仇。君盍赦之,以报于秦?"梁由靡曰:"不可。我能行之[15],秦岂不能?且战不胜,而报之以贼[16],不武;出战不克,入处不安[17],不智;成而反之[18],不信;失刑乱政[19],不威。出不能用,入不能治,败国且杀孺子[20],不若刑之。"君曰:"斩郑,无使自杀!"家仆徒曰:"有君不忌[21],有臣死刑,其闻贤于刑之[22]。"梁由靡曰:"夫君政刑[23],是以治民。不闻命而擅进退,犯政也;快意而丧君[24],犯刑也。郑也贼而乱国,不可失也!且战而自退,退而自杀;臣得其志,君失其刑,后不可用也。"君令司马说刑之[25]。司马说进三军之士而数庆郑曰[26]:"夫韩之誓曰[27]:'失次犯令[28],死;将止不面夷[29],死;伪言误众[30],死。'今郑失次犯令,而罪一也;郑擅进退,而罪二也;女误梁由靡,使失秦公,而罪三也;君亲止,女不面夷,而罪四也。郑也就刑!"庆郑曰:"说!三军之士皆在,有人能坐待刑,而不能面夷?趣行事乎[31]!"丁丑[32],斩庆郑,乃入绛。

十五年[33],惠公卒,怀公立[34],秦乃召重耳于楚而纳之。晋人杀怀公于高梁[35],而援重耳,实为文公[36]。

【今译】

晋惠公被释尚未到达晋国时,蛾析对庆郑说:"国君被秦国俘获,是您的罪过。现在国君就要回来了,你还等待什么?"庆郑说:"我也听说过这样的话:'军队打了败仗,应为之而死;主将被俘虏,应为之而死。'这两条我都没有履行,再加上耽误了别人救国君的机会,而使国君被俘,有这样三条大罪,还能逃到什么地方去?国君如果回来,我将等待受刑,用来快慰国君的心意。国君如果不回来,我将独自领兵讨伐秦国。不救回国君,我一定为他而死。这就是我等待的原因。做臣子的逃走而满足了私意,使国君蒙受耻辱,这是冒犯君主的背逆罪行。国君的行为背逆常道,尚且会丧失国家,何况臣下呢?"

晋惠公到国都绛城郊外,听说庆郑仍旧留在国内,派家仆徒召他来见,说:"你庆郑有罪,还留在晋国干什么?"庆郑说:"我怨恨国君,要是刚回国即位就报答秦国的恩德,就不会导致国力下降;要是国力下降而能听从劝谏,就不会导致发生战争;要是发生战争而能任用良将,就不会导致战争失败。既然战败当然应该诛杀有罪之人,如果有罪之人逃亡而不能正法,那么国君无法守国保疆。我因此正在等待就刑正法,用来成全国君礼乐兵刑之政。"惠公说:"杀掉他!"庆郑说:"臣下向君主直言进谏,是臣子的道德规范;君主对有罪之人正直行刑,是君主的英明。臣子确守臣道,君主英明,这是国家的利益所系。君王即使不加刑于我,我也一定会伏罪自杀。"蛾析说:"我听说过,对于主动伏罪接受刑法的人,不如赦免他,用他来报国家大仇。君主何不赦免他,让他戴罪立功,去报秦国辱君之仇?"梁由靡说:"不可以这样做。我能赦免有罪之人去报秦仇,秦国难道不能这样做吗?况且作战不能取胜,却用不正当的手段去报仇,不能算威武;出征不能战胜敌人,回国后又不得安宁,不能算明智;刚与秦国讲和,又立即背弃盟约,不能算诚信;失去刑法,扰乱国政,不能算威严。这样的人,对外不能用来战胜敌人,对内不能治理国家。如果用他伐秦挑起事端,不但败坏国家,而且太子圉也会被杀,不如杀掉他。"晋惠公说:"斩杀庆郑,不要让他自杀!"家仆徒说:"君主不计较私怨,臣子甘愿伏罪受刑,这种好名声宣扬出去比杀了庆郑更有价值。"梁由靡说:"国君的政令刑法,是用来治理民众的。不服从命令而擅自进退,这是触犯政令;满足一己的快意而让国君被俘,这是触犯刑法。庆郑伤害和扰乱了国家,不可以让他逍遥法外!况且他临战而自动退却,回来却让他自杀;做臣子的满足自己的意愿,做君主的却失去了刑法的威严,让以后的君主怎样执行法令!"晋惠公派司马说执行庆郑死刑。司马说召集三军将士,当众列举庆郑的罪状说:"在韩原之战前全军宣誓时明确宣布:'扰乱队列违抗军令的,处死;主将被俘,将士脸上不受伤的,处死;散布谣言贻误战机的,处死。'现在庆郑扰乱队列、违抗军令,这是你第一条罪状;擅自决定进退,这是你第二条罪状;你耽误梁由靡的战机,有意放跑秦穆公,这是你第三条罪状;国君被俘,你面部不受伤,不拼命保卫,这是你第四条罪状。庆郑,过来接受刑罚!"庆郑说:"司马说!三军将士都在这里,我能坐着等待死刑,难道还怕脸上受伤吗?你还是赶快行刑吧!"丁丑这一天,斩杀了庆郑,晋惠公才进入国都绛城。

晋惠公十五年,晋惠公去世了,晋怀公继位。秦国于是从楚国召回公子重耳,并护送他回晋国。晋国人在高梁杀死了晋怀公,把政权交给重耳,这就是晋文公。

【注释】

① 蛾析:晋国大夫。　② 止:俘获。　③ 俟(sì 寺):等待。 ④ 误人:指韩原之战时,庆郑误导,使梁由靡失去俘获秦君的机会。 ⑤ 适:往……去。　⑥ 瞢(méng 萌):羞惭。　⑦ 止:指没有逃离而留在晋国。　⑧ 降:指国力下降。　⑨ 良:善,指战前占卜车右时得吉卦之庆郑。　⑩ 失有罪:指庆郑若逃亡,惠公失去惩罚有罪之人。 ⑪ 封国:固守和治理国家。　⑫ 即刑:就刑。　⑬ 行:道、原则。 ⑭ 奔刑之臣:主动接受刑罚的臣子。　⑮ 能行之:指能赦罪臣以报仇怨之事。　⑯ 贼:指偷袭、暗杀等不正当手段。　⑰ 入处不安:指晋君回国后,又欲伐秦,使国家不安宁。　⑱ 成:平,讲和。反:违背、背弃。　⑲ 失刑:有罪不能正刑叫失刑。　⑳ 孺子:指太子圉。当时为人质留在秦国。晋若伐秦,秦必杀之。　㉑ 忌:怨、怨恨。　㉒ 闻:美名。贤:好、善。于:比、胜过。　㉓ 政刑:政令、刑法。　㉔ 快意而丧君:指韩原之战时,晋惠公车陷泥中,庆郑满足一己之快,致使惠公被俘。　㉕ 司马:官名,掌军法。说:人名。　㉖ 进:召集。数:列举。 ㉗ 韩之誓:韩原之战前的誓师之辞。古时出兵作战前要举行誓师仪式,宣布军令、宣读誓言等。　㉘ 次:行列、队列。　㉙ 面夷:面部受伤。古代作战时,如果主帅被俘,部下就用刀割破面颊,表示记下耻

辱。如果不面夷，就是犯罪。　㉚ 伪言：假话。　㉛ 趣：通"促"，赶快。　㉜ 丁丑：十一月二十九日。　㉝ 十五年：晋惠公十五年，即公元前636年。《左传·僖公二十三年》载："九月，晋惠公卒。"而《春秋》则载于僖公二十四年冬"晋侯夷吾卒"。杨伯峻《春秋左传注》引顾炎武《左传杜解补正》云："疑此错简，当在二十三年之冬。"甚是，可从。　㉞ 怀公：晋怀公，即太子圉。他于公元前638年从秦国逃归，前637年冬被立为晋君，前636年二月十八日被杀。　㉟ 高梁：晋国地名，在今山西临汾东北。　㊱ 文公：晋文公，名重耳，公元前636年至前628年在位。

【评析】

本文记叙了晋惠公被释回国，立即杀害大夫庆郑的详细经过。通过对话，展示了众多人物的形象。

第一个是庆郑。他是一个光明正直，敢作敢为，敢于承担责任，恪守臣道，视死如归的英雄人物。当惠公未回来时，大夫蛾析曾劝他远走高飞，不要再留在晋国。春秋时代，得罪君主的臣子出奔避祸是屡见不鲜的。但他却回答说：自己"有大罪三"，"君若来，将待刑以快君志；君若不来，将独伐秦。不得君，必死之"。干脆利落的语言，掷地有声，表达了敢于正视现实的负责精神，他已怀着必死之心，准备报答国君正刑之志，以肃纲纪。

当惠公责问他何以仍留在晋国时，他又敢想敢说，坦然陈辞，指出惠公的过失，准备"待即刑，以成君政"，以自己之死，来成全国君的政令，念念不忘晋国的利益。当惠公要杀他时，他进一步阐明必死的报晋之心，"臣行君明，国之利也。君虽弗刑，必自杀也"。特别是在刑场上，庆郑面对司马说向三军将士宣布他的罪状时，他坦然反驳："有人能坐待刑，而不能面夷？"含笑就刑。在悲壮激烈的气氛中，一个高大的形象矗立在人们面前。令人感慨，令人敬仰。

第二个是晋惠公。他是一个心胸褊狭，不恤国政，睚眦必报，缺乏人君气度的人。文章虽着墨不多，但从他"刑之"、"斩郑，无使自杀"气急败坏的一连串喝令斩杀声中，一个滥肆淫威、咬牙切齿、迫不及待、必欲报私仇以快己意者的丑恶形象，凸现在人们面前。令人齿冷，令人憎恶！

第三个是蛾析。他是一个正直诚信，敢于坚持正义的庆郑的同情者。惠公未回来时，他曾劝庆郑出奔避祸；当惠公欲斩庆郑时，他不避淫威，婉转进言："臣闻奔刑之臣，不若赦之以报仇。"他讲得有理有节，善于利用形势，为人解脱，营救别人，进行政治斗争。

第四个是家仆徒。他也是庆郑的同情者。他利用惠公欲邀名于诸侯的心理状态，从另一角度为庆郑辩解、开脱。是一个正直而机智的人。

第五个是梁由靡。他恨庆郑破坏了他擒获秦穆公的大功，耿耿于怀，千方百计寻找理由，必欲置庆郑于死地而后快。在冠冕堂皇的言词背后，隐藏着卑鄙的、不可告人的私心。

第六个是司马说。他是执掌军法的官员。他奉惠公之命，召集三军，根据出师韩原誓词，宣布庆郑罪状，履行自己的职责，无可厚非。

以上人物有血有肉，各具个性，体现了《国语》在记载历史时，善于刻画人物、展示人物性格的一个明显特点。